"非指示性"语文课堂观察研究

郑逸农　著

ZHEJIANG UNIVERSITY PRESS
浙江大学出版社

图书在版编目（CIP）数据

"非指示性"语文课堂观察研究 / 郑逸农著.
—杭州：浙江大学出版社，2017.5（2021.4 重印）
ISBN 978-7-308-16770-3

Ⅰ. ①非… Ⅱ. ①郑… Ⅲ. ①语文教学—教学研究
Ⅳ. ①H19.

中国版本图书馆 CIP 数据核字（2017）第 061415 号

"非指示性"语文课堂观察研究

郑逸农　著

责任编辑	杜希武
封面设计	刘依群
责任校对	杨利军　李增基
出版发行	浙江大学出版社
	（杭州市天目山路 148 号　邮政编码 310007）
	（网址：http://www.zjupress.com）
排　　版	杭州好友排版工作室
印　　刷	广东虎彩云印刷有限公司绍兴分公司
开　　本	787mm×1092mm　1/16
印　　张	16.25
字　　数	405 千
版 印 次	2017 年 5 月第 1 版　2021 年 4 月第 2 次印刷
书　　号	ISBN 978-7-308-16770-3
定　　价	49.00 元

浙江大学出版社发行中心联系方式：(0571) 88925591；http://zjdxcbs.tmall.com

内容提要

本书为"非指示性"语文教育系列研究成果之一,对"非指示性"语文课堂观察做了较为系统的理论构建和实践研究。

"非指示性"教学是对以教师为中心的"指示性"教学的反拨,也是对以学生为中心的"非指导性"教学的反拨,构建高于两者的第三层级的教学形态,让教师和学生都发挥各自应有的不可相互替代的作用,在教师科学引导和学生自主学习的交互作用中,学生循序渐进地获得认知成长和精神成长。本书基于"非指示性"理念和策略来构建语文课堂观察体系,分为学理篇和案例篇两大部分。学理篇从教育教学理论和理念的视角,阐述"非指示性"语文课堂观察的基本原则,从教师是否具有学生意识、学科意识和技能意识分别观察课堂教学的人文性、科学性和艺术性。案例篇从教育教学实践和实施的视角,介绍"非指示性"语文课堂观察的基本评价,分为现代文课堂观察和文言文课堂观察。现代文分为文学类与非文学类,分别选择了散文、小说、诗歌和书信、说明、议论等常见文体的相关案例。文言文分为散体文和非散体文,分别选择了叙事、言理和唐诗、宋词等常见文体的相关案例。这些案例或来自小学,或来自初中,或来自高中。每个案例都由三部分构成,第一部分为教学概述,第二部分为课堂实录,第三部分为观察评价。

本书适合中小学教师及师范院校学生使用,能给使用者带来课堂教育理念和教学行为的新反思和新启发,加速自身的专业成长。

序

李海林

《"非指示性"语文课堂观察研究》要出版了,逸农教授专门寄来书稿,嘱我写一个序。

记得十几年前,我曾听过逸农老师的一堂课,并就这堂课写过一个评论,主要是谈我对"非指示性"教学的认识。所谓"指示性",核心在"他主"。"指示"的主语是教师,对学生的学习而言,这种以"指示"为核心的学习过程是"他主"的,是他人主导学生的学习,用一句话表达,就是"老师把知识指示给学生"。这是"指示性"教学的最大弊端。所谓"非指示性",核心在"自主"。所谓自主学习,是学生主导自己的学习,是学生自己在学习,也用一句话来表达,就是"学生自己学习知识"。很长时间内,我们的教学论研究都是在研究"老师如何教好知识",其实"老师教好知识"与"学生学好知识"是不能打等号的,教好了,但学生不一定学好了,在很多情况下,教的活动已经结束了,学的活动也许才刚刚开始,甚至还没有开始。这个区别,在我们中小学界,似乎是到 20 世纪 90 年代才逐渐被人们意识到的。

实际上,如何教原本就是基于如何学的,教的本义,就是根据学生学习的规律,通过教师在课堂里的言行,促进学的活动的有效发生。从这个意义上来说,教的真谛,是依学的本原要求才生发出来的。教和学的关系,既是一个思辨中的问题,更是一个实践中的难题。从研究的角度来看,研究如何教其实是相对比较简单的,其所要解决的其实主要是知识与老师的教的关系。但如果要从学的角度来研究教学问题,则需要研究知识—教—学三者的关系,这无疑要复杂得多。

逸农老师先从理论的学习出发,然后迅速投入到自己的实践当中。我当时的感觉,逸农在理论上是搞清楚了这种复杂性的,基于学来考虑教,这个意识是非常明确的。所以在刊物上、在一些研讨会上,我很推崇他的探索。同时,也提议郑老师把自己的主要力量,放在教学实践的研究上,当时对郑老师提议的是,"建立非指示性教学的系统"。

十几年过去了,逸农致力于"非指示性"语文教学系统的构建,不断有成果推出,从理论领域的研究,到实践领域的研究,都有不菲的成果。而这本《"非指示性"语文课堂观察研究》是一本基于"非指示性"教育理念和教学策略的课堂规范研究著作。换一句话说,这本书想给"非指示性"语文课堂立规矩:"非指示性"语文课堂怎么上? 上成什么样子可以称之为"非指示性"语文课堂? 我们如何来评价? 这就是所谓"规范研究"的范畴。

一般来说,关于课的研究有两种方式。一种是先收集、整理某类课,概括其特征,总结其规律,探寻其内涵,寻找其必然性,其研究成果以逻辑命题形式呈现,以案例加以印证。这种方式,出发点是理论,研究成果是规律,是可以验证的,是规律性的东西。其理论表达往往隐含着这样的命题：在什么情况下，就会出现什么结果，这种结果意味着什么。这种研究方式属于科学研究的范畴，其目的是探寻事物的规律，寻找事物的真谛。另一种研究方式，其出发点不是理论，而是实践规范。其成果表达往往隐含着这样的命题：为了达到什么目的，我们应该如何做，在什么情况下，我们就可以认定你是这样做了。科学研究，是把研究对象当作事实来研究，主要解决"它是什么"，"它会怎样"的问题；规范研究，是把研究对象当作实践来研究，主要解决"应该如何""必须怎样"的问题。显然，逸农的这本著作，从研究方法上来讲，是规范研究的范畴。我在读这本书的时候，感觉到作者对自己的研究方法和研究范畴是有自觉的意识的。

这两个方面，就是逸农这部著作的价值，一是"非指示性教学"的主题，一是"规范研究"的方法。相信对这两个方面感兴趣的读者，都可以在其中受到启发。

是为序。

2017 年 2 月 25 日

前　言

　　本书为"非指示性"语文教育系列研究成果之一,对"非指示性"语文课堂观察做了较为系统的理论构建和实践研究。

　　"非指示性"教学是对以教师为中心的"指示性"教学的反拨,也是对以学生为中心的"非指导性"教学的反拨。在第一层级的"指示性"教学和第二层级的"非指导性"教学的基础上,构建第三层级的教学形态,让教师和学生都发挥各自应有的不可相互替代的作用,在教师科学引导和学生自主学习的交互作用中,学生循序渐进地获得认知成长和精神成长。其中包含五层要义:第一,教师的引导必须科学;第二,学生的自主必须有效;第三,教师和学生的作用是各自的,不可替代的;第四,教师和学生的作用是交互的,不可分割的;第五,教师和学生的作用都指向学生的成长。

　　"非指示性"意在打破控制性和封闭性,增加民主性和开放性,也增加科学性和有效性。"非指示性"教育追求的终极目标是学生的自主成长,是培养学生的自我生长力。

　　本书基于"非指示性"教育理念和教学策略来构建语文课堂观察体系,分为学理篇和案例篇两大部分。

　　学理篇从教育教学理论和理念的视角,阐述"非指示性"语文课堂观察的基本原则,从教师是否具有学生意识观察课堂教学的人文性,是否具有学科意识观察课堂教学的科学性,是否具有技能意识观察课堂教学的艺术性。其中学生意识要求正确定位教师和学生的作用,引导学生循序渐进地自主学习,引导学生一步不虚地有效学习,引导学生一个不少地加入学习;学科意识要求正确把握学科性质,准确选择学习内容,精确设计学习程序,精巧设置学习题目;技能意识要求仪态雅,眼光活,说话美,写字巧。人文性、科学性、艺术性三者兼具,才是理想的课堂教学。

　　案例篇从教育教学实践和实施的视角,介绍"非指示性"语文课堂观察的基本评价,分为现代文课堂观察和文言文课堂观察。现代文分为文学类与非文学类,分别选择了散文、小说、诗歌和书信、说明、议论等常见文体的相关案例。文言文分为散体文和非散体文,分别选择了叙事、言理和唐诗、宋词等常见文体的相关案例。这些案例或来自小学,或来自初中,或来自高中。每个案例都由三部分构成,第一部分为教学概述,第二部分为课堂实录,第三部分为观察评价。教学概述包括文本分析、文体分析和教学建议等,课堂实录呈现教师课堂教学的全过程,观察评价从该教师是否具有学生意识、学科意识和技能意识三方面展开,既有随评又有总评,其中随评出现在实录之中,总评出现在实录之后。随评采用啄木鸟点穴的方式,力求细致、准确和深入;总评以三个意识分条阐述,力求精到、全面和高位。

　　本书所阐述的问题,在现实课堂中较普遍地存在着,具有较大的针对性和警示性,适合中小学教师及师范院校大学生和研究生使用,能给使用者带来课堂教育理念和教学行为的新反思和新启发,加速自身的专业成长。

目　录
CONTENTS

案例篇 "非指示性"语文课堂观察的基本评价

绪论　基于"非指示性"理念和策略的语文课堂观察

"非指示性"语文课堂观察,基于"非指示性"教育理念和教学策略。

"非指示性"教育理念是:把人当人,自主成长。即把学生当作平等的、独立的、积极的生命体,引导学生自主学习、自主判断、自主反思、自主纠正,从而自主成长。其中,"把人当人"是前提,"自主成长"是目的。

因此,"非指示性"语文课堂观察,要观察教师是否把学生当作平等的、独立的、积极的生命体,是否引导学生自主学习、自主判断、自主反思、自主纠正,从而自主成长。

其中,"平等"就意味着课堂上没有师尊生卑的等级,没有教师居高临下的指示,更没有教师言语上的训斥和行为上的责罚,课堂气氛民主,师生关系和谐;"独立"就意味着课堂上学生不是教师的附属和影子,而有各自的人格和个性的思考;"积极"就意味着课堂上学生有自主向上的天性,能在进步中获得信心和动力,并在自我肯定和他人激励中继续向上;"自主"则意味着课堂上学生不是被动地接受教师的传授,依赖地听从教师的指示,而是独立主动地学习、判断、反思、纠正,自觉地走向认知成长和精神成长。

自主学习,是指学生面对未知的文本,能自主运用相应的学习方法独立有效地学习,学得准、细、深、新,获得应有的学习效果,达到预期的学习目标,形成专业的学习能力。自主学习是自主成长的基础。

自主判断,是指学生面对自己的学习结果,能自主运用相应的要求做出基本的判断,知道答案的正与误、学习达成的高与低、学习方法的优与劣,让自己的学习处在理性的清醒的状态下。自主判断是自主成长的前提。

自主反思,是指学生能主动地反思自己的学习:我是怎样学习的? 我这样学习是不是最有效的? 进而反思:同学和老师是怎样学习的? 哪些方法值得自己借鉴? 在具体的学习过程中,则能主动地由文本的新知识、新技能反思到自身的已有知识、已有技能,由文本的新思维、新思想反思到自身的已有思维、已有思想,进而引发自己在知识、技能、思维、思想等方面的调整和提升。学习结束后,又能主动反思自己在学习的准、细、深、新等方面的优点和不足,并反思原因,找出问题。自主反思是自主成长的关键。

自主纠正,是指学生能主动地面对自己学习中的问题和错误,在自主判断和自主反思后,马上付诸实施,纠偏取正,自主完善,自我修复。"非指示性"教育反对教师越俎代庖,如果哪位教师自豪地说:"我把学生作业中的错误用红笔一一纠正过来了。"这样的教师其实是失败的教师;相反,如果教师在学生的作业本上写下:"请把以上两个错误纠正在下面。"第二天教师发现学生在作业本上回复说:"老师,我发现并纠正了三个错误。"这样的教师才是成功的教师。自主纠正是自主成长的保障。

学生能自主学习、自主判断、自主反思、自主纠正,也就分别拥有了自我学习力、自我判断力、自我反思力、自我纠正力。学生能自主成长,也就拥有了自我生长力。

"非指示性"教育追求的终极目标是学生的自主成长,是让学生拥有自我生长力。

因此,"非指示性"语文课堂观察站在新时代的视点上,不赞同古人在造字初期对"教"赋予的含义:教师拿着鞭子,高高在上地呵责学生学习(古字中"教学"的"教"左侧为"学",右侧为教育者手拿鞭子)。这是典型的"指示性"教育。也不赞同古代思想家韩愈对教师的功能和角色做出的定位:"师者,所以传道受(授)业解惑也。"这个定位,把教师看作是无所不能的智慧者,更把教师看作是无所不包的指示者。"非指示性"语文课堂观察赞同现代教育家叶圣陶对教师功能和角色做出的新定位:"教任何功课,最终目的都在于达到不需要教。假如学生进入这样一种境界:能够自己去探索,自己去辨析,自己去历练,从而获得正确的知识和熟练的能力,岂不是就不需要教了吗?……给指点,给讲说,却随时准备少指点,少讲说,最后做到不指点,不讲说。这好比牵着手走,却随时准备放手。"①

"非指示性"教学策略是:教师科学引导,学生自主学习,在教师科学引导和学生自主学习的交互作用中,学生循序渐进地获得认知成长和精神成长。这里包含五层要义:第一,教师的引导必须科学;第二,学生的自主必须有效;第三,教师和学生的作用是各自的,不可替代的;第四,教师和学生的作用是交互的,不可分割的;第五,教师和学生的作用都指向学生的成长。

因此,"非指示性"语文课堂观察,要观察教师的引导是否科学,学生的自主是否有效,教师和学生是否发挥了各自应有的不可替代的作用,教师和学生的作用是否在交互中进行,教师和学生的作用是否都指向学生的成长。

其中,教师的引导必须科学,就意味着必须符合教育教学的基本原则,在循序渐进中进行;学生的自主必须有效,就意味着必须体现认知和精神的成长,在节节向上中学习;教师和学生的作用是各自的不可替代的,就意味着教师要发挥"教"的作用,学生要发挥"学"的作用,教师该教则教,学生该学则学,教师不以教代学,学生也不以学代教;教师和学生的作用是交互的不可分割的,就意味着教师的"教"和学生的"学"是相互依存、相互促进的;教师和学生的作用都指向学生的成长,就意味着教师的"教"必须有助于学生更好地成长,学生的"学"必须是独立的积极的能自主判断、自主反思、自主纠正从而自主成长的。

"非指示性"教育理念和教学策略,是"非指示性"语文课堂观察的起点。

为了在课堂观察中更准确、更细致、更全面地体现"非指示性"教育理念和教学策略,本书从三个维度来观察:第一个维度,从教师是否具有学生意识来观察;第二个维度,从教师是否具有学科意识来观察;第三个维度,从教师是否具有技能意识来观察。有学生意识,才会有课堂教学的人文性;有学科意识,才会有课堂教学的科学性;有技能意识,才会有课堂教学的艺术性。人文性、科学性、艺术性三者俱佳,才是较为理想的课堂教学。

"非指示性"课堂观察,适用于所有学科。而"非指示性"语文课堂观察,则站在语文学科的视点上,观察教师如何科学引导学生在语文学习中自主走向语文成长。

本书将三个意识分章别类,依次展开"非指示性"语文课堂观察。全书分为学理篇和案例篇,其中学理篇阐述"非指示性"语文课堂观察的基本原则,案例篇介绍"非指示性"语文课堂观察的基本评价。

---

① 叶圣陶.为中学语文复刊题词(1977 年)[J].中学语文,2016(10).

学理篇 "非指示性"语文课堂观察的基本原则

"学理篇"从教育教学理论和理念的视角,阐述"非指示性"语文课堂观察的基本原则。分为三章。

第一章从教师是否具有学生意识来观察课堂教学的人文性。

第二章从教师是否具有学科意识来观察课堂教学的科学性。

第三章从教师是否具有技能意识来观察课堂教学的艺术性。

第一章 学生意识：观察语文课堂教学的人文性

"非指示性"语文课堂观察，首先要观察教师是否具有学生意识。

学生意识，是指教师对学生生命的自觉关注，把学生当作行为与心灵相融、知识与情感和谐的完整的生命体，主动从行为主义、唯认知主义的物化教育转向人本主义的人性化教育，关注学生的学习特点、学习差异、学习权利以及学习效果。

其中，对学生生命的自觉关注，意味着教师要尊重生命，关注成长，对学生充满人性化关怀，而非数字化关怀——只关注学生的成绩和分数，带着等级标签去看待学生：这个是优等生，这个是中等生，这个是差等生。后者没有学生意识，只有功利意识。关注学生的学习特点、学习差异、学习权利以及学习效果，意味着教师要关注每个学生真实的具体的学习情况，尤其是弱势学生的学习情况，如果他们的学习特点被忽视，学习差异被忽略，学习权利被漠视，学习效果被轻视，那他们就成了有学习优势学生的陪衬者。教育公平，首先要保证课堂教学的公平。钟启泉先生说："尊重学生的学习权，就是尊重学生最大的人权。"[1]网络上有一个关于"面向全体学生"的调侃语说："考100分的学生你要对他好，以后他会成为科学家；考80分的学生你要对他好，以后他会成为你的同事；考不及格的学生你要对他好，以后他会捐钱给学校。"这些话（尤其是最后一句）就是在提醒教师要有学生意识，要公平对待每一个学生。

有学生意识的教师，才能把人当人，使自己成为名副其实的灵魂工程师；也才能引导学生自主成长，使课堂"由基于教师教的学转变为基于学生教自己的学"[2]。

本章将从以下四个方面依次阐述：正确定位教师和学生的作用；引导学生循序渐进地自主学习；引导学生一步不虚地有效学习；引导学生一个不少地加入学习。

第一节 正确定位教师和学生的作用

正确定位教师和学生的作用，是学生意识的重要体现。

课堂上教师和学生的作用有三种类型：一种是以教师为中心，一种是以学生为中心，一种是不走两个极端，让教师和学生都发挥各自应有的不可替代的作用。

以教师为中心的课堂，自然没有学生意识，教师把控着课堂，以教带学甚至以教代学，学生的学习活动得不到重视，学习效果得不到保障。

以学生为中心的课堂，看似有学生意识，但教师放弃了教，学生以学代教，只在学习表层粗糙地滑行和打转，自主学习成了自发学习和低级学习。

① 钟启泉.国际视野与本土行动——我国课程改革的回顾和前瞻[R]."高中语文新课程骨干教师国家级研修浙江班"专题讲座,2006-6-21.
② 王尚文.走进语文教学之门[M].上海：上海教育出版社,2007:3.

不走两个中心之极端的课堂,则让教师和学生都发挥各自应有的作用,教师该教则教,学生该学则学,在教与学的合力中学生一步步走向自主成长。

正确定位教师和学生的作用,不能走极端,既要杜绝以教师为中心的"指示性"教学,也要警惕以学生为中心的"非指导性"教学,厘清教师和学生各自应有的作用,构建师生交互作用的"非指示性"教学。

一、杜绝以教师为中心的"指示性"教学

"非指示性"语文课堂观察,要观察是否以教师为中心的"指示性"教学,对这种教学要加以杜绝。

以教师为中心的"指示性"教学,是封建社会延续下来的专制的教学形态。课堂上只有教师,没有学生,教学成为教师漠视学生存在、忽视学生生命活力、扼杀学生自主成长的专制行为。"学生,仿佛是教师的附属;教学,仿佛是一种入侵,一种心灵殖民行为"①。

宋濂笔下《送东阳马生序》中的那位教师,就具有这样的典型性。他趾高气扬,"未尝稍降辞色";学生则低声下气,"立侍左右","俯身倾耳","不敢出一言以复"。时至今日,教师还是高高在上,没有走下"神坛",甚至比以前更过分,说起话来指示性十足,不是"你给我"怎样怎样,就是"我要你"如何如何,甚至对学生随意责骂和体罚。现在横行在许多学校的霸道蛮横甚至没有人性的中考标语和高考标语,就是"指示性"教育的衍生物:"扛得住,给我扛;扛不住,给我死扛!""只要学不死,就往死里学!""生时何必久睡,死后自会长眠!"王尚文先生在"全国'非指示性'语文教学改革现场研讨会"(2004年,浙江江山)的专题发言中曾感慨地说:"在封建社会千年的教育史当中,一个主流的现象,就是指示,指示,指示!""由'指示'向'非指示'转变,就是由人与人之间的不平等关系向平等关系的转变。这一转变意义是非常之大!""'非指示性'的理念在教育,甚至在我们国家整个精神文明建设过程当中,都具有非常高的理论价值和实践价值! 精神文明建设的根本要义,就是把人当人。"②

在"指示性"教学的课堂上,教师设定教学目标,指定教学内容,规定教学过程,以教带学,甚至以教代学。如同走路,要走什么路,该怎么走,教师都已经预设定了,并在前面主动带路,学生则在后面被动地跟着走,路上遇到坎坷或荆棘,教师现成地告知学生,并主动解决给他们看;有时甚至嫌学生动作太笨,速度太慢,不让学生走路,背起来一口气走到底,还为快速走完路而自得。以教带学导致的结果是学生没有独立走路的能力,哪天教师不带路了,学生就不知道该走什么路,该怎么走路了;以教代学导致的结果则更严重,学生根本就没有走路的能力,自己该走的路,已经被教师代替着走完了。

鲁迅先生在《这个与那个》一文中意味深长地说:"孩子初学步的第一步,在成人看来,的确是幼稚,危险,不成样子,或者简直是可笑的。但无论怎样的愚妇人,却总以恳切的希望的心,看他跨出这第一步去,决不会因为他的走法幼稚,怕要阻碍阔人的路线而'逼死'他;也决不至于将他禁在床上,使他躺着研究到能够飞跑时再下地。因为她知道:假如这么办,即使

① 王尚文.走进语文教学之门[M].上海:上海教育出版社,2007:5.

② 王尚文."非指示性"就是把人当作人[A]//倪文锦,王荣生主编.人文·语感·对话——王尚文语文教育论集[M].上海:上海教育出版社,2010:316,318.

长到一百岁也还是不会走路的。"①

陶行知先生在《教学合一》一文中也精辟地指出："先生的责任不在教，而在教学，而在教学生学。"②

"指示性"教学，大多缘于教师的控制欲，想控制学生；少数则缘于教师的帮助欲，想帮助学生。但在课堂上都有一个共同的表现，那就是教师忙，学生闲。教师忙，可能忙于满堂灌——教师滔滔讲说，学生默默聆受；可能忙于满堂问——教师越问越来劲，学生越听越茫然；也可能忙于满堂演——时而朗读表演，时而解读表演，学生只是鼓掌者和喝彩者。

但教师的忙，换来的是什么呢？

有这样一个心理学实验：一次测试之后，教师在试卷讲评时将学生分为"不订正组""教师讲解订正组"和"自我订正组"，几周以后重新测试这些题。结果发现，"自我订正组"的正确率最高，而"教师讲解订正组"的正确率并不比"不订正组"更高。③ 这是对教师的忙的极大否定。美国人本主义心理学家卡尔·罗杰斯曾一针见血地指出："凡是可以教给别人的东西，相对地，都是无用的，对于他的行为影响很少，或根本没有影响。……能够影响一个人的行为的知识，只能是他自己的发现并转化为已有的知识。"④一位年轻的语文教师曾有过这样的经历："婚假影响了教学进度，考前还有两篇课文（来不及上），只好让学生'认真'去看了，没想到考试成绩却让人大跌眼镜：没讲的课文比讲过的课文学生得分要高得多！"⑤于是他怅怅然写下了一篇文章——《语文：学你有何用？》（其实应是"教你有何用"），发表在一家知名语文刊物上。

21世纪到来之前，法国一位教育家就预言："21世纪最困难（但）也是最有价值的事是让教师闭上他的嘴巴！"⑥而德国一位教育家则说："中国的教师是世界上最能说的！"有一首歌，由《心太软》仿词而来，是唱给中国的教师尤其是语文教师听的："你总是心太软，心太软，独自一个人讲课到铃响，你任劳任怨地分析那课文，可知道学生心里真勉强。你总是心太软，心太软，把所有问题都自己讲，教学总是简单，交流太难，不是你的，就不要多讲。铃响了，你还不想停，你还要讲几分钟吗？你这样讲解到底累不累？明知学生心里在怨你，只不过想好好讲透课，可惜学生无法给你满分。多余的牺牲，你不懂心痛，你应该不会只想做个'讲师'。噢，算了吧，就这样忘了吧，该放就放，再讲也没用，傻傻等待，学生学会依赖，你总该为学生想想未来！"

再来听听学生的想法。有的学生说：我自己看朱自清的《背影》，看得很感动；但听完老师的讲课，我一点也不感动了。于是他们总结说："我喜欢自己读朱自清，但不喜欢老师讲朱自清。"⑦李镇西先生曾于1990年对刚入学的高一新生进行语文学习小调查，有的学生说："我喜欢语文，（但）不喜欢语文课！"⑧语文教师喋喋不休地讲说，破坏了学生对课文的美好

---

① 鲁迅.这个与那个[A]//鲁迅全集（编年版）第3卷[M].北京：人民文学出版社，2014：419.
② 陶行知.教学合一[A]//李杏保，方有林，徐林祥主编.国文国语教育论典[M].北京：语文出版社，2014：165.
③ 张庆林，杨东.高效率教学[M].北京：人民教育出版社，2002：33.
④ 卡尔·罗杰斯.关于教学和学习的若干个人想法[J].外国教育资料，1984（2）.
⑤ 程永超.语文：学你有何用[J].语文学习，2009（5）.
⑥ 语文学习编辑部.观点[J].语文学习.2002（5）.
⑦ 语文课程标准研制组.《普通高中语文课程标准（实验）》解读[M].武汉：湖北教育出版社，2004：88.
⑧ 李镇西.我们应该成为什么样的语文教师[J].中学语文教学，2016（3）.

印象,也浪费了学生课堂上的宝贵时间。李海林先生说:"我曾经有个很极端的做法,就是当我实在想不出一个更好的办法来教一篇课文的时候,就干脆带着学生把这篇课文读三遍。我始终相信,这样读它三遍,效果一定比我在课堂上言不由衷地讲解要好,至少学生接触了语文本身。"①

理想的课堂教学是教师有意识地闲,学生有价值地忙。

假设有一位乒乓球教练员要给运动员上训练课,他先点名,看看运动员都到齐了,就说:"你们都坐到两边去,看我教练员打球!"接着他满脸风光地打起球来,而且越打越来劲,越打越想打,一直打到下课。铃声响起时,他才恋恋不舍地宣布:"这堂乒乓球训练课就上到这里,下课!"试问有这样的乒乓球教练员吗? 当然不可能有! 再糊涂的教练员,心里都明白:我是教练员,我的职责是教运动员练,是要培养运动员的打球水平,我不能霸占球台,抢占运动员训练的时间;我教练员的打球水平再高,也不可能替代运动员去比赛。可教师呢,却往往不清楚自己的角色定位,总是霸占讲台,滔滔不绝,好为人师,直把教室当"讲室",误将教师作"讲师",自己成了表演者、忙碌者,学生却成了旁观者、空闲者。教师忙、学生闲的结果,自然是教师收获颇丰,而学生却收效甚微。下课后如果拿一份随堂测试卷去检测教师和学生,教师很可能得高分,甚至得满分;而学生则可能得低分,甚至得很低的分。

教师,要向教练员学习!

有些教练员不但不去表演,甚至根本就不会表演。美国前国家游泳队教练员谢曼·查伏尔,就是其中的一位。他曾经为美国及其他国家培养了不少世界级游泳巨星,大名鼎鼎的"飞鱼"施皮茨等名将也出自他的门下。他教出来的运动员曾创造80次美国纪录,打破60项世界纪录,获得16枚奥运会金牌。但令人难以置信的是,这位战功卓著的金牌游泳教练,却是不会游泳的! 在1964年第18届东京奥运会上,美国游泳队共夺得13枚金牌。这一辉煌的成绩,使全体队员高兴得发狂,他们把教练查伏尔高高抬起,前呼后拥着绕游泳池3周,然后又抛到了游泳池里,却发现他们的教练员竟是铁砣子一个!②

这个例子够极端,但也够典型。自己不会游泳,却教出了那么多世界冠军!

由此可以推出一个很极端的观点:语文教师宁可基本功不要太好,只要懂得引导的方法和评判的标准就行:自己读得不好没关系,只要能准确引导和正确评判学生怎样读才是好的就行;自己写得不好没关系,只要能准确引导和正确评判学生怎样写才是好的就行。不然在课堂上总是充满占有欲和表演欲,总是抢占学生宝贵的学习时间。

教师是不是该放就放,关键还是看自己。这方面程翔先生堪称模范。1995年,他在《魂牵梦绕的讲台》一文中这样回忆自己登上讲台的第一堂语文课:"那时的高中语文课本第一篇文章就是朱自清先生的《荷塘月色》。铃声一响,我精神抖擞地踏上讲台。我简单地介绍了朱自清先生的生平事迹后,便开始范读课文。我不是读,而是背。我用标准的普通话将课文背诵下来。学生惊呆了:'真棒,老师读得太棒了!''老师是背下来的,一字不差!''像播音员一样的声音,真好听。'学生窃窃私语。"③但进入新课改后,他的观念完全转变过来,不想在课堂上范读表演了。2003年,他在《语文教学通讯》杂志社组织的"建业杯"全国中学中青

① 李海林.诗语[J].语文教学通讯(高中刊),2010(10).
② 彭长一."旱鸭子"游泳教练培养世界游泳冠军的奥秘[J].游泳,1995(6).
③ 程翔.魂牵梦绕的讲台[J].中学语文教学,1995(7).

年骨干教师语文论坛上说："过去我喜欢范读，一上来，我先读一遍。现在我基本上不读了，更不去放录音。一定要让学生好好地亲身读。我即使读，也不是示范，而只是一个例子。一定要让学生有自己的阅读体验。"这就是程翔的过人之处！

"非指示性"语文课堂观察，要杜绝以教师为中心的"指示性"教学，把学习权还给学生，让课堂转型，实现四个层级的转变与提升。

第一个层级是把课堂学习的时间权还给学生。从教师教的时间转向学生学的时间，控制教师的教，每节课不能超过三分之一，把尽可能多的时间还给学生，让学生自主学习，自主获得。

第二个层级是把课堂学习的兴奋权还给学生。从教师教的兴奋转向学生学的兴奋，控制教师教的兴奋度，由教师一厢情愿地主动教转向学生的主动学，调动学生的学习激情，让学生学得投入，学得高效。

第三个层级是把课堂学习的方式权还给学生。从教师教的方式转向学生学的方式，控制教师的满堂灌、满堂问和满堂演，不以教的方式代替学的方式，让学生用诵读等语文学习的方式来学习，在诵读中培养自己对语言文字的理解力、感受力、想象力、蓄积力和表达力，并在诵读中走进作者的言语世界和情感世界，丰富和提升自己的言语素养和情感素养。

但做到了这三个层级还不是彻底的改革和转变，还没有完全把学习权还给学生。因为学生的学习内容和学习目标还是由教师单向地指示和确定的，学生还是在教师的控制下被动地学习。学生最大的学习权，是自主选择学习内容和确定学习目标的权利，因此应进入第四个层级：把课堂学习的选择权还给学生，从教师单向决定学习主题（包括学习内容和学习目标）的指示、封闭的课堂形态转向学生自主参与选择的民主、开放的课堂形态，使课堂真正转型，让学生自主成长。

二、警惕以学生为中心的"非指导性"教学

"非指示性"语文课堂观察，要观察是否以学生为中心的"非指导性"教学，对这种教学要加以警惕。

以学生为中心的"非指导性"教学，与前面的"指示性"教学完全相反，课堂上只有学生，没有教师，学生完全按照自己的意愿学习，没有约束，随心所欲，高度自由。该教学由美国人本主义心理学家卡尔·罗杰斯倡导，而后他的学生坦恩鲍姆博士将这种教学法称为"非指导性"教学法。有人将其特征概括为"三无"：过程无固定结构，教学无固定内容，教师无任何指导。过程无固定结构，体现在"教师和学生对整个教学过程的进行无设计、无安排、无组织"[①]；教学无固定内容，体现在"教师不讲课，也不向学生提出任何要求……课堂上只有学生随心所欲、不着边际地自由漫谈。大家谈的都是自己的想法，既不来自书本，也不来自教师或权威人士的思想。所有的思想、热情和感觉都出自于学生自己"[②]；教师无任何指导，体现在"教师在课堂上不作任何指导，不提任何要求。他不讲课，不留作业，不评价学生，不考试，不提问，不评定学生的学习成绩，不干预学生在课堂上的任何活动"[③]。这种教学连"教师本人都不知道课堂的下一刻会出现什么"[④]。因此，"'以学生为中心'的教学，固然在克服

---

①②③　张奇.学习理论[M].武汉:湖北教育出版社,1999:335.
④　钟启泉,黄志成.美国教学论流派[M].太原:山西人民教育出版社,1993:260.

教师中心、学科结构主义及提高学生尊严、重视知情并重发展方面做出了贡献,但是学校生活的过分民主,也许就会形成'自由放任的我行我素'。而30多年来的实践并不像罗杰斯憧憬的那样美好。罗杰斯本人在晚年也对自己的思想产生了怀疑和反思"①。

这种超民主社会形态下高度理想化的教学,目前还缺少生存的现实环境。

新课改之后,国内兴起的许多"生本课堂",也是走学生中心的极端的,其实质也是"非指导性"教学,教师大多没有起到应有的作用。但是,罗杰斯的"非指导性"教学,是站在教育的高空提出的,体现了对理想教育的憧憬,如同马克思对共产主义社会的憧憬一样,都以人的终极发展为目标,因此它是高位的,令人敬佩的。而国内的一些"生本课堂",是低位的,令人深思的,源于对课堂教学本质的错误理解,是对"指示性"教学的矫枉过正,从教师中心这一极端走向了学生中心的另一个极端。

当初起草课程改革方案的领导和专家也都曾受到这种错误认识的影响,将"教师为主导"与"学生为主体"对立起来,据说"初期语文课程标准不止一个版本,不但回避教师的主导性,而且回避教师的主体性"②。幸好后来正式公布的语文课程标准纠正了这一错误,义务教育课程标准和高中课程标准都写入了这样的话:"教师是学习活动的组织者和引导者。"

国内许多以学生为中心的"生本课堂",大多放弃了教师的教,课堂上只剩下学生的学,从原来的"以教代学"走向了"以学代教";有的则把教的职权下放给了学生,让学生当小老师,先把课文(尤其是文言文)等材料抄写在教室后面的大黑板上,或者投影到教室前面的多媒体上,让两三个学生走到大黑板或大屏幕前依次讲解,行使起教的职权来,下课铃声响起,教师就宣布下课,不提问,不评定,不干预。这和李海林先生在美国听到的一堂课差不多:"在大约45分钟的时间里,有十几名学生念自己写的碑文,老师始终坐在办公桌后面听,听完后鼓掌,然后学生把作业交给他,他看一看,似乎还记录了一点什么,然后再抽签,抽到的学生上台讲。老师没有说过一句话,其他学生也听着,没有说话。有个别同学举手,但老师没有看到。"③

这是"非指导性"教学在整节课中的表现。要说在某个教学环节中的表现,则更加常见,更为普遍,有的在新课改之前就已经出现了,甚至也出现在以教师为中心的"指示性"教学的某些环节中。

比如小组讨论的环节。学生往往不清楚小组讨论要达到什么目标或要求,甚至连小组讨论的任务都不是很明晰,就一哄而上,热热闹闹地讨论起来了。讨论过程随意,讨论质量粗糙。小组讨论结束后,教师开始点一个个举手的学生发言展示:"来,你说。""来,你来说说。""来,你也说说。"然后问:"还有吗?""还有补充吗?"而学生的发言,大多只是直觉的浅见,个人色彩明显,并没有对小组的讨论进行整合和提升,因此即使点了一大片,也还是低层次的重复。而教师对学生的发言也只是说着"口头禅"式的赞许:"好的""不错""也可以"。至于为什么是"好的",为什么是"不错",为什么是"也可以",教师并无解释,甚至也解释不清楚。学生发言结束后,教师也并不跟进介绍自己对该问题的基本理解,以教促学。因此,经

① 叶浩生.西方心理学的历史与体系[M].北京:人民教育出版社,1998:588.
② 孙绍振.钱梦龙的原创性:把学生自发主体提升到自觉层次[J].语文学习,2015(10).
③ 李海林.缺少互动的课堂——《科学家》课例评析[A]//美国中小学课堂观察——一位教育学教授的笔记[M].北京:教育科学出版社,2015:58—59.

过小组讨论和发言展示，大家的学习并没有获得质的提升，甚至没有量的改变，"萝卜炒萝卜，还是萝卜"。新课改之后，"小组讨论"一词用得少了，大多改为"合作探究"，但换汤不换药，学习效率仍然低下。有些教师对这种方式也逐渐产生了怀疑，甚至提出要摒弃"小组讨论"和"合作探究"；但很少有教师想过问题出在哪儿，更没有往教师自身去找原因。

再比如课文朗读的环节。教师总是让这个学生起来朗读，那个学生起来朗读，个体朗读完又接着集体朗读，但并没有对朗读提出明确的要求（虽然小学开始就有通用的三级朗读要求"正确、流利、有感情"），学生只是本能地随性地读。读完后，教师也只是本能地随性地表扬："读得不错""读得很好"。但也说不出确切的评价依据来，更没有通过自己的示例性朗读与学生交流，让学生获得启示，得到提升。

还有课文解读的环节。面对一篇课文，教师总是鼓励大家说出自己的个性化理解，说出"一千个哈姆雷特"，致使学生天马行空地尽情发挥，把自己的"求异思维"表现到极致。解读课文《珍珠鸟》，有的说作者太残忍，不爱护动物，把鸟关在笼子里，是对鸟的虐待；有的说小鸟太愚蠢，被关起来不以为苦，反以为乐，不会追求自己的自由，是奴才性格的表现。解读课文《台阶》，有的说父亲太虚荣，为了造台阶而赔了身体折了健康；有的说父亲太奢侈，造九级台阶就是为了追求豪华的享受。解读课文《离骚》，有的说屈原太自负，所以才不合群；有的说屈原太自恋，所以没人理他；有的说他一根筋，不知变通。教师面对这些脱离课文的"创新"解读，只是一味地鼓励："观点很独特""表达很创新"。自己却不解读，不分享，不起作用，或者只是说些"我想也许差不多，不过恐怕不一定"之类的胡话，就结束该环节的学习了。

因此，以学生为中心的"非指导性"教学，看似民主，实则松散；看似热闹，实则低效；看似有趣，实则无益。许多学校最后往往因为教学质量下降、考试成绩退步而偃旗息鼓，草草收场，并纷纷归咎于课改，然后马上转身，回到原点，从学生中心重新回到教师中心。其实，任何极端的思维、极端的做法都是不理性、不科学的，也不符合教育教学的基本特点和基本规律。

从历史上看，学生极端主体论也曾在西方一些国家盛行过，并已给他们的基础教育带来了极大的损害，这个教训我们必须记取。

以教师为中心的"指示性"教学，可以称之为第一层级的教学形态；以学生为中心的"非指导性"教学，可以称之为第二层级的教学形态。这两种教学，都因为走极端而导致了同一种结果：高耗低效。前一种是教师在课堂上高耗，后一种是学生在课堂上高耗，而学生的学习则同样是低效。因此，构建高于两个"中心"的第三层级的课堂教学形态——"非指示性"教学，是时代的应然需求。

三、构建师生交互作用的"非指示性"教学

"非指示性"语文课堂观察，要观察是否厘清了教师和学生各自应有的作用，是否构建了师生交互作用的"非指示性"教学。

与"指示性"教学和"非指导性"教学不同，"非指示性"教学不走"左倾"或"右倾"两个极端，既不以教师为中心，也不以学生为中心，既是对以教师为中心的"指示性"教学的反拨，也是对以学生为中心的"非指导性"教学的反拨，在对两者的反拨性整合中取名"非指示性"，让教师和学生都发挥各自应有的作用。其中，教师的作用不是强力控制的"指示"，也不是放任不管的"非指导"，而是民主和科学的"引导"；学生的作用不是丧失自我的"被指示"，也不是

盲目自我的"不被指导",而是保持独立自我的、在教师引导下的自主学习。

理由很简单:课堂上既然有教师,有学生,双方就应该起到各自应有的作用,不能弱化甚至"消灭"另一方,而应该形成合力,交互作用,让学生更好地自主成长。

在"非指示性"教学中,教师和学生如何在交互中发挥各自应有的作用呢?

先说说教师这一方——

教师始终发挥着引导的作用,伴随着学生自主学习的整个过程。

首先,在学生自主学习前,教师引导。这时的引导体现为主动说明,说明学习的任务、要求和时间,让学生朝着明确的方向和目标去学习,防止学习的盲目、随意和低效。

其次,在学生自主学习时,教师引导。这时的引导体现为有效组织,组织学生参与到当前的学习活动中去,或独立学习,或小组交流,或班级交流,不做旁观者和无关者。

再次,在学生自主学习后,教师引导。这时的引导体现为及时促进,促进学生学习的深入,教师通过评价介绍、反馈检测,让学生在已有的学习基础上继续提升。

这就是伴随学生自主学习过程的教师的"三引导"。引导的具体细节,后文还将展开。

这里先说说在一些具有"非指示性"特色的自主学习环节,教师的全程引导。

比如,在让学生自主选择和确定文体的共性学习内容时,教师全程引导。如第一次学习某种文体时,教师先引导学生在自主阅读课文的基础上,尝试着自主概括该文体的特点;在每人独立完成后,再引导学生在四人或六人组成的学习小组内交流,边交流边简要解释理由,努力形成小组的基本共识;之后教师随机抽点小组代表向全班介绍本组的共性观点和个性理解;最后教师也说说自己对该文体的基本理解,与学生交流,并请学生评判。在此基础上,教师又引导学生自主思考该文体哪些内容是必学的,学的顺序如何,学的方法怎样;最后教师也说说自己的基本理解,相互启发和促进。学生对文体特点的理解和学习内容的确定会存在认识上的差异或差距,但教师引导的过程,就是不断提升认识的过程。

再比如,在让学生自主提出问题和探究答案时,教师全程引导。先引导学生在深入理解课文内容的基础上,以挑剔的眼光自主提出一两个有深度或有新意的问题,然后自主探究,寻找答案;每人独立完成后,再引导学生在小组内交流,相互评价和完善,然后让每组推出一个有深度或有新意的成果向全班介绍;之后教师也说说自己的疑问,并引导学生现场探究;最后教师介绍自己的基本理解,与学生交流,并请学生评判。学习结束时教师主动介绍学习意图,继续引导他们思考:刚才让各位提出问题,并自主探究,是要培养质疑的习惯和探究的品质,这是深化课文学习的重要环节。

再比如,在让学生自主总结学习收获或学习启示时,教师全程引导。首先让学生明确学习要求:总结收获简洁、准确、全面,总结启示真诚、深刻、独到;再引导学生独立完成,并在小组内相互交流;随后组织班级交流,教师先抽点学生随机发言,再让举手的学生自主发言(随机发言,能听到真实的;自主发言,能听到精彩的),让学生在交流中相互启发,相互促进。最后教师也说说自己的评价和总结,继续引导和激励学生的学习。在总结的过程中,教师还要引导他们从正反两方面进行。具体的引导内容后文还将展开。

总之,只要有学生的自主学习,就有教师的科学引导。

教师的引导,不是要限制和阻碍学生的自主学习,相反,是为了促进和提升他们的自主学习。如果说学生的自主学习如同鲜活的河水向前奔涌,那么教师的引导就是为河水奔涌提供基底和方向的河床与堤坝。河水奔涌往往是随性的,需要河床和堤坝的理性引导,方能顺利地流向远方。因此，在学习内容上，教师并不一味顺着学生本能的喜好，重要的必须学习的内容仍将引导学生主动学习，主动获得；在学习方式上，也不完全按照学生偏爱的方式进行，没有读的习惯偏要引导学生培养读的习惯，没有说的能力偏要引导学生培养说的能力。只是教师的引导并非专制、指示和盲目，而是尊重、民主和科学。

再说说学生这一方——

学生始终发挥着自主学习的作用，贯穿在教师引导的整个过程中。

前面列举的具有"非指示性"特色的三个环节，就具有典型性。这些环节都在教师引导下充分体现学生的自主学习：自主选择和确定文体的共性学习内容，自主提出问题和探究答案，自主总结学习收获或学习启示。就自主选择和确定文体的共性学习内容来说，学生在教师引导下，需要通过课文的学习，自主思考和归纳其文体特点，自主选择和确定该文体共性的学习内容。就自主提出问题和探究答案来说，学生在教师引导下，需要透过课文由表及里地自主提出有深度或有新意的问题，并自主探究，形成对该问题的基本理解。就自主总结学习收获或学习启示来说，学生在教师引导下，需要在整节课自主学习的基础上，经过自我提炼，自主总结出简洁、准确、全面的学习收获或真诚、深刻、独到的学习启示。

学生的自主学习，因教师的科学引导，而体现出充分度、开放度和高度。

充分度体现在"非指示性"教学丰富多样的学习形式中。这些自主学习，既有个体的初始性学习，又有集体的完善性学习；既有相互介绍的学习，又有相互评价的学习；既有听取同学发言的学习，也有听取老师发言的学习；既有自我探索的认知学习，又有自我反思的元认知学习。

开放度体现在"非指示性"教学"二不""四自"的原则中。"二不"是指教师不指示学习目标，不指示问题答案；"四自"是让学生用自己的心灵去感悟，用自己的观点去判断，用自己的思维去创新，用自己的语言去表达。其中，"不指示学习目标"是指教师不单向指示学习的内容和目标，而让学生根据文本特点和自身特点，自主选择学习内容、确定学习目标（比前面基于文体特点选择和确定共性学习内容的自主学习更开放）；"不指示问题答案"是指教师不现成告知答案，不以教师的理解代替学生的思考，而让学生自主探究，形成各自的基本理解。前者强调学习内容、学习目标的自主性和差异性，后者强调问题答案的自主性和独立性。教师不把自己的感受、理解、判断等强加给学生，而让学生在自主学习中用自己的心灵感悟文中的内容和思想，用自己的观点判断文中的形式和技巧，用自己的思维创新文中的观点和结论，用自己的语言表达文中的精彩和特色。

高度则体现在"非指示性"教学"自主成长"的理念中。学生自主学习的终极目标，不是为学习而学习，而是要在自主学习的过程中学会自主判断（能评价自己、评价他人）、自主反思（能发现问题、找到原因）、自主纠正（能及时解决、主动修复），最终走向自主成长，形成自我生长力。因此，"非指示性"教学的自主学习，不只是获得知识和内容，还要获得能力和方法；不只是获得认知的成长，还要获得元认知的成长。

如果说，教师的科学引导是贯穿课堂的一条线，那么学生的自主学习就是课堂上的一个个有序的点。学生的自主学习因教师这条线的科学引导而循序渐进、逐级向上。

因此，在"非指示性"教学中，教师的科学引导和学生的自主学习，既各自独立，不可替代，不可偏废；又交互作用，不可分割，相互促进。

正因为如此，"非指示性"教学对教师和学生的要求不是降低，而是提高。教师作为引导者,至少要打造"三引导"的能力:学习前主动说明的能力(说明学习的任务、要求、时间),学习时有效组织的能力(组织学生独立学习、小组交流、班级交流),学习后及时促进的能力(以评价介绍、反馈检测来促进)。学生作为自主者,要着重培养"四自主"的能力:自主学习,自主判断,自主反思,自主纠正。只有这样,"非指示性"教学才能使课堂更开放,效果更显著,教师更专业,学生更智慧。

第二节　引导学生循序渐进地自主学习

引导学生循序渐进地自主学习,是学生意识的重要体现。

传统教学立足于教师的教,大多缺少学生意识,教学开始时就把课文主题、写作背景等结论性知识现成地告知学生,学生没有探究的空间;教学内容由教师单向设定,学生没有选择的权利;教学方式多为演绎式的代入和验证,学生没有发现和探索的可能;教学结束时教师单向地总结学习,学生没有自主总结的机会。

"非指示性"教学立足于学生的学,与上述方式完全相反:教师不预先告知结论性知识,引导学生在情感和认知的双激趣中导入学习;教师不单向指示教学内容,引导学生在文本和自身的双权衡中自选学习;教师不运用演绎法教学,引导学生在发现和探索的双方式中自主学习;教师不单向总结学习,引导学生在成绩和问题的双反思中自主总结。通过这些方式,科学地引导学生循序渐进地自主学习。

一、在情感和认知的双激趣中导入学习

"非指示性"语文课堂观察,要观察教师是否能科学地引导学生在情感和认知的双激趣中导入学习。

导入,顾名思义,是引导学生进入新课学习。导入是艺术,更是科学,教师要基于学生的情感和认知进行引导,让两者都得到最大程度的激发,顺利地进入新课学习。

以小学课文《珍珠鸟》为例。教师先在情感上激发,问学生:看到"珍珠鸟"这个名字,你们会有怎样的感觉?学生一般会说听到这个名字,觉得这种鸟很可爱,很小巧,像珍珠一般美好,很想看看它,摸摸它。然后教师在认知上激发,让学生发挥想象,口头描述一下珍珠鸟的样子。再问学生:你们想知道作者是怎样描写珍珠鸟的吗?想知道珍珠鸟有怎样有趣的表现吗?想知道作者对珍珠鸟是怎样的感情吗?在学生的情感和认知都得到较为充分的激发后,教师再引导他们走进课文,自主学习。

导入容易出现以下几种问题——

第一种:脱离学生,教师中心。这种导入只是基于教师已有的情感和认知,直接告知学生结果:"珍珠鸟是一种可爱的却又怕人的鸟,作者在和珍珠鸟相处的过程中,产生了美好的感情,生发了深刻的感悟,还用细腻的文笔对珍珠鸟做了生动的描写。现在就让我们走进课文。"或者问学生:"同学们,你们喜欢珍珠鸟吗?"有学生可能会说:"没看过,不喜欢。"教师当作没听见,自顾自往下说:"今天我们就来学习新的课文《珍珠鸟》。"这些导入,都是以教师为中心的"指示性"教学。

第二种:脱离文本,无关漫谈。这种导入不是根据课文的内容来激趣,而是漫无边际地

问学生："你喜欢什么鸟？为什么喜欢？"于是学生在课堂上漫谈开了，有的说喜欢喜鹊，因为喜鹊很活泼；有的说喜欢画眉，因为画眉很可爱；有的说喜欢鹦鹉，因为鹦鹉很聪明；有的说喜欢鸽子，因为鸽子蛋好吃……学生说了好多，偏偏说不到珍珠鸟。这时教师话题一转，说："今天我们要学习《珍珠鸟》。"于是在黑板上书写"珍珠鸟"三个字。这种漫谈式的导入，没有针对性，往往导而不入。

第三种：脱离语言，视觉引入。这种导入不是通过话语进行，教师什么也不说，直接播放珍珠鸟的图片或视频，然后说："今天我们学习的就是刚才看到的这种鸟——'珍珠鸟'。"或者教师突然拿出一个实物，说："老师给你们带来一只珍珠鸟。"然后让学生一一观察珍珠鸟。最后问大家："小小的珍珠鸟可爱吗？今天我们要学习的课文就叫《珍珠鸟》。"（某个版本的《教师教学用书》就是这么设计的。）这些视觉引入的方式，看似有趣，实则低级。一是无法深层激发学生在情感和认知两方面的兴趣；二是违背了语文学科的学习特点（下章还将具体阐述），语文的美，是语言的美，是想象的美，而且是基于个人情感和认知的个性的多样的美。

第四种：脱离双向，只顾一端。这种导入没有兼顾学生的情感和认知，或只有情感的激发，或只有认知的激发。下面的导入就只有情感的激发："有一种鸟，原来生活在澳洲东部和印尼东部的热带森林里，大约二十世纪七八十年代，它由澳大利亚引进，来到了中国。它羽色艳丽，体形娇小，叫声细柔，非常美丽，它叫珍珠鸟。听了老师的介绍，你们喜欢上珍珠鸟了吗？好，今天我们要学习的课文就是《珍珠鸟》。"下面的导入则只有认知的激发："假如你家里有一只珍珠鸟，你跟它长期生活在一起，对它很熟悉，有一天老师要你写一篇以'珍珠鸟'为题的作文，你准备怎么写呢？今天我们就看看作家冯骥才爷爷是怎么写的。"

教师如何在情感和认知的双激趣中导入，形式可以多样，方式可以创新，并不是只有如开头所介绍的《珍珠鸟》的一种导入样式。

下面是初中课文《范进中举》的一种导入样式——

同学们好！今天我们学习的课文是——（稍停，让学生一起开口说）《范进中举》。看到这个喜庆的标题，我们都会为范进感到高兴。因为他——（稍停，让学生一起开口说）"中举"了！请问"中举"是什么意思？顾名思义，是——（让学生一起开口说）"考中举人"。（继续问，让学生的情感和认知继续得到激发）为什么考中举人值得高兴呢？因为——（尽可能让大家跟上来）他的命运要逆转了，要过上高人一等的富贵生活了。（再问，继续激发）范进中举容易吗？（稍停，让大家跟上来一起说）不容易。从哪里就能看出不容易？（让大家马上找找）课文标题下面方框里的话告诉我们（让大家一起读）："主人公范进从二十岁开始应考，年年进考场，直到五十四岁才中秀才，紧接着中了举人。"中了举人，范进会是怎样的表现呢？众人又是怎样的反应呢？让我们走进现场，对范进中举的前前后后做一个全面的考察和探究。

下面是高中课文《琵琶行》的一种导入样式——

请各位仔细听下面这首诗（教师念）："残灯无焰影幢幢，此夕闻君谪九江。（放慢速度，让能念的学生一起加入）垂死病中惊坐起，暗风吹雨入寒窗。"请问这首诗的作者是谁？题目是什么？（让学生稍作思考）这首诗的作者是——（让学生跟上来说）唐代诗人元稹，诗的题目是——（让学生跟上来说）"闻乐天左降江州司马"。听着题目，我们就知道，这是为谁写的？——（让大家一起开口说）白乐天，白居易。作者为什么写这首诗？因为听闻——（让大家跟上来说）白居易左降为江州司马了。元稹是白居易的好朋友，这时已贬谪在外，听到白居易也遭受不幸,伤痛不已,写下了这首感人至深的绝句。(继续激发学生的情感和认知)现在让我们穿越时空,来到唐代,假如你就是白居易,你身为谏官,出于正义,直言上书,却被赶出京城,贬为徒有虚职的江州司马,你会是怎样的心情和感受?(继续激发)有一天,你在江边夜送客人,遇上了一个落魄的琵琶女,听到了她如泣如诉的弹奏,你会是怎样的感受?你又会怎样表达你的感受?(让学生思考片刻)现在就让我们走进《琵琶行》,化身为白居易,去听,去看,去想。

教师在导入课文学习时,不管是情感的激发还是认知的激发,都要考虑到学生的学段特点,基于学生已有的情感和认知。

如果要让学生直接对着课文零起点式地素读,读出自己的原初体验和直觉理解,那可以有意略去导入的环节,不做情感和认知的激发。

二、在文本和自身的双权衡中自选学习

"非指示性"语文课堂观察,要观察教师是否能科学地引导学生在文本和自身的双权衡中自选学习。

自选学习并不是随意性学习、低级化学习,而是针对性学习、个性化学习。教师要在学生自主选择前介绍选择的原则和方法,让学生依据文本特点和自身特点来选择学习内容,确定学习目标。

文本特点,是指文本在语文学科属性上的特点(而不是在"泛人文"甚至在"泛科学"上的特点,后文还将具体阐述),以"两特一先"为选择原则:本文特有的、特别值得学习的、语言学习优先。自身特点,是指自己在认知和情感方面的特点,如擅长哪些、不擅长哪些,喜欢哪些、不喜欢哪些。因此会出现两种选择,一种是"扬长式"的选择,即选择自己擅长的或喜欢的;一种是"补短式"的选择,即选择自己不擅长的或不喜欢的。如果选择两个学习主题,可以一个是"扬长式"的,一个是"补短式"的;也可以都是"扬长式"或"补短式"的。选择的原则是:立足文本特点反观自身特点,看看文本中的哪些特点是自身需要学习的,能起到"扬长"或"补短"作用的,力求使自己的选择具有针对性和发展性。

选择学习主题时,教师要引导学生边浏览课文,边在学习纸上罗列出若干个学习主题,可用名词性偏正短语来表述,如新颖的语言、巧妙的构思等,最后从中选择两个左右(课时充裕时可多选几个)。

自主选择并不是一次性完成的。每人初次选择后,都要在小组内介绍各自的学习主题,并说说选择的理由,相互交流,相互启发。之后教师也说说自己作为本文的学习者,会选择哪些学习主题。教师一般会多列举几个,以给学生尽可能多的启发。每人听了同学和老师的介绍后,再次对自己初选的学习主题认真审视,以文本特点和自身特点为依据,或调整,或完善,或坚持初衷。

完成选择后,每人围绕各自的学习主题研读欣赏,自主探究。

上面的自主选择已经有别于本书第一节介绍的基于文体特点的"自主选择和确定文体共性学习内容"了,那还是基于文体特点的共选式的学习,学生需要思考该文体有什么特点,哪些内容是该文体必须学习的,学的顺序如何;而这已是在文体学习已经过关的前提下的自选式学习。

因此,学生自主选择学习主题的类型有三种:自选式学习;共选式学习;自选共选式

学习。

　　上面属于第一种类型：自选式学习。

　　第二种类型是共选式学习。让学生共同选择几个学习主题，形成共识后，再依次展开学习。其中最常见的即是基于文体特点的共选式学习，因为每种文体都有一些共性的学习主题：散文有个性化的内容、个性化的语言、个性化的情感和个性化的技巧，诗歌有情感之美、内容（含意象）之美、语言（含音韵）之美和节奏之美，小说有主题的深刻之美和表达主题的技巧（人物、情节、环境等）之美，说明文有说明对象、说明顺序、说明方法和说明语言四个要素，议论文有论点、论据和论证三个要素，文言文有"言"（语词、语句）和"文"（文章、文化）两个要素。在初次（或每学段第一次）学习每种文体时，教师都要引导学生思考：该文体的特点是什么？该文体哪些方面是必须学习的？学习顺序是怎样的？让学生在交流中形成共识，然后进行共选式学习。此外也有不是基于文体特点的共选式学习，比如在某一类文体学习过关后，该文体下某篇课文遣词很独特、布局很独到，这些明显的特点一旦被学生共同关注到，就可开展共选式学习。完成共选式学习后，一般要留出一个简短的自由学习的时间，让每人根据自己的需要，或就自己感兴趣的内容自由研习，或就自己有疑惑的问题自由探究，或就自己有想法的话题自由阐述。

　　第三种类型是自选共选式学习。先自选式学习，让每人根据自己的直觉爱好，就自己喜欢的或印象深刻的一两个方面自主展开学习，作为自己的"小快餐"或"开胃羹"，让自己的直觉爱好得到基本满足——或"甜食"，或"辣味"，因人而异，自主选择；再相互交流学习心得，说说自己喜欢或印象深刻的理由。之后进入共选式学习，让大家共同选择一两个体现重点或难点的学习主题，作为"正餐"或"主菜"，一同展开细致的品味和深入的赏析。共同选择学习主题时，教师要引导全体学生在充分交流的基础上反复论证、慎重确定，力求既反映大多数人的意向，也有利于全体学生的提高。共选的学习主题如果有少数学生在自选式学习中已初步学习过，那么共选式学习的主要目标就是细化、深化各自的学习；如果与大多数学生的自选式学习主题相同，那就以自主提问、自主探究、相互辩论的方式进行，在学习中形成更多的个性理解和共性认识。另一种学习顺序是先共选式学习、后自选式学习，即先共同聚焦重点或难点，一起学习，然后因人而异，自主开展个性化的探究和补充性的学习。两种顺序，各有特点。先自选后共选，能使学习由粗到细，由浅入深；先共选后自选，能使学习由点到面，由此及彼。

　　引导学生自主选择学习主题，是"非指示性"教学的一个重要标志。

　　可能有人会说：现在的学生学习都很被动，不具备自主选择、自主学习的条件。而这正是我们需要反思和改变的。一个教师，如果始终奉行"指示性"教学原则，那他的学生始终不会自主学习，自主成长。就像一只跳蚤，原本可以跳到自己身体的400倍高，但一旦被放进玻璃杯，加上盖子，它就逐渐适应了在玻璃盖子下的空间里跳跃，即使悄悄撤走盖子，跳蚤也跳不出这个杯子，失去了"跳高冠军"原有的能力。这就是"跳蚤人生"！著者以前在中学任教，每次对刚接任的班级开展"非指示性"教学尝试时，都会出现学生不适应的现象。比如2003年10月6日那天，著者在刚接任不久的高二（2）班第　次上"非指示性"课，就发现这些接近成年的学生已习惯于"指示性"教学，难以从被动的角色中走出来。其中毛继超同学在学习纸上写下了这样的反省语："课堂上没有积极发言，缺少胆量，只是做听众，没有成为班级的主人，导致许多想法不能与同学交流。希望下次能做得好些。"而语文课代表江锦霞同学写下的反省语更是令人深思:"沉默伴随我走过了小学、初中乃至现在,可以说已成了习惯。因此,上课不发言的习惯养成了。由于长期的应试性教育,主动思考的细胞也几乎被磨灭完了。因此,本人全身是缺点,找不到半个优点。我想改,但习惯是很难改的。我想我会努力,有一个开始,就会有将来。"①

要改变现状,教师就要主动告别"指示性"教学,让学生自主选择学习内容,确定学习目标,增加课堂的开放性和民主性。只有教师主动打开那只"玻璃盖子",才能让学生越跳越高,越跳越有生命活力。

其实建构主义的学习观也对教师提出了新的要求:"教学目标应该是教师和学生协商制定的。"该学习观认为:"传统的教学目标设计是由教师根据课程标准独立完成的,然后,教师把自己设计出来的目标强加给学生,学生只是被动地接受目标并且按照教师事先设计好的目标展开学习;而用建构主义学习观来指导教学目标的设计,学生则将参与到目标设计的整个过程之中,学生和教师共同协商、相互配合来完成目标的设计,并且,学生对目标的达成还应该有充分的自我预期。"②杜威也曾说:"要使教育过程真正成为师生共同参与的过程,成为真正合作的相互作用的过程,师生两方面都作为平等者和学(习)者来参与的。"③

"非指示性"教学跨步更大,已经在"协商""参与"的基础上,引导学生在文本和自身的双权衡中自主选择,自主决定了。这一方面是因为教师的引导能够起到保驾护航的作用;另一方面则必须让学生独立迈出这第一步去,即使走法幼稚,动作迟缓。课堂教学的最终目标,就是要引导学生独立学习,自主成长。

三、在发现和探索的双方式中渐进学习

"非指示性"语文课堂观察,要观察教师是否能科学地引导学生在发现和探索的双方式中渐进学习。

之所以这样要求,是因为发现式和探索式学习,才是名副其实的自主学习。目前大部分语文课堂,即使让学生自主学习了,但教学方式还是代入式和验证式的——教师先亮出结论,然后让学生从文中找出依据依次代入,以此来验证教师所亮结论的正确性。这种自主学习,培养的不是学生独立思考的能力和自主创新的品质,而是盲目顺从的习惯和因循守旧的习性,因此只能称之为假性的自主学习。

但这种代入式和验证式的教学方式,一直占据着中小学各科的课堂。理科的课堂上,教师大多先亮出公式、定理、概念等,然后让学生计算一个个题目,解决一个个问题,以此来验证公式、定理、概念等结论的正确性。而在语文课堂上,教师则先解释课文题目的意旨,再介绍作者和写作背景,让学生先知道结果,再往下学习,边学习边代入和验证,而且还现成地亮出课文的主旨句,让学生从文中找出相应的语句或语段逐一代入和验证。学习的过程,就是不断代入和验证的过程。代入和验证结束了,学生的学习也就结束了。

这样的"教学法"从小学一直贯穿到高中。只要上语文课,几乎都是这样的方式和步骤:第一步,教师解释课题意旨;第二步,教师介绍作者和写作背景;第三步,教师找切入口,亮主

① 郑逸农."非指示性"语文教育初探[M].杭州:浙江教育出版社,2006:226.
② 倪文锦,谢锡金.新编语文课程与教学论[M].上海:华东师范大学出版社,2006:23.
③ 王承绪,赵祥麟.西方现代教育论著选[M].北京:人民教育出版社,2001:48.

旨句;第四步,让学生对着主旨句依次代入和验证;第五步,完成任务,结束学习。比如:教学小学课文《自己的花是让别人看的》,教师先告诉学生:文中的主旨句是"多么奇丽的景色!多么奇特的民族!"然后要学生说说课文哪些地方表现了"奇丽的景色",哪些地方表现了"奇特的民族";教学初中课文《藤野先生》,教师先找出主旨句:"他的性格,在我的眼里和心里是伟大的,虽然他的姓名并不为许多人所知道。"然后让学生说说课文哪些地方写了他的"性格",是怎样表现他的"伟大"的;教学高中课文《在马克思墓前的讲话》,教师先点明主旨句:"这个人的逝世,对于欧美战斗的无产阶级,对于历史科学,都是不可估量的损失。"然后问学生:课文哪些地方写了"对于欧美战斗的无产阶级"是"不可估量的损失"? 哪些地方写了"对于历史科学"是"不可估量的损失"?

如果课文缺少现成的主旨句,教师就主动概括出来告诉学生。比如:教学课文《伯牙绝弦》,教师会说:俞伯牙和钟子期的感情,用一个词来概括就是"知音";接着问学生:课文的前半部分是怎样表现"知音"的? 后半部分又是怎样表现"知音"的? 教学课文《老王》,教师会说:"老王"这个人概括起来就是两个字,一是"善"字,二是"苦"字;然后问学生:他的"善"表现在哪里? 他的"苦"又表现在哪里?

如果课文的标题就是"文眼",教师就教得更直接、更简单。比如:教学课文《拿来主义》,教师就问学生:什么是"拿来主义"? 为什么要"拿来主义"? 怎样"拿来主义"? 教学课文《伟大的悲剧》,教师就问:为什么说是"伟大的悲剧"? 其中"悲剧"体现在哪里? "伟大"又体现在哪里?

这种"教学法",不仅在平时的教学中普遍运用,还在各种公开课、竞赛课上广泛使用,并被奉为成功秘诀。一位教师在教学课文《小石潭记》时,要学生分别用"小""石""潭""记"来说说课文哪些内容分别表现这四个字;另一位教师在教学课文《口技》时,告诉学生这篇课文可用一个"善"字拎起,然后问学生:"善"在哪里? 怎样写"善"? ……这种教学,受到许多听课教师的追捧,认为这是"牵一发而动全身"的巧妙设计。

这种教学其实是典型的以教师为中心的指示性、演绎式教学。教师始终处在中心地位,以教定学,以教限学,教学的起点是教师的教,教学的终点还是教师的教。学生学习的过程,不是主动发现和探索的过程,而是被动代入和验证的过程。

陈钟梁先生曾在《文汇报》上发表文章《美国教师教"蚯蚓"》,介绍他在美国听到的一节小学自然常识课"蚯蚓"。上课伊始,老师说这节课要上"蚯蚓",请同学们准备一张纸,上来取蚯蚓。同学们捏着纸片纷纷上讲台盛蚯蚓。许多蚯蚓从纸片上滑落下来,同学们推桌子、挪椅子地弯腰抓蚯蚓,整个教室顿时乱成一团,老师却一言不发,站在讲台上冷眼旁观。同学们抓住了蚯蚓回到座位后,老师开始了第二个教学环节:请同学们仔细观察,蚯蚓的外形有什么特征,看谁能把它的特点补充完整。经过片刻的观察,同学们踊跃举手。一学生说:"虽然看不见蚯蚓有足,但它会爬动。"另一学生反驳说:"不对,蚯蚓不是爬动而是蠕动。"老师加以肯定:"对。"一学生说:"蚯蚓是环节动物,身上一圈一圈的。"老师又加以肯定:"对。"另一名学生说:"它身体贴着地面的部分是毛茸茸的。"老师及时表扬:"对,你观察得很仔细。"又有一名学生说:"老师,我刚才把蚯蚓放在嘴里尝了尝,有咸味。"老师马上鼓励:"对,我很佩服你。"这时,又有一名学生举手说:"老师,我用线把蚯蚓扎好后吞进了喉咙,过一会把它拉出来,它还在蠕动,说明它生命力很强。"此时老师的神情变得庄重起来,激昂地说:"完全正确! 同时我还要赞扬你在求知过程中所表现出的这种勇敢行为和为科学献身的精神。同学,我远不如你!"①

这样的教学,才是真正的教学。教学的本质,就是教师运用自己的智慧,引导学生自主发现,并自主探索,从而自我突破,自我超越。学习的本质,就是学生怀着好奇心,去发现未知的领域,探索未知的奥秘,从而获得心智的提升和精神的成长。

这位美国教师,运用的是非指示性的、归纳式的教学——教师不指示教学的结论,而让学生在具体的、感性的学习活动中自主发现和归纳出抽象的、理性的结论。这样的学习,学生理解深入,印象深刻。更重要的是,它培养了学生自主发现的品质和自主探索的能力,并自然而然地激发了学习的兴趣,在学习中感受到快乐,体验到成长。可以预想,这些可爱的孩子今天是积极探索求知的学生,明天很可能就是善于发明创造的科学家。

因此,我们要变指示性的、演绎式的教学为非指示性的、归纳式的教学,让学生从代入式和验证式的学习中走出来,自主发现,自主探索,自主成长。

如果把课文比作一座山,那么学习课文的过程就是登山的过程,教师要让学生从山脚下起步,一步一步往上攀登,边攀登边自主发现山的特点,探索山的奥秘,并自主归纳登山的方法,培养登山的能力。

下面六步,就是从低到高、循序渐进的归纳法学习:第一步,初读,说感受;第二步,再读,说内容;第三步,三读,说精彩;第四步,四读,说疑问;第五步,五读,说作者;第六步,六读,说积累。下面稍作展开。

预备环节,激趣导入。教师用一段原创的、感情真挚的开场白激发学生的学习兴趣,引导学生进入新课学习。这段开场白不带指示性,不对课文的思想主题、写作背景、写作特点以及学习内容、学习目标等作出明示或暗示。比如学习课文《祝福》,教师不以结论先行的方式导入,即使导入语听起来很美:"看着标题,我们会觉得很喜庆;但是,本文讲述的是封建礼教制度下发生的一个悲剧的故事,主人公祥林嫂,是一个没有春天的女人。现在让我们带着沉重的心情,走进课文,走进鲁镇。"

第一步,初读,说感受。教师不在学生没有接触课文前就单向灌输,不以自己的既定结论先入为主地影响学生,而让学生打开书本,自主朗读,要求读得感性,并用一句话说说自己的初读感受,以此培养学生纤细的感受力,也培养有感即发、真情表达的好习惯,不说假话、空话和套话。

第二步,再读,说内容。学生用默读的方式再读课文,要求读得理性,并用一句话说说本文的内容,以此培养学生整体的感知力,也培养学生即时概括、随时提炼的好习惯。

第三步,三读,说精彩。学生以略读的方式三读课文,并用几个名词短语说说本文特有的特别精彩的几个学习点,培养学生敏锐的判断力,也培养学生自主发现的好习惯;再就其中特别值得学习的方面自主品读和欣赏,读出字里行间的深层意蕴或深刻内涵,并读出自己富有个性和新意的理解。

第四步,四读,说疑问。学生以浏览的方式四读课文,自主提出一两个有深度或有新意的问题,并自主探究,形成自己的基本理解,培养独立质疑的习惯和自主探究的能力。

第五步,五读,说作者。学生以跳读的方式五读课文,借助课文注释等资料,尝试着说说作者的写作背景、写作意旨、写作风格等,增进对课文表达内容和表达形式的理解,更深入地

---

① 陈钟樑.美国教师教"蚯蚓"[N].文汇报,1996-12-2.

走进作者，走进文本，并走进自己的内心，反思自己的写作。

第六步，六读，说积累。学生以选读的方式六读课文，先聚焦新鲜字词，现场积累，并相互检测；再聚焦语言优美、情感优美或思想优美的语段，读出感受和享受；对其中的妙语佳句，熟读成诵，生成积累，并现场展示。妙语佳句的范围很广，既可以是文学类的细腻的感性描写，也可以是论述类的深刻的理性阐述，还可以是实用类的简洁的事理说明。之后全体学生带上自己的理解和体验，齐读课文，把全班的学习气氛推向高潮。

结束环节，总结学习。课文学习结束后，每人说一句总结语，从正反两方面总结自己的学习收获或学习启示，让自己站在制高点上，以总览的眼光和理性的态度对自己的学习进行概括、反思和提升。

以上"六步教学法"，按照学生学习语文的基本顺序来设计，引导学生从山脚下一步步往上攀登，在发现和探索的双方式中渐进学习，与代入式和验证式的"指示性"教学有着本质区别。

当然，"六步教学法"只是其中的一种方式。只要符合"非指示性"理念，让学生在发现和探索的双方式中渐进学习的，都是好的方式。

四、在成绩和问题的双反思中总结学习

"非指示性"语文课堂观察，要观察教师是否能科学地引导学生在成绩和问题的双反思中总结学习。

这也是"非指示性"教学的一个重要标志。学生自主反思在课堂上学到了多少，学得如何，还存在什么问题，原因在哪，可以更准确地认识自我，提高元认知水平。而作为教师，可以从学生的总结反馈中真实地了解学生到底学到了多少，学得如何，问题在哪，并据此对教学做出诊断，及时调整教学行为和引导策略。

但在现实课堂上，教师往往越俎代庖，主动总结。一看要下课，就本能地开口："好了，要下课了，我们（其实只是教师一人）来总结一下这节课的学习，这节课我们学习了……，我们已经掌握了……。"似乎只要自己教过了，学生就应该掌握了，形势就是一片大好了。

其实，教得越主动的教师，越需要听听学生的总结——本来以为教了很多，学生收获很大了；但听了学生的总结，才发现学生的收获并不多，而问题却不少。这可反过来促使教师省思自己的教学。国内有些以教学改革闻名的特级教师，往往是因为当初在教学中碰了壁，受了挫，伤了"自尊"，才"痛改前非"，"脱胎换骨"，走向"新生"的。

近年来课堂上还出现了另一种高大上的课堂总结方式：教师用多媒体亮出一段或自创或搬用的诗文，配上音乐，自己深情地朗读一遍，然后在学生热烈的掌声中结束课堂学习。比如教学马丁·路德·金的《我有一个梦想》，就有不少教师搬用青山、国风的诗《我有一个梦想》作为课堂学习的总结："我有一个梦想/那一天世界不再动荡/没有战争、贫困和饥荒/幸福的生活充满阳光/和平的鲜花到处开放/我有一个梦想/那一天人类不再忧伤/没有恐惧、歧视和眼泪/欢乐的歌声响彻四方/自由的鸟儿展翅飞翔/我有一个梦想/那一天大地不再凄凉/没有破坏、掠夺和污染/秀美的山川环抱家园/清澈的江河一片蔚蓝/我有一个梦想/那一天将化作美好的希望/让我们携起手来/迎接这一天的来临/用我们的爱实现梦想！"其实，此梦想并非彼梦想，运用这样的总结语不但不能深化课文的学习，还起到了淡化甚至削弱的反作用。再说，这种以教师为中心的"指示性"教学，总结得再雅再美，也无助于学生的

自主成长。让学生自主总结学习收获,自主反思学习行为,才能获得自主成长。

引导学生自主总结,要在双反思中进行,总结学习中的得与失:既肯定学习中取得的成绩,也发现学习中存在的问题,并列出一条可调整的措施。肯定成绩,是收获;找出问题,也是收获,而且是更重要的收获,可以促使学生直面自我,完善自我,获得知识和人格的双进步。

自主总结的方式可以因课型不同而多样化,只要做到在成绩和问题的双反思中总结即可。

下面是自主总结的样式之一:每人用两句话总结自己的学习,第一句肯定优点,看看自己哪些值得肯定需要保留;第二句反省不足,说说自己哪些应该克服需要调整。要求是:真诚(不虚假)、细致(不笼统)、深刻(不肤浅),三个要求逐级提升。每人先在学习纸上写下关键词句,独立完成后在小组内相互交流,并相互评判,说说达到了三级要求中的哪一级。之后教师随机抽点小组代表向全班介绍,并自评和互评;同时教师相机鼓励:反省是一种可贵的品质,一个人反省得越真、越细、越深,进步也就越大、越快、越持久。①

下面是另一种自主总结的样式:课文学习结束后,教师引导学生主动对自己的学习进行总结,将自己的学习与同学的、老师的、研究专家的进行比较,看看自己哪些值得肯定需要保留,哪些应该克服需要调整;同学、老师、研究专家的哪些值得借鉴需要吸纳,哪些可以参考但不足为训。要求真诚(不虚假)、细致(不笼统)、深刻(不肤浅),三个要求逐级提升。②

下面是又一种自主总结的样式:下课前,教师引导学生每人写下两句话,从正反两方面总结自己的学习收获或学习启示。要求总结收获简洁、准确、全面,总结启示真诚、深刻、独到。其中总结学习收获时第一句总结自己的得,第二句总结自己的失以及改进措施;总结学习启示时第一句正面总结获得的启示,第二句反面揭示自己的现状。每人独立完成后,在小组内交流,然后由每组选出总结收获和总结启示的典型例子各一个,参与全班交流,并自评互评,相互启发,相互促进。

学生在自主总结时,可能会出现这样的现象:忽视或跳过值得肯定的成绩,直接把学习总结写成问题反思。著者以前在中学开展"非指示性"教学时,经常遇到这样的情况,不知道学生是不是因为从小学就开始写检讨书,自我检讨已经成为习惯了。比如:郑雄同学在学习《再别康桥》后写下的自我总结是:"自己的词汇比较贫乏,小组讨论的时候不是十分主动,上课也没有主动发言。以后要主动发言。"③汪琪瑶同学在学习《面朝大海 春暖花开》后写下的自我总结是:"读一个作品,首先都很主观,凭自己的主观印象和第六感觉,想当然地把自己的思想加在作品上,很肤浅地理解,而没有深入地理性分析作者的思想和想表达的内容。"④韩一心同学在学习《雨巷》后写下的自我总结是:"读完这篇经典的现代诗,我的感想却不多,见解也很浅薄,没有深入诗的内部。与同学们丰富的联想有很大的差距;还需多想,多练。"⑤而王丹同学的总结更自责:"与其他同学相比,感觉自己的水平实在是太低了。他们思维活跃,积极发表自己的观点,有些语句真是太好了,我不知道他们是怎么想出来的。他

①② 郑逸农.《"非指示性"语文教学设计研究[M].杭州:浙江大学出版社,2012:56,26.

③ 郑逸农.《再别康桥》教学案例[J].语文学习,2004(3).

④ 郑逸农.步步引导,层层深入——高中语文课《面朝大海 春暖花开》教学实况[J].人民教育,2004(1).

⑤ 郑逸农.走进雨巷,体验意境——《雨巷》"非指示性"课案[J].中学语文教学,2004(12).

们是怎样把文章理解透的呢？上语文课时，我感觉自己就像是一位小学生，在听各个专家的不同理解。心中不免有些自卑，又很着急，这使得我有点害怕上语文课。我多么希望自己也能像其他同学一样出口成章，能够把文章读懂读透。"[1]

教师面对这种"检讨书"式的总结，需要多引导，多提醒，让他们在成绩和问题的双反思中总结学习。对于自卑的学生则要多关注，多鼓励，让他们先用自信的眼光发现自己的优点，肯定自己的成绩，再找出自己的不足，并主动调整对策，跟上集体的步伐，和全班同学一起进步。

第三节　引导学生一步不虚地有效学习

引导学生一步不虚地有效学习，是学生意识的重要体现。

一步不虚地有效学习，就意味着学生的每一步学习都要出实效。以往的以教师为中心的"指示性"教学长期存在着低效现象，教师满堂灌、满堂问、满堂演，从学的角度来说自然是低效的；而近年来出现的以学生为中心的"非指导性"教学，也同样存在着低效现象，学生在课堂上热热闹闹，最后却收效甚微。究其原因，前者是因为教师没有学生意识，学生的自主学习得不到保障；后者看似有学生意识，但学生的自主学习没有得到科学引导：学生开始学习前，教师没有主动说明任务、要求和时间，致使学生学得盲目甚至茫然；学生开始学习后，教师没有有效组织，致使有些学生没有完全参与到学习中来；学生学习结束后，教师没有及时促进，致使学生的学习停留在初始的粗浅的层面上。

因此，引导学生一步不虚地有效学习，要在保障学生自主学习的前提下做到以下三点：在学生自主学习前主动说明；在学生自主学习时有效组织；在学生自主学习后及时促进。

一、在学生自主学习前主动说明

"非指示性"语文课堂观察，要观察教师是否能在学生自主学习前主动说明。

学生自主学习前，教师要主动说明学习的任务、要求和时间，这是自主学习一步不虚、步步有效的前提。

教师如何向学生说明学习的任务、要求和时间三个要素呢？

第一，关于任务。

向学生说明的任务，一要明确，二要可操作。

明确，就意味着任务是明晰的、确定的。"用一句话概括本文的内容"，就是明确的；而"把握本文的内容"，就是模糊的。

可操作，就意味着学习任务可按照一定的程序或方式进行。人的学习可以是外显的，也可以是内隐的；要可操作，就要将内隐行为外显化——或者开口说出来，或者动笔写出来。许多行为动词如"思考""想象""体验"等都是内隐的，行为不可观察，效果不可评价，不宜出现在任务中，如"思考本文的写作特点""想象主人公的心理活动""体验作者的愧疚之情"。只有改为"说说本文的写作特点""写出主人公的心理活动""介绍你体验到的作者的愧疚之

---

① 郑逸农.走进雨巷,体验意境——《雨巷》"非指示性"课案[J].中学语文教学,2004(12).

情",才能使行为可观察,效果可评价。比这些更抽象的行为动词"了解""理解""掌握"等更不宜使用(但教师最习惯使用),学生是否"了解",是否"理解",是否"掌握",只有说出来或者写出来才能评判。有的教师还喜欢用"你能"或"你能不能"领出学习任务,如"你能说说项羽是一个怎样的人吗?""你能不能用图表画出作者所说的藤萝的变迁小史?"这样的任务表述,只有亲切感,没有科学性,感性有余,理性不足。如果学生回答说:"我能。回答完毕。"难堪的可能就是教师了。

任务要同时具备以上两个条件:既明确又可操作。比如"把课文自学一遍",是明确的,但操作性不强:以什么方式自学?是朗读还是默读?而"朗读一下课文",是可操作的,但不明确:"一下"是多少时间?或是多少数量?是三分钟还是五分钟?是朗读课文的部分还是全部?"默读全文,然后写下一句话,表达你的初读感受",就是既明确又可操作的。

此外任务还要符合学段的学习要求。比如学习七年级上册课文《金色花》,教师提出的任务是:"说说作者用哪些意象来表达'母子深情',这些意象营造了一种怎样的意境。"这个任务虽然明确且可操作,但不符合学段的学习要求,让七年级第一学期的学生说说"意象""意境",似乎太早。而学习六年级下册课文《为人民服务》,让学生"说说本文最明显的论证方法是什么",则更早了,把"论证方法"放到小学去学习,不符合学段学习要求。

第二,关于要求。

向学生说明的要求,一要科学,二要有层级。

科学,就意味着所提的要求能体现学习的本质。比如:让学生说说初读感受,要求真诚、细腻、个性化;让学生说说课文内容,要求简洁、准确、全面。其中,"真诚、细腻、个性化",体现了初读感受的本质要求,能防止虚假、粗糙和人云亦云;"简洁、准确、全面",体现了概括内容的本质要求,能防止啰嗦、偏失和不完整。

有层级,就意味着要求有层次和级差,有下、中、上之分。比如:说说初读感受的要求真诚、细腻、个性化,就对应着下、中、上三个层级,其中"真诚"是最低的第一层级的要求,"细腻"是中间的第二层级的要求,"个性化"是最高的第三层级的要求;而说说课文内容的要求简洁、准确、全面,也对应着下、中、上三个层级,其中"简洁"是底限的层级,"准确"是中限的层级,"全面"是上限的层级。

作为要求,要同时具备以上两个条件:既科学又有层级。学生面对这样的要求,既知道学习的方法,也知道学习的方向,使自己的学习变得清晰、透明,既可努力追求,又可自主评价。

其实教师在平时的教学中,心里大多也是有基本的要求的,只是不够清晰或不太科学,也没有主动说出来。现在向学生主动说明学习要求,就将隐性的变得显性,模糊的变得清晰,随性的变得理性,使教学走向透明、民主和科学。

下面仍以前文提到的"六步教学法"为例,说说每一步的具体要求。

第一步:初读,说感受。三级要求是:真诚、细腻、个性化。其中,"真诚"是指表达的感受真实、诚恳,"细腻"是指表达的感受细致、入微,"个性化"是指表达的感受独特、与众不同。以学习课文《再别康桥》为例,如果将感受表达为"只觉得很美很陶醉,一时之间无法找到更恰当的语言来形容",就算达到了"真诚"的初级要求;如果将感受表达为"全诗美极了,给人营造了一个恬静的、安详的又是带着阳光的伤感的美",则达到了"细腻"的中级要求;如果将感受表达为"我觉得作者像一片羽毛,在康桥里飘荡,对身边的景物发出奇妙的想象,有一种很轻柔的感觉"，则达到了"个性化"的高级要求（确切地说是达到了"真诚、细腻、个性化"的高级要求，往下两个层级的要求涵盖在其中。各例同理，不一一说明）。

第二步：再读，说内容。三级要求是：简洁、准确、全面。其中，"简洁"是指概括的内容简要、不啰嗦，"准确"是指概括的内容切合、不偏离，"全面"是指概括的内容完整、不缺少。以学习课文《桂林山水》为例，如果将本文内容概括为"桂林的山和桂林的水"，就算达到了"简洁"的初级要求；如果将内容概括为"桂林的山奇、秀、险"或"桂林的水静、清、绿"，则达到了"准确"的中级要求；如果将内容同时概括为"桂林的山奇、秀、险和桂林的水静、清、绿"，则达到了"全面"的高级要求。

第三步：三读，说精彩。三级要求是：准确、细腻、深刻。其中，"准确"是指赏析得切合、不偏离，"细腻"是指赏析得细致、不粗糙，"深刻"是指赏析得深入、不肤浅。以学习课文《荷塘月色》为例，如果欣赏的是本文的精彩点之一"生动的景物描写"，对文中的典型语句之一"叶子出水很高，像亭亭的舞女的裙"赏析为："运用了比喻的手法，将叶子描写得生动形象。"就算达到了"准确"的初级要求；如果往下赏析："描写了荷叶的两个特点，第一是高，第二是圆；前者用'亭亭'来表现，后者用'舞女的裙'来表现，生动新奇。既写出了形态的特点，又写出了形态的美好，见形又见情。"就达到了"细腻"的中级要求；如果再往下赏析："作者不用别的来比喻，而用'亭亭的舞女的裙'来比喻，既表现了比喻的独特、用语的创新，也表现了他的女性情结，体现了对女性高洁之美的喜爱和赞颂。"就达到了"深刻"的高级要求。

第四步：四读，说疑问。三级要求是：准确、深刻、新颖。其中，"准确"是指对疑问的提出和探究都合理、不偏颇，"深刻"是指对疑问的提出和探究都深入、不肤浅，"新颖"是指对疑问的提出和探究都独特、不俗套。以学习课文《孔乙己》为例，如果提出的疑问是"为什么课文以小伙计'我'的眼光来写孔乙己"，就基本达到了准确、深刻、新颖的三级要求；学生对这个疑问的探究是："以小伙计'我'的眼光来写孔乙己，更有真实感和现场感。"就算达到了"准确"的初级要求；如果再往下探究："以小伙计'我'的眼光来写孔乙己，可以写出孔乙己'善良'的一面，并写出社会的冷漠，表现社会'对于苦人的凉薄'。"就达到了"深刻"的中级要求；如果继续往下探究："以小伙计'我'的眼光来写孔乙己，更可以表现出人性之善在人性之恶面前的无能为力，增加艺术的撕碎力和悲剧的震撼力。"就基本达到了"新颖"的高级要求。

第五步：五读，说作者。三级要求是：准确、全面、深刻。其中，"准确"是指对作者的写作意旨和写作风格都说得切合、不偏离，"全面"是指都说得完整、不缺少，"深刻"是指都说得深入、不肤浅。以学习课文《想北平》为例，能说出作者的写作意旨是"想念北平"，写作风格是"个性化"，就算达到了"准确"的初级要求；能说出作者的写作意旨是"对故乡北平深深的想念"，写作风格是"选材个性化、语言个性化、情感个性化"，就达到了"全面"的中级要求；能说出作者的写作意旨是"表达对即将陷入日寇铁蹄的故乡北平深深的想念、爱恋和担忧"，写作风格是"选材平民化、语言平民化、情感平民化"就达到了"深刻"的高级要求。

第六步：六读，说积累。三级要求是：快速、准确、全面。其中，"快速"是指在新词和佳句的积累中说得快捷、不拖拉，"准确"是指说得切合、无错误，"全面"是指说得完整、无漏失。这条比较好懂，不作举例。

还有结束环节：说总结。三级要求是：总结收获简洁、准确、全面，总结启示真诚、深刻、独到。每个要求不再解释。以学习课文《皇帝的新装》为例，总结学习收获时，如能说"我也和同学一样学到了这篇课文的三个特点——故事构设虚幻又奇特、主题表达轻松又凝重、人物描写精巧又多变；但我对第二个特点不是特别理解，对第三个特点我起初没有发现；这都是因为我学习课文时不太关注语言，以后我要主动调整"，这就达到了简洁、准确、全面的三级要求；总结学习启示时，如能说"每个人都有虚荣乃至虚伪的弱点，不管是皇帝还是百姓，不管是别人还是我自己"或"今天我是课文中的男孩，明天我可不能成为课文中的大人"或"我的写作总是举轻若重，小题大做；而安徒生的写作却能举重若轻，意味深长"，都算达到了真诚、深刻、独到的三级要求。这里不分级举例，学生总结时往往很多样，很个性。

学生自主学习前，教师要主动告知要求中的每一个用词。初始课上还要对每个用词的含义逐一解释，并配合例子对三级要求依次说明，不能在学生还没搞懂要求前就放开来让学生盲目学习。

第三，关于时间。

向学生说明的时间，一要合理，二要稍紧凑。

合理，就意味着设置的时间符合自主学习的实际需要。比如课文《散步》将近700字，如果让学生默读一遍全文，以每分钟不少于500字的速度默读（课标的要求），则给一分半钟即可。

稍紧凑，就意味着对客观所需的时间稍加压缩，以增强紧迫感，防止学习的松懈和散漫。学习能力强的学生，大多具备两个品质：准确；快速。因此布置学生默读《散步》时，先给学生一分多钟的时间，看看完成得如何。时间不够，再适当增加。

学习时间要同时具备以上两个条件：既合理又稍紧凑。合理是前提，稍紧凑是目标。

设置时间要注意以下两点——

一是不要搞形式，要给学生完整的自主学习时间。就如走路，要让学生完整地从这一头自主走到那一头，边走路边独立面对问题，独立解决问题，在真实的情境中培养能力。不能在学生走几步后就叫停，舍不得给时间。课堂上经常出现的问题是：教师让学生自主完成某个任务，开始说好五分钟，但刚过两分钟，就舍不得了，马上叫停，说："刚才我们已经做过了，做过就行。"这样"做"，学生是练不到真正的能力的，无法自主成长，还会形成依赖的习惯，知道老师只是让我们意思一下而已，最后老师还是会自己接过去的。

二是不要搞模糊，要根据学段确定学习时间。比如前面说到的默读课文，初中学段的要求是每分钟不少于500字；而在小学第三学段，课标提出的要求则是"每分钟不少于300字"[①]。同理，小学第一和第二学段应低于每分钟300字，高中学段则应高于每分钟500字。遗憾的是课标对上述三个学段都没有提出具体的要求，编制得还不够细致具体，需要教师自己去探索和研究，根据所教学段的实际学情，制定出合理的时间标准。

总之，教师在向学生主动说明学习的三要素时，任务要明确且可操作，要求要科学而有层级，时间要合理又稍紧凑。说明的方式，一是口头直接说，二是通过课件亮出来，还有一种是两者相结合：先亮出课件，再口头说一遍，以示郑重，也强化印象。教师在课件上亮出三要素时，任务、要求和时间各自成段，会显得简洁醒目。但不管是说出还是亮出，都不宜由教师单向指示、全程控制，尤其是其中的要求和时间，都可以让学生参与确定，甚至连其中的任务都可以在课堂上现场生成、共同确定或自主选择乃至自主设计。这样既可以避免教学方式的单调呆板，又可以增加课堂的开放性，更灵活地培养学生的学习方法和学习能力。因此，

① 中华人民共和国教育部.义务教育语文课程标准(2011年版)[S].北京:北京师范大学出版社,2012:12.

教师需要主动说明的是任务、要求和时间这三个学习要素的形式，而不是要控制和指示其中具体的内容。

二、在学生自主学习时有效组织

"非指示性"语文课堂观察，要观察教师是否能在学生自主学习时有效组织。

学生自主学习时，教师要有效组织学生独立学习、小组交流、班级交流，这是自主学习一步不虚、步步有效的关键。

教师如何在学生自主学习时有效组织呢？

第一，关于独立学习。

自主学习要从独立学习开始（这是以教师为中心的"指示性"教学普遍忽视的），且要有外显的学习行为，或动口学，或动笔学。

为此，在独立学习开始前，教师要先提醒每人参与进来，或拿起书本，调整状态，放声朗读；或拿起笔来，调整坐姿，放手书写。在独立学习开始后，教师要随时观察，了解每个学生的学习参与情况：首先站在讲台上，放眼全班，环视全体，观察学生是否都参与到了独立学习中来；其次还要不定时地在教室通道上边转边看，观察学生尤其是注意力容易分散的学生和学习弱势的学生的参与情况。其中前者是面的观察，后者是点的观察。

教师的提醒和观察，可以有效避免学生游离学习现场，使得人人参与，人人有得。

组织独立学习要注意以下几点——

一是要细心。要及时发现一些自控力不强、学习成绩不佳的学生的走神现象。课堂上常见的走神现象是：有的学生始终看着窗外，心不在焉；有的学生一直趴在桌上，无精打采；有的学生时不时讲着悄悄话，心无旁骛；有的学生则专注地玩着玩具，装了又拆，拆了又装。教师如果不细心，就发现不了这些"问题"学生的"问题"。

二是要全面。要关注上、中、下三个不同学习层级的学生的参与情况。首先，站在讲台上时就要有意识多看看这三类学生中的一些代表。其次，走到课桌之间的通道上边转边看时要有意识在这三类学生的一些代表身边停下来观察，了解他们真实的学习情况。

三是要安静。不要在学生开始独立学习后仍在喋喋不休地边转边说，边看情况边插话。既然学生已经开始独立学习了，这个时间就要完全交给他们，教师就不应干扰。著者的一位同事说他当年读书时最讨厌教师边转边说，没完没了，既影响他们的思维，也影响他们的心情。

四是要克制。如果发现一些学生没有参与到学习中来，要通过多种方式灵活提醒，不要把事件放大，既不大声呵斥，也不大动作制止，以免把全体学生的注意力吸引过来，影响整个班级的学习，也避免把该学生的积极性和自尊心打掉——有些学生就是因为教师对他有过一次粗暴行为而使他干脆放弃了学习，甚至公开与教师对抗。而对于教师来说，在课堂上动怒发火，既损害教师的形象，也损害教师的健康。就前者来说，现代教师不能仍然把学生当作自己的私有财产，随意处置，任性而为。李总理说有权不能任性，其实教师就是有权者，但教师最不能任性，必须从"指示性"教育的"老大"形象中主动走出来。就后者来说，有心理学实验表明，人在盛怒的时候呵出的气液化之后是紫色的，打进小白鼠体内会导致死亡，杀伤力极大。

第二，关于小组交流。

　　每人独立学习后,教师要组织他们在小组内交流,促进和提升独立学习的成果。

　　为此,教师要先让学生组成学习小组。如果学生的座位还是传统的与讲台平行的横式排列方式,教师可让排序单数和双数的座位前后组合,让第一桌、第三桌、第五桌的学生向后转,和后面一桌的同学组成四人或六人为单位的学习小组;如果学生的座位是非传统的与讲台垂直的纵式排列方式,教师以同样的方式让排序单数和双数的左右两列组成学习小组。然后让每个小组推选出责任心强、做事公正的学生担任组长,并以自荐与互荐相结合的方式确定小组的计时员、记录员、发言员等多种角色(下次又可变换)。

　　之后让他们付诸行动,加入到小组交流中去,人人参与,人人受益。

　　组织小组交流要注意以下几点——

　　一是要限制个人发言的时间。如果每个小组由四人组成,小组内的交流时间共有六分钟,就可做出如下规定:每人的发言时间不多于一分半钟,不少于一分钟。这样可防止有些人说得没完没了,而有些人却没说就了。

　　二是要形成小组最佳答案。交流的目的是为了提升各自的学习,形成小组最佳答案,不能为交流而交流,交流前和交流后没有质的提升(这种现象普遍存在于课堂教学中)。就最佳答案来说,概括课文内容等理性的客观的学习任务自然有最佳答案,需要简洁、准确、全面地概括出来;而品味欣赏等感性的主观的学习任务虽然答案是多元的,但往往也有最佳答案,尤其是在特定的明确的要求下,不能因为"有一千个读者就有一千个哈姆雷特"而否定最佳答案的存在,须知哈姆雷特即使有一千个,也还是哈姆雷特,而不会是李尔王或麦克白。只是最佳答案有时不止一个,特别是表达初读感受或总结学习启示这些以独特、个性为最高层级要求的学习任务。

　　三是要灵活运用小组交流。第一在形式上要灵活,如果学习任务简单,学习难度较低,小组交流不一定非进行不可,可以随机抽点学生发言,直接进入班级交流的环节,形成共识后快速结束该任务的学习。第二是程序上要灵活,有时可先随机抽点学生发言,从中发现问题后再让大家参与到小组交流中去,在交流中解决这些问题;如果难度较大,还可以让小组交流分步进行,依次解决。

　　四是要科学安排小组座位。如果教师上课前能自主安排学生座位,则可让整个班级的座位纵向排列(与讲台桌垂直),以六人为一小组,每个小组分左右两列,每列三人,面对面坐着。每列三人都按照学习层级上、中、下依次排座,这样就可组成相互帮助又相互竞争的学习小组:层级上的可以帮助身边层级中的,层级中的可以帮助身边层级下的;而对面坐着的是与自己同一层级的同学,既有交流的便捷,也有竞争的压力和向上的动力。这样安排座位,小组交流的效果会更好。

　　第三,关于班级交流。

　　小组交流后,教师要组织他们在班级里交流,促进和提升小组学习的成果。

　　班级交流主要有三种方式,一种是每个小组都介绍本组的最佳答案,通过自评和互评,形成班级的最佳答案;一种是教师随机抽取三四个小组向全班介绍,在自评和互评中形成班级的最佳答案;一种是教师只随机抽取一个小组向全班介绍,通过评价和完善形成班级的最佳答案。这三种方式,前者适用于20人左右的小班,后两种适用于50人左右的大班。目前我国中小学仍以大班为主,因此以后两种方式为主,教师可将这两种方式变换着用(以防止形式单一);有时在每个大排(假设全班有三四个大排)各随机抽取一个小组,向全班介绍本组的最佳答案,在交流和评价中逐渐明晰,形成班级的最佳答案;有时面向全班随机抽取一个小组,由该组介绍最佳答案,其他小组一起加入评判,一起参与完善,最终形成班级的最佳答案。这两种方式还可根据课堂时间随机选用:时间充裕时点三四个小组,时间不充裕时就点一个小组。另外还要根据学习内容的难易度来选用:比较难的点三四个小组,比较容易的点一个小组即可。

通过班级交流,各个小组的学习又能获得新的提升。

组织班级交流要注意以下几点——

一是要随机抽取发言人。小组的发言人不要固定为组长或发言员,要随机抽取,既可以是小组长或发言员,也可以不是,以防止因角色定位而导致任务定位和责任定向。

二是要代表小组发言。被抽取到的小组发言人不能代表个人发言,而要代表小组发言,不能介绍个人初始的学习成果,而要介绍本组的最佳答案。要防止交流的初始化和碎片化(课堂教学中普遍存在这种现象)。

三是要创新发言方式。教师要随时求变求新,突破常规,比如有时可以突然要求发言者变换发言方式,说三句话,第一句介绍个人初始的学习成果,第二句介绍小组完善后的最佳学习成果,第三句介绍自己对此的评价或感受。

四是要注意发言质量。教师抽取几个小组发言后,全班其他小组就要能评判出哪个小组的答案更好乃至最好;如果都不好,都没有达到最高一级的要求,教师可让别的小组主动说说本组的最佳答案,供全班评判;如果仍然不合要求,就现场讨论,继续完善明晰,形成班级最佳答案。

总之,有效组织学生自主学习,需要教师的用心,也需要教师的智慧。既要组织得实,又要组织得活。教师要充分发挥团体动力学的效能,营造自主学习的氛围,形成积极向上的正气,让学生相互促进,共同成长。

三、在学生自主学习后及时促进

"非指示性"语文课堂观察,要观察教师是否能在学生自主学习后及时促进。

学生自主学习后,教师要通过评价介绍、反馈检测的方式及时促进学生的学习,提升学习效果,这是自主学习一步不虚、步步有效的保障。

教师如何在学生自主学习后及时促进呢?

第一,关于评价介绍。

就评价来说,教师要依次评价学生在个人、小组、班级三个自主学习环节中的学习情况,包括个人的初始学习情况、小组的交流完善情况以及班级的抽样明晰情况;同时还要评价学生在这三个学习环节中的自我评价和相互评价情况。评价的目的,是让学生对学习过程有更清晰的认识,对学习结果有更深入的反思。

就介绍来说,教师要向学生介绍自己的学习成果(这是以学生为中心的"非指导性"教学所缺少的),与学生分享,继续促进学生的学习。比如在教学小学课文《燕子》时,其中一个环节是让学生找出自己喜欢的精彩语句并说说理由,教师在学生学有所得后,也说说自己的学习心得:"第四段写燕子落在电线上:'电杆之间连着几根细线,多么像五线谱啊!'这句话我最喜欢,也最佩服作者的写作灵气,他竟能想到用五线谱来比喻,多么形象,又多么巧妙啊!下一句我也很喜欢:'停着的燕子成了音符,谱成了一支正待演奏的春天的赞歌。'作者在把几根电线比作五线谱之后,又把燕子比作五线谱上的音符,继续展示他的写作灵气,写得巧妙极了,也形象极了。然后又说这些音符谱成了春天的赞歌,一下子升华了主题,多么美妙的结尾!真的让人回味不尽,欣赏不已。"①再比如在教学初中课文《皇帝的新装》时,其中一个环节是让学生说说初读感受,教师在学生学有所得后,也向学生介绍自己的读后感受:"这篇课文我不是初读,现在我读了之后的深切感受是:骗子很可恶,皇帝很可笑,大臣很可悲,百姓很可叹,小孩很可爱,而且很可敬!"②再比如在教学高中课文《再别康桥》时,其中一个环节是让每人提出一个问题并自主探究,教师在学生学有所得后,也说说自己的问题和探究:"我的问题是:这首诗开头的'轻轻'和结尾的'悄悄'能不能互换?为什么?首尾两段语意相似,节奏相同,这样写效果到底好不好?为什么?我的基本理解是(学生现场探究后教师再介绍):不能互换。理由一,第2段开始可以看到诗人眼前的康桥非常恬美,静悄悄的,诗人要走了,自然也要'悄悄'的,不破坏那份宁静。理由二,'悄悄'包含了前面的'轻轻','悄悄'肯定是以'轻轻'为前提的,是前面'轻轻'的升华。理由三,诗人走的时候谁也不知道,'悄悄'还包括心情上的孤寂感。首尾两段语意相似,节奏相同,这样写效果好,因为起到了强化作用,一是强化了宁静恬美的氛围,二是强化了依依不舍的离别之情。同时还因为最后一段比第一段的离别之情进了一层,在轻松潇洒'不带走一片云彩'的同时,惆怅失落的感情也跟着多了一份。"③

现在的语文课堂教学之所以低效,原因之一是教师只是一个轻松的旁观者和随意的评判者,而不是一个专业的学习者和用心的促进者——没有在学生学有所得后主动介绍教师自己的学习成果,继续促进学生的学习。这需要教师主动给自己加压,课前认真准备,原创备课(不抄袭,不搬用),课上让自己作为一名专业的学习者参与其中,主动与学生分享,并请学生评判,营造民主和向上的班级学习氛围,给学生带来尽可能多的学习收获,也让自己与学生一起成长。

如果是初次学习某个内容,教师还要在学习结束时主动介绍学习意图,让学生知道为什么要学习,价值何在,增加课堂的透明度。比如:在"初读,说感受"学习环节结束时,这样介绍学习意图:刚才让各位初读课文,说说感受,是要培养纤细的感受力,这是语文素养最基本的标志之一。读一篇文章,要有自己的感受和体验,并且要真诚、细腻、个性化,不说假话、空话和套话。在"再读,说内容"学习环节结束时,这样介绍学习意图:刚才让各位再读课文,说说内容,是要培养整体的感知力,这也是语文素养最基本的标志之一。读一篇文章,要能用一句话概括出内容,并且概括得简洁、准确、全面。在"三读,说精彩"学习环节结束时,这样介绍学习意图:刚才让各位说说课文的精彩,是要培养敏锐的判断力,这也是语文素养最基本的标志之一。读一篇文章,要能发现其中的精彩,尤其是能发现语言的精彩,欣赏语用的精妙,这是学习语文和学习其他学科的本质区别。在"四读,说疑问"学习环节结束时,这样介绍学习意图:刚才让各位提出问题,并自主探究,是要培养质疑的习惯和探究的品质,这也是语文素养最基本的标志之一。一篇文章,总是随着自己问题的提出和探究的深入而层层领悟、步步深化的。在"五读,说作者"学习环节结束时,这样介绍学习意图:刚才让各位说说作者的情况及本文的写作背景、写作意旨、写作风格等,是为了更深入地走进作者,走进文本,并走进自己的内心,反思自己的写作。在"六读,说积累"学习环节结束时,这样介绍学习

①②③　郑逸农."非指示性"语文教学设计研究[M].杭州:浙江大学出版社,2012:101,68,85.

意图:刚才让各位说说自己的积累,是要培养边阅读边积累的好习惯。学习一篇文章,要主动积累新词佳句,这样才能打下扎实的语言运用底子。

教师在评价和介绍时,需要注意以下几点——

一是评价要有针对性。首先,要紧扣预先设定的学习要求,根据学习要求中的三个层级有针对性地进行评价,不能虚泛笼统地用"不错""很好""非常棒"之类的套话去评价学生的学习。比如让学生朗读课文,预先设定的要求是正确、流利、有感情(三个要求逐级提升);学习结束后,教师就要根据该三级要求进行评价,说说学生具体达到了哪一级要求,而不能空泛地说"读得不错",更不能说"读得很好,声音很响亮"。其次,教师在评价整个班级的学习达成情况时,要对上、中、下三个能力层级的学生都做出有针对性的全面的评价,不能只评价某一层级尤其是学习优秀层级的学生,不能因为他们学得不错就轻易下结论说全班同学都学得不错。同时,教师的评价是在学生自评和互评的基础上进行的,他们的自评和互评做得如何,有什么优点,存在什么问题,教师也要做出有针对性的评价。

二是介绍要有针对性。首先,教师的介绍也要体现学习要求,要根据预先设定的要求有针对性地介绍,并使自己的学习成果达到要求中的最高一级,不然无法对学生的学习起到促进作用。比如预先设定的学习要求是准确、细腻、深刻,教师的介绍就要达到最高层级"深刻"的要求。其次,教师的介绍要体现学段要求,要有学段上的针对性。比如同样是"深刻",小学、初中和高中的要求是不一样的,教师不能一概而论,以不变应万变,更不能站在自己成年人的立场上,去追求文本解读的所谓"深刻"——再说这样的"深刻"在小学、初中、高中任何一个学段都是不适用的。比如现在小学和初中教材都出现了少年"闰土",初中和高中教材都出现了老年"老王",但学习要求是不一样的,教师要根据课程标准对小学、初中、高中三个学段提出的不同学习要求,介绍自己相应的学习心得,这样才能真正促进学生的学习。

三是评价和介绍都要有民主性。教师评价学生的学习,介绍自己的心得,并不是发布指示性的标准答案,而是作为课堂学习中的一员,与学生平等地交流,尽可能给学生带来有益的启发和有效的促进。教师说完自己的评价,介绍完自己的心得,还要主动接受学生的评价,倾听学生的意见。"非指示性"课堂应该是一个"相互教育的自由人联合体"(马克思语)。教育家保罗·弗莱雷说:"通过对话,学生的教师和教师的学生不复存在,代之而起的是新的术语:教师式的学生和学生式的教师。教师不再仅仅教而且也通过对话被教,学生在被教的同时,也同时在教,他们共同对整个成长过程负责。"[①]

第二,关于反馈检测。

就反馈来说,教师要总体反馈,通过让学生举手等方式了解班级成员的学习达成情况。举手方式可以灵活多样,或让过关的学生举手,或让不过关的学生举手,而更具体的方式则是按照学习达成的层级——比如概括内容达到"简洁"第一层级的,达到"准确"第二层级的,达到"全面"第三层级的,让学生依次举手。

就检测来说,教师要现场检测,让学生在检测中巩固和提升对所学知识的理解和掌握。检测方式因学习内容不同而不同,有的采用口头提问的方式,有的采用书面做题的方式,有的采用先书面写、后口头解释的方式。

教师在反馈和检测时,需要注意以下几点——

一是反馈目的要明确。让学生以举手等方式反馈,是为了了解学生在自主学习中的真实获得情况,看看他们到底学得如何,以便往下采取有针对性的检测措施来促进和提升他们的学习。因此要了解到真实的、全面的学习情况,不搞形式,不走过场。

二是反馈情况要具体。不笼统地问学生过关了还是没有过关,而要具体了解他们在三个层级的学习要求方面的达标情况,看看达到初级学习要求的有多少人,达到中级学习要求的有多少人,达到高级学习要求的有多少人。并在举手方式之外,以交谈的方式让学生说说具体存在什么问题,学习中有什么疑惑。

三是检测题目要科学。这些题目既要精准,又要灵活,通过检测,对学生的学习既起到准确评判的作用,更起到查漏补缺的作用;既起到知识梳理的作用,又起到能力提升的作用。让学生在检测中获得清醒的自我认识,也获得鼓励和促进。为此,教师要精选检测题,甚至要原创检测题,让自己在准备检测题的过程中获得专业的提升,这样才能用到课堂上让学生获得促进和成长。

四是检测目标要分级。要对上、中、下三个能力层级的学生设立不同的检测目标,不能一刀切,笼统化。要通过检测,让每个能力层级的学生都获得学习上的促进和心理上的提升。

反馈和检测,是语文课堂教学中普遍欠缺的,不管是教师中心下的"指示性"教学还是学生中心下的"非指导性"教学。前者大多不屑做,认为这样教学太机械,太低级;后者大多不愿做,觉得这样教学太封闭,太束缚。因此理科的教师或领导来听语文课,会觉得语文课不落实,语文教学不科学。其实,主要问题不是科学性欠缺,而是学生意识欠缺。而语文教材编写体系的不科学更是造成语文教学"自我放逐"的重要原因,目前的语文教材编写大多是非线性、非逻辑的,而且是人文主题而非语用学习主题的编写体例(下章再做具体阐述),语文学习的过程不是循序渐进地系列化地学习语言运用的过程,教师自然就不觉得有反馈和检测的必要。但如果多一份学生意识,不让学生学得虚空,教师也会主动反馈并主动检测,促进和提升学生的学习。

总之,在学生自主学习后及时促进,是教师的重要职责,也是教师的专业行为。

第四节　引导学生一个不少地加入学习

引导学生一个不少地加入学习,是学生意识的重要体现。

一个不少地加入学习,就意味着要让全体学生都参与到学习中来。苏霍姆林斯基在《给教师的建议》一书的开篇就发问:"为什么早在一年级就会出现一些落伍的、考不及格的学生,而到二、三年级有时候还会遇到落伍得无可救药的,因而教师干脆对他放弃不管的学生呢?"[①]原因其实很简单,是因为教师没有面向全体学生,没有关注学生学习的全过程。

教师的一些随意甚至无意的不细心行为,都可能导致一些学生的"落伍"甚至"无可救药"。比如,没有关注到全体学生的学习参与,有些人就从学习现场游离出去了,这是分化的开始;没有关注到全体学生的学习疑问,有些人就从学习台面沉沦下去了,这是分化的关键;

---

① 苏霍姆林斯基.给教师的建议[M].杜殿坤编译.北京:教育科学出版社,1984:1.

没有关注到全体学生的学习达成,有些人就从学习终点淘汰出去了,这是分化的结果。

因此,引导学生一个不少地加入学习,需要三个关注:关注全体学生的学习参与,关注全体学生的学习疑问,关注全体学生的学习达成。

一、关注全体学生的学习参与

"非指示性"语文课堂观察,要观察教师是否能关注全体学生的学习参与。

放眼全国中小学课堂,面向少数的现象仍然普遍存在,虽然新课改已经实施很多年了。

课堂上常见的情景是:教师呈现某个教学任务时,不是有意识地让每个学生都加入到学习中来,让每人都有学习收获,而是让知道答案的能回答的学生举手;一旦举手的学生回答正确,这个教学环节就结束了。

点举手的学生回答,可算是我国课堂教学的一个标志性特点。有的教师还有一个习惯性动作,边举起自己的右手,边鼓励说:"来,知道的请举手。"似乎不知道的不举手的教师就可以不管了。

近年来,非洲等发展中国家的中小学教师到著者所在的师范大学培训学习的越来越多,著者每次给他们介绍"非指示性"教学改革时,总要忍不住问他们:"在各位所在的国家,课堂上教师也总是点举手的能回答的学生发言吗?"想不到他们听了都摇头,有的还说:"我们一节课下来,不但要关注举手的会说的,还要关注不举手的不会说的,并了解他们不举手不会说的原因。"每当听到这些,著者都肃然起敬,连连夸奖他们:"你们太了不起了! 太值得我们学习了!"同时又深感惭愧,觉得我们的教育理念和教学行为都太落后了。

不妨来个设身处地的假设。假设每个教室后面都有一个听课室,中间隔着一块不是双向透明的大玻璃,教室这头的教师和学生看不到听课室里的人,而听课室里的人却可以清晰地看到教室里师生上课的情景。上课开始前,全体学生家长坐在听课室里,满怀喜悦地等待着;但上课开始后,他们看到的情景竟然是:课堂上教师只关注少数举手的学生,与他们一问一答地进行着教与学,而大多数不举手的学生都被冷落在一边,无精打采地坐着,不被关注,也不被关心。这时大多数学生的家长会是什么感受? 他们肯定会感到很惊讶,继而感到很失望,甚至感到很愤怒:想不到教师这样对待我的子女! 想不到我的子女在课堂上是这样度过的! 想不到教育最不公平的地方竟然是课堂!

教师面向少数的结果,导致了学生的两极分化:少数人越来越主动,越来越自信,而多数人却越来越被动,甚至越来越自卑,致使两类学生在学习能力和个性心理上都出现明显的差异。

面向少数是不是只有点举手的学生发言这一种方式呢? 当然不是,还有一种方式很常用,那就是"开小火车"——教师让一个纵排的学生依次发言,一路"开"下去。这种方式与点举手的方式相比,有过之而无不及:举手发言,至少还不知道谁将被点到;而纵排发言,点了第一个,全班学生马上就知道接下来是谁发言,是不是与自己有关了。因此这是更典型的面向少数的方式。采用这种方式的教师,往往还要先预告:"下面我们用开小火车的方式发言。"于是全班就只有那一个纵排的学生注意力特别集中了。喜欢"开小火车"的教师,往往还伴随着一个习惯性动作:"小火车"开到哪里,他就奔向哪里,靠在发言学生的桌子旁,全神贯注地听着,把班上的其他学生都抛开了。

这些面向少数的教师,大多缺少学生意识,只把学生当作配合自己教的工具,只要有学生回答出来,教师就可以继续往下教了。一旦教完,万事大吉。殊不知,教是为了学,且是为了全体学生的学,教师必须引导学生一个不少地加入到学习中来,必须随时关注全体学生的学习参与。

如何关注全体学生的学习参与呢?

第一,让学习行为外显化。教师在亮出每个学习任务时,都要让学生的学习行为外显化,尽可能不用"想一下""思考一下"等内隐的方式学习。如前所述,外显行为可观察,可评价,而内隐行为不可观察,不可评价。学习任务一旦要求学生以开口说或动笔写的外显行为参与进来,教师就马上可以观察到哪些学生已经加入到学习中来,哪些学生还没有加入进来需要特别关注。而以动口读和动笔写相结合的外显行为来学习,则是语文课堂更缺少的,但也正是语文学习所需要的。仍以"六步教学法"为例,教师给每人一张学习用纸,然后采用读写相结合的方式,引导学生依次学习:第一步,每人自由朗读课文,写下一句话,表达自己的初读感受;第二步,每人速读课文,写下一句话,表达自己的再读感知(概括课文内容);第三步,每人品读课文,写下几个短语,概括本文的精彩之处,并聚焦其中一两处,动笔赏析;第四步,每人审读课文,写下一两个问题,表达自己的疑问,并动笔探究,形成自己的基本理解;第五步,每人跳读课文,写下作者的写作意旨及写作风格,增进对课文表达内容和表达形式的理解;第六步,每人选读课文,聚焦新词和佳句,边读边写,生成积累;结束步骤,每人略读课文,写下一两句总结语,从正反两方面总结自己的学习收获或学习启示。

第二,将点名方式随机化。教师要摒弃举手发言或"开小火车"发言等陋习,改用随机点名的方式。一种是用抽签筒随机抽签,把每人的姓名或学号写在签子上,抽到谁就由谁发言;一种是教师按照学习成绩下、中、上的类别,依次随机各抽点两名左右学生(兼顾性别和区域);还有一种是先点后面的角落的弱势的学生发言,在发言过程中给他们方法上的引导和精神上的鼓励,并逐步提出由低到高的要求;如果回答不到位,再让学习优势的学生举手回答,并对这些学生提出更高的要求:第一不能重复前面的回答,第二回答要到位,要达到三级要求中的最高一级。这三种方式都以面向全体、取样典型为原则。其中后一种方式既可以调动学习弱势学生的积极性,又可以发挥学习优势学生的主动性。

当然,以上只是操作上的策略。要真正面向全体,关注每一位学生的学习参与,最重要的是改变教师的教育理念,主动认识到每个学生都是平等的、独立的、充满美好向往的生命,他们的学习成绩有高下之分,学习能力有强弱之别,但他们的人格是平等的,学习权利是均等的,说不定教师无意中的一个关心和关注,就改变了一个学生的人生之路,尤其是学习弱势的学生。

下面几条,有助于教师在教育理念上的自我调整。

第一,想想自己的成长经历,进行一次深层次的心理体验活动。真切感受一下自身成长过程中因为教师的平等和尊重而给自己的成长带来的正面的促进作用,以及因为某些教师对自己的不平等和不尊重而给自己的成长造成的负面的消极影响。在心理体验活动中,加深对平等和尊重重要性的认识和领悟。再想想自己有没有对学生不平等和不尊重,有没有把学生分为三六九等,区别对待。设身处地,将心比心,是改变理念的最好方式。

第二,看看现实中的反教育现象,自我对照,自我教育。现实中的反教育现象很多,比如:有些学校在安排学生座位时,第一名坐最好的座位,最后一名坐最差的座位;有些学校在安排考场时,以上一次考试成绩的名次排序,于是第一个考场群英荟萃,学生个个意气风发、踌躇满志，最后一个考场弱者云集，学生个个顾影自怜、垂头丧气；还有的学校把学生分为三等，一等的三菜一汤，二等的两菜一汤，三等的伺候前面的吃饭，吃完后自己再吃；而有的教师连课堂评价语都要表现出不平等和不尊重来，一位教师点举手的学生回答问题，学生回答正确，教师喜出望外，连连夸他："厉害！高！"接着问他："几条杠的？"这位学生回答："三道杠。"该教师脱口而出："三道杠，名副其实！三道杠到底比没杠的要厉害啊！"这些反教育现象，如同一面面镜子，让教师在自我对照中主动反思和调整。

第三，读读典型人物的正反面故事，开展一场触及灵魂的自我对话。正面故事如程开甲院士的。他读小学的时候，二年级留了两次，读了整整三年，被教师公认为差生，转了几所学校，无人关注，前程渺茫；后来他遇到简晓峰校长，受到特别的关心和尊重，从此他焕然一新，一路向上，并最终成为"两弹一星"功勋科学家，获得了国家最高科学技术奖。反面故事如韩寒先生的。他读初中的时候，一次数学考了满分，数学老师怀疑他是作弊得来的；为表清白，韩寒到该教师的办公室把试卷重新做了一遍，可试卷上有一个地方印糊了，韩寒上前询问，该教师马上断定他是作弊的，立即打电话把他父亲从单位叫过来。父亲怒火中烧，将儿子一脚踹出去几米远。而这位数学教师也赶到教室宣布"破案结果"：韩寒考试作弊！"从此我一看到数学课和数学题就有生理厌恶感。只要打开数学课本，就完全无法集中注意力"。"一到高中，我的数学连同理科全线崩溃了"。经过这一人生挫折后，"我下意识把对一个老师的偏见带进了我早期的那些作品里，对几乎所有教师进行批判甚至侮辱，其中很多观点和段落都是不客观与狭隘的。那些怨恨埋进了我的潜意识，我用自己的那 点话语权，对整个教师行业进行了报复。在我的小说中，很少有老师是以正面形象出现的。所有这些复仇，这些错，我在落笔的时候甚至都没有察觉到"[①]。这两个故事，够极端，但也够典型，有利于教师在自我对话中获得灵魂的净化和精神的洗礼。

是否关注全体学生的学习参与，是衡量一个教师是否有人文关怀和慈悲情怀的重要指标。教师是经师，但更是人师。苏霍姆林斯基曾沉重地说："每当我想到，在许多学校里，在教室的最后排，还坐着一些好像被遗弃的落伍生和留级生，他们心情郁闷，性格暴躁，或者对知识毫不动心的情况时，我就不能不感到一种由衷的痛心。"[②]

二、关注全体学生的学习疑问

"非指示性"语文课堂观察，要观察教师是否能关注全体学生的学习疑问。

课堂上教师大多只关注成绩优秀学生的学习疑问，让他们举手说说哪里不懂，并细致地帮他们释疑解惑；而学习弱势的学生，往往因为疑问不够"高大上"而被教师忽略。其实，这些低级问题可能正是这些弱势学生改变现状走向进步的起点。而有些疑问，可能只有这些弱势学生才敢毫无忌讳、毫不犹豫地提出来，如同《皇帝的新装》中的那个童言无忌的小男孩。比如在学习课文《鸿门宴》时，有些弱势学生可能会凭直觉脱口而出："太假了，刘邦离开这么长时间，怎么会没被发现？"全体师生听了，可能才会发现确实写得不合情理。其实钱钟书也在《管锥篇》中提出了相同的疑问，而古人也早就感叹："此皆可疑者，史固难尽信哉！"相反，许多成绩优秀的学生，顾忌太多，反而难有疑问。试想，读过《鸿门宴》的学生一代又一

---

① 韩寒.一次告别[J].读者,2013(24).
② 苏霍姆林斯基.给教师的建议[M].杜殿坤编译.北京:教育科学出版社,1984:525.

代,但有多少人能提出这样的疑问?作家李琦写过一篇文章《迷惑》,说他领着一个乡下来的孩子走进宾馆,坐在大堂里,"他侧着头,盯着电梯的方向。一会儿,他悄悄告诉我,那个门,可太怪了。刚才进去了一个人,再打开时,换人了!原先的人呢?他压低了声音,疑惑的表情里有一种紧张"。文章的结尾说:"如今,人们已经没什么或者说不愿再对什么好奇了。令人惊奇、激动、愤怒、出人意料的事情,好像都已经发生过了,大家都心知肚明又无可奈何地活在一种见多识广的状态里。多数人都是一副见怪不怪、心里有数的样子。只有这个孩子,他的眼睛睁得大大的,满脸惊诧。"①

作为语文学科,中小学阶段还有大量的语文基础知识要学习,教师如果不关注全体学生尤其是弱势学生的学习疑问,那就会边教学边制造"烂尾楼",留下一个个"知识后患"。比如许多学生在学习三个"de"(的、地、得)的过程中,在学习问号等标点符号的过程中,对于如何运用,肯定有过疑问,只是不被重视,没有得到及时解决,最终导致知识的错乱和运用的混乱。而他们毕业后一旦把这些问题带到社会上,就不但害己,而且害人了。国内某个省级电视台,娱乐节目越做越丰富,但打出的字幕中,三个"de"字几乎在每个节目中都是用错的。而国家级电视台若干年前打出的字幕"再接再厉"也一直被错打成"再接再励"。在教科书中,尤其是理科类的教科书中,陈述句"请说说……有什么不同"之类的句式后面被错打上问号的,比比皆是。我国居民身份证上区区四十个字,却有四处被指用得不对,值得商榷。著者十多年前第一本"非指示性"专题的拙著《"非指示性"语文教育初探》出版后,一家省级教育报刊热情加以介绍,把它作为全省教师暑期阅读推荐书目,可编辑写下的第一句推荐语竟是:"郑逸农是'非指示性'语文教育理念的始作俑者。"

如何关注全体学生的学习疑问呢?

第一,给每人提出疑问的时间。

与其让学生自发地零散地提出疑问,还不如在课文学习将要结束时专门留出一个时间,让全体学生说说自己的疑问,不管是低级的还是高级的,是语文知识方面的还是课文理解方面的。学生的疑问往往是在课文学习过程中出现的,有些疑问可能边学习边自然解决了,如果还没有解决,那就在课文学习将要结束时让他们集中提出,不把问题带到课外去。前文多次提及的"非指示性"教学的"六步教学法",其中的第四步就是让学生提出问题并自主探究;而在突出文体特征的"四研习""四体验"等多种"非指示性"教学样式中,都在后面留出了一个"自由式补充学习"的时间,学生可在此时自主提问和探究。

第二,给每人解决疑问的时间。

课堂上给出一个时间(承接着前面提出疑问的时间即可),让每人自主解决疑问,不能一有问题就马上求助他人,或依赖集体讨论。如果是字词音义方面的问题,更要让每人独立查阅《现代汉语词典》或《古汉语常用字字典》。教师要在起始课上就提出明确的要求:每人都要买这两本工具书,只要上现代文,每人的课桌上都要有《现代汉语词典》(小学一二年级可以用《新华字典》);只要上文言文,每人的课桌上都要有《古汉语常用字字典》。要让学生养成随时查阅、自主解决的好习惯。许多教师在课文学习前就非常主动地亮出全文的生字词,并主动解释给学生听;文言文学习更是如此,教师往往从第一个词句解释到最后一个词句。这些做法值得反思,它不利于学生自主解决问题的意识和能力的培养。

---

① 李琦.迷惑[J].朔方,2015(3).

课堂上时间有限，教师要在学生解决疑问前就提出相关要求：每人要解决的疑问不多于三个（避免主次不分一股脑儿地抛出来），不少于一个（避免有些学生不动脑不参与）。

第三，给每人交流疑问的时间。

在每人对疑问形成基本理解或深度思考后，再给出集体交流疑问的时间，让每人参与其中，相互启发，相互促进。交流的方式前文已有类似介绍，一般先在小组内交流，边交流边相互评价，相互指正；之后参与全班交流，每个小组介绍典型的疑问及探究，让全体同学继续受到启发，获得提升。

教师还要在教学中逐步引导，提升全体学生质疑问难的品质。

比如，学生提出疑问，必须立足课文，说出可信的理由，不能脱离作者的写作意旨，信口放言。学习小学课文《武松打虎》，不能想当然地批评武松违反了动物保护法；学习初中课文《愚公移山》，不能怪异地批评愚公狡猾毒辣又自私；学习高中课文《祝福》，不能妄自批评祥林嫂缺少政治眼光，没有阶级觉悟。这样做就"抹杀了文本自身的意义"，"把文本语言关闭在了自己所应当感受和理解的语言的范围之外。实际上，这不是真正的科学的批判意识，而是"文革"及其以前流行的所谓大批判意识"①。

再比如，学生对课文的质疑，不能只停留在表达内容上，还要深入到表达形式上。如课文《在山的那边》，表达的内容积极向上，但表达的形式存在缺陷：第一诗段写得引人入胜，后面几个诗段却突然变成生硬的说教。作者写这首诗时，"还是一个从边远山区来到大学校园不久的大学生"，后来他自己重读这首诗也"感到了它在艺术上的稚气"。但很少有学生（包括教师自己）会就此提出疑问。其实在表达形式上存在缺陷的课文并不在少数，只是有的较明显，有的不明显。如果鼓励学生对课文理性审视，主动质疑，就会让每人都有新的发现和新的收获。

再比如，学生对课文的质疑，还可深入到作者原版与编者修改版的比较上，在比较中发现问题，提出疑问。有的课文修改后更好，而有的课文修改后更差。前者如课文《荷花淀》中的句子："你走，我不拦你，家里怎么办？"编者将第二个逗号修改为句号："你走，我不拦你。家里怎么办？"用逗号，表达的重心在后面的"家里怎么办"，言外之意，你不能走；而用句号，则体现了水生嫂的顾全大局，首先表态"不拦你"，只是要商量一下"家里怎么办"。后者如课文《落花生》，原版中的"伟大、体面"被贸然删去了；而课文《生命 生命》，原版中的"擎天撼地的生命力"被改成了"多么强的生命力"。这些删改，既改变了作者的情意，也改变了文章的旨意。

此外，关注全体学生的学习疑问，教师也要发挥促进者的作用。课前要更认真地准备，对学生可能出现的疑问有基本的预见，对学生的解答也能做出较为准确的评判，并能精到地介绍自己的基本理解，让每人的学习都能在教师的引导下往前走一步，再走一步。

总之，关注全体学生的学习疑问，既是为了保障每个学生的学习权利，也是为了让每人学得更准，学得更深，学得更好。

三、关注全体学生的学习达成

"非指示性"语文课堂观察，要观察教师是否能关注全体学生的学习达成。

全体学生的学习达成度高了，班级学习总分值也就高了。所谓班级学习总分值，是指整

---

① 王富仁.在语文教学中必须同时坚持三个主体性[J].语文学习,2003(1).

个班级的学生在对学习达成度上的得分总值。这是著者在听课过程中萌生的新词。每每走进教室听课,总是感叹学生的学习收获太少,学习总分值太低,教师缺少面向全体学生的意识。

假设课堂上某个教学任务的最高达成度是 5 个分值,全班共有 50 名学生,那么该任务的班级学习总分值就是 250 分。如果教师只关注举手的学生的学习达成度,那么即使举手的有 15 名学生,这 15 名学生都达到了满分 5 分,总数加起来也只有 75 分;而不举手的不能正确回答的还有 35 名学生,这 35 名学生中,假设 0 分的有 5 人,1 分的有 5 人,2 分的有 15 人,3 分的有 5 人,4 分的有 5 人,合计起来只有 70 分;全班 50 人的得分相加,也只有 145 分;而班级学习总分值 250 分中的及格分也应该有 150 分!

这么一假设,就会发现问题的严重了。但这个假设已经算是乐观的了。实际上,全班举手回答正确的达到满分 5 分的不一定有 15 个学生,而不会回答的得 0 分的也往往不止 5 个学生。著者听课时遇到的"最利索"的一次是教师只点了全班唯一举手的学生回答,该学生回答正确后,教师欣喜而又想当然地说:"看来我们班学得都不错。"于是马上结束了该任务的教学。这样的教学,班级学习总分值就更低了。

因此,关注全体学生的学习达成,非常重要,也非常必要。

如何关注全体学生的学习达成呢?

第一,分级要求,差异对待。

每个教学环节开始前,教师都要向全体学生提出明确又有差异的学习要求。前文已有论述,如果某个教学环节的学习要求共有三个层级,那么第一层级是学习的底限,第二层级是学习的中限,第三层级是学习的上限,依次照应学习能力下、中、上三个层级的学生:学习能力下的要达到第一层级的学习要求,学习能力中的要达到第二层级的学习要求,学习能力上的要达到第三层级的学习要求。而第三层级的学习要求也是学习能力下和中的学生以后要努力的方向和追求的目标。比如"初读课文,说说感受"这个教学环节,三级学习要求依次是"真诚""细腻""个性化",其中第一层级要求"真诚"是学习的底限,学习再弱的学生也要达到,不能突破;第二层级要求"细腻"是学习的中限,大部分学生都要达到;第三层级要求"个性化"是学习的上限,学习优秀的学生必须先达到。同时第三层级要求"个性化"也是另外两类学生要努力追求的。分级要求,差异对待,就能保证每个学生都有相应的学习收获。假设一个教学环节共有 5 个分值,达到第一层级得 1 分,达到第二层级得 3 分,达到第三层级得 5 分,那么达到第一层级的要求,就消灭了 0 分。理想的学习达成情况是:每个教学环节都消灭 0 分,从 1 分乃至 2 分起步,而 4 分和 5 分的则越来越多;学习能力暂时处于下和中的学生都能在明确的学习要求的引导下,主动朝着上一级目标迈进,不断提升自己。

第二,及时反馈,全面了解。

每个教学环节结束后,教师都要及时了解全体学生在该环节的学习过关情况,既要让过关的学生举手示意,也要让没有过关的学生举手反馈。但课堂上常见的现象是:教师只让做对的学习达成度高的学生举手(教师的习惯用语是:"做对的请举手!"),而对做错的学习达成度低的其他学生却不闻不问,或者只是轻飘飘地说一句:"没过关的下次要引起注意。"

当然,让没有过关的学生举手反馈,是不容易的。学生都有自我保护的本能,尤其是学习不理想的处于弱势的学生,他们担心举手后被嘲笑。为此教师要让学生意识到反馈的目的是了解他们的学习过关情况,而不是为难他们,让他们难堪,要让学生主动回应,如实反馈,不掩饰,不回避。其次教师态度要真诚,要让学生感觉到教师是在关心他们,帮助他们,这样才能换来学生真诚的回应,勇敢地举起手来,"暴露"自己。再次教师要营造积极向上的班级学习氛围,让主动承认自己不过关的学生在班里受到尊重和保护(而不是下课后马上就受到嘲笑和讽刺),解除他们的后顾之忧。

第三,随机抽查,细致检测。

在学生举手反馈后,教师要马上跟进,随机抽查,细致检测,了解全体学生真实的学习达成情况。

随机抽查,就意味着不同学习层级、不同学习区域、不同学生性别都可能被抽查到,不局限在某个层级,不固定在某个区域,不限定在某个性别,取样典型,面向全体。比如就学习层级来说,不只抽查学习层级上的学生,看他们回答正确就算完成了抽查,要让上、中、下三个层级的学生都参与其中,全面抽查。

细致检测,就意味着检测不粗心,不走过场。首先要检测举手认为自己已经过关的学生,看看有没有滥竽充数的现象,学生不做南郭先生,教师不做齐宣王。当然,对于滥竽充数的,教师发现后不宜严厉批评,要注意方式方法,既要直接指明,又要尊重关心。对于举手承认不过关的学生,教师则要通过检测了解他们的具体问题,并让他们得到及时的帮助,不让他们轻易掉队。当然帮助也要注意方式方法,不能好心越位,而要立足于学生的自主学习、自主补救,在此基础上再发挥同学和教师的作用。同时,如前所述,检测不只有评价定位的功能,对于学习过关的学生来说,还能起到巩固学习达成、提升学习成果的作用;对于没有过关的学生来说,则可起到查漏补缺、提醒指引的作用。

教师还可以通过其他多种策略关注全体学生的学习达成。

如果把课堂教学的过程比作是在广阔的江面上激浪前行的过程,那么每个教学环节都应掀起一个浪潮,而这个浪潮应该让弱势的学生主动加入,主动发力,和其他学生形成合力,掀起浪潮,奋力前行。如果只有少数学习优势的学生在参与,在表现,那么即使表现得很精彩,也只是广阔江面上的几朵小浪花在独自灿烂而已,无法形成合力,聚拢成冲劲十足的浪潮,从此岸推向彼岸。只有全体学生共同努力,才能实现一个教学环节的最高达成度,使班级学习总分值达到最高点。苏霍姆林斯基说:"如果学生没有在掌握知识的道路上前进哪怕是很小的一步,那么这堂课对他来说就是白费了。无效劳动——这大概是学生和老师可能遇到的莫大的严重危险。"[1]以后中小学课程改革的力度会越来越大,选修课的比重会越来越高,但无论怎么改革,追求课堂学习效果,提高班级学习总分值永远不会过时,苏霍姆林斯基的话需要始终铭记。

顾城在《门前》一诗中说:"草在结它的种子/风在摇它的叶子/我们站着,不说话/就十分美好。"如果学生一个不少地加入了学习,并且都有理想的达成度,自主忙碌着,自主收获着,语文课堂教学不就进入美好的境界了吗?

---

① 苏霍姆林斯基.给教师的建议[M].杜殿坤编译.北京:教育科学出版社,1984:3.

第二章 学科意识:观察语文课堂教学的科学性

"非指示性"语文课堂观察,还要观察教师是否具有学科意识。

教师的科学引导既需要学生意识,也需要学科意识。引导学生怎么学,需要学生意识;引导学生学什么,则需要学科意识。语文课堂教学的随意性,主要体现在两个方面:怎么学随意,学什么也随意。怎么学随意,是因为教师缺少学生意识;学什么随意,是因为教师缺少学科意识。前文已经着重对教师最容易忽视的学生意识做了具体阐述,把它作为语文课堂观察的首要原则;下面则围绕教师很容易出现问题的学科意识展开阐述,把它作为语文课堂观察的重要原则。

新课改之前的语文教学,学生意识弱,但学科意识较强;新课改之后的语文教学,学生意识并没有得到本质增强,而学科意识却减弱了,语文泛化的现象变得普遍,以至于出现了"真语文"的讨论,也出现了"语文味"的教学形式,虽然语文本来就应该是真的,语文本来就应该有此味的。

学科意识,是指教师对学科自身的自觉关注,关注学科的性质、学科的培养目标、学科的学习特点、学习规律以及学习效果等。

每个教师都有自己的学科身份,都是具体学科教学中的教师,而不是空泛的大教育下的教师。如果一个教师没有学科意识,而喜欢游走于各个学科之间,想做一个全科教师,要把学生培养成全面发展的人,那他所教的学科就会被虚化,学生就无法在这个学科中学到应该学到的东西。

作为语文学科的教师,尤其需要学科意识。语文学科具有特殊性,语文教材中的课文,表达的内容涵盖了政治、历史、地理、物理、化学、生物、音乐、美术、体育、信息技术、通用技术等各个方面,既涵盖了人文领域,也涵盖了科学领域。如果一个语文教师缺少学科意识,没有想清楚自己该教什么,该让学生学什么,只是想着要把学生培养成具有全面素养的人,培养成文化宽厚、精神高尚的人,那最后往往是"荒了自己的田,种了别人的地"。学生走上社会,偏偏语文水平不高,语用能力不强。现在有一些语文教师积极地做着语文学科的考证工作,要把语文提高到所谓的"大语文"高度上去(其实语文就是语文,不存在所谓的"大语文"与"小语文")。殊不知,在学科分工已经很细的背景下,如今的语文已经不同于无所不包的"国学""人学"了。当初设置语文学科的时候,设置者已经给语文教师做出了明确的定位,如同给数学教师做出明确的定位一样。这是国家行为。语文教师的职责,就是严格遵守,努力实践,而不是不安分地质疑和挑战。就如一位农场开办者,招来若干个工人,给每人做出了明确的分工:你种蔬菜,你种稻谷,你种水果。并明确告诉大家:你们的工作目标就是满足食用,因此要种出最好吃的蔬菜,最好吃的稻谷,最好吃的水果。可其中那位种菜的工人并不认可,说不能把种菜的目标狭隘地界定为食用,菜还有观赏价值,还有怡情功效。于是他就不安分、不专心了,老是想着要把菜培育得可观赏、可怡情,而不是想着在培育菜的食用价值的过程中自然地衍生出观赏和怡情的价值。结果他种的菜就不符合食用标准了,没有强壮的"体魄",没有充足的营养,不如人家种的稻谷和水果,也无法让人由菜的强壮外表油然感受到生命之美和活力之美，失去了观赏价值和怡情功效，最终两头都落空了。

因此，做一个清醒的、专心的、负责的语文教师，是当好语文教师的前提。

作为语文教师，要随时问问自己：语文学科的性质是什么？语文学科的培养目标是什么？为什么要开设语文课？语文学科的学习特点是什么？语文学科的学习规律是什么？语文学科的学习效果是怎样的？

语文学科的性质是什么？2011年新修订的《义务教育语文课程标准》已经从课程论的角度做出了明确的界定："语文课程是一门学习语言文字运用的综合性、实践性课程。"[①]李海林先生曾倡议建立"语文学"，建立一个与语言学并立的学科体系，"语言学是研究语言的，它以语言知识体系为研究对象；语文学是研究语用的，它以语用行为体系为研究对象"[②]。

语文学科的培养目标是什么？课标没有用简明的一句话来表述，但开头语告诉我们："语文课程致力于培养学生的语言文字运用能力"[③]。结合前面的语文课程性质，可以推知，语文学科的培养目标，核心就是培养学生的语言文字运用能力。其实叶圣陶这位现代语文的主要开创者早就明确表态过："语文这一门课是学习运用语言的本领的。"[④]因此，语文教学的任务，就是引导学生学习课文等文本语言运用的范例，培养学生语言运用的能力。

为什么要开设语文课？这个问题就变得清晰明确了。"开设这样一门课程，目的就是要让学生学会运用本国的语言文字。……包括实用性的运用和艺术化的运用——为了生活、学习和工作中的实际事务，运用语言文字获取信息、与他人交流沟通；为了表达对人、事、物、景的感受、体验和思考，运用语言文字，通过形象抒发自己的情怀"[⑤]。

有人会说：语文是人文学科，语文的培养目标怎么可能只有工具性，没有人文性呢？

人文性当然有，但人文就在语言中。学生在学习课文等文本语言运用范例的过程中，会感受到语言的形式之美、技巧之美，提高语言运用的能力；同时也会自然地感受到蕴含在语言中的内容之美、情感之美，陶冶性情，提升精神。其中，前者是核心，是"知识与能力"方面的培养目标；后者是自然衍生的，是"情感态度与价值观"方面的培养目标。这也基本可以称为工具性与人文性的统一。

但是，核心目标和衍生目标还是有本质与非本质、主要与次要之分的。课标起草组专家们认为，"在这具有多重功能的课程中，我们应该紧抓核心不偏离，争取综合效益不偏废"[⑥]。但后面的"争取"一词分量太重，无法突出前面的"紧抓"二字，可将"争取"弱化为"兼顾"，将表述改为："紧抓核心不偏离，兼顾其他不偏废。"以防止语文教师把教学重心放到后面去。其实课标中的有些话也容易对语文教师起到误导作用，比如下面这段话是《义务教育语文课程标准》中的"前言"："语文课程致力于培养学生的语言文字运用能力，提升学生的综合素养，为学好其他课程打下基础；为学生形成正确的世界观、人生观、价值观，形成良好个性和健全人格打下基础；为学生的全面发展和终身发展打下基础。语文课程对继承和弘扬中华民族优秀文化传统和革命传统，增强民族文化认同感，增强民族凝聚力和创造力，具有不可替代的优势。语文课程的多重功能和奠基作用，决定了它在九年义务教育中的重要地

①③　中华人民共和国教育部.义务教育语文课程标准(2011年版)[S].北京:北京师范大学出版社,2012:2,1.
②　李海林.语感论修订版序二[A]//王尚文.语感论(第三版)[M].上海:上海教育出版社,2006:8.
④　叶圣陶.叶圣陶论语文教育[M].石家庄:河北教育出版社,1986:192.
⑤⑥　义务教育语文课程标准修订组.《义务教育语文课程标准(2011年版)》解读.北京:高等教育出版社,2012:90.

位。"①高中课标的表达也与此类似。这段话中,最重要的是第一分句,而其余的话对第一分句起到了淡化甚至消解的作用,因此王尚文先生认为"留下第一句中的第一分句'语文课程致力于培养学生的语言文字运用能力'即可,其余全在可删之列。……(这样才)能够引导语文教师全心全意地把力气用在刀口上,最大限度地提升学生的语言文字运用能力"②。而《义务教育语文课程标准》中关于"课程性质"的一段话也几乎采用了相同的表述格式:"语文课程是一门学习语言文字运用的综合性、实践性课程。义务教育阶段的语文课程,应使学生初步学会运用祖国语言文字进行交流沟通,吸收古今中外优秀文化,提高思想文化修养,促进自身精神成长。工具性与人文性的统一,是语文课程的基本特点。"③这段话中的三个句子,只有第一句阐述课标性质,后面两句都不是,还对第一句起到了淡化甚至消解的作用,也应在"可删之列",不然会对语文教学起到误导作用,会导致轻语言学习,重精神训练。叶圣陶已一再提醒:"国文教学,选材能够不忽略教育意义,也就足够了,把精神训练的一切责任都担在自己肩膀上,实在是不必的。"④而前面两段课标(包括高中课标)的表述,就是把精神训练的一切责任都担在了自己的肩膀上。同时,这些话也反映了国人高、大、全的思维方式和表达习惯,喜欢把什么都揽进来,结果反而偏离了表达的本意,看不出表达的核心与重点。就如某省确立的"价值观"——务实、守信、崇学、向善,这种看起来很美的高大全式的表述,偏偏掩蔽了该省价值观的独特之处,放到任何省份去都适用。同样,即将推出的高中语文课标修订稿提出的"核心素养"也多达四个词——语言、思维、审美、文化。这种同样高大全式的表述,也值得商榷。第一,它背离了"核心"一词的本义,既然是核心,一般就只有一个,不可能多达四个;第二,就语文来说,核心的也就是"语言"一个,后面的三个"思维""审美""文化"并不是语文学科特有的,放到任何学科去都适用;第三,这三个词与"语言"并不是并列关系,而是从属关系,都从属于语言,都是语言运用过程中自然衍生的:语言运用自然伴随着思维活动,要提升思维能力和思维品质;自然伴随着审美体验,要提升对汉语言文字等的审美能力和审美品质;自然感受着文化,要提升对汉语言文字承载的传统文化的感情和责任。因此,语文教师一定要擦亮眼睛,面对课标也要自主判断,对语文课程性质和培养目标的本质和核心等要有清醒的认识。

语文学科的学习特点是什么?是实践性。《义务教育语文课程标准》说:"语文课程是实践性课程,应着重培养学生的语文实践能力,而培养这种能力的主要途径也应是语文实践。……应该让学生多读多写,日积月累,在大量的语文实践中体会、把握运用语文的规律。"⑤高中课标也有类似表述。因此,语文课堂上"教师滔滔讲说,学生默默聆受"是反语文的现象。

语文学科的学习规律是什么?是在语文实践中通过大量感性的具体的语言运用范例,自主建构自己的语言运用图式,提升自己的语言运用能力和语言陶冶品质,自主走向语文成长。

语文学科的学习效果是怎样的?由培养目标可以推知,语文学科的学习效果,就看是否

① 中华人民共和国教育部.义务教育语文课程标准(2011年版)[S].北京:北京师范大学出版社,2012:1.
② 王尚文."学习把语言用得正确"的启示——兼谈语文课程的任务[J].语文建设,2016(2).
③ 中华人民共和国教育部.义务教育语文课程标准(2011年版)[S].北京:北京师范大学出版社,2012:2.
④ 叶圣陶.叶圣陶教育文集(第3卷)[M].北京:人民教育出版社,1994:52.
⑤ 中华人民共和国教育部.义务教育语文课程标准(2011年版)[S].北京:北京师范大学出版社,2012:3.

在课文等文本语言运用形式的学习中，提高了学生语言运用的能力，提升了学生语言陶冶的品质。其中前者是最本质的学习效果。

作为语文教师，要经常思考这些问题，并能准确回答这些问题。钱梦龙先生说："在进入教学过程之前，我一般总要问一问自己：我教的是一门什么课？为什么要教这门课？怎样教这门课？这样教对促进学生的发展有什么意义？等等。后来渐渐养成习惯，'课前自问'变成了一种自觉的意识，这大概就是所谓的课程意识。这种课程意识，看似很'虚'，其实它关系到整个教学活动的走向，决定着教学的成败。走向不明，必然迷茫；走向错了，一切努力都是无用功。常听到已有多年教学经验的语文教师感慨：语文越教越不会教了！为什么会有此反常现象？究其原因，多半是因为缺少一点课程意识。""我教语文几十年，几十年来目睹形形色色的语文教学新理论、新思想纷纷登台亮相，但我始终坚守一个立场：我教的是语文，它是一门帮助学生学习祖国语言文字的课程，因此，我的所有教学活动都应该有助于学生正确、熟练地理解和运用祖国的语言文字。这是我认定的语文教学之'根'。凡有可能动摇这个'根'的理论、学说，无论进口的还是国产的，无论其立论如何高深莫测，无论其包装如何精致华丽，我都不予理会。这样，我便有了一股'咬定青山不放松'的'定力'。"①钱先生的这番话，值得广大语文教师学习。现实中常有这样的尴尬现象——别的学科的教师对于语文该教什么比语文教师更清楚。著者参加某个教师招聘面试，一位语文学科的应聘者将《生物入侵者》一课的教学重点确定为"了解生物入侵者繁衍的原因与危害""培养学生与自然和谐相处"，现场一位地理学科的考官忍不住对著者说："我觉得你们语文应该让学生好好学习语言运用。"而在另一个名师评选课上，语文参评者们将《我有一个梦想》上成美国黑人历史的知识介绍课，并播放马丁·路德·金在华盛顿广场的英语演讲视频；将《在马克思墓前的讲话》上成马克思生平介绍课，并边播放《国际歌》边学习。现场一位政治学科的评委对著者感慨地说："人家政治家都能把语言表达得这么有水平，你们语文课为什么不好好学呢？"

作为小学语文教师，则还要随时思考这样的问题："我的学生写字过关吗？我该如何教学生正确而科学地写字？"一个人写字的正确率如何，关键在于小学阶段。有报道说："一居委会主任6份忏悔书出现84个错别字。"②更不用说语句不通、文理不顺的问题了。

语文教师只有具备了学科意识，才能引导学生在语文的世界里自主学习、自主判断、自主反思、自主纠正、自主成长，成为具有语文学科特质的饱满的语文人。

本章将从以下四个方面依次阐述：正确把握学科性质；准确选择学习内容；精确设计学习程序；精巧设置学习题目。

第一节　正确把握学科性质

正确把握学科性质，是学科意识的重要体现。

如前所述，语文课程是一门学习语言文字运用的综合性、实践性的课程。"语文"一词，得名于口头语言的"语"和书面语言的"文"，是由从前的小学"国语"和中学"国文"两门课合

---

①　钱梦龙.我这样上语文课[J].中学语文教学,2014(9).

②　叶礼成,朱玉胜."三道门"和六份忏悔书的故事[N].检察日报,2016-2-16.

并创新而成的,语文姓"语",语文学科的本质属性就是语言。

正确把握了语文学科性质,才能判断什么样的课是语文课,什么样的课不是语文课。

第一,聚焦文本语言运用的形式,从中学习语言的运用技巧,也从中自然获得语言的精神陶冶,这样的课是"语文课"。学生在对文本的学习中,既能感受到语言的形式之美、技巧之美,提高语言运用的能力;又能感受到蕴含在语言中的内容之美、情感之美,陶冶性情,提升精神。这样的课在认知与情感两个维度、核心与衍生两个目标都能得到学习和体现。

第二,虽聚焦文本语言运用的形式,但不学习语言的运用技巧,只追求语言的精神陶冶,这样的课是"泛语文课"。因为它放弃了对学生语言运用能力的培养,把语文学科最核心最本质的学习内容抛弃了,背离了语文课程的性质,违背了开设语文课的初衷。当然最常见的"泛语文课"比这个更低级、更肤浅,谈不上真正的聚焦,也谈不上真正的精神陶冶,只是停留在语言形式的表层,学习文本写了什么内容,表达了什么情感,自己获得了什么感受;而不是沉浸其中,在朗读中理解内容,在想象中领会情感,在体验中获得感受。

第三,不聚焦文本语言运用的形式,既不学习语言的运用技巧,也不通过文本语言自然获得精神陶冶,而是离开文本天马行空地进行泛人文或泛科学的教育,这样的课是"非语文课"。因为它抛开了文本,脱离了语境,既不能培养学生的语言运用能力,也不能提升学生的语言陶冶品质。这样的课再好看,再好玩,也只是浪费学生的宝贵时间,而吕叔湘先生将近四十年前就尖锐批评语文教学"少、慢、差、费"的话,也会成为一个挥之不去的"魔咒"。

正确把握学科性质,可以从反面来阐述,说说三个防止:第一,防止"泛视图";第二,防止"泛人文";第三,防止"泛科学"。

一、语文教学防止"泛视图"

"非指示性"语文课堂观察,要观察教师是否能防止语文教学的"泛视图"现象。

所谓"泛视图",是指语文课堂上泛滥地使用视频或图片等画面性为主的内容。

语文教学告别了一支粉笔、一块黑板的单一模式,从农耕时代进入了信息化时代,这是社会的一大进步。但是,现在许多语文教师已经对多媒体产生了依赖,上课的习惯性做法就是先打开多媒体,把图片或视频播放给学生看。教学课文《燕子》,要播放燕子的图片;教学课文《苏州园林》,要播放苏州园林的视频;教学课文《雷雨》,要播放《雷雨》的影视片断。有的语文教师不只用图片或视频导入新课,整节课都在断断续续地播放,以视图观赏代替语言学习。多媒体中的视图是彩色的、立体的、动态的,很好看,很好玩;而课文尤其是中学课文却是黑白的、平面的、静态的,不好看,不好玩。两相对比,学生自然就对课文中的语言文字失去了学习兴趣。

这样做的语文教师,显然是不合格的。因为他是在为视图做宣传,让课文成为多媒体的反衬,让学生觉得视图才是美的,才是有吸引力的;而课文是不美的,是没有吸引力的。

但是,语文教学的目标,就是要培养学生面对白纸黑字的阅读力、感受力、想象力、理解力、蓄积力和表达力。语文教师的职责,就是要通过自己的学科意识和专业技能,引导学生热爱祖国的语言文字,并理性地认识到语言文字与视图相比所具有的独特优势。第一,语言文字有比视图更充分的想象性,它可以让学生无限地、自由地、个性化地想象。即使是"两个黄鹂鸣翠柳,一行白鹭上青天"这样明晰的诗句,也可以让人充分地多样地想象。而视图只有固定的明确的画面,已经把"唯一答案"清楚地呈现在人们面前,基本剥夺了人们的想象力。第二,语言文字有比视图更丰富的表现力,它可以把事物或场景表现得更生动,更有意蕴。课文《紫藤萝瀑布》,就有人评价说:"就是高明的丹青国手,也未必能够穷尽它所包含的意蕴。"①课文《泥人张》,语言的表现力让人叹服:"手艺道上的人,捏泥人的'泥人张'排第一。而且,有第一,没第二,第三差着十万八千里。""就是把张海五的脑袋割下来放在桌上一般。瓢似的脑袋,小鼓眼,一脸狂气,比海张五还海张五。"这些丰富的表现力不是课堂上播放几幅泥塑视图所能达到的。第三,语言文字有比视图更自由的欣赏度,它可以任由个人按照自己的速度和趣味或快或慢、或粗或细地自由欣赏,视图尤其是其中的视频则以一个固定的速度和限定的幅度有序地播放着,容不得读者停下来自由欣赏或重点欣赏。再说,教师播放视图后还可能让学生感到失望,发现课文中用语言描述得很美的人或物,视图呈现出来并不怎么美。

　　推而广之,其实教材中的插图也基本上是多余的(鱼化石等说明性的插图除外)。第一,插图剥夺了学生多样的美好的想象,甚至破坏了学生美好的印象。课文《荷塘月色》写得很美,可插图却是一张特大的荷叶(且像背面)加上几朵荷花,少有形象之美,更无意境之美,影响了学生对荷塘月色的美好感受。第二,插图很可能还是不准确的。课文《老王》中,老王真的就是插图中的这个样子吗? 作者杨绛看了都不一定认可;课文《慈母情深》中,"我"和母亲就是插图中的样子吗? 作者梁晓声看了都可能觉得怪怪的。某个教材的彩色插页画《陈子昂登幽州台》,画面中的陈子昂不但没有丝毫的失意和惆怅,而且还是满脸的闲适和愉悦。教材中的许多插图,不要说形似,连神似都说不上,脸谱化、公式化倾向严重,对学生的学习只会起到负面的影响。

　　是不是语文课就不能播放视图呢? 当然不是。语文课可以播放,但要在学生完成语文学习的任务——在语言文字的学习中领会技巧之美和情感之美或思想之美后再播放,这样就不会因为视图的先入为主而影响学生的个性化理解和多样化想象,就可能起到促进或提升的作用。比如学习课文《圆明园的毁灭》,在学习描述圆明园之美的语言后,再播放电影《火烧圆明园》片段,让学生感受圆明园被烧毁前的壮丽辉煌,以及被烧毁后的残败凄凉,心中自然会激起痛惜和痛恨的感情。而有些课文,在最后环节播放视图,还可能起到衬托和突出课文语言表现力的作用。比如学习课文《林黛玉进贾府》,在品味了王熙凤的一连串精彩表白("天下真有这样标志的人物,我今儿才算见了"等),之后再来看影视片段,学生可能还会产生失落感——视频中王熙凤说这几句话时语气语调都没有表达到位,而且镜头过得很快,学生还没反应过来就已经过去了。这时学生会意识到还是课文中的语言文字更有表现的张力和活力,自己可以更闲适更自由更充分地品味欣赏。

　　毋庸讳言,视图也有语言文字所不具备的优势。但是,作为语文教师,就是要让学生在课文等文本的学习中培养对语言文字的感情和能力。李海林先生说:"学习《荷塘月色》的目的,不正是通过语言来体会意境来丰富想象吗? 你用图片和音乐来替代,学生是有兴趣了,但不是语文课了,是美术课或音乐课了。学生的想象可能是丰富了,但语言的体会能力,语言的想象能力可能反而弱了。"②于漪老师则说:"我曾经看过一个录像,教杜牧的《山行》。

---

　　①　海岗.《紫藤萝瀑布》赏析[A]//课程教材研究所,中学语文课程教材研究开发中心.义务教育课程标准实验教科书语文七年级上册教师教学用书[M].北京:人民教育出版社,2015:144.
　　②　李海林.语文教育的自我放逐[A]//李海林讲语文[M].北京:语文出版社,2008:126.

那个多媒体做得漂亮极了！'霜叶红于二月花'，'石径'顶端是白墙黑瓦的房子。整个一堂课，就是对着这幅画来讲。因此我就想，这首诗如果用来培养孩子的想象力，那多好啊！'白云深处有人家'，这'白云深处'是多少美呀！这完全可以发挥孩子的想象力。可我们的教学把这无限的想象定格在那么狭小的画面里，你们说这个多媒体起的是正面作用还是负面作用？"①

确实，语文姓"语"，不姓"图"，语文教师要坚守语文的本位。

二、语文教学防止"泛人文"

"非指示性"语文课堂观察，要观察教师是否能防止语文教学的"泛人文"现象。

所谓"泛人文"，是指语文课堂上泛滥地学习课文表达的人文内容，对学生进行空泛的人文教育。

"泛人文课"，包括前面所说的"泛语文课"和"非语文课"。

"泛语文课"最低级的一种是漂浮在语言的表面，只学习课文写了什么内容，表达了什么情感，自己获得了什么感受。比如：教学课文《普罗米修斯》，就让学生说说普罗米修斯做了什么事情，经受了怎样的痛苦，对此有什么感受；教学课文《老王》，就问学生：作者是怀着怎样的感受写这篇文章的？写了哪三件事？作者印象最深的是哪件事？② 教学课文《我与地坛》，就让学生说说这篇课文表达了什么内容，作者对母亲的感情是怎样的，如果母亲还活着又会怎样；教学课文《边城》，就问学生边城有怎样的社会特点，寄予了作者怎样的社会理想，其中的人物有怎样的性格特点，如何看待作者笔下的社会美和人性美。

而"非语文课"连语言的表面也漂移开了，课文的内容只是一个起点而已，离开了语境，走出了课文，走向了广阔的社会。比如：教学课文《普罗米修斯》，教师范读一遍课文后，就问学生普罗米修斯最让你佩服的是什么，你的梦想是什么，你准备怎样为人类造福；教学课文《老王》，学生刚默读完课文，就让他们由老王的品质联想开去，说说自己身边像老王一样生活艰难却有一颗金子般的心的人，并说说如果我们遇到不幸的人该怎么办；教学课文《我与地坛》，才看了一遍课文，就由作者对母亲的愧疚自责引发开去，列数历史上孝敬父母的典型故事，讨论我们今天应该如何对待母亲，如何珍惜母爱，如何做一个孝顺的子女，教室里可能还会响起《世上只有妈妈好》之类的歌声；教学课文《边城》，还没疏通文本，就从翠翠的朦胧爱情和傩送的出走引发开去，讨论如何看待他们的爱情，再讨论我们今天应该有怎样的爱情观，教室里甚至还会响起《那时我们还不懂爱》之类的搞笑的歌声："我问你，爱我还是不爱？你问我，留下或是离开？"

这种"泛人文课"，看起来很热闹，听起来很感人，但学生的语言运用能力得不到培养，多上一节与少上一节并没有本质区别，教学内容说不定还会与其他学科"撞课"。有一位思想政治课教师，就因为接下来要上的内容被前面上课的语文教师抢了而提出抗议："你把我要讲的内容都讲了，那我还讲什么？你把我的饭碗都抢了！"

可能有人会说，只要让学生口头说和书面写，就是在学语文呀。如果这样，那别的学科的教师让学生围绕本学科的内容进行口头说和书书面写的训练，不也是在学语文了？须知，在

---

① 于漪.语文教师必须有教学自信力[J].语文学习,2010(1).
② 王荣生.当前阅读教学的问题在哪里——广西观课印象及讨论[J].语文学习,2012(3).

写信中写字和对着字帖写字是有本质区别的，前者只是无意识状态下已有写字技能的运用，并没有新的写字学习目标和要求；而后者才是有意识情境下新的写字技能的学习，有新的写字学习目标和要求。

有专家这样评价新课改后的小学语文教学："课改春风，吹绿了小学语文教学希望的田野。但是人们敏感地发现，热热闹闹的课改背景下，问题在慢慢滋生：许多语文课忽略了语言文字学习，在人文思想上深挖洞，语言文字训练少了，学生的语文实践活动少了，教师必要的方法指导少了，语文课的'语文味'少了，语文课变味了。""课改十年，重人文，轻语言，带来的反思是深刻的，以致有识者大声疾呼：'语文教学不能耕了别人的地，荒了自己的田！'"[①]这种现象，岂止出现在小学？初中和高中也是如此。

语文教学如何防止"泛人文"现象？

首先，语文教师要有反思意识。

现在语文课出现这么普遍的"泛人文"问题，最重要的原因是教师缺少反思意识，没有静下心来好好想想语文到底是什么，语文应该教什么，我这样教对不对。钱梦龙之所以能够坚实地走在语文教学的正道上，就在于他有"课前自问"的反思意识，即使那时没有课程标准，没有对课程性质下过定义。而现在即使有了课程标准，即使已对课程性质下了定义，但还是有许多语文教师不清楚语文是什么，语文教什么。现在如果把问题抛到网络上去讨论，可能还会有不少语文教师认为语文是什么是没有明确的唯一的答案的，谁都可以按照自己的理解去教的，甚至可能还会有教师质问谁有权力规定语文课该怎么上。似乎语文这个"行业"压根儿就不存在课标这个"行业标准"。而如果把课程性质"语文课程是一门学习语言文字运用的综合性、实践性课程"也放到网络上去讨论，也会有语文教师不以为然甚至明确反对的。王尚文、倪文锦等语文教育专家就曾因主张语文教学要注重"语文品质"，要明确"语言教学是语文教学的正道"而被质疑，被商榷。（著者也有同样的经历。）以至于"已奔八十"的王尚文先生感慨说："知我者谓我心忧，不知我者谓我何求。"[②]倪文锦先生则直言："我们可以有不同的认识，但绝不能把自己的个人意愿凌驾于国家意志之上。"[③]

教师的成长，离不开反思；语文教师的成长，尤其离不开反思。因为只有语文这个学科才会在学科性质上出现如此严重的认识问题。语文教师要引导学生自主学习、自主判断、自主反思、自主纠正、自主成长，得自己先做到面对语文能自主教学，面对语文是什么能自主判断，面对语文出现的问题能自主反思，面对语文走向歪路能自主纠正，最终能在语文教学中自主成长。

其次，语文教师要提高语言素养。

有良好的语言素养，才会有纤细的感受力，才会有准确的判断力，知道什么是好的语言，什么是不好的语言；面对文中的妙词佳句，才能"一见钟情"，"怦然心动"，并主动引领学生"咬进文字的深层，嚼出文字的真味"[④]。叶圣陶、朱自清那代人当语文教师，语言功底深，语言素养高，所以会主动关注语言，觉得语言有嚼头，有味道，"句句字字打进人心坎里"，是一

① 肖川.《义务教育语文课程标准（2011 年版）》解读[M].武汉：湖北教育出版社，2012：9.

② 王尚文.语文品质的审美层次[J].语文学习，2015(6).

③ 倪文锦.学风、文风、教风及其他——答湖北省特级教师杨先武[J].语文建设，2016(5).

④ 王尚文.为"咬文嚼字"鼓与呼！[J].语文学习，2005(10).

种莫大的享受。朱自清先生曾说:"只有敏感的人,才能体会那微妙的咬嚼的味儿。"①朱光潜先生则说:"从前我看文学作品,摄引注意力的是一般人所说的内容。如果它所写的思想或情境本身引人入胜,我便觉得它好,根本不很注意到它的语言文字如何。反正语文(指语言文字,下同。引者注)是过河的桥,过了河,桥的好坏就可不用管了。近年来我的习惯几已完全改过。一篇文学作品到了手,我第一步就留心它的语文。如果它在这方面有毛病,我对它的情感就冷淡了好些。我并非要求美丽的词藻,存心装饰的文章甚至使我嫌恶;我所要求的是语文的精确妥帖,心里所要说的与手里所写出来的完全一致,不含糊,也不夸张,最适当的字句安排在最适当的位置。那一句话只有那一个说法,稍加增减更动,便不是那么一回事。"②但现在许多语文教师的语言素养已经大不如语文前辈了。著者跟王尚文先生那一代语文教师相比,就已经是不合格的语文教师了;而著者的学生(大学生、研究生等师范生)语言素养在继续弱化,他们当初接受中小学语文教育时,"泛人文"现象已经较为普遍了,语文教学已经虚化了。但语文教育的明天,就在年轻的语文教师身上。因此唯有发奋努力,主动提高自己的语言素养,舍此别无他途。

再次,教材编写要突出语言意识。

新课改之后,各种版本的语文教材大多高举人文大旗,以人文理念来编写教材,重人文,轻语言,从教材首页"致同学"的话,到目录中每个单元的名称,再到每个单元、每篇课文的导语,以及每篇课文后面的练习题,都体现了人文至上的特点。

某个版本的高中语文教材,"致同学"的第一段话就是:"打开你面前的语文教科书,展现的是一片五彩缤纷的人文天地:对生命的礼赞,对和平的祈祷,对历史的反思,将你带进人生与命运、个人与国家、历史与现实的多重思索之中。我们相信,通过这些思考,同学们会做出属于自己的选择。愿我们的思想插上飞翔的翅膀。"③这段话只有"人文天地",没有"语言海洋"。如果教材编写时有意突出语言意识,那末句可能就是:"愿我们的思想插上语言的翅膀,飞得更高,飞得更远。"该教材必修一的目录中,各个单元(该教材称为"专题")的名称分别是"向青春举杯""获得教养的途径""月是故乡明""像山那样思考",让人误以为是打开了思想政治课的教材。叶圣陶先生早在1938年就曾说过:"时下颇有好几种国文课本是以内容分类的。把内容相类似的古今现成文章几篇合成一组,题材关于家庭的合在一处,题材关于爱国的合在一处。这种办法,一方面侵犯了公民科的范围,一方面失去了国文课的立场,我们未敢赞同。"④

另一个版本的初中语文教材,语言意识稍突出些,但还是重人文,轻语言。比如某个单元的导语是:"上一单元涉及的非正义战争中残杀无辜的暴行,使我们在震惊与悲痛之余,发出这样的呼唤:再也不能让人类之间的残杀延续下去了,应该让世界充满爱。这个单元就以'爱'为主题,几篇课文都在诉说对普通人,尤其是对弱者的关爱。让我们从课文中感悟到'爱'这种博大的感情,从而陶冶自己的情操。""熟读这些课文,从中了解叙述、描写等表达方

①　朱自清.语文影及其他[M].北京:中国文联出版公司,1985:5.

②　朱光潜.文学与语文(上):内容、形式与表现[A]//朱光潜全集(新编增订本)第6卷[M].北京:中华书局,2012:226.

③　丁帆,杨九俊.普通高中课程标准实验教科书语文必修二[M].南京:江苏教育出版社,2015:1.

④　叶圣陶.叶圣陶教育文集第五卷[M].北京:人民教育出版社,1994:405.

式,揣摩记叙文语言的特点。"①以上两段话,第一段详谈人文,第二段略说语言,孰重孰轻,一目了然。该单元第一篇课文是《阿长与〈山海经〉》,课文导语只有人文性:"这篇文章写的是对儿时保姆的回忆。这位保姆不识文断字,又有些愚昧迷信,甚至连真名实姓都不为人所知,实在是普通得不能再普通了。那么,鲁迅为什么要写她呢? 她是个怎样的人呢?"教师受到这样的引导,怎么可能不把语文课上成人文课? 而编者为该课文设计的"研讨与练习",继续为人文加码,并把人文性做到了极致,整整四道题目,没有一道不是人文的,却没有一道是语言的:"一、熟读课文,看看文章围绕阿长写了哪些事情,重点写了什么。从这些事情中,可以看出阿长是怎样的一个人? 二、课文前半部分,作者大写他如何'憎恶''讨厌'阿长,但在这些充满贬义的文字后面,你能感受到作者对阿长的同情与怀念吗? 不妨与同学们交流一下。三、仔细阅读课文中买《山海经》的部分,回答下列问题。1.当阿长来问《山海经》是怎么一回事时,'我'是怎样想的? 这种想法表现了'我'的什么心理? 2.当阿长买来《山海经》时,'我'有什么反应? 3.你怎样理解文中说的阿长'确有伟大的神力'? 四、在你的童年生活中,有没有像阿长这样的给你留下深刻印象的普通人? 你怎样看待他们? 请用一二百字写下来。"②这些题目(包括最后一道题目),全都"集中于文本内容和精神的层面,却始终徘徊于文本语言之外"③。不知道鲁迅本人看了会是怎样的感受,他在"怎么写"方面可是特别讲究的。而语文教师面对这些题目,自然就会"以课文思想内容的理解为主要目标,并且围绕课文思想内容理解来组织教学"(吴忠豪语)。

语义应摒弃以人文主题为线索编写教材和选择课文的做法,将学生从小学一年级到高中三年级的语言运用学习点依次排序,科学定位,并分别提出恰切的语用学习要求,逐级培养学生的语言运用能力,按照学生语言成长的规律来编写教材,强化语文教材的学科性、科学性,从由人文定语言转向由语言定人文,即根据语言运用学习点的需要来选取相应的人文性强有趣有味的文章作为课文,让学生在意趣盎然的情境和形象生动的语境中学得语言运用的技巧,学到语言运用的本领,并自然地受到人文的陶冶。

此外,语文教科书中的许多"综合性学习",也基本上是"非语文"的。比如:"黄河,母亲河"专题,基本上是地理的和历史的;"世界何时铸剑为犁"专题,基本上是思想政治的;"让世界充满爱"专题,也基本上是思想政治的。

现在有些教材也正试图做些改变。作为语文教师,要主动面对这些"泛人文"现象,果断做出自己的选择。比如"综合性学习",不要轻易拿到语文课上学习;而课文后面的"泛人文"练习题,则要主动改造,甚至重新编写。

总之,语文姓"语",不姓"文",语文教师要认清语文的本质。

三、语文教学防止"泛科学"

"非指示性"语文课堂观察,要观察教师是否能防止语文教学的"泛科学"现象。

所谓"泛科学",是指语文课堂上泛滥地学习课文表达的科学内容,对学生进行空泛的科学教育。

①②　课程教材研究所,中学语文课程教材研究开发中心.义务教育课程标准实验教科书语文八年级上册[M].北京:人民教育出版社,2016:46,55.

③　语文课程标准研制组.《普通高中语文课程标准(实验)》解读[M].武汉:湖北教育出版社,2004:93.

"泛科学课"也隐藏在"泛语文课"和"非语文课"之中。

"泛科学课"的数量虽然远不如"泛人文课"那么多,但也有一些典型的例子。

比如:教学小学课文《新型玻璃》,教师让学生充分想象,争做发明家,说说将发明什么新型玻璃,具有什么特殊功能,有什么科学原理;教学初中课文《看云识天气》,教师让学生从现在开始的几十天内,每天抽个时间,练习看云识天气,判断当天或第二天的天气情况,并轮流发布天气预报,看谁预报得准确;教学高中课文《动物游戏之谜》,教师先让学生总结课文提供的几种假说,说说自己对每种假说的认同度,并说说理由;再让学生归纳课文中列举的动物游戏的种类、特征以及事例,并补充有关资料或自己观察发现的事例;之后又要学生搜集资料,看看专家们如何评说人类最初从事体育活动、艺术活动的目的的。

下面这个例子更典型。一位语文教师教学课文《两个铁球同时着地》时,当场做起了"泛科学"的试验。他在"检查预习、了解学情"和"细读文本、理清脉络"两个环节之后,对文中主人公伽利略就亚里士多德的观点"两个铁球从高处落下来,重的先落地轻的后落地"进行否定后提出的新观点"两个铁球同时落地,跟铁球轻重没有关系",来了个再否定,利用整节课时间,对伽利略的观点"大胆质疑、反复试验":先让全班学生在桌子上拿起铅笔、三角板、语文书、笔记本,噼里啪啦做起试验,拿起又放下,放下又拿起;之后又把全班学生带到操场上,教师自己则爬到教学楼二楼,把预先准备好的两个矿泉水瓶(一个未启封,一个空瓶)同时往下坠,结果"惊心动魄、奇迹再现":未启封的有水的瓶子先着地,空瓶子后着地。教师自己反复做了两次,又让两个学生上去先后做了两次。最后回到教室,让学生"学会思考、超越自我"——"不是道听途说,就对权威结论不假思索地笼统接受"。这个"泛科学课",还被国内一家资深教育期刊看中发表,并郑重其事地加上题为"学生的思考力从何而来"的"编者按",褒奖称"一个有独立思考能力的教师,带着一群懵懂无知的孩子,就这样走上了一条'奇妙的探索之旅'",并认为"这样的课堂不常见,但很珍贵"①。

语文教学要防止"泛科学"现象,对策与前文所述相同,这里着重从专业性的角度说说。

第一,教材编写要有语文的专业性。

上面列举的课文《看云识天气》的例子,让学生每天抽个时间,练习看云识天气,就是该课文后面的"研讨与练习"之一;而《动物游戏之谜》的例子,让学生说说对每种假说的认同度,让学生补充自己的观察发现,让学生看看专家们怎样评说人类从事体育、艺术活动的目的,则是该课文后面"研讨与练习"的全部内容。

因此,教材编写要有语文的专业性,对于语文是什么,语文学什么,应该有专业的眼光和清醒的认识,不应出现误导。并不是说课文表达的内容和思想、情感和精神方面的练习题一概不能出现,而是不能出现得太多——更不能所有题目都是这方面的,也不能出现得太像——几乎与各个科学学科教材中的练习题没有本质区别。

第二,媒体报道要有语文的专业性。

媒体报道其实不止有褒奖"泛科学课"的,还有颂扬"泛人文课"的(而且更多)。某家知名报纸就曾以"语文课可以变得很好玩"为题,报道某位语文教师的做法。该报道第一段所列举的种种做法,完全是"泛人文"的:"从高中老师某某某(为表尊重,隐去人名,引者注)的课堂外走过,总能有些不一样的发现:正在上课的教室里会传出咿咿呀呀的黄梅戏,抑或是

① 刘发建.课堂里响起独立思考的声音——我这样教《两个铁球同时着地》[J].人民教育,2013(20).

左小祖咒的歌曲《我不能悲伤地坐在你身旁》，正值青春期的学生会跟着老师一起哼唱蔡依林的情歌，他们甚至会大声地争论：'早恋是个伪命题，爱情不应该有年龄限制'……①这样的报道令人咋舌，可能媒体还用上了夸张。该报道的第二段是："可以谈古论今，甚至'谈情说爱'——某某中学(为表尊重，隐去校名，引者注)这名语文老师，把自己的语文课定义为'为教育正名，为语文松绑'。"报道得如此极端，说明媒体并不清楚什么样的课才是语文课，不知道怎样才是为教育正名，怎样才是为语文松绑。

　　语文教师对学科的认识难免会出现一些问题，会时常错走在"泛人文"的大道上，与政治、历史、地理乃至音乐、美术等人文学科"抢道"；甚至错走在"泛科学"的大道上，与数学、物理、化学、生物乃至信息技术、通用技术、体育保健等科学学科"抢饭碗"。但作为媒体，尤其是知名媒体，面对乱象丛生的语文课，应该有一双穿透力大、辨别力强的火眼金睛，对"泛语文课""非语文课"的严峻现实应该有清醒的认识，而且应该对这一不良现象呐喊警示，揭露剖析，"揭出病苦，引起疗救的注意"，而不应推波助澜，传播彰扬。如果说教师个人的"泛人文"或"泛科学"行为是自发的无意的甚至是无辜的，只是缘于对语文的认识不够清楚，对语文的本质、语文教学的本质等问题还处在封闭的自我理解和自我摸索之中；而媒体的报道就是自觉的有意识的行为了，一旦把握不准甚至相反，影响将是极大的，误导将是严重的。比如这位教师在语文课上用矿泉水瓶做了"科学试验"后，本校的语文教师可能并不认为这是语文课，科学教师更不认为这是语文课；但媒体偏偏将这个"非语文课"大加肯定，大力倡导，那岂不就是高调地告诉大家，这就是语文课，而且是值得大家学习的典型的语文课！

　　媒体应率先维护语文学科的纯洁性，不应把课堂上的反面例子采集来作为正面的典型，加以树立和褒奖。不应站在无学科分界的大教育领域看语文，将教育要培养的人与语文学科要培养的人简单地等同起来，认为"好玩"的"松绑"的课就是"正名"了的语文课，具有"科学精神"的走上"奇妙的探索之旅"的课就是"很珍贵"的语文课。

　　第三，教师教学要有语文的专业性。

　　随着科技的发展，以后语文教材中的科普类文章会越来越多，教师必须认识清醒，立场清晰。要以专业的智慧，引导学生从课文语言运用的范例中，感受到形式之美、技巧之美，提高语言运用的能力；并自然地感受到蕴含在语言中的内容之美、科学之美，提升科学审美和科学精神。语文教师不应把主要的时间和精力放在课文科学内容的理解上，放在对文中科学术语的考证上。其实，一旦教师引导学生关注科普类文章的语言运用形式，就会惊喜地发现，这些科学家，其实也是语言运用大家，他们也很讲究如何运用特定的语言形式表达特定的科学内容。进而让学生意识到，以后不管从事什么工作，包括科技工作，都要学好语文，练好语言运用的本领，这样才能把自己的研究成果或科学思想准确、通俗而又形象地传达给世人。

　　诚然，语文姓"语"，不姓"科"，语文教师要坚持语文的态度。

---

　　①　李斐然.语文课可以变得很好玩[N].中国青年报，2012-2-8.

第二节　准确选择学习内容

准确选择学习内容,是学科意识的重要体现。

语文是一门非线性、非逻辑甚至非科学的学科,教材是文选式的,且目前大多以人文主题来组织单元、选择课文,因此,几乎没有现成的明确的学习内容可供选择。也因为如此,学习内容的选择成了语文教师是否专业的重要门槛和主要标志。

目前的人文主题式教材,总是让教师感到为难,面对其中的课文,不知该选择什么内容,觉得这个内容重要,需要学习;那个内容也重要,也需要学习。于是每篇课文都学得面面俱到,比喻、拟人等学习点从小学一直学到高中,却又总是学得不细致,学得不过关。而在面临选择困难时,有些教师干脆主动降低难度,转向选择人文内容为主——《触摸春天》就学习盲女孩的自信坚强,《我的叔叔于勒》就学习父母的重利轻情,《大堰河——我的保姆》就学习保姆的善良勤劳。至于语言点,就随意选择一些浅易的好教的,但这些浅易的学生已经懂了不想学了,而不懂的想学的教师偏偏也不懂也不教。于是语文课成了人文课甚至科学课,也成了随意课甚至随性课,在低水平的层面上来回不停地重复打转。如果改由语言点来编写教材,教师面对课文时,学习内容的选择就变得明确而清晰,某些内容也不会总是被重复学习。

教师要准确选择学习内容,以下三个方面都不能作为依据。

第一,单元名称。这些名称大多是人文的甚至是科学的,比如"珍爱生命""和平的祈祷""历史的回声""文明的对话""我有一个梦想""直面人生""科学之光"等等。

第二,课文前面的导语。这些导语大多也是人文的甚至是科学的。比如课文《台阶》前面的导语是人文的:"与《背影》(指上一篇课文,引者注)一样,这篇课文写的也是一位父亲,儿子眼中的父亲。这位父亲是怎样生活和劳动的? 他有什么追求? 是一个什么样的人? 作者是怀着怎样的感情去叙述父亲的故事的?"[1]而课文《黄河是怎样变化的》前面的导语则是科学的:"《自然之道》(指上一篇课文,引者注)让我们懂得,如果不按照自然规律办事,往往会产生与我们的愿望相反的结果。下面的课文又给我们怎样的启示呢? 默读课文,说说黄河发生了哪些变化,引起这些变化的原因是什么。如果有条件,可以搜集有关黄河的资料,为治理黄河出出主意。"[2]

第三,课文后面的练习题。有些课文后面的练习题重人文或重科学,甚至完全是人文或科学方面的。比如前面说到的课文《阿长与〈山海经〉》,课后的"研讨与练习"全部是人文感受方面的,没有一道是语言学习的;而前面列举的《看云识天气》和《动物游戏之谜》的课后"研讨与练习"也是如此,其中后者全部是科学探究方面的,也没有一道题目是语言学习的。

因此,作为语文教师,要有充分的学科意识,对语文课程性质入脑而且入心,知道哪些内

---

① 课程教材研究所,中学语文课程教材研究开发中心.义务教育课程标准实验教科书语文八年级上册[M].北京:人民教育出版社,2016:63.

② 课程教材研究所,小学语文课程教材研究开发中心.义务教育课程标准实验教科书语文四年级下册[M].北京:人民教育出版社,2004:39.

容是必须学习的,哪些内容是可学可不学的,哪些内容是不能学习的。

所有课文,不管什么文体,共性的学习内容自然是语言——确切地说是语言运用的形式。在语言运用形式的学习中,感受形式美和技巧美,提高语言运用的能力;并自然感受内容美和情感美,提升语言陶冶的品质。这样才能使语文学科区别于其他学科,体现出语文的不可替代性。

当然,不同的文体或同一文体下不同的文本,在语言的形式美、技巧美、内容美、情感美等方面会体现出差异性,只是这些差异有的明显有的不明显,有的典型有的不典型。

下面只阐述语文学习中最核心的内容——语言运用的形式。依次为:语言运用形式——不同类文本共性的学习内容;感性语用形式——文学类文本的学习内容;理性语用形式——非文学类文本的学习内容;文言语用形式——文言类文本的学习内容。

一、语言运用形式：不同类文本共性的学习内容

"非指示性"语文课堂观察,要观察教师是否能把语言运用形式作为不同类文本共性的学习内容。

为什么要把语言运用形式作为不同类文本共性的学习内容,前文已有较充分的阐述。语文教师特有的课堂使命,用一句话来概括就是:引导学生学习课文语言运用的范例,培养学生语言运用的能力。

关于语言运用的形式,这里再做具体阐释。

语言运用的形式是指作者在表达思想感情时运用的文体形式、材料形式、篇章形式、词句形式等,是思想感情外在的语言形态和结构。因此,语言运用的形式中自然蕴含着作者在表达思想感情时运用什么文体、运用什么材料、运用什么篇章、运用什么词句(甚至标点)来表达的技巧和方法。

这里的语言运用形式,既有微观的词句运用(即遣词造句)的形式,也有中观的篇章运用(即谋篇布局)的形式,还有宏观的材料运用的形式以及文体运用的形式。作者写作时的语用顺序大多先宏观(选用文体、选用材料)、再中观(选用篇章)、后微观(选用词句);而学生面对一个文本,学习顺序则相反:从微观到宏观,从局部到整体。

一个作家,最引以为豪的自然是语言运用的技巧——如同一个歌唱家,最引以为豪的是歌唱的技巧。当需要表达某一思想感情时,就能用生花的妙笔准确、流畅、个性化地表达出来。从选用的文体、选用的材料,到选用的篇章、选用的词句,都能给人美的享受。

陆游和唐婉的两首《钗头凤》,从文体、材料,到篇章、词句,语用形式都堪称完美,四者合力,就把各自的悲、苦、痛表达得细腻、深切、厚重,给人极强的语言享受和精神感染。其中上下阕末尾的叠字"错,错,错!""莫,莫,莫!"和"难,难,难!""瞒,瞒,瞒!"成为这两首词鲜明的语用标志。舒婷说:"魅力汉语对我们的征服,有时是五脏俱焚的痛,有时是透心彻骨的寒,更多的是醅畅淋漓的洗涤和'我欲乘风归去'的快感。"[①]舒婷把汉语言强大的表现力,概括得既形象又透彻。而她这句话本身,就彰显了汉语的魅力,展现了高超的语言运用水平。

课文中体现汉语魅力的语用形式,或在文体形式,或在材料形式,或在篇章形式,或在词句形式,或几者俱佳。教师要引导学生主动发现,用心学习,尤其是后三者,更为显性,更易

---

① 舒婷.影响了我的两百首诗词[M].天津:百花文艺出版社,2005:1.

发现。

比如小学课文《燕子》,选择燕子停在电线上的场景进行描述,体现了材料运用的巧妙;而将其比喻为五线谱,则体现了词句运用的巧妙;课文结尾"停着的燕子成了音符,谱成了一支正待演奏的春天的赞歌",提升了全文的境界,又体现了篇章运用的巧妙。

再如初中课文《紫藤萝瀑布》,词句运用和篇章运用都体现了高超的技巧。就词句运用来说,把紫藤萝比作瀑布,比作船,比作人,在流动,在航行,在欢笑,在挑逗,既独特又创新;而且描写角度多样,有整体,有局部;有静,有动;有形,有光,有色,有香。就篇章运用来说,开篇是"我不由得停住了脚步",然后具体描写停住脚步后感受到的紫藤萝洗涤心灵的美和从中受到的人生启示,最后自然结尾:"在这浅紫色的光辉和浅紫色的芳香中,我不觉加快了脚步。"全文一气而就,妙然天成。

再如高中课文《最后的常春藤叶》,材料运用、篇章运用和词句运用,都充满了智慧和创新。就材料运用来说,作者用最后的常春藤叶来表现人的生与死,表现人间的真情与温暖,令人称奇。文学作品的成功,首先是材料运用的成功,优秀的作家,往往选材独特,不落俗套。就篇章运用来说,文章结尾出人意料,唤起琼珊生命活力的竟是常春藤上的最后一片叶子,而这片叶子却又是假的;但往前推断,却又在情理之中。就词句运用来说,全文充满智慧和创新的表达极多,"街道仿佛发了狂似的"等写得风趣、夸张、离奇,给读者带来轻松感、愉悦感和新奇感。

还有文言文。比如初中文言课文《湖心亭看雪》,有一组"名词+数词+微小化量词"的词句运用形式,堪称这篇文章的"防伪标志":"惟长堤一痕,湖心亭一点,与余舟一芥,舟中人两三粒。"如同一幅山水写意画,将茫茫雪景中的物象高度概括,并将长与短、点与线、方与圆、动与静的变化巧妙寓于其中,美不胜收;同时又自然地将宇宙的浩渺与物象的渺小构成强烈的对比,给人震撼的视觉冲击和情感体验。再如高中文言课文《劝学》,许多词句运用极具生活化:"青,取之于蓝而青于蓝;冰,水为之而寒于水。""不积跬步,无以至千里;不积小流,无以成江海。"作者信手落笔,就成了中华传统文化中的经典名言。越生活化的比喻,往往越会被忽视;但越生活化的比喻,往往越新鲜,越有生命活力。

上面列举的只是文学描述类的语用形式。单就词句运用的形式来说,就有文学类的细腻的感性描写,论述类的深刻的理性阐述,以及实用类的简洁的事理说明。

前文列举的初中课文《紫藤萝瀑布》,就有一句深刻的理性阐述:"花和人都会遇到各种各样的不幸,但是生命的长河是无止境的。"全文虽然只有一句议论,但胜过无数的无病呻吟。第一,有高度,由花及人,没有只停留在写花上;第二,自然,不牵强,从前面花的辉煌花的命运,再悟到人的生命;第三,真诚,不虚假,作者正为"生死迷、手足情"而"焦虑和悲痛",看到如此灿烂美好的紫藤花,深受感染和启发;第四,有层次,不单一,经过了前面两层的铺垫,才有这句议论与点睛;第五,有呼应,不孤单,课文首尾两句与该句议论遥相呼应,使这句理性阐述更显出分量和光彩。[①]

这类理性阐述的语用形式,就文体来说,主要集中在议论文;就学段来说,主要集中在高中。有些课文,标题就是醒目的理性阐述:"今生今世的证据""像山那样思考""传统文化与文化传统""人是一根能思想的苇草"。

---

①　郑逸农."非指示性"语文教学设计研究[M].杭州:浙江大学出版社,2012:231.

事理说明的语用形式，则主要集中在说明文。比如初中课文《苏州园林》，有这样的句子："可是墙壁上有砖砌的各式镂空图案，廊子大多是两边无所依傍的，实际是隔而不隔，界而未界，因而更增加了景致的深度。"其中的"隔而不隔，界而未界"意为隔开了但并没有隔绝，界定了但并没有界死，体现了说明语言准确的特点，表达简洁，表义丰富。

不管什么文体，都有值得学习的语言运用形式。

比如高中课文《奥斯维辛没有什么新闻》，是一篇新闻报道，作者运用了非常规的、举重若轻的表达形式和技巧：开头写奥斯维辛阳光明媚，白杨树婆娑起舞，儿童在追逐游戏，结尾又继续写这些场景；中间特意写毒气室和焚尸炉废墟上雏菊花在怒放；全文多次出现"轻描淡写"的话语："并没有可供报道的新闻""这里没有什么值得看的"。这些都体现了作者在文体运用、材料运用、篇章运用以及词句运用上的匠心和创意。

另外，标点符号也是词句运用形式中不可缺少的组成部分，也要引导学生揣摩学习。标点符号有六种功能：第一，停顿功能；第二，语气功能；第三，定性功能；第四，修辞功能；第五，审美功能；第六，简化功能。[①]　比如高中课文《记念刘和珍君》，其中有这样一句话："我没有亲见；听说，她，刘和珍，那时是欣然前往的。"其中"听说""她""刘和珍"三个词后面的逗号，完全可以省略；作者有意加上逗号，则起到了增强敬重感情、强化壮烈气氛的作用，体现了特殊的表达效果。朱光潜在《咬文嚼字》一文中说："一般人根本不了解文字和思想情感的密切关系，以为更改一两个字不过是要文字顺畅些或是漂亮些。其实更动了文字，就同时更动了思想情感，内容和形式是相随而变的。"[②]其实不只是文字，标点也往往如此。

现行各个版本的中小学语文教材，在"文质兼美"方面做得参差不齐，整体不如王尚文先生主编的以语言学习为核心的《现代语文初中读本》。这就更需要教师强化语言意识，具备一双发现语言美的眼睛，把语言运用形式作为语文学习的核心内容。

前文已经谈到了语文泛化的问题。可能是新课标从实验稿开始就强调的一句话起到了误导作用："工具性与人文性的统一，是语文课程的基本特点。"许多教师只记住了其中的"人文性"三个字，从中获得了鼓励；再加上新编教材过于突出人文性，语文教师继续受到了不正确的引导。

一位善于反思的语文教师，曾写下了当年教学《像山那样思考》出现的误区："2006年，我第一次上《像山那样思考》时是按照《高中语文教学设计》中的范例来安排教学的。教学简案如下：一、以狼的图片导入新课；二、作者简介；三、背景介绍；四、研习课文：1.讨论文章结构：第一部分(第1—3段)借助一声狼嗥而引起的反应，将深刻的生态伦理表达出来。第二部分(第4—9段)讲述狼被猎杀的命运以及狼被消灭以后留下的生态恶果。第三部分(第10段)启示人们在追求物质文明的同时，应该像山那样思考，要有生态意识。2.阅读并思考：(1)作者对狼的看法发生了怎样的转变？(2)自然界失去了狼会怎样？(3)为什么说狼的嗥叫只有大山能明白？(4)结合全文，你从中得到哪些启示？五、课后作业：如果你是一名环保志愿者，请写一段宣传文字。"这位童老师说："上完课后，我很快意识到了问题——我把语文课上成了思想教育课。……我把教学的重点放在了对作品思想内容的理解上。"[③]

①　教育部语言文字信息管理司.《标点符号用法》解读[M].北京：语文出版社，2012：14.
②　朱光潜.咬文嚼字[A]//朱光潜全集(新编增订本)第6卷[M].北京：中华书局，2012：216.
③　童庄莉.语文味，魂兮归来[J].中学语文教学参考，2014(11).

但善于这样反思的语文教师太少了。

如果课文的作者来到教室听课，他肯定很想听听教师如何引导学生学习自己个性化的语言运用形式，从词句运用的形式、篇章运用的形式、材料运用的形式到文体运用的形式。因此，语文课上得对不对、好不好，其实很简单，教师反躬自问一下即可："作者坐在教室后面听课，会满意吗？"甚至可以继续追问："作者会觉得我是语文老师吗？"比如，仅就词句运用的形式来说，朱自清的《荷塘月色》就有许多独特而创新的描写，其中一句是："叶子出水很高，像亭亭的舞女的裙。"作者写完后肯定很满意，很自豪，因为还没有人这样来写荷叶，这可是前无古人的语用创新。如果说科学家是用材料来发明创造，那么文学家就是用语言来发明创造，将看似普通的语言创新地组合到一起，就能表达出全新的意思，营造出全新的境界。但是，一代又一代学生学习《荷塘月色》，关注到其中的独特与创新了吗？体会到汉语的魅力了吗？没有关注到，是不是因为语文教师首先就没有关注到？

因此有理由相信，如果课文作者真的坐到教室后面听语文教师上课，很可能会感到失望。他们在语言运用形式上的智慧和用心，语文教师往往不会关注到，面对这些"语言美景"，总是走过路过也错过。

而文体运用的形式，教师更不容易关注到。其实作者下笔写作时，要运用什么文体而不运用什么文体，就已经确定了，语言运用形式从这里就起步了。如苏轼《江城子·乙卯正月二十日夜记梦》，记述了梦境，表达了对亡妻的思念之情。其实他可以用散文写，也可以用诗写（且这些都是苏轼擅长的），但他偏偏运用了词这种文体形式来写："十年生死两茫茫。不思量，自难忘。千里孤坟，无处话凄凉。纵使相逢应不识，尘满面，鬓如霜。//夜来幽梦忽还乡。小轩窗，正梳妆。相顾无言，唯有泪千行。料得年年肠断处，明月夜，短松冈。"舒婷对此评价说："任何一个中文系大学生，都能把这首词翻译成优美的现代散文；功力深一点儿的，把它扩写成一篇小说都不成问题。可是，在现当代那么多悼亡的长篇累牍中，有谁能把它们浓缩成这样曲折跌宕，波澜起伏，用情至深，境界高雅的三言两语呢？"①这其实就反映了作者在文体运用形式上的技巧和功力，而不仅仅是在材料运用形式、篇章运用形式和词句运用形式上的智慧。

语文课没有把语言运用形式作为核心的学习内容，没有把提升学生的语言运用能力作为核心的学习目标，直接导致的后果是：学生的语言素养差，语用能力低，套板现象普遍。仅就词句运用形式来说，一旦以"金秋十月"开头，往下往往是"金桂飘香"，往往是"枫叶含丹"，众人一词，千人一面，没有个性，没有创新。下面这位小学生写的作文《秋天的美景》，乍看挺美，但稍加分析，就会发现基本上是套话；再上网查询，则又发现是抄袭的，把人家的套话都抄来了，自己只是套话的搬运工。只有写腊梅的那句是自己加上去的，但也是套话——只要写花就是"含苞待放"，而且还是不合时令的套话——腊梅竟然改在秋天开放。请看全文："凉爽的秋天来了，大地披上了一件黄色的毛衣，枯黄的银杏叶和鲜艳的枫叶落下来，好像翩翩起舞的蝴蝶。松树爷爷还穿着那碧绿的长袍，苍翠欲滴。花园里，菊花争芳斗艳，红的如火，粉的似霞，白的像雪，美不胜收；红彤彤的海棠，把树枝压弯了腰；一旁的腊梅也含苞待放。秋天，果实累累，景色迷人，我爱你！"②而另一位五年级学生写的作文《炒蛋饭》，水平竟

---

① 舒婷.影响了我的两百首诗词[M].天津:百花文艺出版社,2005:88.
② 小邵.秋天的美景[N].金华晚报,2015-5-27.

与一年级学生相当："一天晚上,妈妈教我炒蛋炒饭。我先往锅里倒点油,等油烧热了,把打好的鸡蛋倒进去,炒好后再把饭放进去,拌均匀,放点盐,最后把葱和火腿肠一起放进去,翻炒一会儿就OK了。我把饭盛起来,闻了闻,哇,好香啊! 再吃一口,哇,真好吃啊! 妈妈表扬了我。我终于学会了炒蛋炒饭,真开心!"①这两篇作文,竟然都刊发在某个地级市的晚报上,顺利通过了教师的推荐关和编辑的审查关。

是不是大学生和研究生的语用能力就不错了呢? 当然不是。即使以后要当语文教师的大学生和研究生,写起论文来,其语言表达的准确性、流畅性、条理性和深刻性,都令人担忧和感伤。陈平原先生也感慨说:"我在大陆、台湾、香港的大学都教过书,深感大陆学生的汉语水平不尽如人意。"②几年前,著者的一位同事上课时倒在讲台上,不幸殉职;开追悼会时,一名学生代表上去发言,其表达的冗杂和不得体,让与会者失望不已,甚至愤怒不已。著者作为语文教育工作者,身处现场,感到的是透心的悲凉! 事后著者曾经在课堂上"毫无人性"地问那些即将成为语文教师的大学生和研究生:如果你以后做了语文教师,有一天很不幸很意外地突然去世了,你的学生代表在你的追悼会上说得语无伦次,表达得很糟糕,你会不会羞愧得突然想活过来,重新教他们学语文?③

社会上的语用现实也不容乐观,几年前竟然还出现了"废话体"诗歌,而且流行一时,广受追捧。请看其中的代表作:"天上的白云真白啊/真的很白很白非常白/非常非常十分白/极其白/贼白/简直白死了/啊!"④不知道李白、杜甫看了会不会"泪流满面"。

开设语文课的目的,"就是要让学生学会运用本国的语言文字"⑤。这就必须把语言运用形式作为不同类文本共性的学习内容,让学生感受其中的形式之美、技巧之美,同时自然地体会其中的内容之美、情感之美。在学习顺序上,可根据文本特点,或由内容到形式,或由形式到内容。

第一种,由内容到形式。这种方式适用于内容和情感特别吸引人的文本。比如海子的《面朝大海 春暖花开》,它给学生留下的第一印象往往是内容和情感,是扑面而来的暖暖祝福和浓浓春意。教师可先引导学生用心灵去感受,让自己获得情感美的体验;然后深入欣赏本诗特有的语言运用形式,比如:词句运用形式的新颖与神奇——将"面朝大海"与"春暖花开"奇妙地组合在一起;材料运用形式的独特与本真——选用"喂马""劈柴""粮食""蔬菜"来表现幸福生活;篇章运用形式的清晰与有序——三个诗段先写自己,次写亲人,再写陌生人。

第二种,由形式到内容。这种方式适用于形式和技巧特别吸引人的文本。比如史铁生的《我与地坛》,写景语言充满了创新,给人留下了鲜明深刻的印象。教师可先引导学生品味语言运用的形式之美,感受作者把体现自己人生感悟的形容词大胆移用到景物描写之中后形成的独特语言景致;然后体味蕴含在其中的人生与母爱的思想与情感;并让学生意识到,作者特殊的人生造就了特殊的语言运用形式,形式和内容之间关系密切,写作不是语言形式上的游戏,而是内心深处情感和思想的自然表达和真切流露。

---

①　小朱.炒蛋饭[N].金华晚报,2015-7-19.

②　陈平原.一辈子的道路取决于语文[J].教育家,2016(19).

③　郑逸农.再谈语文课不可以这样玩[J].中学语文教学参考,2012(10).

④　中国青年报."乌青体诗歌"走红网友称其"废话体诗歌"[EB/OL].[2014-12-02].http://culture.people.com.cn/n/2014/1202/c172318-26131107.html.

⑤　义务教育语文课程标准修订组.《义务教育语文课程标准(2011年版)》解读[M].北京:高等教育出版社,2012:90.

当然,不管是由内容到形式,还是由形式到内容,都要以培养学生的语用能力为核心,坚持两点论与重点论的辩证统一。这一原则,将在本书中继续体现。

二、感性语用形式:文学类文本的学习内容

"非指示性"语文课堂观察,要观察教师是否能把感性的语言运用形式作为文学类文本的学习内容。

感性语用形式,特指文学类文本中形象化、艺术化地反映生活的语言运用形式。文学类文本,主要包括散文、诗歌、小说、戏剧等体裁的文本。

上一节介绍的语用形式的四种形态(文体运用、材料运用、篇章运用、词句运用)是共性的通用的,是任何文体写作基本的技巧和方法;但一旦选用了某种文体形式来写作,其材料运用、篇章运用、词句运用等形式就会因文体而显示出个性化特质来。

这些文体化了的语用形式,体现了如何运用文体来表达思想感情的技巧和方法。因此,学习一个文体的语用形式,就是要学习该文体语用的技巧和方法。在具体的文体背景下,语文教师的任务,就是要引导学生学习文体语用的范例,培养学生文体语用的能力。

下面按照散文、诗歌、小说、戏剧的顺序,依次说说如何选择不同文体中感性语用形式的学习内容。

(一)散文

散文是运用个性化的材料和个性化的语言来表达个性化的情感的一种文学样式。

它是离作者心灵最近的文体(比诗歌还近),最富有个性化。郁达夫在《中国新文学大系·散文二集·导言》中说:"现代的散文之最大特征,是每一个作家的每一篇散文里所表现的个性,比以前的任何散文都来得强。"[1]刘锡庆说:散文姓"散"(散行成体),名"文"(文学),字"自我"(具有独特个性的真实作者)。

因此,学习散文,要学习作者运用个性化的材料和个性化的语言来表达个性化的情感的技巧和方法。

比如高中课文《想北平》,作者老舍在运用材料和语言来表达情感时都体现了个性化的特点,而其个性化又可用"平民化"来概括。首先,运用的材料"五多"是平民化的——静儿多、空儿多、花多、菜多、果子多。老舍出身贫寒,身份和经历决定了他不会写北京的热闹和拥挤,不会写北京的"书多文物多"。其次,运用的语言是平民化的——亲切不深奥,通俗不晦涩。比如:"(果子)进了城还带着一层白霜儿,美国包着纸的橘子遇到北平带霜儿的玉李,还不愧杀!"再次,表达的情感是平民化的——真实不掩饰,真诚不虚伪,很"低层",没有"大局眼光",直接说只爱北平,不爱上海与天津、巴黎与伦敦。

如此选择学习内容,学生就能获得写作上的启发:挑自己最熟悉的材料来写,用自己最顺手的语言来写,说自己最想表达的情感,这样才能感动自己,也感动他人,并形成自己的个性化写作特色。

再如初中课文《春》,作者朱自清在运用材料和语言来表达对春天的喜爱和陶醉之情时也体现了个性化的特点,其个性化可概括为"儿童化",也就是可爱。首先,作者运用的材料春草、春花、春风、春雨都写出了别样的可爱。春草"瞧去,一大片一大片满是的";春花"带着

---

① 郁达夫.中国新文学大系·散文二集·导言[M].上海:上海良友图书印刷公司,1935:5.

甜味儿；闭了眼，树上仿佛已经满是桃儿、杏儿、梨儿"；春风"像母亲的手抚摸着你"；春雨"像牛毛，像花针，像细丝"。其次，作者运用的语言充满了可爱，明显有别于成年人平和冷静的语气语调。课文开头"盼望着，盼望着"就表现出了可爱；文中生动的比喻大多有可爱的意蕴，如"像眼睛，像星星"；传情的拟人本来就有可爱的特点，如"小草偷偷地从土里钻出来"；鲜活的动词同样显出可爱，如"太阳的脸红起来了"；而富有情趣的叠词本身就以可爱为特质，如"嫩嫩的，绿绿的""软绵绵的"。作者用自己"儿童化"的可爱，给全文营造了独特的亲和力和感染力。

选择这些内容来学习，会让学生懂得，一篇散文，只有写出个性化的特点，才能有自己独特的文学价值。

再如小学课文《生命 生命》，课标在该学段虽只提"叙事性作品"，不提"散文"，但不妨按照"散文"的特点展开细致的学习。作者杏林子是一个生命不健全的人，手不能抬，头不能转，全身瘫痪，所以她对各种生命特别关注，特别珍惜，笔下的生命写得与众不同，其个性化可用"庄重化"来概括。首先，她选写的三个生命"飞蛾""小瓜苗""我的心跳"都不太被关注，但又都很顽强，充满庄重感。其次，她运用的语言形式中，有一种标点符号特别显眼，那就是感叹号，语气很庄重。写飞蛾用了三个感叹号："我感到一股生命的力量在我手中跃动，那样强烈！那样鲜明！飞蛾那种求生的欲望令我震惊，我忍不住放了它！"写小瓜苗时也用了一个感叹号："那小小的种子里，包含着一种多么强的生命力啊！"而写自己的心跳时虽然没有用感叹号，但语气同样庄重，句末同样可以改为感叹号："这就是我的生命，单单属于我的。""一切全由自己决定，我必须对自己负责。"

选择这些内容来学习，也能让学生懂得：写作是由自己的身份和经历决定的，写出自己的个性化体验，才能写出精彩，写出感染力和震撼力。

（二）诗歌

诗歌是运用蕴含情思的典型意象和有节奏有韵律的语言，在分行分节的章法中形象地表达情感的一种文学样式。

因此，学习诗歌，要学习作者运用有情思的典型意象和有节奏有韵律的语言来表达情感的技巧和方法。

第一，学习运用有情思的典型意象表达情感的技巧。

比如高中课文《声声慢》要表达的是孤独、凄清、悲戚和无助的情感，词人为此运用的典型内容和意象是：（上阕）寻寻觅觅的自己，冷冷清清的环境，凄凄惨惨的心情，时寒时暖的天气，挡寒浇愁的淡酒，以及勾起怀旧悼亡之情的南飞的北雁；（下阕）曾经生机盎然如今已满地枯萎的黄花，独自守着窗儿艰难等着天黑的自己，以及秋雨击打中兀然独立的梧桐树。这些蕴含着悲凉情思的典型内容和意象经过组合和叠加，把词人要表达的感情渲染得浓烈而透彻。

再如初中课文《乡愁》要表达的是惆怅、哀痛的思乡之愁，诗人运用了四个典型的意象来表现：邮票，船票，坟墓，海峡。这四个意象对应人生的四个阶段："邮票"表达的是"小时候"母子分离的愁苦，"船票"表达的是"长大后"夫妻分离的愁苦，"坟墓"表达的是"后来"母子生死离别的愁苦，"海峡"表达的是"现在"作者居住的台湾与自己的故乡大陆之间隔绝的愁苦。四种"乡愁"又逐级递进，从个人的家的愁苦提升到大众的国的愁苦。

再如小学课文《我想》要表达的是儿童漫天随想的浪漫和快乐，诗人运用了几个想象奇妙的典型内容:把小手"安"在桃树枝上,把脚丫"接"在柳树根上,把眼睛"装"在风筝上,把自己"种"在春天的土地上。这些内容充满童真童趣,为本诗的成功奠定了基础。

第二,学习运用有节奏有韵律的语言表达情感的技巧。

比如高中课文《声声慢》,就节奏来说,开篇就是两字一顿的七组叠字:寻寻/觅觅,冷冷/清清,凄凄/惨惨/戚戚。这种节奏马上就能让读者感受到扑面而来的孤独、凄清、悲戚和无助。而往下的文字,也基本上是两字一停顿:"乍暖/还寒/时候,最难/将息。三杯/两盏/淡酒,怎/敌他,晚来/风急……"这种节奏阻塞不流畅,压抑不轻快,适宜表达悲情。再就韵律来说,全词不用响亮饱满的"a"等韵,而用低沉内敛的"i"韵来贯穿,用特定的音韵表达特定的情感。

再如初中课文《乡愁》,在节奏上,诗人通过长短的变化和强弱的交替来鲜明地表达哀痛之情:"小时候//乡愁/是一枚/小小的/邮票//我/在这头//母亲/在那头"。该诗节奏还体现在对称和整齐上,四个诗段中,每一诗段的同一行文字,字数都相同,如果把四个诗段看作一个整体,那就是一个气势宏大的排比句,有重章叠唱、一唱三叹之美,读起来朗朗上口,气韵顺畅。从韵律上说,全诗没有一韵到底,但有一个主韵"ou",读起来特别厚重,最能表达深沉的情感;而该韵的"头"字在全诗重复出现了八次之多,读起来有一种低回掩抑、如泣如诉的旋律。

再如小学课文《我想》,就节奏来说,每段都以"我想"二字开头,都以"我想把……在……上"的句式领起全段,又都以"……啊,……——"的句式结尾,使全诗看起来整齐和谐,读起来朗朗上口,能把"我想"的诗意和诗情表达得充分畅快。就韵律来说,全诗押的是"ang"韵:上、光、唱、帐……读起来声音饱满向上,富有感染力。

诗歌是学生最喜欢学习但又最不清楚该选择什么内容来学习的文体。选择诗歌的以上两个内容来学习,也就掌握了诗歌学习的基本途径。通过学习,学生还能对社会上各种口号式的"伪诗歌"形成基本的判断力和免疫力,并能尝试着进行诗歌创作。

(三)小说

小说是以塑造人物形象为中心,通过故事情节和具体环境来深入反映社会生活,表达作者对社会与人生的认识与感受的叙事性、虚构性的一种文学样式。

因此,学习小说,要学习作者通过塑造人物、设计情节、创设环境来反映对社会与人生的认识与感受(即表达主题)的技巧和方法。

比如高中课文《祝福》,主题是揭露封建礼教对身为寡妇的不幸妇女的身心摧残和对国人的精神毒害,批判中国封建文化的糟粕。作者如何通过人物、情节和环境这三个要素来表现这一主题呢?首先在人物上,作者塑造了祥林嫂这一典型形象,把人生的各种不幸都集中到她身上:寡而再嫁,嫁而再寡,失夫又失子,厄运连连,最终沦落街头,孤寂地死在新年的祝福声中。同时又塑造了她身边的一些富人和穷人、恶人和善人,如鲁四、四婶、柳妈等,而这些人都已被封建礼教思想武装起来,都深受精神毒害,合力排斥和鄙弃祥林嫂。其次在情节上,作者先用倒叙写法写结局,突出祥林嫂的悲惨命运,加重主题的悲剧性;再用顺叙写法展示她每况愈下的人生历程。再次在环境上,作者创设了一大(鲁镇)一小(鲁四老爷家)两个具有浓重封建礼教氛围的社会环境,让人们认清祥林嫂悲剧的社会根源。

再如初中课文《我的叔叔于勒》,主题是揭露金钱对亲人之间关系的异化。为表现这一主题,作者在人物、情节和环境三个要素上运用了相应的技巧。首先在人物上,作者把"我的叔叔于勒"的命运写得大起大伏,以此来展现"我的父母"对他的或期盼或拒绝的态度,表现人情的冷暖;同时作者还有意塑造了一个纯洁善良的小孩"我"来看大人的世界,感受世态的炎凉。其次在情节上,作者设计得曲折多变,借此一步步展现"我的父母"认钱不认人的冷漠人性。再次在环境上,作者把于勒所受的"待遇"放在一个生活拮据、特别在乎钱的家庭来表现,通过人们对他成为"富人"后的热切期盼和他沦为"穷人"后的再次厌恶,来表现亲人之间赤裸裸的金钱关系。

再如小学课文《卖火柴的小女孩》,是一篇童话(课标在小学阶段对小说不做要求,对童话有要求),写一个小女孩一根火柴都没卖出去,最后冻死在街头。为表现悲惨的主题,作者运用了至少三个技巧。第一,细节典型。先写她弱小无助,穿着一双很大的拖鞋出来卖火柴,可穿过马路时鞋子吓丢了,其中一只还被一个男孩"捡起来拿着跑了";再写她卖火柴失败,一整天"谁也没"买过她的"一根"火柴,"谁也没"给她"一个硬币";后写她的悲惨景象,"又冷又饿","哆哆嗦嗦",一双小脚冻得"红一块青一块",一双小手"几乎冻僵了","哪怕一根小小的火柴,对她也是有好处的"。第二,虚实结合。在实写中加入虚写,用虚幻境界的美好,表现小女孩对美好生活的向往,也反衬现实生活的残酷。第三,对比突出。把小女孩放在"大年夜"这个环境中,写街上飘着一股"烤鹅的香味",突出小女孩的穷苦和悲惨。

学生选择小说三要素的运用技巧来学习,既能提高小说的欣赏能力,也能提高小说等文体的写作能力。

（四）戏剧

戏剧是通过人物间的矛盾冲突来塑造人物形象,推动情节发展,表现社会生活的叙事性、虚构性的一种文学样式。

因此,学习戏剧,要学习作者制造矛盾冲突来塑造人物形象、推动情节发展、表现社会生活的技巧和方法。

中小学教材中戏剧的数量极少。仅以课文《雷雨》为例,作者设计了一批关系特殊的人物,使之暗藏着两对矛盾冲突,一对是周朴园和鲁侍萍之间的矛盾冲突,一对是周朴园和鲁大海之间的矛盾冲突。在这两对矛盾冲突中,各人的性格得到充分的展示:周朴园奸诈、冷酷、自私,鲁侍萍善良、正直、刚强,鲁大海坦荡、勇敢、单纯……同时,情节也自然地向前推进:相见,相忆,相认,相斥。节奏紧张,戏剧效果强。

戏剧的学习内容一旦选择准确了,文体的特质也就得到了准确把握,就能避免"戏剧小说化"的教学倾向。而紧扣文本的语言运用形式来学习,也能避免"戏剧表演化"的教学倾向。

看了上面这些,有人可能会说:这样选择语文课的学习内容,不就又回到工具性的极端去了? 语文是一只可爱的小鸟,可你却拿着手术刀,把它解剖成一个个"零部件"。

著者的基本理解是:并非着力学习各个文体特有的语用形式和技巧就只有工具性,就抛弃了人文性。第一,这是语文学习最核心的内容,本来就应该聚焦于此;第二,人文性本来就不是外在的,本来就蕴含在各个文体的语用形式中,且以上各个文体的学习已经自然蕴含着情感体验和精神陶冶。再说,学生本来就应该知道语文是由哪些"零部件"组成的,每个"零部件"有怎样的功能,并知道怎样组装这些"零部件",怎样整体发挥这些功能,这样才能使语文这只小鸟充满生命的活力。不经过这个学习程序,学生就没有进入语文学习之门。

三、理性语用形式：非文学类文本的学习内容

"非指示性"语文课堂观察，要观察教师是否能把理性的语言运用形式作为非文学类文本的学习内容。

理性语用形式，特指非文学类文本中直白地、严密地反映生活的语言运用形式。非文学类文本，主要指议论文、说明文、新闻报道等论述类和实用类的文本。

下面按照议论文、说明文、新闻报道的顺序，依次说说如何选择不同文体中理性语用形式的学习内容。

（一）议论文

议论文是运用典型的论据和适切的论证方法来证明论点的一种文章样式。议论文的"三要素"是论点、论据和论证方法。议论文包括随笔、杂文等普通的议论文本，演讲稿、悼词、论述类书信等特殊的议论文本，以及研究色彩浓厚的学术论文等。

学习议论文，要学习作者提出论点、运用论据和展开论证的技巧和方法。

比如高中课文《拿来主义》，论点是：对待外来文化要实行"拿来主义"的态度。但作者并不是和中学生学写议论文一样开篇就提出论点"我们要实行拿来主义"，然后论述"为什么要实行拿来主义"和"怎样实行拿来主义"。首先，作者从社会现实的问题入笔，列举种种不良现象，并揭示危害，然后水到渠成地提出自己的论点"拿来主义"。这样写显示了写作的现实意义和社会价值。此为作者提出论点的技巧。其次，作者运用来自现实生活的典型论据，先从侧面证明为什么要"拿来"——一味地送去会把家底掏空，让子孙后代无法生存；再从正面证明为什么要"拿来"——被送来的东西吓怕了。这样就有很强的说服力。这是运用论据的技巧。再次，为了论证怎样拿来，作者运用了比喻和对比的方法，把外来文化比作一所大宅子，先列举三种错误的态度，再列举四种正确的态度，把深奥抽象的道理阐述得通俗形象，把人们一直纠缠不清的重大问题一下子说明白了。这是论证的技巧。

再如初中课文《事物的正确答案不止一个》，论点并不是该标题，而是"创造性思维必需的要素"。用"事物的正确答案不止一个"做标题，并由此开头，是因为这个话题有现实的针对性，容易激发读者的阅读兴趣和思考兴趣，同时能很自然地引出"创造性思维"的话题和论点。这就是作者提出论点的方法。作者运用论据时，需要直白、严密地论述"事物的正确答案不止一个"，就运用道理论据；需要典型、有力地论述创造性思维的三个要素，就运用事实论据为主。这就是作者运用论据的技巧，同时也是本文论证的技巧。

选择议论文特有的文体内容来学习，方能有效提高议论文的鉴赏能力和写作能力，并提升理性思维的品质，提高思考问题和解决问题的能力。

（二）说明文

说明文是抓住说明对象（事物或事理）的特征，运用适切的说明顺序、说明方法和说明语言来阐释介绍的一种文章样式。说明文的"三要素"是说明顺序、说明方法和说明语言。

因此，学习说明文，要学习作者围绕说明对象来运用说明顺序、说明方法和说明语言的技巧和方法。

比如高中课文《景泰蓝的制作》，说明对象就是课文的标题。作者运用的说明顺序，自然按照景泰蓝制作的先后工序即制胎、掐丝、点蓝、烧蓝、打磨、镀金，一一介绍过来，不会运用空间顺序或逻辑顺序。其中复杂的、精细的、重要的工序详写。运用的说明方法，也根据景

泰蓝制作的工序需要,以让读者看懂为目的,比如"掐丝"工序,名称不易懂,就通俗地下个定义:"掐丝就是拿扁铜丝(横断面是长方形的)粘在铜胎表面上。"掐丝的图画不易懂,就举例子:"譬如粘一棵柳树吧⋯⋯"柳树上的每片叶子两笔不易懂,就打比方:"像一个左括号和一个右括号。"运用的说明语言,体现了理性语用形式的基本特点:直白、严密和准确。比如:"且不说自在画怎么生动美妙,图案画怎么工整细致,单想想那么多密密麻麻的铜丝没有一条不是专心一志粘上去的⋯⋯"这句话逻辑性非常强,甚至不能随便改动一个字词。作者根据说明需要,还运用了一些科学术语"延展性""膨胀率""机械力"等等。

再如初中课文《看云识天气》,说明对象也是课文的标题。作者运用的说明顺序也由说明对象决定,看云的姿态识天气最常用,先写;看云的光彩识天气次常用,后写。云的姿态和光彩各有好几种,因此运用的说明方法最主要的是分类别,卷云、卷积云、积云、高积云等依次介绍过来。其次是打比方,把云朵比喻成羽毛、菱纱、羊群等。运用的说明语言,也体现了理性语用形式的基本特点:直白、严密和准确。比如:"出现了高层云,往往在几个钟头内便要下雨或者下雪。"其中"往往""便""或者"都不能缺少,"下雨"和"下雪"也不能对换。

再如小学课文《鲸》,说明对象也是课文的标题。作者运用的说明顺序也由说明对象决定,但又不同于前两篇,既不介绍鲸的生长程序,也不介绍鲸的辨识方法,而是介绍鲸的特点:大小、进化、种类、食物、呼吸、睡觉、胎生等,让读者对鲸有全面的了解。运用的说明方法,也根据说明对象的需要,因而也不同于前两篇,用得最多的是列数字,其次是作比较;而介绍鲸的大小时,将两种方法都用起来:"不少人看到过象,都说象是很大的动物。其实还有比象大得多的动物,那就是鲸。目前已知最大的鲸约有十六万公斤重,最小的也有两千公斤。"这样就能让读者对鲸的"巨无霸"体型留下深刻印象。说明语言则都一样:直白、严密和准确。如:"鲸隔一定的时间必须呼吸一次。"这句话中任何一个字词都不能少,也不能改。

中小学生不太被要求写说明文。教师不妨在教学说明文后,让学生围绕某个说明对象比如自己的学校、班级、寝室或者自己的家庭等写写说明文,培养说明文的语用能力。

(三)新闻报道

新闻报道是对新近发生的有价值的事实的重要信息如实报道的一种文章样式。

因此,学习新闻报道,要学习作者抓住重要信息如实报道的技巧和方法。

新闻由五个部分构成,一是标题,二是导语,三是主体,四是背景,五是结语。其中前三者是主要部分,后两者是辅助部分。标题要求文字直白,意思完整;导语为开头的第一句话或第一段话,简要介绍新闻的核心内容,时间、地点、人物、事件这些要素都要有;主体则对导语的内容进一步扩展和阐释,一般介绍事件发生的原因和经过;背景是指新闻发生的社会环境和自然环境;结语在最后一句话或一段话,一般介绍事件的结果,但依据需要而定,可有可无。

中小学生可重点学习作者在标题和导语两个部分报道的技巧和方法。

比如高中课文《勃兰特下跪赎罪受到称赞》,作者拟写的标题具有直白、完整的特点,其中"下跪"后面如果删去"赎罪"就不完整,把"受到称赞"删去更不完整。作者在导语部分,把时间(1970年12月7日),地点(华沙波兰犹太人死难者纪念碑下),人物(联邦德国总理维利·勃兰特),事件(下跪、祷告、认罪、赎罪)各个要素都写进去了。

而初中课文《中英香港政权交接仪式在港隆重举行》,是一篇"非常规"的新闻,很长,共有28段2208字。教师可引导学生做两件事:第一,推想一下作者为什么写得非常规;第二,依照新闻格式缩写应用,写出具体而微的导语。基本的推想思路是:香港回归祖国是一件"非常规"的事件,海内外中华儿女、几代炎黄子孙都期盼着这一天,如果写得简短,写成"常规"新闻,在最具影响力的《人民日报》上发表,可能会辜负海内外同胞热切的心理期待,所有阅读《人民日报》的华人读者,都想从《人民日报》详详细细的报道中,获得心理的慰藉和精神的满足。基本的缩写方式是:把原文第一段取过来,加上第 4 段中的两句话组合起来即可,新闻的时间、地点、人物、事件就都有了:1997 年 7 月 1 日零点,中华人民共和国国旗和香港特别行政区区旗在香港升起,经历了百年沧桑的香港回到祖国的怀抱,中国政府开始对香港恢复行使主权。中华人民共和国主席江泽民在这里庄严宣告:中国对香港恢复行使主权;中华人民共和国香港特别行政区正式成立。

中小学生也几乎没被要求写新闻报道。教师也可在学生学习新闻报道特有的形式和技巧后,让每人围绕学校或班里的某个新闻事件甚或眼前的上课场景,当场写一篇新闻稿。

以上非文学类文本中也会穿插使用形象的、艺术的感性语言运用形式,但只是辅助性和点缀性的,一般不作为学习内容来选择,以免影响学生对非文学类文本语用特点的认识。

四、文言语用形式:文言类文本的学习内容

"非指示性"语文课堂观察,要观察教师是否能把文言语用形式作为文言类文本的学习内容。

文言语用形式,是指以文言语体反映生活的语言运用形式,该语用形式蕴藏着形象地、艺术地或直白地、严密地进行表达的技巧和方法。

与现代文相比,文言语用形式有许多特点,这些特点就是文言文重要的学习内容。

第一,用语凝练,意蕴丰富。

这是文言语用形式最基本的一个特点。比如高中课文《兰亭集序》中的经典语句:"群贤毕至,少长咸集。此地有崇山峻岭,茂林修竹;又有清流急湍,映带左右,引以为流觞曲水,列坐其次。"寥寥数语,就展现了丰富的场景,给人无尽的想象和回味。再比如初中课文《与朱元思书》中的景物描写语句:"泉水激石,泠泠作响;好鸟相鸣,嘤嘤成韵。蝉则千转不穷,猿则百叫无绝。"短小而凝练的文字,就构设了一幅生机盎然的景象,令人向往和陶醉。翻开文言课文,几乎每篇都能找到用语凝练、意蕴丰富的典型语句。现代人用文言语体写作,也有许多体现凝练之美的佳句,如廖承志的《致蒋经国先生信》:"咫尺之隔,竟成海天之遥。南京匆匆一晤,瞬逾三十六载。幼时同袍,苏京把晤,往事历历在目。"文言文凝练的语用形式,以四字格居多,我国最早的诗歌总集《诗经》就开始运用四字格的形式:"关关雎鸠,在河之洲。窈窕淑女,君子好逑。"从文言作品中提炼出来的成语,大多也是四字格的,如"大道至简""从善如流"等,都具有传统汉语言的审美特征。

第二,虚词传情,细腻精到。

文言虚词,尤其是语气词,具有细腻的传情功能。如高中课文《师说》中有这样的话:"嗟乎! 师道之不传也久矣! 欲人之无惑也难矣!"句首的"嗟乎",把自己的感慨之情表达得既直接又充分;现代汉语有"哎"之类的叹词,但如果代入,变成一字格,感叹的语气可能就表达得不够舒缓不够充分了。句中"师道之不传也久矣"中的"也"和"欲人之无惑也难矣"中的"也",看似很虚,可有可无,但前者能表达对"师道之不传"的感叹和不满,后者能表达对"欲人之无惑"的怀疑和否定,把感情传达得细腻精到;加上"也",还能在舒缓的语气中把两个前

半句独立出来，引起注意，再顺势而下，突出"久矣"和"难矣"。而句末的两个语气词"矣"，则加重了情感表达的分量，为"久"和"难"的表态增加了确定性。再如小学课文《两小儿辩日》中有这样的话："孔子不能决也。两小儿笑曰：'孰为汝多知乎？'"其中的两个语气词"也"和"乎"都可以省略，但加上"也"，就突出了孔子面对疑问的犹豫其至尴尬，富有现场感，也对其"不能决"作了明确的判定；加上"乎"，则加强了两小儿对孔子的调侃其至揶揄。其实每篇文言文都可以找到这样的语气词，都可以在品读玩味中领悟到文言语用形式独特的传情功能。

第三，表意夸张，感染力大。

夸张是文言语用形式的重要特点。早期的神话是最夸张的，比如初中课文《夸父逐日》说："夸父与日逐走，入日；渴，欲得饮，饮于河、渭；河、渭不足，北饮大泽。"这种夸张的语用形式，虽然有虚浮之嫌，但表现力和感染力确实无与伦比，夸父这个叱咤风云、顶天立地的英雄形象，马上就浮现在了读者的眼前。神话之后的文言文，基本保留了夸张的因子，如课文《滕王阁序》中的句子："落霞与孤鹜齐飞，秋水共长天一色""渔舟唱晚，响穷彭蠡之滨；雁阵惊寒，声断衡阳之浦"。这些夸张的语用形式，把壮美的秋景描绘得绚烂恢宏，引发读者无限的遐想，带来愉悦的语言享受和精神享受。赋文则把夸张和铺陈融为一体，如《阿房宫赋》，以夸张和铺陈的语用形式，把阿房宫的豪华和宫廷生活的奢侈表现得淋漓尽致。

第四，句式对偶，工整和谐。

这也是文言语用形式的特点之一。骈文更是以对偶形式写成，前面列举的《滕王阁序》就是骈文的语用形式。赋文也有不少对偶句式，如《赤壁赋》中的名句："诵明月之诗，歌窈窕之章""舞幽壑之潜蛟，泣孤舟之嫠妇"。散体文也会自然穿插一些对偶句，如《兰亭集序》中的名句"仰观宇宙之大，俯察品类之盛"，还有前面列举的"群贤毕至，少长咸集"等；而《与朱元思书》中的景物描写，也运用了对偶的句式。

以上是文言语用形式总体上的特点，涵盖了散体文和骈体文、韵体文等多种文体。

学习文言文，既要立足文体，深入地学习；更要着眼现代文，比较着学习。要在古今不同的词义、句义、词法、句法的比较中，"总结和认识引申规律，自觉丰富词汇"，并"树立语言文字发展的观念"，"体会古今汉语的联系和贯通"。（《普通高中语文课程标准》修订稿语）

现代语文教育降低了文言文的地位，对于文言语用形式，只要求中学生赏析，不要求中学生运用，对小学生更没有要求。这是一大失误。语文教育应该培养学生文言语用的基本能力，让中小学生尤其是中学生既做赏析者，又做运用者。这不仅能丰富他们的语言运用形式，还能反过来促进其现代汉语语用能力的提升。著者以前在中学任教时，曾让学生高一学年熟读背诵《三国演义》，从"滚滚长江东逝水，浪花淘尽英雄"开始读和背。进入高二后，再让每人用"三国语言"写一篇表现现实生活的随笔。结果发现学生的语言运用获得了革命性的突破，一向单薄枯燥的语言变得丰富鲜活，而且《三国演义》生动传神的艺术表现手法也被学生运用到了写作中。下面是王壬同学写的《毛俞硕传》，以同班同学为写作对象，其中有这样的段落①：

　　俞硕不好体育，每逢体育课，必叹曰："天丧我也！"遂坐于操场边石板凳上观
看，至下课方起。然其晚放学抢车上座位之神速，令人瞠目。每当放学铃声响起，

----

①　郑逸农.我的"三国语言"写作教学实践［J］.语文学习,2011(4).

俞硕闻声即起,直出校门,一路踏雪无痕。所到处飞沙走石,草木皆拜服于地。可谓巨石与沙砾齐飞,黄土共长天一色。只闻其声,不见其人。正是:众里寻他千百度,蓦然回首,那人却在公交车站处。

俞硕因课业繁忙,著作颇少,唯一篇耳,名曰《青菜之死》,尝演讲于语文课,博得满堂喝彩。

这些学生到了高三,"三国语言"逐渐内化为自己的语用形式,写作时即使通篇运用现代汉语,也能自如地把"三国语言"中那些简约雅致的词汇灵活运用进来,使文章锦上添花,摇曳生姿。学生通过"三国语言"的实践,还增加了一份自豪感,觉得自己在阅读这部名著的过程中,感受到了蕴含在其中的民族文化,学到了夸张、对比、烘托、设置悬念等众多的艺术表现手法,还学习了祖国优秀传统语言,使自己直接成为古代精粹语言的继承者和运用者。这让他们对传统优秀语言多了一份贴近感,也多了一份自豪感。

第三节　精确设计学习程序

精确设计学习程序,是学科意识的重要体现。

语文课堂教学要从随意和随性走向理性和科学,就需要精确设计学习程序。

学习程序的设计有两个基本要求:第一,程序中的每一个环节都是学习所必需的,既没有可有可无的多余环节,也没有重要的被遗漏的环节;第二,环节之间是循序渐进、步步提升的,呈现逐级向上的阶梯形态,不在同一个平面上机械重复。学生在这样的程序中学习,方能逐级提升,步步向上。

把这两条理性的评价标准拿到中小学语文课堂上去观察和衡量,就会发现许多问题。一是课堂上经常出现非必需的环节,其中既有可有可无的多余环节,也有重要的被遗漏的环节。多余的往往是"泛语文"与"非语文"的环节,遗漏的则往往是"语文"的环节。二是环节之间往往缺少循序渐进、步步提升的阶梯形态,以教师为中心的"指示性"语文教学总是结论先行,起步最高,往下的学习只是代入和验证而已;以学生为中心的"非指导性"教学则往往在低层次的同一个平面上重复和徘徊。

精确设计学习程序,是语文教师是否专业的重要标志。

由此,精确设计学习程序,需要做到三不:不留下多余的非必需的环节;不遗漏重要的不可少的环节;不出现重复的无提升的环节。

一、不留下多余的非必需的环节

"非指示性"语文课堂观察,要观察教师是否能做到不留下多余的非必需的环节。

是不是留下了多余的非必需的环节,要站在语文学科的立场去观察。前文已对"语文课""泛语文课""非语文课"做过具体阐述:聚焦语言运用的形式,从中获得语言的运用技巧,也获得语言的精神陶冶,这样的课是"语文课";虽聚焦语言运用的形式,但不学习语言的运用技巧,只学习语言的精神陶冶,或者连语言的精神陶冶也谈不上,只是粗浅地学习课文写了什么内容,表达了什么情感,自己获得了什么感受,这样的课是"泛语文课";不聚焦语言运用的形式,不学习语言的运用技巧,也不通过语言自然获得精神陶冶,离开课文空泛地进行人文的或科学的教育，这样的课是"非语文课"。

其中"非语文课"的环节就属于多余的非必需的环节。课文只是一个引子而已，教学已经抛开了语言，走出了语文，走向了政治、历史、地理等人文学科，甚至走向了数学、物理、化学、生物等科学学科。学生既不能提高语言运用的能力，也不能提升语言陶冶的品质。比如教学小学课文《匆匆》，教师撇开课文，抛开语言的学习，去介绍古今中外关于时间宝贵的名言："一寸光阴一寸金，寸金难买寸光阴""世界上最快而又最慢、最长而又最短、最平凡而又最宝贵、最易被忽视而又最易令人后悔的就是时间"，再介绍珍惜时间的名人故事，然后列举学生不珍惜时间的现象，最后让学生说说以后该如何珍惜时间。再比如教学初中课文《散步》，教师先介绍尊老爱幼这一中华民族的传统美德，然后将课文的主题无限拔高，说："从子背母、母背子，到共同走路，则是中华民族就自己发展问题取得一致后，同心同德，群策群力，走自己民族发展道路的象征。"再比如教学高中课文《林黛玉进贾府》，教师对文中的精彩语言视而不见，大讲特讲王熙凤这样的人在现实社会中如何吃得开，林黛玉这样的人在社会中如何不受欢迎，语文课变成了人格学研究课。

"泛语文课"的环节也可能属于多余的非必需的环节，如果只是简单地问学生课文写了什么内容，作者表达了什么情感，从中获得什么感受。这些内容学生大多一看就懂，没有学习的必要。在第九届"语文报杯"全国中青年教师课堂教学大赛上，一位教师执教《就任北京大学校长之演说》，在概括了文章内容层次后，投影了以下"合作探究"的内容："问题一：阅读课文第二段，文章说'一曰抱定宗旨'，那么蔡元培要青年学生抱定什么样的宗旨？是针对什么现状提出来的？问题二：阅读课文第三段，蔡元培先生要青年学生'砥砺德行'，又是针对什么现状提出来的？蔡元培教导青年学生如何'砥砺德行'？问题三：阅读课文第四段，蔡元培先生要青年学生'敬爱师友'，他对青年学生提出什么希望？"有专家对此评论说："不难看出，这些探究的问题又回到文本内容的梳理上，而且，这些问题在阅读中学生个人是完全可以一看就明白的，并无探究的必要。"[①]当然，"泛语文课"上教师如果引导学生面对语言运用的形式，细细地朗读、想象、体验，从中获得精神的滋养和心灵的润泽，那是有学习必要的（虽然语言运用的技巧和方法没有学到），就不算多余的非必需的环节，下文将再做阐述。

以下几种也是多余的非必需的环节。

第一种，播放无关的音像。

比如教学课文《想北平》，教师播放北京的奥运会宣传片，不管现在的北京与课文中当年的北平是不是一回事，也不管作者喜欢的静儿多、空儿多与宣传片中的热闹与繁华是不是一致。教学课文《荆轲刺秦王》，教师播放陈凯歌导演的同名电影，不管是不是破坏了学生对课文语言的品味、想象和体验，也不管两者内容的不一致是否影响了学生对课文内容的准确把握。教学课文《我的早年生活》，教师播放作者丘吉尔在二战中动员英国全面抗战的英语演讲，不管这个内容是不是学习他的早年生活所必需的，也不管这个英语演讲对汉语课文学习是不是起到了促进作用。而许多教师在朗读课文前先播放音乐的做法，则更为常见，也不管播放的音乐是否与课文的内容或情感相匹配；即使匹配，是不是对课文的朗读起到了控制和指示的负面作用。

① 胡家曙.高效语文教学课堂活动的再升级——第九届"语文报杯"全国中青年教师课堂教学大赛探微[J].语文教学通讯,2014(4).

第二种，介绍无关的背景。

比如教学课文《观潮》，教师亮出地图，解说钱塘潮的位置和成因，并介绍世界上其他一些知名的潮水，也不管这些科普知识是不是影响了学生对课文内容的个性体验和美好想象。教学课文《威尼斯商人》，教师介绍作者莎士比亚的四大悲剧作品《哈姆雷特》《奥赛罗》《李尔王》《麦克白》，并依次介绍剧情，也不管这些内容介绍与课文学习是不是有密切的关系。教学课文《济南的冬天》，教师介绍作者老舍的诸多话剧作品，并介绍老舍投水自杀的结局，也不管介绍的话剧与要学习的散文是不是有紧密的联系，老舍的悲惨结局对学生学习本文是不是有负面的情绪干扰。教学课文《背影》，教师介绍作者朱自清的父亲曾经如何对朱自清不好，如何通过校长把朱自清的薪水私下领走，又如何纳妾，朱自清对其父纳妾又如何不满，以及妻子嫁到朱家后又如何蒙受公婆尤其是庶母的委屈，父亲又如何经常写信给朱自清数说儿媳的不是，也不管这些无节制的介绍是不是破坏了学生对课文中父子深情的美好感受。教学课文《再别康桥》，教师则介绍作者徐志摩与林徽因的爱情故事以及许多流传于坊间的不可考证的轶事，也不管这些介绍是不是课文学习所需要的。

第三种，讨论无关的内容。

比如教学课文《大堰河——我的保姆》后，让学生讨论现在的保姆是怎样的，为什么现在的保姆比以前的保姆幸福；教学课文《雨巷》后，让学生讨论现在的城市建设该不该把古老的小巷拆除；教学课文《秦兵马俑》后，让学生讨论接下来该不该挖掘秦始皇陵。这些讨论自然是多余的非必需的。还有一种讨论看似围绕课文进行，其实也是多余的非必需的。比如教学课文《散步》后，教师让学生讨论："你觉得'散步'这个题目好不好？为什么？如果是你，你会以什么作为本文的题目？并说说你的理由。"在学生说出"责任""亲情""母亲"等题目之后，教师追问："'散步'跟'责任''亲情''母亲'相比怎么样？"然后直接告诉学生："'散步'这个题目更有概括性，更能以小见大。"讨论了一通，原来还是想说明课文原来的题目才是最好的。这样的讨论，既不民主，也不科学。如果让学生通过讨论，发现有更好的标题，从而不迷信课文，形成自己的独立学习力，那才是有价值的讨论。

第四种，拓展无关的阅读。

比如教学课文《望天门山》，教师还没引导学生对其中的经典名句"两岸青山相对出，孤帆一片日边来"充分地理解、想象和体会，就拓展到课外，印发作者李白的另一首诗歌《峨眉山月歌》给学生学习了。教学课文《信客》，教师还没引导学生深入学习课文语言的形式美、技巧美和内容美、情感美，就马上转移到课外，呈现作者余秋雨的其他散文《酒公墓》让学生拓展阅读了。教学课文《赤壁赋》，学生还没学到应该学到的，教师就拿出作者苏轼的另一篇文章《后赤壁赋》，让学生拓展开去了。这样的拓展直接影响了课文的学习，甚至还会造成学生在两篇文章印象上的相互串位。

是否有多余的非必需的环节，教师要能独立判断，不能依赖甚至迷信教材或者教参。上面所列举的反面例子中，就有来自教材或教参的。其实，环节是不是多余，教学过程中教师也能觉察出来，虽然这时候才发现已经不早了。比如前面教学《散步》的那位教师，在亮出"象征"那段"神话"后，问学生："你觉得这话怎么样？"一位男生脱口而出："太深奥了！"但这位教师并没有直面学生的感受，及时发现问题，主动调整教学，而是一厢情愿地继续拔高："这篇文章很有哲理性！"

二、不遗漏重要的不可少的环节

"非指示性"语文课堂观察，要观察教师是否能做到不遗漏重要的不可少的环节。

有没有遗漏重要的不可少的环节，也要站在语文学科的立场去观察。从前面的论述可以推知，语文教学是要引导学生学习课文的语言运用形式，领悟其中的技巧和方法，提高学生语言运用的能力；并自然地感受蕴含在语言中的情感和思想，提升学生语言陶冶的品质。其中前者是认知目标、核心目标；后者是情感目标、衍生目标。

由此可知，这两个主体环节都是重要的不可遗漏的。

第一，学习语言运用形式中体现的技巧和方法，提高学生语言运用能力的环节。

教学每篇课文，教师都要引导学生聚焦语言运用的形式，学习语言运用的技巧和方法，提高学生语言运用的能力。学习可分三步进行，一是理解欣赏，二是诵读积累，三是模仿运用，这三步都是重要的不可少的。

首先是理解欣赏。

语言运用的形式包括四个方面：词句运用的形式、篇章运用的形式、材料运用的形式和文体运用的形式。如果只停留在微观的词句运用形式上理解欣赏，就是不全面的、有遗漏的学习。虽然不是每篇课文在四个语用形式上都显示出高超的技巧和方法，但只要是典型的值得学习的就不能遗漏。

就微观的词句运用形式来说，每篇课文都有值得理解欣赏的学习点，即使目前教材中的选文不是很理想。在四个语用形式中，词句运用的形式最需要多学习，一是因为它是四个语用形式中最基础的，最需要学得扎实，学得规范；二是相对于另外三个语用形式，词句运用的形式最需要多样化，也最容易多样化。因此只要本着规范化、多样化的学习原则，就容易在每篇课文中找到学习点；通过系统学习，就能为每个学生打下坚实而宽厚的语用底子。词句运用包括词的运用和句的运用，其中词值得理解欣赏的可以是实词，也可以是虚词；句值得理解欣赏的除了生动的描述性句子，还有深刻的论述性句子和简洁的说明性句子。在教学中如果只关注实词，只关注生动的描述性句子，就会造成遗漏和缺失。

就中观的篇章运用形式来说，许多课文都有值得理解欣赏的学习点，其中特别巧妙的就是重要的需要学习的。比如小学课文《生命 生命》，开篇提出问题"生命是什么"，然后选择三种有代表性的生命来回答（这里还有材料运用的技巧和方法），最后水到渠成地由衷表态："一定要珍惜生命，决不让它白白流失，使自己活得更加光彩有力。"再比如初中课文《春》，开篇写"春天的脚步近了"，中间写春天到来时各种美好的景象（这里也有材料运用的技巧和方法），结尾则说春天"笑着，走着""领着我们上前去"。高中课文《在马克思墓前的讲话》则有意体现布局的变化，开头的总说从主（革命实践）到次（历史科学），中间的分说则由轻（历史科学）到重（革命实践），结尾又自信而豪迈地预言："他的英名和事业将永垂不朽！"

就宏观的材料运用形式来说，许多课文也都有值得理解欣赏的学习点。但教学中往往只关注课文整体和主体上的材料运用，忽视局部和细节上的材料运用，造成重要学习点的遗漏。比如小学课文《那片绿绿的爬山虎》，作者用了三次"那片绿绿的爬山虎"，但后面两次并不是可有可无的，第二次写爬山虎既是介绍受邀到叶圣陶家做客时周围的情境，也表达自己当时的美好感受和美好心情；而第三次在课文结尾再写爬山虎，则表示这份美好的景色和心情一直留在心里，一直受到鼓励，同时还表达了对已逝恩师叶圣陶的深切怀念。再比如初中课文《春酒》,作者为什么在第5-7段写"会酒"?这样写是不是离题了?其实作者是在进一步写"春酒",因为"会酒"也属于"春酒",是村子里有人急需用钱时起个会,凑齐12人,到了正月会首"要请那11位喝春酒表示酬谢",所以叫"会酒"。作者通过写"会酒",有意将镜头扩大到乡邻,表现民风的淳朴,村民的友善,同时进一步写母亲,表现她的大方、善良和聪慧,也进一步写自己身在其中感受到的快乐和幸福。

宏观的文体运用形式,可以因学段而异。小学可以基本不作要求;初中则要学习文体运用外在形式上的特点,知道诗歌、散文、小说、戏剧等文学类文本和议论文、说明文等论述类、实用类文本各有怎样的外在特点;高中则要由外而内,朝着文体运用的内在技巧去学习,并学习运用技巧后的独特效果,看看是不是通过技巧的运用更充分地写出了该文体的特质,并更鲜明地写出了作者的个性化特色。

当然,前面三个语言运用形式的学习也可以根据学段提出分层级的学习要求——比如哪个学段需要学习哪些语用形式,比如每个语用形式都切分为外在形式、内在技巧和独特效果三个层级,从学习的下限对"不可少"的学习内容加以设定。后文还将具体阐述。

另外,就理解和欣赏的关系而言,理解是欣赏的前提,欣赏是理解的提升。要让学生先正确理解语意,后深入欣赏语用。许多课文巧妙的语用形式往往因为没有被正确理解,而错失了欣赏的机会,遗漏了重要的本不可少的学习点。作者运用语言的目的是为了表情达意,作为学生,首先要能正确理解作者表什么情、达什么意,这是语文学习最基本的能力。在此基础上,再欣赏作者如何运用特定的语言形式巧妙地表达特定的情和意。

其次是诵读积累。

诵读积累也是语文课堂重要的不可遗漏的学习环节。要让学生在语文学习中当堂诵读,在琅琅书声中读出感受,读出享受;并对美文或好词佳句当堂背熟,当堂积累。学生要学到语言运用的本领,既需要通过大量的诵读来培养自己细腻、精准的语感,也需要通过积累来"掌握一定量的由字词构成的言语运用范例,通过它们熟悉语言文字及其'作品'的构成方式,掌握语言文字运用的规律,从而学会根据表达目的、对象和语境的特点获取信息和表达交流的技巧"①。但在现实语文课堂上,往往是小学有诵读有积累,初中少诵读少积累,高中则不太诵读也不太积累。而比这更不乐观的是,小学就已经在诵读的质量和积累的数量上打折扣了,初中和高中已经基本上被教师的滔滔讲说占领了。

诵读和积累,是两个循序渐进的层级。诵读不一定是为了积累,但积累一定要通过诵读,不宜让学生脱离诵读默默地死记和硬背,那样既不利于语感的培养,也不利于语用能力的提升。再说,由入口而入脑再入心,才能"记忆永流传",积淀为自己的语言素养和精神素养。

再次是模仿运用。

模仿运用也是语文课堂重要的不可遗漏的学习环节。课文中典型的篇章运用形式、材料运用形式和文体运用形式,主要在课外模仿运用;而短小的词句运用形式,则要在课堂上现场模仿,即学即用。比如:学习小学课文《桂林山水》,可模仿运用作者排比加顶针的抒情写法:"漓江的水真静啊,静得感觉不到它在流动;漓江的水真清啊,清得可以看见江底的沙

---

① 义务教育语文课程标准修订组.《义务教育语文课程标准(2011年版)》解读[M].北京:高等教育出版社,2012:91.

石；漓江的水真绿啊，绿得仿佛那是一块无瑕的翡翠。"学习初中课文《我的早年生活》，可模仿运用作者幽默自嘲的叙述写法："主考官们最心爱的科目，几乎毫无例外地都是我最不喜欢的。我喜爱历史、诗歌和写作，而主考官们却偏爱拉丁文和数学，而且他们的意愿总是占上风。不仅如此，我乐意别人问我所知道的东西，可他们却总是问我不知道的。我本来愿意显露一下自己的学识，而他们则千方百计地揭露我的无知。这样一来，只能出现一种结果：场场考试，场场失败。"学习高中课文《我有一个梦想》，可模仿运用作者排比加比喻的议论写法："一百年后的今天，在种族隔离的镣铐和种族歧视的枷锁下，黑人的生活备受压榨；一百年后的今天，黑人仍生活在物质充裕的海洋中一个贫困的孤岛上；一百年后的今天，黑人仍然蜷缩在美国社会的角落里，并且，意识到自己是故土家园中的流亡者。"数学等理科学科，都要在学习某个公式或定理后，马上付诸实践，活学活用；语文学科要学到语言运用的本领，也必须如此。

模仿和运用，也可以理解为两个由低到高的学习层级。模仿需要琢磨分析对方的语用形式，以精准把握特征为前提；运用则要调动自己已有的积累和智慧，以灵活巧妙为目标。

在学习语用形式的技巧和方法这个主体环节时，需要注意以下三点——

首先要有灵活的方式。比如在理解欣赏时，教师不能只有一种"学习公式"：本文运用了什么手法，表达了什么含义，有什么表达效果。每次都这样学习，学生学得机械，也学得无趣。要在这种"常式"之外，增加多种"变式"，让学生学得灵活，学得有趣。比如在学习课文《匆匆》时，可以设计这样的题目：作者说："八千多日子已经从我手中溜去；像针尖上一滴水滴在大海里，我的日子滴在时间的流里，没有声音，也没有影子。"当你读到"针尖上一滴水滴在大海里"时，是怎样的感受？说给大家听听，尽可能细腻、深入、独特。再比如在学习课文《老王》时，可以设计这样的题目：作者描写老王时说他"直僵僵地镶嵌在门框里""简直像棺材里倒出来的……僵尸，骷髅上绷着一层枯黄的干皮，打上一棍就会散成一堆白骨"。有人认为写得恐怖，不好；有人认为写得独特，很好。你怎么看？说说你简洁、准确、深刻的理由。再比如在学习课文《水调歌头·明月几时有》时，可以设计这样的题目：宋人胡仔在《苕溪渔隐丛话》中说："中秋词自东坡《水调歌头》一出，余词尽废。"为什么《水调歌头》会成为"中秋第一词"呢？请你以探究的眼光寻找该词成为"中秋第一词"的理由，让人听了信服，要求准确、深刻、全面。以上题目，把学习要求也灵活地设计进去了。除了教师出题，还要让学生出题，增加开放性，让学生学得自主，学得自信。主要观点上一章已有论述。

其次要有理性的态度。有些课文在语用形式的四个方面都有很高的技巧，有些课文只有一两个方面值得学习，而有的课文几乎没有明显值得学习的，还有的课文既有明显的优点，也有明显的缺点。学习时不能一味肯定，更不能盲目崇拜，甚至把课文的缺点当作优点来学习。比如小学课文《我想》，就有三处不足：一处是一个词，一处是一句话，一处是一段话。"一个词"是指第一段末尾的"悠"字，这是区域性的口语，南方学生可能看不懂，查词典才知道"悠"是口语"悠荡"。"一句话"是指第三段的最后一句话"蓝天是我的课堂"，这句话没有从前一句的"望"字顺接过来，而前面几段都是顺接过来的："悠——/悠出声声春的歌唱"；"长——/长成一座绿色的篷帐"；"飞——/飞到遥远的地方"；这里却是"望——/蓝天是我的课堂"。"一段话"是指全诗的最后一段话："不过，飞向遥远的地方，/要和爸爸妈妈商量商量……"可能有人认为有必要加上这一段，以提醒同学们不要沉迷在想象之中，不要把想象当成现实，不然自己是快乐了，但爸爸妈妈却担心了。这个理由其实不成立，语文课不是思想品德课,语文课文不应成为思想教育的文本。加了这一段,本诗梦幻般的美妙意境马上被破坏了。同样,初中和高中课文也或多或少地存在着语言运用形式上的缺陷。不要说普通的课文,即使是经典的语言运用范例,也不能迷信。贾岛的诗句"鸟宿池边树,僧推月下门",韩愈劝他把"推"字改为"敲"字,由此留下了一段咬文嚼字的佳话,并出现了"推敲"一词。但朱光潜先生就持不同的看法,他认为:"这不仅是文字上的分别,同时也是意境上的分别。'推'固然显得鲁莽一点,但是它表示孤僧步月归寺,门原来是他自己掩的,于今他'推'。他须自掩自推,足见寺里只有他孤零零的一个和尚。……就上句'鸟宿池边树'看来,'推'似乎比'敲'要调和些。'推'可以无声,'敲'就不免剥啄有声,惊起了宿鸟,打破了岑寂,也似乎平添了搅扰。所以我很怀疑韩愈的修改是否真如古今所称赏的那么妥当。究竟哪一种意境是贾岛当时在心里玩索而要表现的,只有他自己知道。"[1]因此,如果课文在语用形式上存在缺陷,也要作为重要的不可遗漏的学习内容,这对培养学生的独立人格、思维品质和探究能力都有好处,可以"使语文学习过程同时成为促进学生思维品质和探究能力发展的过程"(《普通高中语文课程标准》修订稿语)。

再次要有取舍的策略。四个语用形式的学习都要有所取舍,尤其是词句运用形式的学习。每篇课文值得学习的往往不止一处,不要面面俱到,抓住最突出的一两点来学习就行。什么都想学,课时不够,学习效果也不一定好,学生也会失去新鲜感。有位教师教学朱自清的《春》,觉得文中的每一句话都写得很美,都值得学习,结果学了一个星期才结束,而学生对《春》的好感也打了折扣。比如小学课文《荷花》,重点就学习作者把自己想象成荷花的独特写法:"我忽然觉得自己仿佛就是一朵荷花,穿着雪白的衣裳,站在阳光里。一阵微风吹过来,我就翩翩起舞,雪白的衣裳随风飘动。不光是我一朵,一池的荷花都在舞蹈。风过了,我停止了舞蹈,静静地站在那儿。蜻蜓飞过来,告诉我清早飞行的快乐。小鱼在脚下游过,告诉我昨夜做的好梦……"初中课文《岳阳楼记》,重点就学习作者对洞庭湖壮阔场面的全景式描写:"衔远山,吞长江,浩浩汤汤,横无际涯……""上下天光,一碧万顷;沙鸥翔集,锦鳞游泳……""长烟一空,皓月千里,浮光跃金,静影沉璧……"高中课文《我与地坛》,重点就学习作者物我交融的景物描写技巧,将自己对生命的思考融入景物:"祭坛四周的老柏树愈见苍幽,到处的野草荒藤也都茂盛得自在坦荡。""蜂儿如一朵小雾稳稳地停在半空;蚂蚁摇头晃脑捋着触须,猛然间想透了什么,转身疾行而去……"高中课文《荷塘月色》,重点就学习作者运用比喻的三种技巧:第一种是运用新颖独特的喻体,突破比喻运用的常规,给读者全新的阅读体验,如"叶子出水很高,像亭亭的舞女的裙""树缝里也漏着一两点路灯光,没精打采的,是渴睡人的眼";第二种是运用多个喻体,把景物描绘得充分透彻,给读者全方位的认识,如"正如一粒粒的明珠,又如碧天里的星星,又如刚出浴的美人";第三种是运用其他感觉做喻体,让不易感受到的事物具体可感,如"微风过处,送来缕缕清香,仿佛远处高楼上渺茫的歌声似的"。当然,怎么取舍要让学生主动参与,要引导学生根据自身特点和文本特点自主选择。

第二,学习语言运用形式中蕴含的情感和思想,提升学生语言陶冶品质的环节。

在完成以上核心任务后,教师还要引导学生领会语言运用形式中蕴含的情感和思想,获得精神的陶冶。方式是沉入其中,诵读,想象,体验,自然地从语言中获得心灵的洗涤和思想的滋润,提升自己的精神素养。不能浮在语言的表层,粗浅地概括课文写了什么内容,表达

---

① 朱光潜.咬文嚼字[A]//朱光潜全集(新编增订本)第6卷[M].北京:中华书局,2012:216.

了什么情感；更不能离开语言，走出语境，空泛地进行情感教育和精神驯化。不然既没有语文的特质，也没有教育的效果。

比如小学课文《颐和园》，除了要学习语言运用的技巧和方法，还要感受字里行间流露出的自豪感，获得情感的熏染和精神的陶冶。比如课文有这样的话："绿漆的柱子，红漆的栏杆，一眼望不到头。这条长廊有七百多米长，分成273间。每一间的横槛上都有五彩的画，画着人物、花草、风景，几千幅画没有哪两幅是相同的。长廊两旁栽满了花木，这一种花还没谢，那一种花又开了。"教师要引导学生边诵读，边想象，边体验，自然地获得感染，受到陶冶，入脑而入心。其中很多体现丰富性的数词和副词还要读出重音，着力感受。

比如初中课文《饮酒》："结庐在人境，而无车马喧。问君何能尔，心远地自偏。采菊东篱下，悠然见南山。山气日夕佳，飞鸟相与还。此中有真意，欲辩已忘言。"要深入体会作者的情感和思想，就要努力走进诗歌，走进作者的言语世界，把自己想象成诗人，去听，去看，去感受，而不是笼统地概括诗歌的内容和情感，更不是由教师的说教代替学生的学习。

比如高中课文《我有一个梦想》，是一篇极有思想冲击力和精神感染力的演讲稿，但要从中获得熏染和陶冶，必须进入具体的语言运用形式。比如，要感受作者对黑人获得自由平等的渴望和斗争到底的坚定信念，就要对下面这些话细细品读，入情体验："只要黑人仍然遭受警察难以形容的野蛮迫害，我们就绝不会满足。只要我们在外奔波而疲乏的身躯不能在公路旁的汽车旅馆和城里的旅馆找到住宿之所，我们就绝不会满足……"而要感受作者的文明修养，体会他不以暴制暴、以牙还牙的非暴力抗争方式，就要对下面的话语品读感受，想象体验："我梦想有一天，在佐治亚的红山上，昔日奴隶的儿子将能够和昔日奴隶主的儿子坐在一起，共叙兄弟情谊。""有了这个信念，我们将能从绝望之岭劈出一块希望之石。有了这个信念，我们将能把这个国家刺耳的争吵声，改变成为一支洋溢手足之情的优美交响曲……"

总之，情感和思想就蕴含在语言形式中，只有植根于语言形式的情感体验和思想熏染，才是真切的，细腻的，才能产生久远的精神影响，并形成精神的底子。钱理群说："在我的青少年时代，对我影响最大，至今还成为我做人的基本信念的是一篇童话，就是安徒生的《海的女儿》。我认为这种影响对一个人非常重要，也是一个人'精神的底子'。我大学毕业后，被分配到贵州一个偏僻地区，在那儿待了18年。我在'文革'中被整得很厉害。可为什么像一些朋友说我的，还能保存着一颗完整的心，就是一颗赤子之心？我解释说，一个很重要的原因，就是我有一个'精神的底子'。"① 一个童话，构建了钱理群的精神底子，这就是语言的力量，就是植根于文本语言的精神的力量。

以上两个"不可少"的环节落实了，语文课就走在了语文的路上，学生也就走在了语文学习和成长的路上。

假如课文作者来到课堂听课，最关注的也就是这两个方面，只是在关注顺序上可能会先关注教师是否深入领会了他要表达的情感和思想，再关注教师是否准确理解了他为表达情感和思想而运用的技巧和方法。一旦发现教师对情感和思想的领会不深入，作者一定会失望；而对运用的技巧和方法理解不准确，甚至不关注不重视，作者会更失望，会认为这个语文教师当得不合格。

除了上面两个主体环节不能遗漏外，还有促进学习的背景介绍环节也不可少。

---

① 钱理群.重新确立教育终极目标[N].浙江教育报，1998-8-29.

比如小学课文《鲸》,在课文学习结束后,教师如果介绍课文后面"资料袋"里的话,就能增进学生对课文的认知理解和情感体验:"鲸的繁殖能力很差,平均两年才产下一头幼鲸。由于人类的捕杀和海洋环境的污染,鲸的数量已经急剧减少。如:鲸类中体型最大的蓝鲸,在 20 世纪有近 36 万头被杀戮,目前仅存不到 50 头。在地球上生存了 5000 多万年的鲸,许多种类已濒临灭绝。"

再比如初中课文《背影》,教师在课文学习结束后介绍下面的背景,就能对学生的学习起到促进作用:朱自清这样回忆父亲读《背影》的情景:"1928 年,我家已搬至扬州东关街仁丰里一所简陋的屋子。秋日的一天,我接到了开明书店寄赠的《背影》散文集,我手捧书本,不敢怠慢,一口气奔上二楼父亲卧室,让他老人家先睹为快。父亲已行动不便,挪到窗前,依靠在小椅上,戴上了老花眼镜,一字一句诵读着儿子的文章《背影》,只见他的手不住地颤抖,昏黄的眼珠,好像猛然放射出光彩。""父亲在看到《背影》的几年后,便去世了。"

再比如高中课文《桥边的老人》,在课文学习结束后,教师如果介绍作者海明威站着写作追求简洁的故事,学生就会对本文语言的简洁特点加深认识和理解:"他的叙述极为收敛、简洁,传说他为追求简洁甚至站着写作,不让自己有多余的废话,甚至砍掉那些具有修饰意义和褒贬色彩的形容词。有评论家称他是一个手持板斧的人,将附在文学身上的那些没有必要的'乱毛'统统砍伐掉了。"

三、不出现重复的无提升的环节

"非指示性"语文课堂观察,要观察教师是否能做到不出现重复的无提升的环节。

这就要求教师在设计教学环节时做到由低到高,循序渐进。假如课堂教学有五个环节,那就应该有五个学习台阶,学生能顺着这些台阶拾级而上,步步提升。

要做到不出现重复的无提升的学习环节,有两个基本方法:把环节设计成花串型或花环型。

第一种:设计成花串型。

花串型是指环节之间呈现花朵串列般的纵向的排序。这种设计,环节之间没有重复,并且由低到高,逐级向上。

下面三个类型的"非指示性"教学设计样式,就是花串型的。

一是基本型。该类型由以下几个环节组成:激发兴趣,导入新课;初读课文,说说感受;再读课文,说说内容;三读课文,说说精彩;四读课文,说说疑问;五读课文,说说作者;六读课文,说说积累;自主总结,结束学习;推荐阅读,课外拓展。

这种类型前文已经介绍过。其中的导入环节起步最低,教师不指示学习主题,不告知学习结论,不让往下的学习变成代入式和验证式的演绎法学习。课文作者介绍的环节也不像通常那样放在前面,而是在学生学有所得后再出现(并让学生自主说说作者情况),继续获得认知和情感的提升;如果放在前面,现成告知作者的写作背景和写作意旨,那也等于先告知结论。主体环节初读说感受、再读说内容、三读说精彩、四读说疑问,循序渐进,逐级提升。

二是选择型。该类型由以下几个环节组成:激发兴趣,导入新课;初读课文,说说感受;再读课文,说说内容;三读课文,自选式(或共选式)学习;四读课文,共选式(或自选式)学习;五读课文,说说作者;六读课文,说说积累;自主总结,结束学习;推荐阅读,课外拓展。

这种类型前文也有所介绍。只有自选式学习和共选式学习两个主体环节有别于前一种类型。其中，先自选式学习，后共选式学习，能使学生的学习由粗到细、由浅入深；先共选式学习，后自选式学习，能使学生的学习由点到面，由此及彼。因此都能继续提升学生的学习。

三是细化型。该类型由以下较多的环节组成：激发兴趣，导入新课；阅读课文，说说感受；默读课文，说说内容；略读课文，初定主题；集体交流，审视主题；围绕主题，独立赏析；集体交流，促进赏析；自主提问，独立探究；教师提问，集体探究；教师介绍，促进探究；自主反省，总结得失；美读课文，当堂积累；比较阅读，提升学习；自主总结，结束学习；推荐阅读，拓展学习。

这种类型设计了更多的学习环节。学习形态更加开放，由学生自主确定学习主题（包括学习内容和学习目标）；学习过程也更加细致，从感性到理性，从赏析到提问，从探究到总结，从课内到课外，且从个体到集体，从同学到教师。整个学习过程体现了逐层细化、逐级深化、逐次提升的渐进式特点。

第二种：设计成花环型。

花环型是指环节之间呈现花朵环列般的横向的排序。这种设计，环节之间也没有重复，但提升的特点有的明显，有的不太明显。比如说明文，要学习的主体环节有说明顺序、说明方法、说明语言，这三个环节的学习没有重复，但不一定是同一条线上的逐点提升。

这种花环型环节的设计，适用于突出文体特征的学习。前面的花串型环节的设计，则淡化了文体特征，适用于各种文体的学习。

下列六个类型的"非指示性"教学设计样式，都是花环型的。

一是散文学习类型。该类型由以下环节组成：激发兴趣，导入新课；初读课文，整体感知；讨论学习内容、学习顺序和学习方法；一研习个性化的内容；二研习个性化的语言；三研习个性化的情感；四研习个性化的技巧；自由式补充学习；了解作者及写作背景；美读课文，当堂积累；总结学习收获或学习启示；推荐课外阅读篇目。

其中主体环节"四研习"的排序依据，缘于对散文特点的基本认识：散文是运用个性化的内容和个性化的语言来表达个性化的情感的一种文体，带有明显的个性化写作技巧。该类型运用自主研习的学习方法。

二是诗歌学习类型。该类型由以下环节组成：激发兴趣，导入新课；初读课文，整体感知；讨论学习内容、学习顺序和学习方法；一读，体验情感之美；二读，体验内容之美；三读，体验语言之美；四读，体验节奏之美；合读，体验"四美"融合；自由式补充学习；了解作者及写作背景；美读课文，当堂积累；总结学习收获或学习启示；推荐课外阅读篇目。

其中主体环节"四体验"的排序依据，缘于对诗歌学习顺序的基本认识：学习一首诗歌，首先会感受到扑面而来的情感的美，再是表达情感的内容的美，然后是表达内容的语言的美，还有诗歌特有的节奏的美。其中的内容包括意象，语言包括韵律。该类型运用自主体验的学习方法。

三是小说学习类型。该类型由以下环节组成：激发兴趣，导入新课；初读课文，整体感知；讨论学习内容、学习顺序和学习方法；一探究环境；二探究情节；三探究人物；四探究主题；自由式补充学习；了解作者及写作背景；美读课文，当堂积累；总结学习收获或学习启示；推荐课外阅读篇目。

其中主体环节"四探究"的排序依据，缘于对传统小说特点的基本认识：小说是创设典型的环境、设置曲折的情节、塑造个性的人物来表现深刻的主题的一种文体。该类型运用自主探究的学习方法。

四是议论文学习类型。该类型由以下环节组成:激发兴趣,导入新课;初读课文,整体感知;讨论学习内容、学习顺序和学习方法;一探究论点;二探究论据;三探究论证;四探究论述特点;自由式补充学习;了解作者及写作背景;美读课文,当堂积累;总结学习收获或学习启示;推荐课外阅读篇目。

其中主体环节"四探究"的排序依据,缘于对议论文学习顺序的基本认识:学习一篇议论文,首先学习论点是什么,其次学习如何运用论据和论证方法来证明论点。该类型运用自主探究的学习方法。

五是说明文学习类型。该类型由以下环节组成:激发兴趣,导入新课;初读课文,整体感知;讨论学习内容、学习顺序和学习方法;一概括说明对象;二概括说明顺序;三概括说明方法;四概括说明语言;自由式补充学习;了解作者及写作背景;美读课文,当堂积累;总结学习收获或学习启示;推荐课外阅读篇目。

其中主体环节"四概括"的排序依据,缘于对说明文特点的基本认识:说明文是抓住说明对象的特征,运用适当的说明顺序、说明方法和说明语言来介绍的一种文体。该类型运用自主概括的学习方法。

六是文言文学习类型。该类型由以下环节组成:激发兴趣,导入新课;初读课文,整体感知;讨论学习内容、学习顺序和学习方法;一研习"言"的语词音义;二研习"言"的语句意义;三研习"文"的表达内容;四研习"文"的表达形式;自由式补充学习;了解作者及写作背景;美读课文,当堂积累;总结学习收获或学习启示;推荐课外阅读篇目。

其中主体环节"四研习"的排序依据,缘于对文言文学习顺序的基本认识:学习一篇文言文,要先学习文言文中"言"的语词音义和语句意义,扫清阅读障碍,后学习文言文中"文"的内容和思想(文化)、形式和技巧(文章)。该类型运用自主研习的学习方法。

这六种文体类的教学样式,主体性的四个环节都突出文体学习,其余环节则都一样,体现"非指示性"教学的开放性和自主性(尤其是"讨论学习内容、学习顺序和学习方法"的环节和"自由式补充学习"的环节),也体现科学性和有效性。整体则体现了循序渐进、逐步提升的特点。

上面列举了花串型和花环型的"非指示性"教学样式,以此来说明教学中不出现重复的无提升的环节。可能有人会说:这两大类型的教学样式条理是清晰的,但设计得太理性,太机械,语文教学是很感性,很灵性的。

诚然,上面列举的只是教学的基本样例,教学中本来就需要根据实际情况灵活运用,求变求新。但变的目的是更科学,新的目标是更艺术,这样才能更有效地避免重复的无提升的低级现象出现。语文教学出现种种问题,主要就是因为缺少理性,缺少科学。早在1996年,张志公先生在参加《语文学习》发刊200期纪念活动时就说:"我们的语文教学,吃亏就在于没有科学性。"语文教学确实应该是感性的灵性的,但内里的本质的应该是理性的科学的,必须以内里的理性,主导外在的感性,使语文教学走出随意和随性,摆脱重复和低效。

第四节　精巧设置学习题目

精巧设置学习题目,是学科意识的重要体现。

　　语文学习题目有两类，一类是课内练习题目，一类是课外阅读书目。

　　目前的情况大多是：课内没有练习题目，课外没有阅读书目。课内只有教师滔滔不绝的讲课声，而所讲的也大多是课文（甚至不是课文）表达的内容和思想，而不是表达内容和思想的形式和技巧。学生没有动笔学习的机会，甚至没有动口学习的机会，尤其是到了中学阶段。而下课后，教师则布置大量的语文练习题诸如《一课一练》《同步训练》《作业精编》《优化设计》给学生操练。这种现象，可以戏称为"课内大搞人文性，课外大搞工具性"。学生课内是闲人，无所事事；课外则是大忙人，手忙脚乱。学生课内的闲，自然不会获得语文素养的提升。而学生课外的忙，也没有换来良好的语文素养，因为所做的练习题，大多不是与语言运用能力的提高直接相关的。就像磨针，必须以铁棒为材料，不断磨砺后方可形成精美的金针；而这些练习题，只是木棒而已，并没有金属含量，即使天天磨砺也磨不出金针来。中国学生的"防伪标志"之一是右手中指的第二节深深凹陷，这其中肯定也有语文的"功劳"。但学生做了大量的语文练习题后，语言运用能力依旧贫弱。而能够丰富他们语言世界和精神世界的课外阅读，则少而又少，甚至几乎没有。

　　语文教学亟须改变这一现状，要让学生课内有练习题目，课外有阅读篇目。

　　其中，课内练习题目要以少而精、准而巧为原则，且尽可能融合在课文学习的各个环节，不另外布置题目，不额外增加负担。同时这些练习题要调整方向，注重学生语用能力的培养。课外阅读也要着重学习优秀作品的语言运用形式，通读、熟读乃至背诵，从中获取更多的语言运用智慧。吕叔湘先生说："任何技能都必须具备两个特点，一是正确，二是熟练。""语文的使用是一种技能，一种习惯，只有通过正确的模仿和反复的实践才能养成。"[①]假如语文课内有语用题目，课外有阅读篇目，学生就能逐渐走上"正确的模仿和反复的实践"的语文学习之路。

　　因此，精巧设置学习题目，需要做到：课内学习题目重语用；课外学习题目重阅读。

一、课内学习题目重语用

　　"非指示性"语文课堂观察，要观察教师是否能在课内学习题目中注重语用。

　　既然语文课程"致力于培养学生的语言文字运用能力"，语文课开设的目的是"要让学生学会运用本国的语言文字"，课堂上的学习题目自然就应该注重语用，让学生在语用实践中提高语用能力，如同让学生在游泳中学会游泳。

　　学习题目重语用，有几个基本要求——

　　第一，学习方向要准。它不是静态的语言知识的学习，不是要学生回答和识记一些名词、概念、术语，而是动态的语言运用的学习，学习每篇课文的作者如何鲜活地个性化地运用语言。

　　第二，学习态度要正。对课文不是盲目崇拜式的学习，而是以求真的态度理性地学习，汲取其中的优点，摒弃其中的不足。并在学习过程中，随时反观自身的语用现状，反思自己的语用策略。

　　第三，学习内容要全。首先要学习作者如何运用语言，积极地理解欣赏，诵读积累；然后还要学习自己如何运用语言，主动地迁移训练，模仿运用。

　　第四，学习方式要多。既有口头的语言运用，也有书面的语言运用；并在说和写之外，辅

---

　①　全国中语会.叶圣陶、吕叔湘、张志公语文教育论文选[M].北京：开明出版社，1995：123.

以听和看——听自己和同学的口头运用,看自己和同学的书面运用。既在传统课堂方式下学习语言运用,也在网络云课堂方式下学习语言运用。

语用题目在设计上,主要有两种方式——

第一种:设计成系列化的多道题目。

比如小学课文《珍珠鸟》,可以这样设计:1.这篇课文讲述了一个怎样的故事?请你用几句话说给大家听听,要说得简洁、准确、全面。2.读完课文,你特别喜欢哪些词语、哪些句子?为什么喜欢?说给大家听听,并读给大家听听。有没有不喜欢的?如果有,也说给大家听听,并说说你的理由。要说得简洁、合理、个性化,读得正确、流利、有感情。3.这篇课文的结尾是:"我笔尖一动,流泻下一时的感受:信赖,往往创造出美好的境界。"你写作文一般是怎样结尾的?课文的结尾让你受到什么启发?要求说得简洁、真诚、有深度。

再比如初中课文《乡愁》,可以这样设计:1.请用一句话写下你读了这首诗后的初步感受,然后和同学书面交流,要求真诚、细腻、个性化。2.诗歌的感情,往往通过朗读时的语气、停顿和重音等表现出来,请你以第一诗段为例,边读边揣摩其中的语气、停顿和重音,尝试着归纳朗读方法,并与同学、老师交流完善,形成共识后再朗读另外三个诗段。3.本诗分别选取了哪几个物象来表达"乡愁"?这些物象在运用上有什么特点?物象前面的形容词又有什么特点?对表达乡愁起到了怎样的作用?要求回答得简洁、准确、全面。4.请你也以"乡愁"为题,写一首短诗,不少于三个诗段,要求:感情真挚、细腻、独特,物象真实、典型、新颖,语言简洁、生动、个性,结构精致、巧妙、创新。

再比如高中课文《荷塘月色》,可以这样设计:1.这篇课文写了哪些内容?请你用文中的两个词来概括,并说说这两个词在文中是怎样的关系。要求快速、简洁、准确。2.科学家用材料来发明创造,文学家则用语言来发明创造,本文哪些描写语言特别创新,体现了作者的"发明创造"?请你找出三五句来,写下你的赏析,要求准确、细致、深刻。3.作者把荷塘月色写得这么美,你认为有哪些原因?请说说你的理解,要求说得简洁、准确、多样。

第二种:设计成主体性的一道题目。

比如小学课文《燕子》,可以围绕新奇的比喻,设计一道主体性的语用题。课文作者将一群燕子落在电线上,电线之间竖着电线杆,新奇地比喻为"五线谱"。可让学生模仿着为一群麻雀写出新奇的比喻一个或一组(学习弱势学生不少于一个,学习优势学生写一组),要求是:喻体要远,整体要像,情境要美。学生完成练习学有所得后,教师可展示作家周涛在《隔窗看雀》一文中的精彩描写,继续深化学生对新奇比喻的认识:"它是点缀在人类生活中的活标点:落在冬季枯枝上时,是逗号;落在某一个墙头上时,是句号;好几只一起落在电线上时,是省略号;求偶的一对儿追逐翻飞,累了落在上下枝时,就是分号。"

再比如初中课文《散步》,可以围绕对称回环的语用形式,设计一道主体性的语用题。文中有许多富有情趣美和理趣美的对称回环的语用形式,如:"她现在很听我的话,就像我小时候很听她的话一样。""我的母亲虽然高大,然而很瘦,自然不算重;儿子虽然很胖,毕竟很小,自然也轻。"可让学生找出来品读欣赏,并自主归纳其表达特点和表达效果;然后走出课文,每人从生活中找一到两句对称回环的典型语句(如相声演员马三立的话:"我今年85岁,体重86斤;明年86岁,体重85斤。"),相互交流和欣赏;最后迁移运用,模仿着造一到两句对称回环的语句,在运用中继续感受对称回环语言的表达特点和表达效果。

再比如高中课文《琵琶行》,可以围绕通感的语用形式,设计一道主体性的语用题。作者把转瞬即逝的音乐化为有形的可感的语言,诉诸听觉、视觉等多种感官,完整地写出了琵琶弹奏的三个乐段:急切欢快—缓慢凝重—激越雄壮。可让学生诵读欣赏,并自主归纳这些描写语言在形式和技巧上的特点,然后听一段《二泉映月》,模仿着用多种感觉(听觉、视觉等)写下听后的理解和感受,力求把感觉写细,把音乐写活。

教师要有独立设计语用题目的意识,不轻易抄袭和搬用他人的题目,努力设计出具有"自主知识产权"的语用题,让自己在每篇课文的语用设计中和学生一起成长。同时教师要有先让学生独立设计的意识,要体现"先生后师"的准则。在学生独立自主地设计后,教师再呈现自己的设计,与学生交流,并请学生评判,师生双方形成较为完善的语用题目后,再付诸训练和实践。这些在前一章已有较充分的阐述。

教师还要有创新设计语用题目的意识,在独立设计的基础上主动创新,从课文看似普通的语言运用形式中发现学习点,设计出新颖的语用学习题目。

比如小学课文《生命 生命》,标题没有标点符号,可以设计这样的语用题:给课文标题中的两个"生命"分别加上恰当的标点符号,体现自己对全文内容的正确理解;然后对着加了标点的课题,简要说出全文内容。学生如果在前面加上问号,在后面加上感叹号:"生命?生命!"就能正确说出课文的内容:生命是什么? 是我们身边的飞蛾,是我们身边的小瓜苗,是我们自己的心跳;生命是顽强的,又是脆弱的,所以我们要好好珍惜生命!

再比如初中课文《范进中举》,范进中举后先是说:"噫!好了!我中了!"后来又说:"噫!好!我中了!"可以设计这样的题目:这两句话只差一个字,前句是"好了",后句是"好",是不是作者写漏了一个字? 还是有意这样写? 这样重复是不是很啰嗦? 说说你的理解,要求简洁、准确、深刻。该题可让学生在咀嚼中品味作者用语的精妙,在看似繁复的语言形式背后,是作者高超的语言运用技巧:前面用"好了",表现范进考了整整34年后如释重负的轻松和快意;后面用"好",表现范进考中全省第七名后的自豪和满足。而"噫!""我中了!"连说两次,是他由衷地感叹(只说一次倒不合常理)。因此这是作者有意而为,看似啰嗦低级,实则绝妙无比。然后让学生学习《阿Q正传》中人们看阿Q与小D在钱府的照壁前打斗时的描写片段,深化对"好了"与"好"的认识和理解:"'好了,好了!'看的人们说,大约是解劝的。'好,好!'看的人们说,不知道是解劝,是颂扬,还是煽动。"两文的"好了""好"有异曲同工之妙。

再比如高中课文《最后的常春藤叶》,是王永年翻译的版本,此外还有一个文美惠翻译的版本《最后一片叶子》,两者从标题到正文都有差异。可以就语言的翻译风格设计出译本比较的题目,让学生将两种译本中的一些典型语句(包括标题)进行比较,感受翻译语言的工与巧,体会翻译风格的庄与谐,在比较中获得语言运用的启迪。最后学以致用,让学生就班里某个特定事件用幽默夸张的语言现场表达。

教师设计语用题目,还要有担当和补白的意识。中国是个诗的国度,唐诗宋词是我国优秀的文化遗产;但旧体诗词的语用一直是个空白,对学生没有任何训练要求。其实人人都有诗性,让学生在学习旧体诗词的过程中模仿着写一写,学生会意兴盎然,劲头十足。学写旧体诗词,声调如果按照古音,就要先让学生分清平仄,学习平上去入,尤其是其中的入声。《康熙字典》里有口诀可供学习:"离李利力;居举句菊;瓜寡卦刮;加假架甲……"古声调的工具书则有清代汤文璐编著的《诗韵合璧》(上海书店出版社1982年版)和徐志刚编著的《诗词韵律》(济南出版社1997年版)等。王尚文先生小时候就跟着祖父学古音声调,后来在杭州大学求学时又师从词学大师夏承焘,因此他写旧体诗词是专业级的水平。学生学习古声调如果困难,不妨与时俱进,用现代汉语的声调写,毕竟现代人读诗词都是现代汉语(当然也有人认为旧体诗词必须严格按照古声调来写)。杜甫的诗句"无边落木萧萧下,不尽长江滚滚来",不管是按古音读还是今音读,都是平平仄仄平平仄,仄仄平平仄仄平,比较独特。陈寅恪先生当年为清华大学招生出的一道题是为"孙行者"写出对子。现代语文教育在继承传统文学形式尤其是旧体诗词方面做得不够,旧体诗词写作面临失传的危机,语文教师要有历史担当感。

在课堂上精巧设计语用学习题的同时,教师平时还可采用一些辅助手段,比如制作"魅力汉语欣赏"的系列课件,在课前三分钟展示给学生欣赏学习,增进对汉语运用形式和技巧的理解,并增进对汉语的热爱之情。"魅力汉语"系列可分为:对句的魅力,倒读的魅力,换字的魅力,换序的魅力,拆词的魅力,双关的魅力,仿词的魅力,比喻的魅力,比兴的魅力,排比的魅力,夸张的魅力,顶针的魅力,对称回环的魅力,托物言理的魅力等等。相关例句既可到经典的文学作品中选取,也可到流行的网络语段上选取。部分例句展示如下——

对句的魅力:和风吹柳绿,细雨点花红。(《西游记》)龙游丽水云和月,仙居天台玉环山。(浙江地名)石林自有高才生,群峰拔地;琼海独具大手笔,五指擎天。(中国地名)

倒读的魅力:上海自来水来自海上。海南护卫舰卫护南海。

换字的魅力:教师的心灵未必比学生高尚,教师的人格未必比学生高贵,教师的能力未必比学生高强。(王尚文为"非指示性"教学写的"王氏三未必")

换序的魅力:在一辆旅游车上,前排坐着一位老伯,一位姑娘与他同坐,而姑娘的男友坐在后一排。那位老伯风趣幽默,一路上与姑娘谈笑风生。姑娘的男友见状,在姑娘的耳边小声说:"小心点,他是醉翁之意不在酒。"姑娘安慰他说:"放心好了,我是醉酒之意不在翁。"谁知他俩的话被老伯听见,老伯自我解嘲道:"我是醉酒之翁不在意啊!"

拆词的魅力:能看到别人的错误,是清;能看到自己的错误,是醒;能承认自己的错误,是坦;能改正自己的错误,是诚;能发现自己的优点,是聪;能发现别人的优点,是明;能学习别人的优点,是智;能利用别人的优点,是慧。清醒、坦诚是做人之道;聪明、智慧是做事之本。

双关的魅力:我失骄杨君失柳,杨柳轻飏直上重霄九。(毛泽东《蝶恋花·答李淑一》)

比喻的魅力:《红楼梦》中的诗,如水草。取出水,即不好;放在水中,好看。(木心语)

夸张的魅力:一滴太白酒,十里草木香。

顶针的魅力:一生二,二生三,三生万物;地法天,天法道,道法自然。(四川青城山天师洞联)

对称回环的魅力:君子和而不同,小人同而不和。(《论语》)今天工作不努力,明天努力找工作。

托物言理的魅力:锅:没有痛苦的煎熬,哪有沸腾的生活?碗:若不首先充实自己,怎会有营养供给别人?高压锅:压力,能缩短通向成功的距离。筷子:一生正直无私,为别人尝尽酸甜苦辣。擀面杖:尽管其他方面一窍不通,可也有自己的一技之长。

教师要设计出精彩的语用题目,还要主动学习语用学的相关理论和研究成果。王尚文先生早期有《语感论》的研究专著,近年则有"语文品质"的系列研究论文。其中前者适合语文教师学习,后者适合语文教师领着学生一起学习。他将"语文品质"分为"基本要求"和"审美层次",其中"基本要求"又分为清通、适切、准确和得体,"审美层次"又分为情态美、节奏美和洁净美。李海林先生的《言语教学论》,则适合想对语文进行沿波讨源的学理探究的教师学习,该书在"语文即言语"的命题基础上,对语文学、语文课程性质以及语文课的教学目的、教学内容、教学设计等进行了系统的研究,推演出了"语文教学是言语教学"的观点。潘涌先生的"积极语用"也有众多的研究成果。倪文锦先生、王荣生先生等许多专家都有语用学方面的研究成果。

教师在引导学生学习语用题目时,要让学生树立两个意识——

一是语言创新的意识。要引导学生由课文的语言创新,反思到自身的语用现状以及社会的语用现状,培养自己语言创新的意识。前面就《珍珠鸟》课文的结尾句("我笔尖一动,流泻下一时的感受……")设计的题目,就是要让学生从中受到启发,走出语用的俗套。现在学生的语用俗套太多了。一位四年级学生写作文《医院见闻》,结尾就是俗套:"望着护士阿姨走去的背影,我忽然觉得她的形象是那么的高大,啊,真不愧是品德高尚的'白衣天使'!"而一位五年级学生写的作文《一张朝鲜纸币》,结尾也是大俗套:"听完爷爷的话,我紧紧地握着这张纸币,眼前仿佛看见爷爷当年在朝鲜战场上冲锋陷阵,英勇拼杀,又仿佛看见两国人民心连心,手拉手。"朱光潜先生在《咬文嚼字》一文中说:"一件事物发生时立(即)使你联想到一些套语滥调,而你也就安于套语滥调,毫不斟酌地使用它们,并且自鸣得意。这就是近代文艺心理学家们所说的'套板反应'。""人生来有惰性,常使我们不知不觉地一滑就滑到'套板反应'里去。"[1]这对我们是一个极大的提醒。其实往挑剔里说,社会用语中的"泊车""抛锚""飞机出港"等也是套话,把古代农业社会表现船只航行的词语统统搬用到今天工业社会的汽车和飞机上来,也是思维惰性的表现,没有与时俱进地进行语言创新。现在网络上出现了许多新版的套话,如"傲娇""不要不要的",被人们广泛搬用,比如:"老板娘略带傲娇地说,当然啦,我们很熟。这彩票还是我帮他买的呢。老板娘激动的(得)不要不要的。"[2]这也是缘于运用者不加分辨的惰性。教师要引导学生主动走出语用定势,告别思维惰性,用自己的语用创新维护语文的生命活力。

二是雅语积累的意识。学生的语言运用单调俗套,缺少创新,与他们掌握的词汇较少且大多是俗词有关。教师要鼓励学生多积累词汇,尤其要多积累雅的词汇。王文元先生在《汉语的雅与俗》一文中感慨说:"汉字数量以惊人的速度递减着,灭绝着,即使尚未被彻底消灭的汉字,有些也已经被打入了冷宫,难以再见天日。识字的人越来越多,字却越来越少。""至20世纪80年代,常用字锐减。1987年公布的《常用字表》所列常用字仅为2500个,这2500个常用字对现代出版物的覆盖率高达97.97%!次常用字1000个,覆盖率为1.51%。常用字与次常用字两项合计3500个汉字,覆盖率为99.48%。""更为严重的问题是,3500个汉字,俗字占据了绝大多数,许多尚有生命力的雅字不见了踪影。随着俗文字的崛起,雅文字

① 朱光潜.咬文嚼字[A]//朱光潜全集(新编增订本)第6卷[M].北京:中华书局,2012:218.
② 侯明明,沈帅红.金华帅小伙中了535万!彩票还是老板娘代买的[EB/OL].[2016-07-25].http://zj.qq.com/a/20160724/012307.htm.

正在迅速地沉沦与消亡。"①教师要让学生了解这一严峻的语用现实,主动积累雅语,既学习不常用的情意雅的语言,也学习常用语中情意雅的语言,提升自己的语用品位。

因为缺少创新,因为缺少雅语,汉语出现了严重的世俗化和粗鄙化倾向,汉语的鲜活与优雅正受到空前的挑战。许多媒体记者的用语也俗不可耐,G20杭州峰会"最忆是杭州"文艺晚会后,杭城某位记者写下了这样的标题:"昨晚,全世界都被杭州美哭。"(《钱江晚报》2016年9月5日第6版,作者陈淡宁。)不知道汉语是不是已经穷尽到除了"哭"就别无他词了,也不知道苏轼看了这样的表达会不会"哭",他可是前无古人地把西湖比作西子,竭尽语用创新,也彰显汉语优雅的。而国内某知名大学2016年新生辩论赛各个赛队的名称更是粗俗不堪:就是不顾四辩感受的红鲤鱼与绿鲤鱼与驴队;不爱情侣不羡基队;王队不让我们叫可我们偏要叫王队;我和对方辩友谈笑风生队;仲基不抱我不起来队;一分钟取个队名队;"信不信,我管你"队;宝宝心里苦队;七公江湖烤鸡队;去污粉丢掉也不给你队;懂不懂就搞机队;扛着尺子撩妹队;喂公子吃饼队;麻烦关一下灯我要和宋仲基睡觉了队……

二、课外学习题目重阅读

"非指示性"语文课堂观察,要观察教师是否能在课外学习题目中注重阅读。

如果说课内要引导学生学习课文语言运用的范例,精读精学,那么课外就应该让学生投身于名篇名著的海洋,多读多学,汲取更多的语言营养,学习更多的语用技巧,也获取更多的精神营养,获得更好的精神成长。学生学习语言运用,仅靠课内学习、课文学习是不够的,更何况有些教师并没有让学生在课内、在课文学到应该学到的。吕叔湘先生1978年3月16日在《人民日报》发表了《当前语文教学中两个迫切问题》,其中说:"十年的时间,2700多课时,用来学本国语文,却是大多数不过关,岂非咄咄怪事!"同时他又说:"少数语文水平较好的学生,你要问他的经验,异口同声说是得益于课外看书。"

为什么作家们的语言运用能力特别强?因为他们都有大量的课外阅读。舒婷只读到初中二年级,儿子上了高中就宣称:"我们家就我妈的文化程度最低。"但是舒婷特别喜欢阅读,小学三年级起,就开始搜罗世界名著;"文革"爆发,"停课闹革命"时,她与朋友"迅速、秘密地交换那些从国家图书馆流落到民间的书籍","疯狂地彻夜地阅读";"文革"期间又"大量手抄普希金、雪莱、海涅、波特莱尔等诗集"。②上世纪80年代中国文联曾出过命题散文《我最值得回忆的》,结果发现一个有趣的现象:丛维熙、韩少华等毕业于北京二中的作家都不约而同地回忆起学校图书馆的张老师,认为他是最值得回忆的。几位作家怀着感激之情回忆起张老师对自己的关心:图书馆要关门了,张老师看到自己还没走,就等在那里;没看完也破例允许自己带回家看。中国现代文学三大巨匠鲁迅、郭沫若、茅盾,没有一个是大学中文系毕业的,但没有一个不是从大量的阅读中走出来的。一个成功的作家,必须是一个思想家,能用自己独特而深刻的思考剖析人性,审视社会,给读者带来心灵的震撼和思想的冲击;但他们首先必须是语言运用大家,能把自己独特而深刻的思考准确、形象又个性化地表达出来。而一个成功的政治家或科学家,往往也是语言运用大家,这样才能把他的政治观点或科学成果准确、严密或者通俗、生动地表达出来。

---

① 王文元.汉语的雅与俗[J].钟山,2004(1).

② 舒婷.影响了我的两百首诗词[M].天津:百花文艺出版社,2005:1.

　　李希贵先生曾回忆说,80 年代初期,他在高密四中当校长,有两个班因为新扩没有语文教师,只好和学生一块儿制定计划,让学生自学。学生实在感到枯燥时,就去阅览室读书,或把图书馆的书借到教室读。一个学期下来,从学校领导到语文教师都捏了一把汗,担心这两个班的成绩。"可是期末考试成绩出来却让语文老师很尴尬:这两个班的语文基础知识并不比平行班低,相反阅读题目和写作题目的成绩比平行班的成绩还略好一点"。后来他到高密一中当校长,在那个学期的期末让刚上初一的儿子和初四的侄女参加高三的语文期末考试,"卷子批出来就更加让我们老师尴尬了:当时高三还有两个复读班(高四),他们的平均分是84.5 分,但是这两个孩子的平均分却跟高三的平均分不相上下,初一的孩子考了 82 分,初四的孩子考了 85 分,这两张试卷直到今天我还保存着"。这两人一个差了 6 年,一个差了 3 年,但他们有大量的适合他们的名篇名著的阅读。"因为我在他们很小的时候就提出、购买和推荐了适合他们不同年龄、不同年级的阅读书目。之后,我书架的书在不断地减少,他们书架上的书在不断地增加。当买的书不能满足的时候,他们就把我的书偷偷地拿到自己的书架上,有些还写上他们的名字"。有了这样的经验,他们就在这一年进行改革,把常规的语文课由每周 6 节改成了 2 节,由教师在课堂上完成教材,4 节由学生自主阅读,把学生放到阅览室。这些学生非常努力,学习非常有成果。"他们的语文成绩当时在潍坊遥遥领先,而且不仅仅是语文成绩遥遥领先,更重要的是还影响到了他们的整体素质,在这些学生之中,还出了一个山东省的文科状元。由此我们感觉到,语文学科的基础就是阅读,尽管我们要培养孩子的能力有听、说、读、写,但是如果没有阅读作为基础的话,孩子的其他能力是很难得到提升的"[①]。

　　李希贵的改革让语文阅读从课外走进了课内,而我们往往连课外都没有阅读。在此不妨偏激却不偏颇地下一个结论:语文课后只布置机械的练习题而不布置课外阅读题的教师,是不合格的语文教师。

　　语文是一个非速成的学科,不靠猛火煎爆,而靠温火煲炖。课外阅读,就是"煲炖"出学生优秀语言品质和高尚精神品格的"温火",要从小学、初中一直"煲炖"到高中,并让学生养成阅读的习惯,延续到大学,影响到终生。

　　布置课外阅读,有四个基本准则。

　　第一,做法可操作。

　　首先是课外阅读的内容要可操作。如果是与课文相关的拓展性阅读,可推荐课文同一作者的其他文章,或与课文相同题材或体例的其他作者的文章。比如学习课文《背影》后,可推荐朱自清写亲人的其他文章,或推荐三毛写母亲的同题文章《背影》,或龙应台写父亲和儿子的同类文章《目送》。偶尔也可推荐研究者赏析某篇课文的文章,比如学习课文《再别康桥》后,可推荐谢克强的《〈再别康桥〉的诗意美》、孙绍振的《天知、地知、你知、我知——解读徐志摩的〈再别康桥〉》等。如果是专题性阅读,可根据专题推荐相关的篇目群。课外阅读篇目一般由教师推荐,但有时也可在给出范围后,让学生自主查找,自主选择;或直接让学生自主推荐,共同决定。

　　其次是课外阅读的方式要可操作。一种是传统的纸质阅读,一种是现代的网上阅读。这两种阅读方式各有优缺点。纸质阅读可以慢读、细读,还可以在上面圈点批注,但要找到

　　① 李希贵.阅读比上课更有用![J].青年教师,2015(3).

书不容易,要么去图书馆借(但数量不多,无法同时满足全班阅读),要么上书店或网店购买(需要花钱)。网上阅读快捷、省钱,但往往读得快、读得浅。教师不妨采取折中的方式,让每人上网把文章下载到电脑(包括平板电脑),并建立个人语文学习博客,传到博客上,这样就方便随时打开电脑或网络阅读,也方便与同学交流。教师还可建立班级语文学习博客等网络交流平台,取一个诗意的名称(如红叶飘飞语文美、魅力语言诗意绽放等),把推荐阅读的文章定期传到上面,让学生课外打开阅读,并让每人留下一句话感想或评论,便于教师了解情况(知道哪些人上来读过),也便于同学间相互交流(不受时空限制)。

再次是课外阅读的篇幅要可操作。一种是整本书阅读,一种是单篇文章阅读。整本书适合于假期阅读,平时要阅读须切分开来,作为多次的连续的阅读任务。单篇文章适合于每天阅读,阅读量一般为小学一千字左右,初中两千字左右,高中三千字左右。

最后是课外阅读的要求要可操作。一般分为通读、细读、熟读、背诵几个层级,教师可根据情况随机确定阅读的层级要求(或由学生自主选择和决定),但每天都要有适量的背诵要求。同时不管提哪种要求,都不应把课外阅读习题化:"阅读下面这篇文章,回答后面的问题……"一旦采用这种方式,学生就不喜欢阅读了,课外阅读就变成课内繁琐学习的机械延续。

第二,效果可检测。

学生的阅读效果要能通过多样化的方式检测出来,通过检测强化学生的阅读氛围。

首先定期组织读书交流会,促进学生的课外阅读。可让学生着重就文本内容和情感背后所运用的形式和技巧,或谈谈自己的感想,或说说自己的评价,或说说自己受到的启发。先写成读书笔记,然后现场交流,并按照预先设定的要求打分,自评、互评、教师评,以评促学。最后编成电子文册,放在班级语文学习博客或微信群里。

其次经常组织背诵比赛,营造多读多背的学习氛围。让学生以个人或小组为单位,现场背诵,现场打分,鼓励先进,提醒后进。在青少年记忆力特别旺盛的时期,要鼓励学生多背诵,多积累。当年茅盾在母亲的严格教育下,把《红楼梦》背得滚瓜烂熟,年过八旬回忆起来毫不错乱。巴金则说:"我仍然得感谢我那两位强迫我硬背《古文观止》的私塾老师。这两百多篇'古文'可以说是我真正的启蒙先生。我后来写了二十本散文,跟这个'启蒙先生'很有关系。"[①]周振甫先生总结说:"过去旧式的国文教学,偏重背诵,照现在想起来,大约有下列几点好处:一、读时分轻重缓急,恰好和文中情事的起伏相应,足以帮助对于文章的了解,领会到作者写作时的情绪。二、懂得音节和情绪的关系,到写作时,自会采用适宜的音响节奏来表达胸中的情意。三、读熟了字句妥帖的文章,习熟于种种变化的句式和虚字的安排,到写作时,自然不会写出生硬不妥的句子,运用虚字,也在知其然不知其所以然中渐渐合乎规则了。"[②]

再次适当组织仿写活动,激发学生的创作兴趣。如果某个阅读篇目的语言运用形式很有个性,语言运用技巧很有特色,可让学生模仿写作,然后在课堂上展示交流,互相学习。前文曾介绍著者以前在中学任教时让学生熟读背诵《三国演义》,用"三国语言"写作,并展示了

---

① 巴金.谈我的散文[A]//巴金选集第10卷[M].成都:四川人民出版社,2009:253.

② 周振甫.技能的训练和理论的研讨[A]//李杏保,方有林,徐林祥主编.国文国语教育论典[M].北京:语文出版社,2014:825.

一位男生的习作片段，下面再展示一位女生周琳彬的习作全文《家有父母》[①]——

> 家有父母，何怪之有？怪于父不似父，母不似母。其性恰是乾坤倒转，阴阳相易。欲知此话怎讲，且听我细细分解。
>
> 话说一年前，正值不才初中毕业，暑期漫漫七十余日，既无作业，又该如何度过？吾思前想后，以为去往云南拜访父母实为上策，只须到得彼处，何愁无事可做？各处名山名寨，便足以消遣数月光阴。似此主意便定。
>
> 然吾方欲起程，又遇难题：家中亲友近日并无将游云南者，此去云南千里之遥，若无长辈相陪，如何前往？吾乃飞鸿传书与父母商议，老母说道："汝非三尺稚子，今已年逾及笄，怎得还怕独自乘车？"然则主意已定。吾即刻收拾细软行装，由伯父相送至车站，独自一人上了火车。然不料，正当吾与同车诸位新交之兄弟把水言欢，打牌吃肉，谈天说地，乐不思蜀之时，却有一人暗自垂泪，伤心欲绝。
>
> 你道此人是谁？不是别人，却是家父！
>
> 家父得知此事，如遭五雷轰顶，顿觉天旋地转，遂责难于家母："汝真蛇蝎心肠也，常言道最毒妇人心，吾今信之矣！小女涉世未深，阅历尚浅，尔令其孤身一人远赴千里，岂不送羊入虎口哉？人道是虎毒不食子，可汝……汝……汝……"言及此处，几欲昏厥。老母不禁哂笑之："尔一堂堂丈夫，如此哭啼，成何体统？况尔在此夜哭到明，明哭到夜，还能将其哭回老家否？何不就此赶去飞身上火车，英雄救娇儿？"老父龇牙瞪目以对。老母复道："汝亦知其阅历过浅，如此大赐良机，令其稍尝此形单影只、背井离乡之味，多学得些结交朋友之法，待人接物之道，亦为美事一桩。况世上之人，十之八九乃无为百姓，十之一二为大善之人，恶民劣徒百人之中不过一二耳，吾儿不至交此厄运，与匪类同座，汝何必多此一虑！"老父颓然而坐，无言以对，却仍自焦虑不已。
>
> 众位看官瞧了，此言语心态，与他二人之身份性别，岂非颠倒互易乎？
>
> 吾父原于江山宾馆谋得一差事，每日手抡大勺，蒸煮焖炖，煎炸炒爆，工钱不高，却也不低，小日子过得亦可谓鲜香麻辣。孰料宾馆惨淡经营，遭人兼并。新掌柜倒也客气，一来便请老爹尝了道名菜——爆炒鱿鱼。老爹离了宾馆后，于集市觅得一小摊，买卖些杂货，小本生意，糊口足矣。后老母因人手不足，一道懿旨将老爹召去云南，在店铺里当个副手，帮着买卖，防着小偷。自此，因老爹手无实权，又无实钱，家中大事只得唯老母马首是瞻，由此性情渐变，整日里絮絮叨叨，无话找话，所念之事多是不满老母独断专行。
>
> 此乾坤倒转、阴阳相易之意，众位可领会了？

这篇习作后来发表在上海《语文学习》上，著者未改动一字。当时他们完成"三国语言"的习作后，又在课前三分钟用多媒体向全班展示介绍，一天一个，依次进行。那段时间教室里笑声阵阵，气氛活跃，著者也常常被他们的精彩表达所折服。

第三，有学科特点。

语文课外阅读要立足本学科，让学生读文学家的文学作品，而不是读历史学家的史学作

---

① 郑逸农. 我的"三国语言"写作教学实践[J]. 语文学习，2011(4).

品、社会学家的社会学作品、科学家的科普作品。现在中小学分科已经很细,每个学科的课外阅读都应立足本学科,读得专,读得准,各个学科加在一起,学生自然就读得全面,读得丰富了。有些语文教师太好心,总是让学生越界;或者因为自己读得杂,就让学生也读得杂。只有语文本学科的阅读完全落实到位了,学生已经奠定坚实的语文底子了,才能让学生跨出语文,去看更广阔的天地。一般来说,如果学生从小学开始就有系列化的扎实的语文课外阅读,那进入高中尤其是进入高中后半段可适当拓展出去,阅读一些非文学类的思想性强的论述类文体的书目,但这些书目必须包括文学理论和语言学理论等语文学科范畴内的作品。高中主流的阅读仍应是文学类作品,别的不说,单单四大古典小说《红楼梦》《三国演义》《水浒传》《西游记》要读下来就不容易。不要说中学生,许多中文系的大学生都没把这四本书读全,更不用说读细读熟了。

第四,有学段特点。

语文课外阅读要体现学段特点,与学生的认知和情感发展相适应。首先是难易度要与学段相适应,小学、初中、高中要从易到难逐级提升,不能互换。即使在小学六年的大学段内,第三学段的阅读也不能与第二学段的对换,更不能与第一学段的对换。其次是文体特点要与学段相适应。学生年龄不同,阅读兴趣和认知水平也就不同。心理学研究认为,青少年的阅读特点大致可分为以下六个发展阶段:第一阶段(4~6岁),绘画期;第二阶段(6~8岁),传说期;第三阶段(8~10岁),童话期;第四阶段(10~15岁),故事期;第五阶段(15~17岁),纯文学期;第六阶段(17岁~),思想期。这个研究不一定是定论,但能反映出学生阅读的基本特点和规律。教师向学生推荐课外阅读,要尽可能体现学段特点。如果让一个处在童话期的小学生去阅读思想期该读的书目,这叫"残忍";如果让一个处在思想期的高中生去阅读童话期该读的书目,这叫"幼稚"。阅读还会影响一个人以后的写作,朱光潜就曾说过自己的语文阅读教训:"我从十岁左右起到二十岁左右止,前后至少有十年的光阴都费在这种议论文上面。这训练造成我的思想的定型,注定我的写作的命运。我写说理文很容易,有理我都可以说得出,很难说的理我能用很浅的话说出来。这不能不归功于幼年的训练。但是就全盘计算,我自知得不偿失。在应该发展想象的年龄,我的空洞的脑袋被歪曲到抽象的思想工作方面去,结果我的想象力变成极平凡,我把握不住一个有血有肉有光有热的世界,在旁人脑里成为活跃的戏景画境的,在我脑里都化为干枯冷酷的理。我写不出一篇过得去的描写文,就吃亏在这一点。"①人生没有草稿纸,人生没有回头路,教育的失误,会给人带来终身的遗憾。

总之,要让阅读成为学生课外学习不可或缺的而且是最重要的内容,让学生在众多作品的阅读中培养细腻的感受力、丰富的想象力、深刻的理解力、丰厚的蓄积力和鲜活的表达力,进而自然地形成充实的语言素养和充盈的精神素养。"语言丰富,则人生饱满;语言贫瘠,则人生寡淡;语言性灵,则人生优雅"②。

---

① 朱光潜.从我怎样学国文说起[A]//朱光潜全集(新编增订本)第6卷[M].北京:中华书局,2012:111.
② 谢有顺.优雅的汉语[M].天津:百花文艺出版社,2005:1.

第三章 技能意识：观察语文课堂教学的艺术性

"非指示性"语文课堂观察，还要观察教师是否具有技能意识。

教师引导学生怎么学、学什么，都需要运用相应的技能，艺术化地进行引导，这就需要技能意识。因此，在课堂教学中，学生意识、学科意识和技能意识都不可少。"非指示性"课堂观察，要通过教师的学生意识观察教学的人文性，通过教师的学科意识观察教学的科学性，通过教师的技能意识观察教学的艺术性。本章将在前面两个意识的基础上，着重阐述技能意识，把它作为"非指示性"语文课堂观察的又一重要原则。

技能意识，是指教师对教学技能的自觉关注，关注教学技能的运用对象、运用特点以及运用效果，使教学过程成为学生愉悦甚至享受的过程。

教学技能在师范院校里被称为师范技能。传统教学中所说的"一张嘴巴、一支粉笔"基本体现了教学技能的要义，其中前者体现了"说"的技能，后者体现了"写"的技能。"说"包括说话，也包括朗读；"写"包括传统的软硬笔写字，也包括现代的电脑打字。说话要求语气亲切，语调顿挫，语词精练，语流顺畅，语速适中，具有专业性。朗读则要在此基础上突出语气的情感美和语调的节奏美。如果说专业播音员的说话和朗读是一级水平，那么教师的说话和朗读要达到准一级的水平。写字要求符合汉字的传统审美标准，师从名家字帖并融入自己的文化气质。电脑打字要求用全拼打字法盲打，以键盘为笔，以屏幕为纸，快速流畅地"写字"。电脑写字的另一种技能是课件制作，要求内容和版式都原创，具有悦目和醒目之美，技术性与艺术性俱佳。从广义上说，教师在上课前的准备工作——文本解读、教学设计等都是教学技能。文本解读要求准确、深刻、独到，既能还原性解读，读出作者的意旨；又能个性化解读，读出自己的理解。教学设计要求每个环节都以准为前提：文本分析准而精，学生分析准而实，任务分析准而明，过程设计准而新，板书设计准而巧。

就教学技能的运用对象来说，有小学、初中和高中等不同学段的学生，也有文学类、论述类、实用类等不同类型的文本。就教学技能的运用特点来说，同样是说话，面对小学生要说得可爱，面对初中生要说得亲切，面对高中生要说得知性；同样是朗读，文学类文本要读出情境之美，论述类文本要读出深刻之美，实用类文本要读出平和之美；同样是写字，面对小学生要写出规整的楷书，面对初中生要写出圆润的行楷，面对高中生要写出流畅的行书。就教学技能的运用效果来说，运用相应的教学技能，对学生的学习要能起到正面的甚至是立竿见影的促进作用，给他们留下深刻的印象乃至长久的影响，享受到教学的艺术之美。

耶鲁大学前校长理查德·莱文曾说：如果一个学生从耶鲁大学毕业后，居然拥有了某种很专业的知识和技能，这是耶鲁教育最大的失败。他认为，专业的知识和技能，是学生们根据自己的意愿，在大学毕业后才需要去学习和掌握的东西，那不是耶鲁大学教育的任务。[①]这位校长的话无疑是正确的，体现了教育的终极培养目标；但是，这话并不适用于师范类、医学类等技术性很强的专业。作为师范生，如果不具备基本的说和写的专业技能而去从事教

---

① 搜狐网记者.耶鲁校长：这才是判断一个人受过教育的铁证[J].记者观察,2015(10).

学工作,危害可想而知。

现在教师的教学技能也确实不容乐观,有些技能呈现出一代弱于一代的趋势。尤其是其中的写字技能,年轻语文教师的写字普遍不如以前的语文教师,甚至不如以前的非语文教师,只是本能地写着自己读小学以来自然形成的以楷书为基本底子的但又不够专业称不上书法的"自然体",写字速度慢,写字美感差。就写字速度来说,板书一个字数较多的课题如"精彩极了与糟糕透了""在马克思墓前的讲话""就英法联军远征中国给巴特勒上尉的信",往往要花费很长的时间。一节课下来,因为速度慢就要在板书上多花费好几分钟。就写字美感来说,板书时没有轻重顿挫的变化,每个字都"平铺直叙"地写过来,没有书写的节奏之美,也没有字形的协调之美。有的还经常写错字形和笔顺,甚至连自己的姓名都要写错——笔者曾看到一位陈姓男教师写"陈"字时从一竖起笔,一位贾姓女教师写"贾"字时把中间两竖作为第二笔和第三笔。就说话来说,现在的年轻教师读音越来越准,但说话方式大多还是"自然体",缺少专业性,没有艺术感;朗读的基本功也不好,节奏美和情感美都有些欠缺。笔者每年带师范生去中小学实习,要求师范生加强朗读基本功训练,实习课上必须有教师的朗读;有一次一位实习生上完课,指导老师对她的朗读颇为赞赏,同时也感慨地说:"我教书教了十五年,从来不敢在学生面前朗读。"就天天都要写的教案来说,也存在问题,一是太弱,不会写;二是太懒,只会抄。就前者来说,"三维目标"的撰写大多不合格,不管是教师主动发送到网络上的还是发表在刊物上的;就后者来说,许多教案是从网上抄袭的(至少是拼凑的),没有原创的意识,缺少自己的独立思考和个性解读,因此课堂上也就说不出有深度有新意的话来。孙绍振先生曾直言:"在语文课堂上重复学生一望而知的东西,我从中学生时代对之就十分厌恶。从那时我就立志,有朝一日,我当语文老师一定要讲出学生感觉到又说不出来,或者以为是一望而知,其实是一无所知的东西来。"[①]

教师的教学技能差,一是与师范院校把关不严有关,没有对师范生的各项技能提出规范的训练要求与严格的考核要求,师范生轻易就能毕业,毕业时回望校门上的"师范"二字也不曾感到愧疚;二是与教师自身要求不严有关,就学期间没有高度重视,工作以后也没有主动补课,致使自己的教学技能始终处在自发的初始的非专业的状态下。基于这些"前车之鉴",著者每年带实习时对师范生提出了严格的要求:每天练字,必须见效,且要写得高品质;原创备课,不能抄袭,且要做得高品位;独立教学,不能搬用,且要教得高水准;说话必须一口清,不能重复,要放下教案脱稿说;板书必须一笔清,不能涂改,要精致巧妙地布局;进教室听课要用笔记本电脑记录(不能用笔纸慢速记录),用快速盲打的方式全程记录上课的基本内容,并能随时写下评语,下课后就能把完整的电子稿拷给上课者,能与对方就上课的具体细节展开交流(著者每年带实习就是这样听课的)。著者实习带队的口号是:苦(训练)、严(要求)、高(标准)、精(技能)。因此实习学校的指导老师大多会对著者所带实习生的教学技能表示肯定和赞赏,虽然他们做得还不够出色。

当然,教学技能远不止这些。而教学技能不好带给学生的负面影响也远不止一点,即使有的只是无关大碍的细节。举一个极端的例子:周作人当年在北大讲课,据说听讲的学生极多,大多是慕名而来,校内外的听众挤满一屋子。但要说他讲课的风采,那就谈不上了。冰心晚年被邀请写一写周作人,老人家给邀请者陈子善写了这么一封回信:"关于周作人先生,

---

① 孙绍振.名作细读·微观分析个案研究(修订版)[M].上海:上海教育出版社,2009:1.

我实在没有什么话说,我在燕大末一年,1923 年曾上过他的课,他很木讷,不像他的文章那么洒脱,上课时打开书包,也不看学生,小心地讲他的,不像别的老师,和学生至少对看一眼。"[1]20 世纪 30 年代初,作家无名氏(卜乃夫)在当时的北平自修,也慕名到北大听过周作人的讲课,并在周作人"落水"后写下了这样的回忆:"铃声响过不久,教室门开了。我的心弦微微有点颤动,跨进一个中等身材——个儿不算太矮的人,著一件米灰色布棉袄裤,黑色布鞋、光头、白眼镜,全身上下给人一种整洁朴素之感。……他讲书正如他写文章,除正文外还有不少的插语。但他给我的最深印记,却是踌躇不决。他未开口之前,总要用手抓头,考虑一下,开口时则有点吞吞吐吐,辅助词用得很多。正像他写文章一样,似乎恐怕一句话说出去,会成为一颗炸弹。"[2]

教师有特定的职业要求,并非能做好别的工作就一定能当好教师。只要当教师,就要主动练好自己的教学技能。

本章着重从以下四个方面依次阐述:仪态雅;眼光活;说话美;写字巧。

第一节　仪态雅

仪态雅,是技能意识的重要体现。

仪态包括容貌、姿态、风度等。教师的仪态是留给学生最直观的印象,因此直接影响学生对教师的认可度。教师是一个特殊的职业,社会期望值很高,对教师仪态的要求自然也高。如果一个教师仪态不够优雅,人们就会在背后议论说:"这人一点也不像教师。"现在社会上许多职业像航空小姐、银行职员等,在仪态方面都有专门的训练和严格的要求,但教师偏偏没有,不管是就学时还是工作后。因此只能靠教师自主修炼,自我完善,塑造自己优雅的仪态。

仪态雅主要体现在以下三个方面:青春有朝气;端庄有雅气;谦诚有和气。

一、青春有朝气

"非指示性"语文课堂观察,要观察教师是否青春有朝气。

青春并不意味着一定要年轻,而是要在言行举止中显现出活力,给课堂带来生机,给学生带来信心。

青春有朝气,主要从以下四个方面来体现和观察。

第一,行止姿态。

教师走进教室,昂首挺胸,步子干练,充满朝气和活力。在讲台上站定后,依然身型端正,精神饱满。如果走进教室是慢速的拖沓的,站上讲台后又是低头的弯腰的(有些个头较小或自信不足的教师,还会有意无意地把两手分开叉在讲台上,把头往里埋),同时还抖动身子,或摇晃身体,就没有朝气,无法提振学生的学习热情。军人尤其是仪仗队员,迈步干净有力,立定昂首挺胸,特别有朝气,也特别有感染力,所以人们特别喜欢看。

---

① 卢毅.民国名教授的讲课[J].中国党政干部论坛,2012(4).
② 耿传明.晚年周作人[M].北京:现代出版社,2013:82.

第二,说话气度。

教师站在讲台上说话,开口饱满,中气足,声音亮,有气场。如果"朱唇小启",声音低落,中气不足,说话又拖拉,就无法形成气场,难以把学生带入学习情境。中央电视台播音员尤其是新闻联播节目的播音员,一亮相一开口,就精神饱满,气场十足,马上能吸引住观众的注意力。

第三,写字气势。

教师在黑板上握着粉笔写字,气势足,有力度,速度快捷,运笔流畅。如果说话静悄悄,写字也静悄悄,没有气势,没有力度,写得又缓慢滞涩,缺少活力,就吸引不了学生的注意力。

第四,衣服色彩。

教师穿的衣服色彩亮丽,色调丰富,视觉效果好,有灵动之气。如果教师的衣服色彩暗淡,色调单一,朴素有余,就无法触动学生的视觉,并影响他们的学习兴趣。对衣服色彩的敏感性要从师范生开始培养,许多师范院校的学生衣着朴素,色彩暗淡,缺少教师的职业穿戴意识。或许他们当年在中小学读书时长期穿着运动式的校服,多少影响了他们的审美认知。在各种职业的穿戴中,东方航空小姐的衣服是最亮丽、最富有朝气的,即使是系在脖子上装饰用的丝巾,也很亮丽很活泼。

整个上课过程中,教师都要以自己的朝气和活力去感染学生,唤起学生的学习动力。教师是否受学生欢迎,所教学科是否受学生喜欢,首先看教师是否青春有朝气。

二、端庄有雅气

"非指示性"语文课堂观察,要观察教师是否端庄有雅气。

这里着重从教师的穿戴样式来观察。穿戴的颜色能体现是否有朝气,穿戴的样式则能体现是否有雅气。

在我国社会的传统认知中,教师是一个严肃的职业、正气的职业,又是高尚的职业、儒雅的职业,因此对教师的穿戴自然就有了相应的约定俗成的要求:端庄有雅气。

早期的社会要求主要是前一个词:端庄。那时的教师主要是男教师,穿着长衫,掩盖严实,体现端庄;后来穿着中山装,棱角分明,体现端庄。在男教师穿着中山装的时代,为数不多的女教师则穿着类似于列宁装的衣服,体现端庄。后来随着社会的发展,教育由"硬"变"柔",教师多了亲和的一面,于是又多了一个词:雅气。端庄又有雅气。

什么样的穿戴端庄又有雅气呢?

男教师穿西服,系领带,穿皮鞋,既端庄规整又充满雅气。这种穿戴样式,丰富而不刻板,严谨不失亲和。女教师穿套装,上衣下裙,穿上皮鞋,也显得端庄而且优雅,穿戴样式既多姿又协调。

端庄有雅气的穿戴只有标准答案,没有唯一样式。许多礼服都具有这一特点。有些学校统一教师的着装,整个学校也显得气质高雅,精神饱满。

教师平时的穿戴主要有三种类型,一种端庄优雅,一种合体自然,一种俗气懒散。

夹克没有雅气,毛衣不够端庄;但这些休闲服还是合体自然的。

牛仔服,旅游鞋,能给人带来轻松和方便;但作为教师,穿上后会显得俗气懒散。如果再穿上拖鞋,俗气和懒散就更显露无遗。

穿紧身衣,或穿得过于暴露,或色彩过于艳丽,或挂着大大的耳环、套着粗粗的戒指,这些都是俗气的穿戴，是社会低俗审美观对学校的侵染。

现在的师范生，已经不太有当年师范生的职业穿戴意识和习惯了，与社会上的穿戴无异，甚至只穿运动鞋，不穿皮鞋。著者每年给他们上微格教学训练课时，要求每人穿皮鞋上讲台训练，许多学生尤其是女生叫苦不迭，说没有皮鞋，也不习惯穿皮鞋。其实，穿运动鞋与穿皮鞋体现出的气质完全不一样，尤其是女教师，一旦穿上跟部略高的皮鞋，端庄与优雅的气质马上突显出来，而且身材也变得更挺拔。

我国大部分职业都有统一的制服，而教师偏偏没有。这就需要教师自我"修饰"，在着装上展示自己端庄优雅的职业气质。每个人相貌不同，特点不同，没有统一制服，或许倒有利于教师根据自身特点穿出个性化气质来。

教师的穿戴风格，会影响学生的审美观，甚至影响学生以后的穿戴。穿戴得体、衣着优雅的教师，教出来的学生往往也穿戴得体、衣着优雅；而穿戴随意甚至衣衫不整的教师，教出来的学生往往也穿戴随意甚至衣衫不整。因此，一个喜欢穿黑色长裙的女教师，她的一些女学生以后往往也是全身黑色，一袭长裙；一个西装革履的男教师，他的许多男学生以后也会穿戴优雅，风度翩翩。

许多欧美国家的国民穿戴严谨，审美水平和文明程度都很高。作为影响未来国民审美水平和文明程度的教师，要讲究穿戴，让自己成为端庄优雅的形象使者。

三、谦诚有和气

"非指示性"语文课堂观察，要观察教师是否谦诚有和气。

谦诚有和气，是指教师对待学生谦虚真诚、友善和气，在言行举止中体现出教师的修养，不傲慢，更不霸道。

谦诚有和气，主要从以下四个方面来体现和观察。

第一，眼神表情谦和。

教师从走进教室那一刻起，就眼带笑意地看着学生，表情谦虚友好，用自己的笑意将师生融为一体，形成教与学的合力。眼带笑意不同于面带笑意，前者源自内心，真诚和善；后者则可能是皮笑肉不笑的应场，不一定具有感染力和融合力。

亚米契斯在《爱的教育》中这样写"我们的先生"："去拉学生伸着的手，却是不看学生的脸。和他们招呼的时候，虽也现出笑容，额上皱纹一蹙，脸孔就板起来，并且把脸对着窗外，注视着对面的屋顶，好像他和学生们招呼是很苦的。"[①]学生观察教师是很细心的，教师无意中的一些眼神和表情，都可能对学生的情绪产生影响。

第二，体态手势谦和。

教师在听学生说话时，略微前倾，与学生拉近心理距离，不把两手叉在胸前，更不反剪双手。自己说话时，适当配上手势，以增加节奏感，并突出说话的重点；但力度适当，不强硬，也不过度比划，手舞足蹈，不给人压迫感。在整个教学过程中，教师的体态手势都体现出教师的谦虚真诚，温文和气。在播放多媒体时，教师用电子遥控鼠标点击，快捷利落，不用有线鼠标在讲台桌上不停地猛力敲击。

教师在课堂上的反面表现，除了手叉胸前、双手反剪、强硬比划、猛力敲击，还有边说话

---

① ［意］亚米契斯.爱的教育[M].夏丏尊译.上海：上海三联书店，2008：2.

边用力敲着黑板,甚至边说话边用力敲着讲台桌,或者走到学生旁边,用指节敲击桌子示意学生起来发言。这些体态手势,傲气十足,甚至霸气十足。2008年北京奥运会百米跑道上,一名遥遥领先的"飞人"边跑边回头用手"勾引"跑在他后面的所有选手,似乎在说:"来呀,有本事来追我呀!"(2016年里约奥运会上他又霸气地对着镜头说:"我就是最棒的,这无须证明!")一向温文尔雅的奥委会主席罗格严厉批评这位选手没有修养,不懂得尊重别人。教师要教出有修养的学生,得从自己做起,要注意自己的体态手势。

教师还要用一种特殊的体态手势来体现谦和。上课铃声响后,班长喊口令:"起立!"全体学生应声而起,教师面对学生的示礼,马上主动回礼说:"同学们好!"并鞠躬回礼——冬天还要先脱下帽子再鞠躬。学生回复说:"老师好!"教师又主动回礼说:"请坐!"这种谦和的礼节曾是老一辈教师的"标配",但现在逐渐失传了,许多年轻教师在全体学生起立示礼后,并不回礼,要等到学生继续示礼"老师好",教师才不紧不慢、不轻不重地说"同学们好",之后也不主动请学生坐下,而是由班长喊口令让大家坐下。

第三,说话语词谦和。

教师在和学生说话时,用"请你""建议各位""期待大家"等谦虚和气的语词,不用"我希望"等居高临下的指示语,更不用"我要你"等强迫性的祈使语以及"给我"等目中无人的强势语。在话语中体现教师的礼貌谦虚,真诚和气。

我国是礼仪之邦,人际交往有一套礼貌用语,敬称、谦称、平称分得很细致很严格。但这些礼仪文化并没有被我们很好地继承下来,相反还出现了许多不谦和、不友好甚至不文明、很强势、很暴力的社会用语。比如:科学探究时,宣传语是:"人类征服地球的脚步从未停止。"体育比赛时,报道用语是"报仇""雪耻""狂杀""一剑封喉""鹿死谁手";名人出场时,介绍用语则是"力挫群雄""技压群芳""无人能及"。校园里也一样,学生复习迎考时,励志标语是"多考一分,干掉千人",甚至是"抢别人的路,让别人无路可走"。星云大师说:"现在中国人有个误区,以为挤垮了谁,超越了谁,就是比谁强,以这种逻辑在成长着。其实,一个真正的强者,不是摆平了多少人,而要看他能帮助多少人——能帮助别人,这是德;能帮到别人,这是能。有德、有能的才是强者。"①

前面说到的"希望"一词,几乎天天被使用,处处被使用。不管是领导还是非领导、长辈还是非长辈,对别人说话,几乎言必称"希望",甚至连表达道歉也要向人家提希望,比如车站里的广播语:"尊敬的旅客,现在抱歉地通知您,您乘坐的班车,晚点一个小时,我代表列车组向您表示诚挚的歉意,希望您予以谅解!"受到社会用语的影响,现在师范生很习惯说"希望"(而不会说"请""敬请""恳请"),对同学说话如此,对老师说话也如此。有位学生社团的负责人,给著者发短信说:"我是师范技能协会的会长,我们要举行师范技能比赛,希望你来当评委。我希望知道你什么时候有空。"一个短信,连用两个"希望",而且也不告诉你她姓甚名谁,只告诉你她是会长。这种说话方式,源于社会,也源于他们当年所受的中小学教育——从小学到高中,他们几乎天天被教师"希望",天天被教师颐指气使。而比这更暴力的"给我"一词,学生也几乎每天都能听到:"给我听着""给我站起来"。在小学、初中和高中三个学段中,对学生说话最和气的,小学教师最多;但对学生说话最暴力的,可能也是小学教师最多。或许是因为小学生太小,没有捍卫自己权利的意识和能力,再说父母也要求他们到了学校要

---

① 廉政瞭望编辑部.举手[J].廉政瞭望,2013(9).

好好听教师的话，只是父母没想到教师是这样对自己孩子说话的。

第四，语气语调谦和。

教师对学生说话时，语气温和不严厉，语调柔和不生硬，在语气语调中表现出亲切、谦虚和真诚、友善。不高亢，更不凶悍，学生听得顺耳、舒服，甚至悦耳、舒心。

但现在的课堂上，一些教师说话时语气严厉，语调生硬，声音高亢，十分凶悍，学生心生恐惧。有时同事坐在教室后面听课，也听得很不是滋味。这种现象，在小学、初中和高中三个学段中，可能也是小学最多。一些全国知名的小学语文教师上公开课，竟也如此，时而亲切温和，时而高亢凶悍，甚至还时不时地调侃和嘲讽一些配合得不好的学生。一位名师上公开课时点了一名男生回答问题，这名男生原本应该回答第二件事，但错答成了第三件事，该教师马上嘲笑他："把你激动的呀，我怎么没看出来是这一段啊？你刚才读的不是第三件事儿吗？你是太激动了还是想故弄玄虚哦？给大家留下印象，但这个印象怎么那么深呢？来给他喝个彩，让他回到原来的地方去！"这种"入骨三分"的调侃和嘲讽完全有悖于灵魂工程师的赞誉。有些教师用这种方式说话已经非常习惯，而同事听课后又不好直接指出来，似乎这关涉个人隐私与自尊，结果导致这一现象一直持续下去，甚至伴随终身。因此这些不良现象，最好在师范院校就学期间，在微格课和实习课等实践课上就被发现，被根除。高校的教学论教师，要细心而且严格。

对学生谦虚真诚，友善和气，是一种意识，一种观念，也是一种修养。

第二节 眼光活

眼光活，是技能意识的重要体现。

眼光活是指教师在课堂上面对学生时，眼光敏捷灵活。一个眼光活的教师，总是充满灵气的。著者每年指导师范生参加省级和国家级师范技能大赛，特别看重这一点。这样的选手，会让人觉得他的眼睛会说话。相反，眼光木讷的人往往缺少灵气，不够敏捷；以后当了教师，学生也不太喜欢，上起课来往往沉闷无趣，拖沓乏味。

眼光活主要体现在以下三个方面：大方不躲避；灵活不定向；机智不漠视。

一、大方不躲避

"非指示性"语文课堂观察，要观察教师是否能做到大方不躲避。

大方不躲避，是指教师在教学过程中主动与学生进行眼神交流，大方地看着学生，不躲闪不避开。

大方不躲避，主要从以下两个方面来体现和观察。

第一，说话时不躲避学生。

教师对学生说话前，先抬头挺胸，精神饱满，眼带笑意地看着全体学生，然后从容不迫地开口说话。看学生的过程，既是让自己镇定下来的过程，也是通过和学生的眼神交流，让全体学生把注意力集中过来的过程。学生受到教师眼光的注视和关心，会产生心理上的安全感和学习上的信赖感，进而激起积极向上的学习动力。

师范生在微格课及实习课等实践课上最容易出现的问题是：不看学生就匆忙开口说话，

越说眼光越飘忽,于是越不敢看学生;而越不敢看学生,就越紧张,越忙乱。这种现象也经常出现在一些在职教师中,不看学生就开口说话,自顾自地说。有的可能是因为胆怯,有的可能是源于习惯。但不管哪一种,都会影响学生注意力的集中,甚至影响学生的学习兴趣。有的教师不只是刚开始上课的几分钟不看学生,整节课也几乎不看学生,致使学生心生不满,有的干脆做别的学科的作业去了;而好动的学生则直接找同学说闲话,教师开口说,他们也在下面跟着说。

第二,听说话时不躲避学生。

学生发言时,教师不一定要走到该学生身边去,不让其他学生感到被冷落;但一定要眼带笑意地站在讲台上注视着发言的学生,不躲闪,不回避,边看边听,以示尊重和鼓励。同时眼光也不躲避其他学生,在看发言学生的同时,随时"抽空"看全体学生,从他们的表情了解他们的学习理解情况和学习投入情况。

有些教师容易出现这样的问题:学生发言时,教师并不看他,也不看别的学生,或者看一下就马上把目光移开,转看教室后面的白墙,或者抬头看天花板,或者低头看讲台桌,一副若有所思的样子。发言的学生一旦发现教师眼光移开了,兴奋度也就下降了,简洁的话语也可能变得啰嗦甚至重复了。而其他学生发现教师不关注他们,也就不一定认真听同学发言了,甚至开始窃窃私语起来。著者有一次听课,看到一位学生被点起来后,说了很多,越说越啰嗦,大家都听不下去了,几乎"忍无可忍";可教师的眼光始终躲避着学生,谁也不看,一直低头看着讲台桌,最后才抬起头来问这位发言的学生:"还有吗? 怎么说得这么多啊?"想不到这位学生回答说:"我以为您不看我,没叫我停下来,还想让我说,我只好硬着头皮往下说,其实我早就不想说了。"同学们立刻哄堂大笑起来。这笑声也有对教师做法的不以为然。

二、灵活不定向

"非指示性"语文课堂观察,要观察教师是否能做到灵活不定向。

灵活不定向,是指教师在教学过程中眼光不朝着一处长久地定向看,而以巡视的方式机智敏捷地看着全体学生。

灵活不定向,主要从以下两个方面来体现和观察。

第一,看学生不定向。

主要是指教师在说话的过程中,眼光机敏灵活,从左到右、从右到左地依次看着学生,随时关注每个学生的表情和反应。教师说话五分钟,眼光巡视的次数一般不少于五次。如同一个人面对着三五人讲故事,讲的过程中依次看着每个人,既体现尊重,也让每人都专注地听自己讲故事。

这项技能需要训练,也需要相互提醒。课堂上教师能在说话的过程中有意识地用巡视的眼光随时看着全体学生的,并不普遍。师范生在微格课和实习课上,往往只记得自己说话,不记得看下面的学生,更不记得要从左到右又从右到左地依次看着学生。这个问题不在师范院校就学期间解决,毕业之后就很难改。著者在听课过程中经常发现有的教师说话时定向地看着某一处的几个学生——或是眼前的几个学生,或是靠门一侧或靠窗一侧的几个学生,边看边说,目不转睛,似乎课堂上只有这少数几个学生。这对全班其他学生来说都是极大的不尊重和不关心。

第二,点学生不定向。

主要是指教师在点学生发言时，眼光面向全班，不应定向看着某一区域而只点该区域的少数学生连续发言。如果全班共有三大排，第一个发言的是第一大排最后一桌的一个男生，那么第二个发言的就要改为第二大排（或第三大排）第一桌等前面的一个女生，第三个发言的又要改为第三大排（或第二大排）中间区域的男生或女生，以此打破区域定向和性别定向。同时还要有意打破学习层次上的定向：如果第一个发言的是学习弱势的学生，那么第二个发言的就换为学习优势（或中等）的学生，第三个发言的则换为学习中等（或优势）的学生。一旦做到了眼光不定向，点学生发言也就可能面向全体，注意区域、性别和层级等取样的典型性和多样性。

课堂上经常出现的问题是：教师眼光定向，点学生发言也跟着定向。有的教师站在教室前门附近上课，只看到靠门一侧第一大排的学生，于是就只点这些学生发言；有的教师站在靠窗一侧的前面上课，定向地看着这些学生，于是发言的都是靠窗一侧的第三大排的学生；而更多的教师则是站在讲台前上课，只看到第二大排的学生，只点这些学生发言。还有一种定向是只看到前面三桌的学生，只点这些学生发言，第三桌与第四桌之间成了不可逾越的"楚河汉界"。这种"近水楼台先得月"的现象，源于教师的粗心，也源于教学的呆板。而课堂上比这更粗心更呆板的是性别定向，教师只看到某一性别的学生，只点这一性别的学生发言——要么都点男生发言，要么都点女生发言。著者在课堂观察中发现，女教师只看到男生、只点男生发言的现象，比男教师只看到女生、只点女生发言的现象更普遍，更突出。小学女教师如此，初中女教师如此，高中女教师也如此，可谓"我的眼里只有他"。

教学是理性的工作，教师要走出本能行为，要超越感性主义。

三、机智不漠视

"非指示性"语文课堂观察，要观察教师是否能做到机智不漠视。

机智不漠视，主要是指教师在教学过程中看到意外事件能机智地及时处理，不漠视不管，不放任自流。

机智不漠视，主要从以下两个方面来体现和观察。

第一，对学生课堂走神不漠视。

教师在教学过程中，放眼全班，随时关注学生的坐姿和动作，及时发现低头的，闲谈的，看窗外的，以及玩玩具、玩手机的。发现他们有走神的表现，及时采取措施，不漠视不管。比如用眼光看着相关的同学，多停留一会，让他们及时停止，主动调整。如果注视效果不明显，就请他们起来发言，或朗读课文，或回答问题，或上来书写。同时调整自己的教学方式，比如原来正在由教师独自讲解，马上改为由教师提问，请全体学生回答；或原来正在让某个学生个体朗读，马上改为集体朗读；或者相反，由集体回答改为先让这一两位学生回答，由集体朗读改为先让这一两位学生朗读。或原来正在让学生口头回答，马上改为笔头回答，让每人都动笔参与；或者相反，先请这些同学口头说说。

现在中小学零择校现象越来越普遍，一个班级会聚集各种类型和层次的学生。但这才是教育的常态，才是真实的课堂。教师如果第一次看到学生走神，就漠视不管，视而不见，以后就会熟视无睹，目中无人，课堂就会形成恶性循环。著者曾听过一节最"惊人"的高中语文课：全班 38 名学生，竟有 19 人在公开睡觉，其中包括讲台左右两侧的学生，最危险的地方成了最安全的地方。还有一同桌三人一直在说话，中间的女生领头，一直在左顾右盼地带动两侧的男生说闲话,一直说到下课。而讲台上那位年轻的男教师,却超然课外,无比淡定,只管自顾自地讲课,谁也不看,谁也不管。

第二,对学生学习问题不漠视。

教师在教学过程中,随时关注全体学生的表情和反应,看看哪些是疑惑的,哪些是漠然的,哪些是不以为然的。学生的表情就是学习情况的"晴雨表"。发现这些表情和反应,教师要及时处理,不漠视不管,让疑惑的说说自己的疑惑,让漠然的说说真实的感受,让不以为然的说说其中的原因和理由。学生的反应往往具有类型上的代表性,学习中等的某个学生产生的疑惑往往代表了这一类学生;学习弱势的某个学生的漠然也代表了这一个群体;而学习优势的某个学生的不以为然也代表了这一些学生。教学的随机、动态与生成,在这个时候要有充分的明显的体现。

有的教师能观察到学生在课堂上是否走神,但不会由表及里地观察他们在听课过程中表现出来的不同表情和反应,只是一味地往前推进自己的教学,不停步,不反馈。这样教学,自然就把学生甩在了后面,等到发现只有自己在独自前行时,可能已经下课了,身后已留下了一个个"烂摊子"。

因此,教学需要细心,需要机智,要在观察中发现,在发现中调整。

第三节　说话美

说话美,是技能意识的重要体现。

在各种教学技能中,说话是最基本的技能。据说民国时期的知名教授中,有些人"拙于言辞,尤其不善于讲书"。如哲学家梁漱溟,"他讲印度哲学概论、大成唯识论、东西文化及哲学等课,有甚多见解,但却不善言辞,每当讲到某个道理时常不能即兴说明,便急得用手触壁或是用手敲头深思"[1]。还有沈从文,"在中国公学第一次授课时,慕名前来的学生很多,竟然让他紧张得一句话都说不出口,先在讲堂上呆站了十分钟,才径自念起讲稿,仅用十分钟便'讲'完了原先预备讲一个多小时的内容,然后望着大家,又一次陷入沉默,最后只好在黑板上写道:'今天是我第一次登台上课,人很多,我害怕了。'学生因此大笑不已。从后来的情况来看,沈从文的上课似乎依然没有多大改善。……他讲课的声音很低,湘西口音很重,因此有些学生听了一堂课,往往不知道听了些什么"[2]。

但是这些名家都有很高的学术造诣和写作水平,他们的贡献主要不在讲台。而现在的中小学教师作为专门的职业,没有这一专业技能就无法立足讲台。

说话美是指教师说话亲切、精练、顿扬、流畅,表现出教学语言的专业性和艺术性,让学生听起来悦耳舒心。教师说话,目前也普遍缺少专业训练,不管是就学时还是工作后,只有普通话等级考试是必须过关的。因此教师说话与其他职业相比并没有明显的优势,不管是亲切性、精练性,还是节奏性、流畅性,即使是教学生怎么说话的语文教师也是如此。亲切性前文已有述及,教师说话要对学生充满真诚,努力让自己的声音带上甜味,如同当年邓丽君唱歌,让听众甜满心间,这是说话美的前提。

---

① ②　卢毅.民国名教授的讲课[J].中国党政干部论坛,2012(4).

此外说话美主要体现在以下三个方面:语词精练;语音顿扬;语流顺畅。

一、语词精练

"非指示性"语文课堂观察,要观察教师是否能做到语词精练。

语词精练,是指教师说话精到,干练,不啰嗦,不拖沓。之所以把它列为"说话美"的第一条,是因为教师的课堂语言普遍不够精练,大多啰嗦有余,拖沓成风,语言品质不佳。走进本书后半部分的案例现场,读者也能真切地感受到。

语词精练,主要从以下两个方面来体现和观察。

第一,说话精练。

教师对学生说话时,紧扣主旨,在尽可能少的时间里用不多的话语把意思表达得精确到位,干净洗练,没有多余的废话,做到篇中无余段,段中无余句,句中无余词。如同走路,没有一步是多余的,每步都往前迈进,不停步,不原地踏步,也不后退,更不左晃一下,右晃一下。

优秀教师往往三言两语就能把要表达的意思说得清清楚楚,精确到位;而不优秀的教师往往越说越绕,越说越糊,叫作"你不说我还明白,你越说我越糊涂了"。

要做到说话精练,关键是要对自己严格要求,并随时提醒自己,观察自己。

提醒的方式是课堂上有说话啰嗦的趋向时,马上主动打住压住,让自己稍停一下,宁可空白几秒钟,也不让自己随意加词加句,即使是"然后""这个""那么"之类的口头禅;不让自己想说就说,越说越多。著者在微格教学训练课上,一旦听到师范生说话不简洁,或随意加"然后"等可有可无的"虚词",都要马上叫停,及时控制。但这毕竟是外在的干预,不是自觉的控制。有些师范生在严格要求下认真训练,说话达到了精练的水平;但毕业后走上讲台,失去外力干预后,又渐渐变得啰嗦了。因此需要自我提醒,自我调控。

观察的方式则是把自己的课摄录下来,逐一回放审视,看看自己说话是否精练,有没有多余的废词废句甚至废段,并反思原因,主动调整。年轻教师每学期至少要录两次课用来自我观察。有句话说,竹子之所以长得高,是因为每长一段都要总结一次。教师的专业成长也是如此。一旦让自己随性生长甚至野蛮生长,说话品质就会越来越差。如果我们对全国中小学教师的说话精练情况进行研究,很可能会发现一个不妙的现象和规律:教书越多年的教师,说话越不精练,呈现逐年下降的趋势。别的教师如此,语文教师也如此。

教师说话要精练,还要从备课这个源头开始控制。课堂上要说的话,先在教案里精练地写下来,掐除多余的废词废句和废段。上课前就把这些话说熟背熟,课堂上严格执行(需要生成的话除外),不随意改动,更不随意添加。这样就能逐渐把语言"杂质"过滤掉。有句话说:有话则长,无话则短。我们不妨改为:有话则短,无话则零。

教师说话不精练,语言品质不佳,会给学生带来不良影响。如果一个教师连"上网查询"四个字都要扯开来说成"来上网进行这样的一个具体的查询"。那他的学生以后说话也大多是啰嗦的。现在社会上不要说其他职业,连媒体从业人员包括从事采访报道的记者,说话都变得啰嗦拖沓了。一次特大台风袭击某地后,当地居民断电又断水,只能饮用矿泉水,而某省级电视台的记者现场报道时,竟把"饮用矿泉水"五个字就能说清楚的话硬扯成十二个字:"用矿泉水进行这样一个饮用。"而某地发生特大化学危险品爆炸后,某国家级电视台的记者向观众报道这里"没有出现下雨迹象",竟也拉扯得很长:"没有出现下雨的这样子的一个嗯迹象。"

第二,点评精练。

教师在听了学生发言后,点评语言精到,干练,不啰嗦,不虚泛,表意明确,针对性强,让发言的学生得到精确的反馈,并让其他学生也受到明确的启发。

课堂上经常出现的问题是:教师听了学生的发言,点评语言很不精练,甚至比学生说的还要多,有时还不知所云,发言者得不到精确的反馈,其他学生也得不到明确的启发。有些教师点评时还要先把发言者的话重复一遍:"嗯,你刚才是说……"

要做到点评精练,关键是教师在学生发言前就提出明确的科学的要求,然后严格按照这些要求去点评(先让学生自评互评),控制自己的随意点评和随性发挥。比如,要学生说说学习启示,预设的三级要求是"真诚、深刻、独到",教师就可据此展开精到干练的点评,指明学生的发言是达到了"真诚"还是"深刻"还是"独到"。同时教师在学生发言时注意力要高度集中,认真听学生说话,并逼迫自己不重复学生的发言,不做低级"传声筒"。

课堂之外,教师还要主动学习他人的点评技巧,包括优秀教师的,也包括媒体谈话节目优秀主持人的。他们的点评往往既精到干练,又亲切幽默。当年崔永元主持《实话实说》节目时,著者经常收看,有意学习他精练又智慧的点评。

教学语言是否精到干练,能体现教师的语言品质,也能体现教师的思维品质,背后则是教师的专业素养。

二、语音顿扬

"非指示性"语文课堂观察,要观察教师是否能做到语音顿扬。

语音顿扬,特指教师说话不平板,有语调的变化和语气的变换,语调上有长与短、高与低、快与慢的节奏性变化,语气上有平和与高亢、喜悦与哀伤、沉郁与激昂的情感性变换,在语调和语气中体现说话的艺术性。

语音顿扬,主要从以下两个方面来体现和观察。

第一,有语调上的变化。

教师说话随时根据内容表达的需要或长或短、或高或低、或快或慢地自然变化,不用同一种语调说到底,体现汉语的节奏美。比如:"同学们好,今天我们要学习的课文是《精彩极了与糟糕透了》。"说这句话的时候,"同学们"的"们"要说得轻声、短促,"好"的第三声要说到位,并略带夸张。四个字说出口,就体现节奏感了。"今天"后面稍停片刻,"我们要学习的课文"说得紧凑流畅,"是"要说出重音来,并停顿得稍长些,把全体学生的注意力集中过来,并让学生跟着往下说,一起读出课题"精彩极了与糟糕透了"。其中"精彩极了"后面稍停,使其表意完整并相对独立;"与"后面也稍停,以体现前后两者的并列关系;而"极"和"透"两字要说出重音,并拉长声音,以示强调;两字后面的"了"说得轻微而短促,衬出前面的"极"和"透"。有些课题是三字格的,看起来不整齐,说起来不舒缓,但教师也要努力说出节奏感来,比如课题"想北平","想"字要说出重音,把第三声说到位,并稍作停顿,然后顺势而下,自然地说出"北平"二字,其中"平"的后鼻音要说到位,在字正腔圆中增加汉语的音韵美和节奏感。即使是说两字格的课题"散步",也要说得饱满,使两字之间有自然的停歇。因此,说话要说出节奏感,可以从停顿切入,以停顿带动其他,并把课题作为训练说话节奏的首选。

目前课堂上教师说话最常见的问题是说话平板,没有节奏感;声音沉闷,没有灵动感。要让说话有语调上的变化,教师要主动学习,向最高标准看齐。一是向具有国家级普通话测试员资质的同行学习；二是向国家级电台和电视台的以朗读见长的资深播音员学习；三是选择一些优质的朗读音频，边听边说训练朗读。同时要将生活语言与教学语言区分开来：教室之外是生活状态，是平实的说话方式；而走进教室就是艺术状态，就要让自己的说话显示出艺术的美感来。

第二，有语气上的变换。

教师说话随时根据内容表达的需要或平和或高亢、或喜悦或哀伤、或沉郁或激昂地自然变换，不用同一种语气说到底，体现汉语的情感美。有时一段话就有情感上的多种变换，比如前面是轻松的、欢快的，中间是沉重的、伤感的，后面是超脱的、激昂的；教师能自然地"起承转合"，丝丝入扣，句句入情，给学生带来感染力。

目前课堂上教师说话最常见的问题是感情表达不明显，过于平淡，过于冷静，不是"彩色"的，而是"黑白"的，无法充分调动学生的感情，艺术地把学生带入学习情境。要让说话有情感上的变换，教师也要主动学习，通过朗读不同情感类型的文本训练自己的情感表达能力。比如：要表达亲切可爱的情感，可以朗读朱自清的《春》；要表达庄重激昂的情感，可以朗读孙中山的《〈黄花岗七十二烈士事略〉序》；要表达惆怅哀痛的情感，可以朗读余光中的《乡愁》。然后找一些有多种情感的文本综合训练语气的变换，比如王羲之的《兰亭集序》等。

语调和语气是不可分的，语调要借助语气来表达，语气也要通过语调来表现。因此在文本朗读训练时，既要有所侧重，又要相互兼顾。同时，要改变说话面貌是不容易的，不管是语调还是语气，教师都要持之以恒，要把一些典型的文本朗读得烂熟于心，并经常以背诵式朗诵的方式自主训练，这样才能逐渐内化为自己的说话方式，提升自己的说话艺术。

教师说话的语调和语气还要有语速和音量的配合。在语速上，说话要适中，不能太快，快得像连珠炮，学生还没反应过来就已经说完了；也不能太慢，慢条斯理，晃晃悠悠，学生听得受不住，直想赶到教师前面去。在音量上，说话要适当，不能太高，高了会让学生耳朵受不了；也不能太低，低了会让学生听得很吃力。

另外男教师说话不能有"娘娘腔"，女教师说话不能有男人气，这不仅是不美的问题，还会潜移默化地影响学生的说话方式，并影响以后社会对他们的性别认可。

三、语流顺畅

"非指示性"语文课堂观察，要观察教师是否能做到语流顺畅。

语流顺畅，是指教师说话时顺利通畅，没有阻碍，有条不紊、循序渐进地向前推进。

语流顺畅，主要从以下三个方面来体现和观察。

第一，一口清。

一口清，顾名思义就是一口就说清楚，不阻塞，不结巴，不空白，不重复。其中，"不阻塞"意味着说话思路清晰，不犹豫，不摇摆；"不结巴"意味着咬词清晰坚定，不模糊，不含糊；"不空白"意味着词句之间没有间隔，不断层，不断路；"不重复"意味着说话始终向前，不回头，不回读。

一口清在现实课堂中并不普遍，因此教师在课堂上偶尔有一口清的表现时，学生会报以掌声，他们对怎么说话已经有基本的判断了。一口清不普遍，除了教师的语言表达力不强外，更主要的原因是教师备课不够用心，准备不够充分。

第二，无口头禅。

无口头禅,就是教师说话没有与内容无关的常挂在口头的重复出现的"虚词",只说与内容相关的"实话"。不让学生的注意力集中在教师的口头禅上,甚至无形中承继下来,变成自己的口头禅,甚而成为整个班级的口头禅和"共同语"。

教师说话有口头禅的现象非常普遍,而且多种多样,如"然后""那么""就是""这个""那个""对不对""是不是""嗯""哦""啊"等等。其中,年轻教师的口头禅以前者居多,中年教师的口头禅以中者居多,老年教师的口头禅以后者居多。但也有例外,有的新教师刚走上讲台就很熟练地说起老年教师才习惯说的"啊"之类的口头禅,并且"啊"不离口,请看一位新教师在教学《信客》时的说话实录:"一个'信'啊是由一个'人'和一个'言'组成,人言为'信'。那么'信'字啊一开始就是'语言真实'的意思,发展到后来啊就变成了'讲信用'的意思,再发展啊就变成了'信物'和'送信的人'这样的意思。"有些教师的口头禅让人听得很别扭,比如"是吧":"今天我们要学习的课文,是吧?《秋天的怀念》。作者,是吧?史铁生。"还有一些教师的口头禅是"什么",比如:"同学们刚才齐读得,跟前面一位同学的朗读比,什么?还是有进步。"这种"什么"式的半截子话,让人听得不舒服。而有些教师的口头禅比上面的还奇特,学生听得更不舒服,比如"好吗":"刚才你答错了,好吗?正确答案是这样的,好吗?"

凡是口头禅,都会破坏教学语言的艺术性,因此著者平时在训练学生的师范技能时,不允许在话语中夹带任何口头禅。

第三,脱稿说。

脱稿说,是指教师说话时不带稿,不看稿,"素身"面对学生,顺利通畅地往下说,不管是激趣导入的话,还是内容解说的话,还是课堂总结等其他方面的话。

现实课堂中教师能脱稿说话的太少了,大多带着教材,拿着教案,照着上面写好的念,有的连激趣导入的几句话也要照念,甚至连向学生提问的一句话也照念。有的教师还把教案举得高高的,遮着半个脸,一直往下念。而在多媒体教学的课堂上,又出现了一种"与时俱进"的读稿方式,那就是对着屏幕念。而一旦停电了或电脑出故障了,屏幕不显示了,教师就没法上课了——因为没地方念了。这样教学,既影响学生的学习兴趣,也影响教师的专业形象。著者在训练学生师范技能时,不管是微格课上的模拟训练,还是实习课上的真实教学,都要求他们先背熟教案,脱稿说话,不允许拿着教案上课。而在每届师范生第一次上微格训练课的时候,就要求他们:以后每次踏进这幢门厅的时候,都要问问自己:我背熟了吗?没有背熟,不能进来训练。

语流顺畅,既是教师的专业能力,也是教师的职业态度。人有高低强弱之分,但只要用心对待,认真准备,课堂上都能顺利流畅地说话。教师对课堂要有敬畏之心。

第四节 写字巧

写字巧,是技能意识的重要体现。

写字是我国中小学基础教育的传统内容,书法是我国传统文化的重要组成部分。教师尤其是语文教师,往往能写一手漂亮的汉字,引得学生羡慕甚至崇拜,而学生也喜欢模仿教师写字。魏巍在《我的老师》一文中就说:"即使她写字的时候,我们也默默地看着她,连她握笔的姿势都急于模仿。"

但写字这项传统的技能正面临危机，呈现一代弱于一代的趋势，不管是教师还是学生。年轻的语文教师能把字写得专业的越来越少。

写字巧主要体现在以下三个方面：字形美观；书写流畅；布局精巧。

一、字形美观

"非指示性"语文课堂观察，要观察教师是否能做到字形美观。

字形美观，是指教师写字优美，既符合传统的审美标准，又具有独特的文化气质。

字形美观，主要从以下两个方面来体现和观察。

第一，有审美特质。

有审美特质，是指教师的书写符合汉字传统审美标准，具有汉字书法的共性特征。比如一个横笔，总是先顿再横后回锋；一个捺笔，总是先轻后重，先细后粗。不管是楷书还是行书，都是如此。而楷书和行书除共性特点外，又有各自的审美标准。

这些审美标准，是从传统的毛笔书法传承下来的，因此年轻的语文教师在与毛笔"绝缘"后，书写已经逐渐失去这一审美特质，大多是自己初始的率性的"自然体"，不符合汉字的传统审美标准，没有专业性和艺术性。许多教师因为自己的字写得差，从来不敢批评学生字写得差，于是形成恶性循环，汉字的传统美逐渐失守了。

第二，有文化气质。

有文化气质，是指教师的书写脱离俗套，没有匠气，有学养，有灵气，有文化品位。

这是教师写字与社会上爱好书法的人写字的最大区别。教师是有文化有学养的知识分子，也是有创新要求的特殊群体，因此教师所写的字要透着文化之美，学养之美。不死板，有灵气；不单调，有内涵。

著者在指导师范生练习钢笔书法时，要他们避开那些学历较低、学养不高、自学成才的书法家的字帖。这些书法家的刻苦精神和进取意识值得每个师范生学习，但这些字往往透着匠气甚至俗气。著者向学生推荐的字帖中，楷书以李纯博的为主，行书以任平的为主。这两位书法家的字既有审美特质，又有文化气质；既有传承意识，又有创新品质。他们都师法魏碑，但都能从魏碑的刚硬和拙朴中脱颖出新，形成自己独特的楷书风格和行书风格，刚硬中显出秀气，拙朴中体现灵巧。

图 1 是李纯博书写的楷书，恬静，优雅，有书卷气。

图 2 是任平书写的行书，圆润，丰厚，有学养，有韵味。

作为语文教师，应该既能写楷书，又能写行书，还能写隶书，并能写基本的篆书。这样才能通过自己的专业技能多方面地表现汉字字形的优美，并能直观地展示汉字的字义以及字形的演变。比如"步"字，教师如果能从篆书写到隶书写到楷书再写到行书，学生对"步"字的意义以及形体的演变和书写速度的变化，就一清二楚了。再比如"心"字，如果将篆书的字形书写出来，再将其作为左侧偏旁和下位偏旁的篆书、隶书（早期的）、楷书、行书——书写出来，学生对"心"字就理解深入、印象深刻了，而下位偏旁如"恭"字中的"心"就不会写错字形了。还有"水""川""州"三个字的字义，用篆书分别书写出来，其相同之处和不同之处也就一目了然了。

可惜现实情况是：楷书写得扎实的不多，行书写得过硬的很少，隶书能写的更少，而篆书会写的更是少而又少。语文课程标准在"教学建议"中对教师指导学生写字提出了明确的要

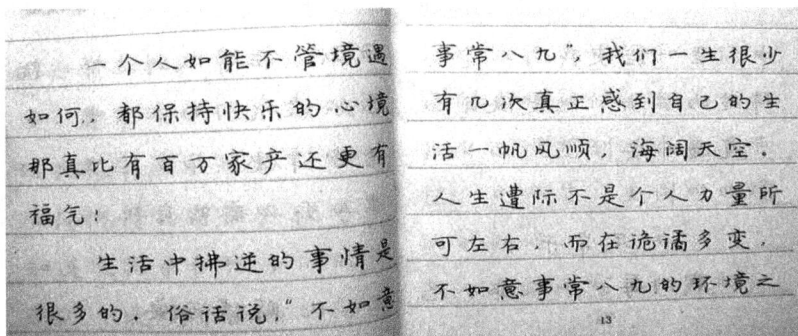

图 1

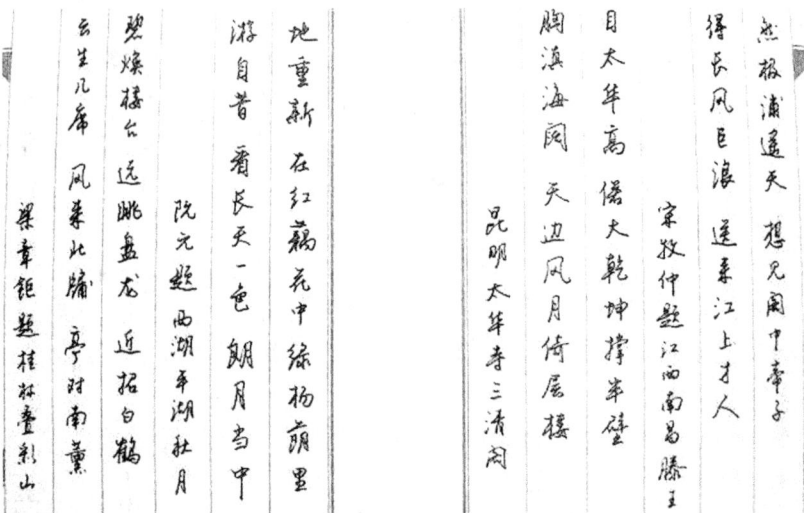

图 2

求:"按照规范要求认真写好汉字是教学的基本要求,练字的过程也是学生性情、态度、审美趣味养成的过程。每个学段都要指导学生写好汉字。要求学生写字姿势正确,指导学生掌握基本的书写技能,养成良好的书写习惯,提高书写质量。"[①]要指导学生写好字,教师得先写好字,"打铁还需自身硬"。而且要主动从毛笔字开始补课,让自己成为传统文化的继承者和传递者,成为名副其实的中国语文教师。

二、书写流畅

"非指示性"语文课堂观察,要观察教师是否能做到书写流畅。

书写流畅,是指教师写字流利顺畅,在字形美观的基础上,速度快,一笔清。

书写流畅,主要从以下两个方面来体现和观察。

第一,速度快。

---

① 中华人民共和国教育部.义务教育语文课程标准(2011 年版)[S].北京:北京师范大学出版社,2012:21.

速度快，是指教师写字尤其是在黑板上写字时能较为快速地完成。小学和中学的板书字体有不同的要求，小学要写楷书，中学要写行书，但都要有较快的书写速度，笔画与笔画之间的相隔时间要尽可能短。

语文课程标准对学生的书写速度提出了明确的要求。其中第二学段（小学 3—4 年级）就要求能"熟练"地书写正楷字，第三学段（小学 5—6 年级）则要求书写楷书"有一定速度"，而第四学段（初中 1—3 年级）则要求学写规范、通行的行楷字，"提高书写的速度"。教师要指导学生写得快，自己要能先做出榜样和示范。

现在课堂上板书速度慢是个普遍的现象，小学教师和中学教师都是如此。小学教师速度慢，大多是因为过于注重每个笔画的顿挫与美观，缺少整体意识，笔画之间的书写相隔时间过长，在黑板上写字，却如同在石头上或金属上雕字和刻字，学生看教师写完一个标题，要等好长时间，教室里静悄悄一片。中学教师速度慢，大多是因为写的还是一笔一画的楷书，或是不像楷书也不像行书的"自然体"，运笔不顺畅，书写不流利，缺少行书的专业训练。学生看教师写字，无法获得美的享受，更无法学到写字的技巧。

第二，一笔清。

一笔清，顾名思义是指一次运笔就能完成，不重写，不涂改，也不在文字上随意做记号，清爽干净。一节课写完后，板书就如同一件艺术品。

在现实课堂上，师范生易犯的问题是板书重写，一旦字写得不好，马上擦去重写，甚至左手拿着擦具，右手拿着粉笔，随时准备擦去重写。而在职教师易犯的问题是在文字下面随意做记号，下画线、波浪线，以及小圆点、大圆圈、三角号等各种符号都会随意地做上去，并在写完一个词或一句话后，任性地点上一点，顿上一顿，黑板俨然就是一张草稿纸，而且是一张很不干净的草稿纸。教师乱涂乱画，学生自然也就乱涂乱画，因此学生作业潦草糊涂，问题其实大多源于教师。

一笔清，还意味着教师在黑板上画图也要一次完成，不管是画圆圈、画方形，还是画叶子、画花朵。而且要画得规整，粗细均匀，轻重一致，富有美感。

曹文轩先生曾这样回忆他当年的数学老师："我们特别喜欢他的板书，所以每次在他上数学课之前，我们都不是用黑板擦，而是用湿毛巾反复地擦拭，直到把这块黑板擦得黑亮黑亮的。他讲数学课的时候，一边讲一边在右上角开始写那些公式、那些定理，等把课讲完，正好是一整面黑板的字。可惜当时没有相机，如果用相机把那个画面拍下来，今天装裱起来，挂在家里的墙上，就是一幅非常有装饰感、现代性很强的画。"[①]教师高超的写字技能，会给学生留下终生难忘的印象，不管是什么学科的教师。

现代教师还要有另一项"写"的技能，那就是电脑打字。作为语文教师，要用全拼的方式打字（以强化对字音的认读），并且要盲打，不看键盘就能流畅地打字，"手舞指蹈"，娴熟快捷，而且"一笔清"，不打错，不改动，干净利索。不管是备课、上课还是听课、评课，教师都要有使用电脑的意识和习惯，要培养对电脑的感情和能力，如同老一辈教师对毛笔、钢笔的感情和能力一样。用电脑打字，与用纸笔写字，速度不可相提并论。但现在许多中小学还要求教师用纸和笔备课，禁止用电脑备课，理由是防止抄袭。殊不知要检查教案是否抄袭，把教师电子教案中的任何一句话截取过来百度一下，马上就可以知道结果了，速度更快，检测更

① 曹文轩.回忆我的语文老师[J].读者,2016(23).

准,方法更科学。

三、布局精巧

"非指示性"语文课堂观察,要观察教师是否能做到布局精巧。

布局精巧,是指教师板书时对结构、格局等进行整体设计,精致而且巧妙,体现板书的艺术性。

布局精巧,主要从以下两个方面来体现和观察。

第一,布局精致。

布局精致,是指教师把板书布局得精到,简约,不求多,不求全。

要做到精到,简约,关键是板书用字要少,不以句子为单位,而以词语(或短语)为单位,且选择关键词语来写。其中来自课文的感性的关键词占三分之二左右,自己概括的理性的关键词占三分之一左右,其中理性关键词中最重要的能揭示文章意旨的一两个词为核心词。这些关键词布局在一起,就能把课文内容和形式上的特点精准地概括出来。比如课文《皇帝的新装》,板书时在课题下面横向布局,其中左侧板书"人物"二字,中间板书"内容"二字,右侧板书"主题"二字。左侧的"人物"下面,依次纵向排列几个来自课文的感性的关键词:骗子/大臣/皇帝/百姓/小孩;中间的"内容"下面,依次纵向排列几个来自课文的稍加提炼的感性的关键词:织新衣/认新衣/穿新衣/夸新衣/揭新衣;右侧的"主题"下面,依次纵向排列几个自己概括的理性的关键词:人性/弱点/虚荣/虚伪。其中"虚荣"和"虚伪"是核心词,用红色书写。在概括了课文的内容和思想后,又在整个板书的左右两侧分别写上课文表达形式上的特点和效果:虚幻夸张/引人入胜/举重若轻/发人深省。

如果说课件是对课文的提炼,那么板书则是对课件的再提炼,三言两语就要能概括出课文的本质内容,让学生一目了然,一清二楚。因此板书能体现教师的解读水平和概括能力。

但在现实课堂中,板书往往写得不精致,不简约,又多又全,面面俱到。课堂上教师的主要任务变成了写板书,学生的主要任务则是抄板书。更有甚者,要求学生把板书背下来,说要考试的。图3这个样例也是课文《皇帝的新装》的板书设计,来自教参,曾被视作学习的范例,但太多太全了,只适用于多媒体课件出现前所有课文内容的理解都依赖于板书的时代。再说板书内容也有问题,对课文主题的理解运用了"阶级分析法",而不是"人本分析法"。

多媒体进入课堂后,又出现了另一个极端的现象:教师什么都不板书,只播放课件。板书的应有功能丧失了。而板书中容易出现的不精致、多而全的问题,转而出现在了课件上。下面就是一位教师课件上的原样:"在经过了朗读的练习、品味,我想同学们对作品有了一定更深刻的理解。那么,请你将下面几句再来用朗读诠释这首诗歌。"这段话设计得极不精致,比说话还啰嗦;而且表达不规范,有明显的语病。

第二,布局巧妙。

布局巧妙,是指板书布局突破原来的横向加纵向排列成方形的单一样式,从规整走向变化,从抽象走向形象,根据课文的具体内容巧妙设计出个性化的样式。比如前面列举的《皇帝的新装》,可以设计成衣服轮廓的样式,而课文《鲸》可以设计成鲸的外形的样式,课文《春》则可设计成花朵的样式。

板书要分两步完成:第一步,写上精致的词语,并按照构图形状巧妙排列,其中红色的核心词最后写,以起到画龙点睛的作用;第二步,勾画出形象化的样式,用单线条的简笔画构

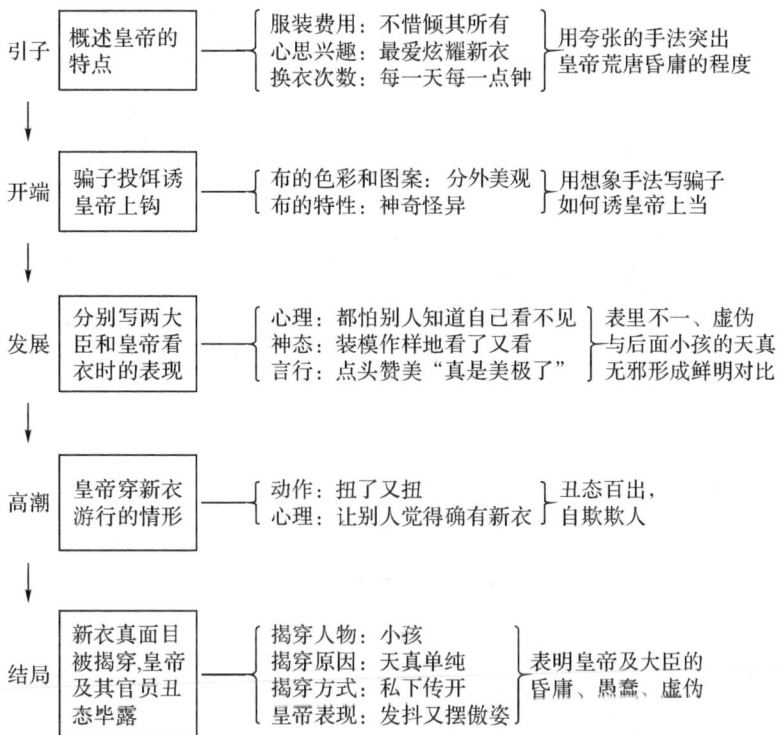

引子　概述皇帝的特点
- 服装费用：不惜倾其所有
- 心思兴趣：最爱炫耀新衣
- 换衣次数：每一天每一点钟

用夸张的手法突出皇帝荒唐昏庸的程度

↓

开端　骗子投饵诱皇帝上钩
- 布的色彩和图案：分外美观
- 布的特性：神奇怪异

用想象手法写骗子如何诱皇帝上当

↓

发展　分别写两大臣和皇帝看衣时的表现
- 心理：都怕别人知道自己看不见
- 神态：装模作样地看了又看
- 言行：点头赞美"真是美极了"

表里不一、虚伪与后面小孩的天真无邪形成鲜明对比

↓

高潮　皇帝穿新衣游行的情形
- 动作：扭了又扭
- 心理：让别人觉得确有新衣

丑态百出，自欺欺人

↓

结局　新衣真面目被揭穿,皇帝及其官员丑态毕露
- 揭穿人物：小孩
- 揭穿原因：天真单纯
- 揭穿方式：私下传开
- 皇帝表现：发抖又摆傲姿

表明皇帝及大臣的昏庸、愚蠢、虚伪

图 3

图,使整个板书锦上添花。

与传统教学相比,"非指示性"教学还要在板书时发挥学生的自主性,引导学生主动参与到设计中来,让学生或在教学过程中参与,或在教学结束时参与。如果是前者,可让每人参与概括每一个关键词——先概括来自课文的感性的关键词,后概括来自自己的理性的关键词以及点睛的核心词。如果是后者,就让学生以板书的方式总结课文学习,每人写在学习纸上,其中两三人走上讲台写到黑板上或课件上。当然后者只适用于教师在教学过程中有意不写板书的课型。以学习课文《乡愁》为例,就前一种方式来说,可让每人边学习边概括来自课文的感性的关键词:"邮票""船票""坟墓""海峡",以及"小小""窄窄""矮矮""浅浅",再写自己概括的理性的关键词:"对比""递进"等;然后引导学生思考:红色的核心词写什么?学生最容易想到的是"愁",但深入思考和辨析后会发现最准确的是"痛"。最后用心形构图。构图前也先让学生思考:用怎样的心形构图?学生比较后会发现,用一个破碎的心形构图比用一个完整的心形构图更贴切也更巧妙。就后一种方式来说,则教师先不板书,在《乡愁》学习结束后,每人在学习纸上写出板书,以这种方式总结课文学习,然后相互交流,相互评判,形成最佳的板书样式。

构图用的简笔画以单线条为佳,一般不用双线条。前者简洁明快,能起到衬托文字的作用;后者喧宾夺主,变成画图为主、写字为次了。同时构图以半开放为上,全封闭为次。前者气韵流动,比较灵巧;后者有的比较形象,有的则较为呆板。构图有时也可不用简笔画,通过文字布局成大致图样即可,给读者留下想象的空间。甚至有时不用构图也有简洁明了的效果。每篇课文要根据具体内容来设计,注重个性化与多样化,不把一种方式用到底。

下面四个板书,是著者指导的四位学生先后参加师范技能大赛时的设计。

第一个是黄婉莉同学根据参赛课文《西湖七月半》设计的板书。这位同学获得了 2013 年师范技能省赛一等奖和国赛一等奖(第一名)。《西湖七月半》写的是五类人七月半游西湖的情景,也写自己游西湖的情态,在对比中表达自己清高雅洁的情怀。这个板书把课文的写作内容和写作特点都揭示出来了:中间为"对比",一边为"喧闹",一边为"清雅";一边为"五类",一边为"作者"。此外还有表现清雅情景的"声""色""形""味"等。既有来自课文的感性的关键词,也有自己概括的理性的关键词。其中的核心词"喧闹"和"清雅"用红色标示。最后用荷叶构图,与课文内容高度吻合,自然、巧妙又有韵味。见图 4。

西湖七月半

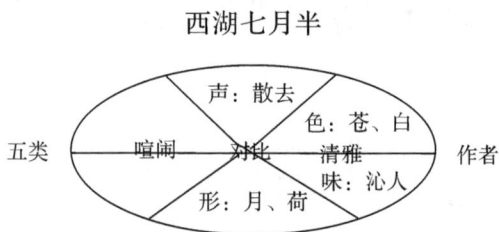

图 4

第二个是陈艺心同学根据参赛课文《囚绿记》设计的板书。这位同学获得了 2014 年师范技能省赛一等奖和国赛一等奖(第一名)。《囚绿记》写的是作者极爱房外常春藤这片绿色,将枝条牵进房内,最后领悟到生命成长的真谛,让这抹绿恢复了自由。这个板书用两个关键词来概括作者爱绿的过程——"怀绿"和"放绿",将它们安排在板书的左右两侧。中间位置的上方写上作者对绿色重要性的定位"生命"和"希望",下方写上揭示作者对绿的感情的两个词"热爱"和"渴求"。其次"怀绿"和"放绿"的上方分别写上课文运用的修辞手法"比喻""夸张"和"排比""对比"。整个板书的核心词"热爱"和"渴求"用红色标示。最后用绿叶构图,自然巧妙,起到了锦上添花的作用。虽然由三片叶子组成后不一定像常春藤叶,但很悦目,很有美感。见图 5。

囚绿记

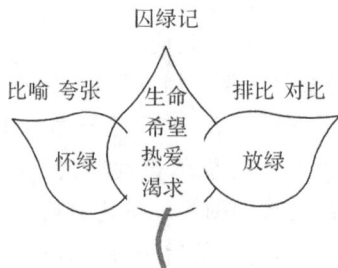

图 5

第三个是谢嘉乙同学根据参赛课文《界河》设计的板书。这位同学获得了 2015 年师范技能省赛一等奖和国赛一等奖(第一名)。《界河》写的是河两岸驻扎着敌对双方的部队,禁止士兵下河洗澡,但驻扎在河岸这边的"他"抵制不住河的诱惑,跳入水中,让河水抚过他的身体,抹去两年半野战生活留下的一切印记。但就在他自在舒适地享受着这些的时候,突然发现敌方也有一人在洗澡。两人很快游向各自的河岸,他先出水,上了岸,抓起了枪,瞄准了对方,但他下不了手,开不了枪,他觉得这条界河未能把他们隔开,相反却把他们联在了一起。但是,随着彼岸的一声枪响,他应声倒下了。这个板书围绕"他"来设计,把"他"摆在正上方,下面左右两侧分别写上他下河洗澡的两个动词:"跳""抚",并用两个词概括他洗澡时的心情:"自在""舒适",再用课文中的两个短语写出他的结局:"开不了枪""应声倒下",然后在中间写下两个红色的核心词来点睛:"无情""控诉"。最后用坟墓外形构图,突出他善良的人性换来的悲惨结局。构图采用半封闭的样式,一方面显得灵动巧妙,一方面给人更多的想象,仿佛看到了他应声倒下时的动态过程:"先是膝盖跪下,随后平扑在地。"最后变成了一座无声的坟墓,控诉着战争的无情,人性的无情。见图6。

界 河

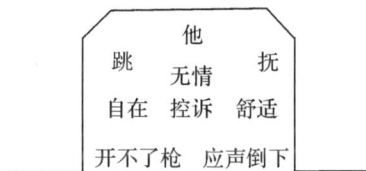

跳　他　抚
无情
自在　控诉　舒适
开不了枪　应声倒下

图 6

　　第四个是陈恬妮同学根据参赛课文《荷塘月色》设计的板书。这位同学获得了2016年师范技能省赛一等奖和国赛一等奖(第一名)。《荷塘月色》写作者带着颇不宁静的心情踱步观赏荷塘月色的美景并流连其中。模拟上课的选点是"荷塘",板书围绕"荷塘"来设计,把"荷叶""荷花"摆在左右两侧,下面依次写上体现荷叶和荷花特点的词"亭亭""舞(女的)裙"和"渺茫""歌声",以及修辞手法"比喻""通感"和表达效果"创新""独特"。其中前面四个感性的关键词来自课文,后面四个理性的关键词由自己概括。中间则用一个红色的核心词来点睛:"醉"。最后用眼睛的外形构图,突出作者善于观察的眼睛,并提醒学生用发现美的眼睛去欣赏。构图采用半封闭的样式。见图7。

荷塘月色

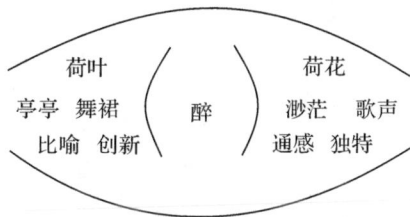

荷叶　　　　　荷花
亭亭　舞裙　醉　渺茫　歌声
比喻　创新　　通感　独特

图 7

　　除了板书设计,现代语文教师还要有另一项设计技能,那就是课件设计。课件中的每一页和板书一样,也要讲究文字和图案在布局上的精巧:第一要精致,不繁杂,不琐碎,不花哨,不让人看得眼花缭乱,以简练、干净、醒目为上。第二要巧妙,不机械,不呆板,在对称和封闭的传统审美基础上,融入现代审美理念:既有对称,又有变化;看似封闭,实则灵动。课件设计需要技术,更需要艺术,尤其是语文学科的课件。

前面四位师范技能省赛和国赛均获一等奖的学生,设计的课件从封面到内页,都体现了以上两个特点,做到了技术性与艺术性的巧妙结合。他们的课件都有一个标志性的物象,也有一个标志性的颜色。其中黄婉莉同学的标志性物象是梅花,标志性颜色是深红色;陈艺心同学的标志性物象是蒲公英,标志性颜色是紫蓝色;谢嘉乙同学的标志性物象是银杏叶,标志性颜色是嫩黄色;陈恬妮同学的标志性物象是紫藤花,标志性颜色是紫色。图8是四位中的谢嘉乙同学参赛课件中的一页,原图为彩色。

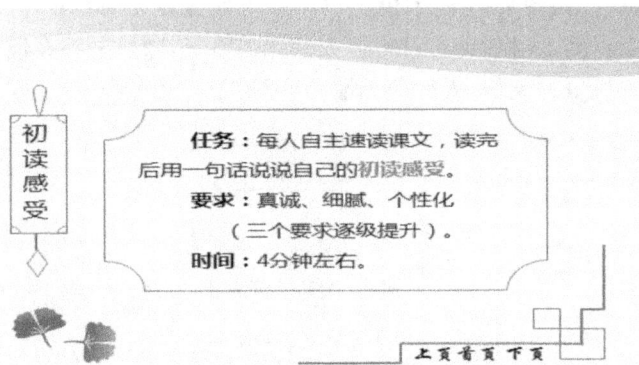

图 8

以上板书设计和课件设计,都是原创的。著者对他们的参赛训练要求严格而系统(包括仪态、写字、打字、说话、讲演、朗读、解读、教学设计、板书设计、课件设计、上课实施等),花时长,吃苦多,但加速了他们的专业成长,以后他们更容易成为优秀教师。其中的一位选手曾在校报上写下了这样的话:"那大半年的每一天我都在奔波赶场,进行着和师范技能有关的事情。……单曲循环似的日子里却依然觉得内心充盈而丰盛。收获的或许不仅仅是那修改了六十几稿的课件和厚厚一沓的练字成果,更是一份指导老师珍贵的提点和鼓励,以及自己未来人生道路上不屈不挠的坚持。"

案例篇　"非指示性"语文课堂观察的基本评价

　　"案例篇"从教育教学实践和实施的视角,介绍"非指示性"语文课堂观察的基本评价。分为两章,其中前一章为现代文教学课堂观察,后一章为文言文教学课堂观察。

　　每个案例都由三部分构成,第一部分为教学概述,第二部分为课堂实录,第三部分为观察评价。教学概述包括文本分析、文体分析和教学建议等;课堂实录呈现教师教学的全过程;观察评价从该教师是否具有学生意识、学科意识和技能意识三个方面展开,分为随评和总评,其中随评出现在实录之中,总评出现在实录之后。

第四章　现代文教学课堂观察

本章分为文学类与非文学类两节。其中文学类选择了散文、小说、诗歌三种常见文体的相关教学案例；非文学类选择了书信、说明、议论三种常见文体的相关教学案例。这些案例或来自小学，或来自初中，或来自高中，学段有所兼顾，文体则不重复。

第一节　文学类

一、散文《自己的花是让别人看的》课堂观察

这篇文章是季羡林先生回忆自己早年留学德国时感受到的独特的风情和文明：家家户户都种花，但自己的花是让别人看的，走在街上的人才能看到每家窗户外花的正面美景。我为人人，人人为我。如今故地重游，这种风情和文明没有改变。

这是一篇短小的散文。散文的特点是个性化，作者往往运用个性化的材料和个性化的语言来表达个性化的情感。中小学教材中散文的数量很多，优秀散文大多具有明显的个性化特点，有的还能用一个词来概括，比如朱自清散文《春》的特点是儿童化，老舍散文《想北平》的特点是平民化，郁达夫散文《江南的冬景》的特点是江南化，杏林子散文《生命 生命》的特点是庄重化。

每篇课文都有一个学习对象，两个学习目标。一个学习对象是：语言运用的形式。两个学习目标是：第一，认知目标（核心目标），学习语言运用形式中体现的技巧和方法，提高学生语言运用的能力；第二，情感目标（衍生目标），感受语言运用形式中蕴含的情感和思想，提升学生语言陶冶的品质。

语言运用的形式有四个类型和层级：词句运用的形式，篇章运用的形式，材料运用的形式，文体运用的形式。同样一篇课文，出现在小学教材，一般要学习前面两个类型和层级；出现在初中教材，一般要学习前面三个类型和层级；出现在高中教材，则要学习四个类型和层级。每个类型和层级又都可以细分出三个方面的学习内容：运用形式的外在特点、内在技巧和独特效果。比如就文体运用形式来说，初中学段可适当学习其外在特点，高中学段则要完整地学习其外在特点、内在技巧和独特效果。课程标准提出的要求也基本与此相当，初中学段要求"了解诗歌、散文、小说、戏剧等文学样式"，高中学段则要求"了解诗歌、散文、小说、戏剧等文学体裁的基本特征及主要表现手法"。

本文被编入了人教版小学五年级下册。课程标准对第三学段（5—6 年级）设置的阅读要求基本只是词句运用形式这一层级的："能联系上下文和自己的积累，推想课文中有关词句的意思，辨别词语的感情色彩，体会其表达效果。"①课文所在单元的学习要求也基本如

---

① 中华人民共和国教育部. 义务教育语文课程标准(2011 年版)[S]. 北京：北京师范大学出版社，2012：12.

此:"阅读本组课文,要抓住主要内容,了解不同地域的民族风情特点,还要揣摩作者是怎样写出景物、风情的特点的,并注意积累课文中的优美语言。"①

除了认知学习,还有情感体验。教材编者这样介绍选编本文的意图:"一是让学生了解一些德国的民族风情特点,积累优美语言;二是使学生在语言文字的训练中潜移默化地受到'人人为我,我为人人'的教育。"②

教师在教学本文时需要注意以下问题——

第一,在认知目标的学习中,教师不但要让学生自主学习,自主获得,还要让学生自主判断,自主评价,不能一味迷信,盲目顺从。比如文中的"人人为我,我为人人",语序可能就有问题,既然"自己的花是让别人看的;走在街上的时候,自己又看别人的花",那就应该是"我为人人,人人为我"。再比如写走在街上看两边窗户上花汇成的海洋,比喻为"如入山阴道上,应接不暇",也不一定是最好的比喻,因为山阴道是在野外,看到的除了野花,更多的是草,是木,是溪流。而把家家户户窗子前的花比喻为"花团锦簇、姹紫嫣红",也只是笼统的比喻,不是细致的描摹。如果还要从篇章运用形式方面展开学习,则课文结尾的写法也不一定是最好的。总之对教材要平视,不要仰视。不迷信,不盲从,是重要的学习品质,要从小学就开始培养。

第二,在情感目标的学习中,教师要让学生在语言运用形式的学习中自然获得情感体验,对德国"我为人人,人人为我"的民族品质和社会文明油然生发敬意,从而陶冶性情,提升精神;人文就在语言中,不要另起炉灶,重筑高台,花大量的时间做思想宣讲和道德灌输,不把语文课上成低层次的只入脑不入心的思想品德课之类的泛人文课。

下面是省级名师贾老师参加教育厅送教活动时教学本文的实况以及本书的观察评价。

(一)导入写作背景

今天呢,贾老师将带着大家跟随一位老人,他的名字就叫季羡林。(课件播放"季羡林"三字。)好,一二开始读——季羡林。我们可以再跟随,读——季羡林,走进德国,去领略德国的风景。1935年,25岁的季羡林先生作为清华大学的一名学生到德国哥廷根大学留学,一住就是10年。在这10年里,他看到了德国独特的风景。1980年,已是满头银发的季羡林先生又一次来到德国,重返哥廷根大学。在这儿,他又看到了德国独特的风景。那么独特的风景就是(引导学生齐读标题)——自己的花是让别人看的。我们再来读一遍——自己的花是让别人看的。

(随评:教师细心可嘉,作者和课题都引导学生读了两遍,当然连贯方面会受些影响。先介绍写作背景,有利于学生快速进入文本,但不利于学生独立进入文本。)

(二)学习新词"脊梁"

教师:学习要养成一个好习惯,这种习惯就是预习。你们预习了几遍?

(随机点三个学生)学生1:四遍。学生2:两遍。学生3:六遍。

(随评:不妨倒过来问问有没有没预习的。)

---

① 课程教材研究所,小学语文课程教材研究开发中心.义务教育课程标准实验教科书语文五年级下册[M].北京:人民教育出版社,2009:149.

② 课程教材研究所,小学语文课程教材研究开发中心.义务教育课程标准实验教科书语文五年级下册教师教学用书[M].北京:人民教育出版社,2005:264.

教师:太棒了,你们都有好习惯。那么这个词(用课件亮出"脊梁"),有谁知道?

点举手的第三大排第一桌一女生:脊梁。

(随评:不宜从眼前的学生开始点,更不宜从举手的学生开始点,这样会无意中抛下后面的弱势的学生,抛下不举手不主动的学生,使他们"沦为"旁观者。)

教师:读得很准确,她把轻声读出来了。我们一起读:脊梁,脊梁。这个"脊"字是不是挺难写的? 跟着老师一起写一写。(让学生一起比划。)

(随评:"是不是"问得不科学,带有指示性和控制性。改问"难写吗",会听到真实的多样的回答。让学生一起比划,过关意识强,学一个过关一个,不制造"烂尾楼"。)

教师:这个"梁"字哪位同学能提醒大家哪儿千万不要写错?

(随评:"哪位同学"是面向少数的问话;改为"你",就让每人都参与进来了。)

点举手的第三大排第三桌一男生:那个右上角右边也有一个点。

教师:对,两个点别落下了。

点举手的第三大排第一桌一女生:下面是一个"木"字不是"米"字

(随评:这位女生已经发言两次了,另一位发言的男生也是第三大排的,取样不典型。)

教师:很好,请同学们打开书本,在你书本的空白处工工整整写上"脊梁",注意不要写错。

(随评:教师如果能在黑板上写出"脊梁"二字的篆书,并简要分析字形,解释字义,学生就理解更深入,印象更深刻了。)

教师:有的同学写好就坐好了,非常好。都记住了吧?

(随评:不妨让没记住的学生举手,并请他们主动说说有什么问题。如果都不举手,教师就现场抽查,看看他们是不是真的过关了。课堂上教师要细心,清醒,严格。)

教师:好的。课文中他这样说:(亮出课件)花朵都朝外开,在屋子里只能看到花的脊梁。

(随评:"好的""很好""非常好"这些词容易被滥用,甚至成为口头禅,教师要尽可能控制。)

教师:"只能看到花的脊梁",就是说只能看到什么?

点举手的第二大排第六桌一女生:只能看到花的后面。

教师:就是花的背部。

点举手的第三大排第六桌一男生:只能看到花的枝干和叶子,看不到花朵。

教师:我们看花特别欣赏的(稍停)——花朵。在这儿只能看到枝干、茎、叶,这就叫做只能看到花的脊梁。

(随评:通过提问将"花的脊梁"基本理解清楚了;但还不到位,应让学生主动查阅《现代汉语词典》,正确理解"脊梁"的词义。而由"脊梁"到"花的脊梁",也要引导学生学习作者是怎样比喻的,有什么巧妙之处。)

(三)找总领句

教师:同学们,学习是有方法的,如果在学习中善于抓住课文中关键的特别的句子,比方说你们老师肯定有说过的总起句、总结句、过渡句。同学们在预习的时候有没有发现这篇课文有两个句子很特殊? 他们连在一块都是感叹句,谁发现了?

(随评:用"同学们"来称呼,比较科学。许多小学教师习惯于用"孩子们"或"小朋友们"来称呼,无法让学生意识到他们已经是在校学习的学生了。关键句找得太早,有利于教但不利于学,学生学习有一个循序渐进、由表及里的过程,不宜在上课伊始就把关键句"硬拽"出来。"谁发现了"是面向少数的话。)

点举手的第二大排第六桌一女生:多么奇丽的景色! 多么奇特的民族!

教师:你们是不是也是这两句? 我们一起读。

(随评:发现得似乎太快,没有关注学生找的过程和找的方法。"是不是"也有些强制,把每人都"捆绑"进来了,没有关注弱势学生的真实学习情况。"一起读"正确,让全体学生都加入了。)

教师:在季羡林的眼中,德国的景色是奇丽的。老师写在黑板上,同学们写在书本上。

(随评:把书上的句子在书上再写一遍,似乎没有必要,让学生用铅笔划出来即可。)

教师:善于提问的孩子是善于学习的孩子。谁能根据这个句子来提个问题?

(随评:让学生就该句来提问,学科意识强;但让"谁"来提问,学生意识不强。)

点举手的第一大排第五桌一男生:这个民族到底有什么奇特之处?

点举手的第一大排第三桌一男生:景色是怎么的奇丽? 民族又是怎样的奇特?

点举手的第三大排第六桌一男生:奇丽的景色究竟指的是什么景色? 季羡林爷爷为什么说德国是一个奇特的民族?

教师:对呀,这就是我们这节课要研究的问题。

(随评:点了三位,没有评价他们提问的优与劣,这有利于活跃思维,开放表达,但不利于学习能力和学习方法的培养。最好在学生提问前,教师先提出三个逐级提升的要求,比如简洁、准确、全面。回答之后,让学生自评互评,最后教师评价。第二位学生回答得最好,三个要求都符合。)

教师:那么,让我们先来看"奇丽"这个词,"奇"就是奇特,"丽"就是美丽,"奇丽"就是又奇特又美丽。

(随评:不宜现成地主动地告诉学生。)

(四)学习总领句之一"奇丽的景色"

教师:奇特的景色见过吗? 美丽的景色见过吗? 可是今天我们要见到的是又奇特又美丽的景色,而且在季羡林先生眼中看来这是多么奇丽的景色! 请同学自己读课文,找一找课文中哪些句子让你感受到这是奇丽的景色呢,用笔划出来。

(随评:让学生用笔划出来,正确;还可以再细心些:用自动铅笔划出来。不然学生会用水笔把书划得很乱甚至很脏,不爱惜书本。从小学到高中,学生都要有两支笔——水笔和铅笔,前者用于写字,后者用于圈划。)

1. 找关键词

教师:刚才你们读得很认真,有没有划过的句子? 谁来交流一下?

(随评:问"有没有划过",要求太低。)

点举手的第二大排第二桌一男生:走过一条街……

点举手的第一大排第五桌一女生:家家户户都在养花……

点举手的第一大排第六桌一女生:在屋子里的时候,自己的花是让别人看的……

教师:你们是不是都找到了这些句子? 那我们先来关注其中大家可能都已经关注到的一段,就是描写得特别详细的一段,请看(用课件亮出这段话)。我们先来看前面第一句:"走过任何一条街,抬头向上看,家家户户的窗子前都是花团锦簇、姹紫嫣红。"你们觉得这句当中哪些词语是很关键的？让我们看到是奇丽的景色？

点举手的第三大排第二桌一男生:花团锦簇、姹紫嫣红。

教师:两个成语,好的。

点举手的第二大排第二桌一男生:家家户户。

点举手的第三大排第一桌一男生:山阴道。

教师:一定要看清楚是说第一句话。

(随评:提醒及时,起到了教师应起的作用。连点三个男生,性别取样不典型。)

点举手的第三大排第三桌一女生:任何一条街。

点举手的第一大排第六桌一男生:都是。

教师:还有吗?那贾老师还觉得有一个词很关键。

点举手的第一大排第五桌一女生:抬头。

点举手的第三大排第三桌一男生:窗子前。

(随评:学生点得太多太杂。这是中小学课堂尤其是小学课堂的普遍现象。关键词也没这么多。不妨先让每人独立学习,然后在小组内相互交流,形成共识,最后一起说说,那样时间更省,效果更好。当然首先要让学生明确什么是"关键词"。)

2. 学习关键词"家家户户"

教师:那我们说了这么多的关键词,可见作者在描写这段话的时候,可谓是字字精准,每个字都非常重要。写文章就是要这样,字字精准,季羡林就是如此。那我们来看其中的一个关键词"家家户户"。这词都懂了吗?真的,那谁愿意接受我们的检验?

(随评:"字字精准"评价得好,但精准的不等于就是关键词。"都懂了吗"问得细心。)

点举手的第三大排第三桌一男生回答。

教师插话:也就是说,此时季羡林先生正漫步在一条街上,他抬头向上看,看到第一家的窗子前——

该生接话:花团锦簇、姹紫嫣红。

教师插话:季羡林继续看,看到第二家的窗子前——

该生接话:花团锦簇、姹紫嫣红。

教师插话:贾老师有个建议,就是在"花团锦簇、姹紫嫣红"前加一个字。

该生接话:都是。

教师插话:还可以改一改。

同桌帮答:也是。

教师插话:就这样,一路行一路看,一直走到街的尽头,看到最后一家的窗子前——

该生接话:还是。

教师:对。这就叫做家家户户的窗子都是花团锦簇、姹紫嫣红。

(随评:从"第一家"到"第二家"到"最后一家",让学生体会关键词"家家户户",引导得很专业;可惜只对着一个男生引导,没有面向全体。)

3. 学习关键词"任何"

教师:贾老师有疑问,这只是一条街吗?这是一条花街,有什么了不起呢?你们觉得这句话中还有哪个词很重要,一定不能少?

点举手的第一大排第三桌一男生:任何。

（随评：过渡自然，引导巧妙。可惜还是只对着一个人，没有让大家一起开口，一起加入。）

教师：这"任何一条街"有什么？

点举手的第二大排第一桌一男生：有宽阔的大街，有窄窄的小道。

点举手的第二大排第二桌一男生：有着花团锦簇、姹紫嫣红的景色。

教师：作者这"任何一条街"还走过通往学校的路，还走过——

点举手的第二大排第三桌一男生：通往学校的大街。

点举手的第二大排第四桌一女生：走过家家户户的家门口。

（随评："开小火车"的点名方式，是面向少数的方式。）

点举手的第一大排第六桌一女生：我觉得季羡林爷爷还走过德国许多的地方。

教师：如果说走过东街，那就走过西街，走过南街，还可以对应着走过北街。走过大街还走过小巷，这是走过哥廷根的每一条街道，那就是"走过任何一条街"。来，一起读，一二读——

全班齐读：走过任何一条街，抬头向上看，家家户户的窗子前都是花团锦簇、姹紫嫣红。

（随评：用感性学习的方式引导学生体会"任何"一词，比较科学。之后还可删去该词，在比较中体会表意的不同。全班齐读时，也要引导学生读出"任何"二字的重音，还有"家家户户""都是"的重音。）

4. 学习关键词"花团锦簇、姹紫嫣红"

教师："花团锦簇""姹紫嫣红"是两个形容花的成语，是吧？你们知道这是一番怎样的景象吗？

点举手的第一大排第五桌一女生：窗子前遍布的都是花。

教师：花很多。

点举手的第二大排第六桌一女生：一眼望去都是花的海洋。

教师：哦，是的，很多。那你们觉得这个花的颜色怎么样？姹紫嫣红。

点举手的第二大排第三桌一男生：花的颜色非常艳丽。

教师：很艳丽。"姹"和"嫣"都是女字旁，女孩特别美，还很鲜艳是吧？还有呢？这花多不多？你从哪儿知道多？就这两个成语中哪个字？

点举手的第三大排第一桌一女生："团"和"簇"。

（随评：那就不是"哪个字"。）

教师：那我们把这两个词语记住，贾老师写在黑板上，你们写在书本上。

教师边写边提醒学生注意写法。

全班读：花团锦簇、姹紫嫣红。

（随评：让学生在感受、书写和朗读中学习两个成语，正确；但还需要借助词典理性地学习，了解两个成语的确切意思，不然学生会出现理解上的偏差。）

教师：那就让我们一起去公园看看吧。

亮出图片，让学生感受"花团锦簇、姹紫嫣红"。

（随评：先学习语言，再亮出图片，可以；但学习语言还不够充分，学生面对语言的想象越多样，越个性，就越入心；而图片是单一的，大多只能入脑，不能入心。）

教师：可是此时这花团锦簇、姹紫嫣红的景象不在公园，不在校园，而是在——

引导全班再齐读:走过任何一条街,抬头向上看,家家户户的窗子前都是花团锦簇、姹紫嫣红。

5. 学习关键词"山阴道"

教师:难怪作者说:"许多窗子连接在一起,汇成了一个花的海洋,让我们看的人如入山阴道上,应接不暇。"

用课件亮出课文原句:

许多窗子连接在一起,汇成了一个花的海洋,让我们看的人如入山阴道上,应接不暇。每一家都是这样,在屋子里的时候,自己的花是让别人看的;走在街上的时候,自己又看别人的花。

教师:这儿有个词"山阴道"知不知道什么意思? 不知道是吧? 你知道?

点举手的第三大排第三桌一男生:山上的通幽小径。

教师:你怎么知道?

该生:因为我每天去爬山。

教师:所以你有感触,你是根据它的名字"山阴道"这么想的是吧? 还有补充吗?

点举手的第三大排第四桌一女生:非常安静的道路。

点举手的第一大排第四桌一男生:非常大的。

点举手的第三大排第一桌一女生:很美的。

点举手的第一大排第六桌一男生:我觉得是一条阴暗的道路,是一条很美的道路。

教师:其实这是我们的想象,那么山阴道是有出处有典故的,"山阴道"到底是一条怎样的道路呢?

亮出课件:

山阴道在浙江绍兴城西南偏门郊外,是通向诸暨枫桥的一条官道。远山近水、小桥凉亭、田园农舍、草木行人,相映成画。

教师:发现什么? 你现在有什么收获?

点举手的第二大排第三桌一男生:是一个地方。

教师:是一条官道。这儿的景色美不美?

全班齐读:远山近水、小桥凉亭、田园农舍、草木行人,相映成画。

(随评:可以直接说出"山阴道"的原意,不然学生的第一直觉尤其是错误的直觉会长久干扰着对该词的理解。带有典故性质的名词术语没有探究讨论的必要。学习该词后,还可让学生思考和讨论:"山阴道"上生态多样,种类繁多,山水、桥亭、田园、农舍、草木、行人,什么都有,用来形容种类较单纯的"花街",是不是最恰当的? 如果不是,可以换用什么来比喻? 学生思考和讨论的过程,也是培养创造思维和批判精神的过程。)

6. 学习整段

教师:这些景色啊相映成画,而季羡林先生此时漫步在德国的街头,让他产生的感觉就是如入山阴道上,应接不暇。看到每一个窗子都是一幅画,是这样的感受是吧? 想不想去德国的街头领略一番?

(随评:"是……是吧",问得过于指示和控制。)

用课件亮出多个德国人窗台上鲜花盛开的图片。

教师伴随图片范读课文这段话。

（随评：这时出现图片和教师的范读，对学生的学习能起到提升的作用。）

全班一起读这段话。

（随评：学生意识不错，齐读继续提升了学生的学习。）

教师："多么奇丽的景色"，多么优美的句子！让我们把它记在心中。

课件亮出刚才读过的段落，有意空缺关键词，让学生看着读出来：

走过（　　）一条街，抬头向上看，（　　）的窗子前都是（　　）、（　　）。许多窗子连接在一起，汇成了一个（　　），让我们看的人如入（　　）上，（　　）。

（随评：好方式。看似寻常，实则智慧。当然读不只是为了记住内容，还要读出作者蕴含在字里行间尤其是蕴含在这些关键词中的感情。）

（五）学习总领句之二"奇特的民族"

教师：现在你们感受到了吧？这是一番多么奇丽的景色啊！此时我们可以把问号改成叹号，你的理由是什么？

（随评："把问号改成叹号"，不易懂。）

马上点面前一举手的男生说：德国的景色果然是奇丽的。

（随评：答得似乎不对。当然"理由是什么"不易回答。）

教师：是呀，这是多么奇丽的景色啊！但贾老师想说：为什么会有如此奇丽的景色呢？

（随评：由景及人，过渡巧妙。）

教师：原因是什么呢？请同学们快速默读课文，找到其中你认为特别关键的句子，用波浪线把它划出来，要求快速。

（随评：给每人独立学习的时间，正确。）

教师：谁先来交流？你找到的句子是什么？

点举手的第二大排第六桌一女生：（照读课文原句）每一家都是这样，在屋子里的时候，自己的花是让别人看的；走在街上的时候，自己又看别人的花。人人为我，我为人人。

教师：能不能用自己的话来说说？你认为是什么？

该生再答：因为德国的人知道"人人为我，我为人人"，赠人玫瑰手有余香，把自己的花给别人看，让别人欣赏美丽的景色。

（随评：要求用自己的话来说，正确。但"认为是什么"，不易回答。也不宜对着一个人追问，要让教的资源转化为每个人学的资源和学的效果。）

教师：大家会发现德国人养花的境界、养花的方式是跟我们不一样的。这是为什么呢？

板书：养花的境界。

（随评：概括得有高度，但学生不易懂。可先让学生查阅词典，了解"境界"的意思。）

教师：养花的境界不一样，是因为"人人为我，我为人人"。还有原因吗？

（随评：这样问下去，更难回答了。）

点举手的第一大排第三桌一女生：还是一种对人类的美德。

教师：他们爱花爱得怎样？课文中也有特别关键的句子。

点举手的第三大排第五桌一女生：他50年前在德国留学的时候，多次为德国人爱花的真切感到吃惊。

教师：德国人爱花爱得怎样？用季羡林先生一个词来形容就是"真切"。

板书：爱花的真切。

（随评：概括似乎没有对"养花的境界"起到提升作用。）

教师：对于德国人爱花真切，这份养花境界，季羡林觉得是颇耐人寻味的。

亮出课件：

人人为我，我为人人。我觉得这种境界是颇耐人寻味的。

（随评：漏字了，是这"一"种境界。）

教师：什么叫"颇耐人寻味"？

（随评：很多新词都可以先让每人自主查阅词典，在理性学习中理解和掌握，不宜用"什么叫"之类的方式让学生去猜想。）

点举手的第二大排第三桌一男生：很耐人寻味。

教师：你解释了一个字，就是"颇"，"颇"就是"很"，那"耐人寻味"呢？哪位同学我刚才没叫到过？

（随评：最后一句话体现了教师的细心。）

点举手的第三大排第四桌一男生：意味深长，值得仔细体会琢磨的。

教师：这位同学爱读书，善用工具学习！

（随评：那就让每人都翻开词典，查阅学习。）

教师：那我们来仔细体会琢磨一番。谁能在"人人为我，我为人人"前加上关联词？

马上点下面两个学生回答。

（随评：太快了，没有给每人独立学习的时间，一个很重要的学习资源流失了。）

点举手的第三大排第一桌一男生：因为人人为我，所以我为人人。

点举手的第三大排第三桌一男生：之所以人人为我，是因为我为人人。

（随评：两个答案大相径庭，教师没有评价，也没有让学生相互评价。）

教师：当我们想到"人人为我，我为人人"的时候，流淌在我们心中的是一份感恩之情；当我们想到"我为人人，人人为我"的时候，流淌在我们心中的又是一份奉献精神。无论是"人人为我，我为人人"还是"我为人人，人人为我"，它都是一种美好的精神，这份感恩、奉献都是交融在一起的，而这也成了德国人养花的习惯。所以当季羡林先生问女房东，他说"你这样养花是给别人看的吧"，女房东的表现是？

（随评：解说得很有专业水平！可惜没有让学生探究讨论课文"人人为我，我为人人"语序上是不是可能存在问题。）

学生齐读课件上亮出的话：

她莞尔一笑，说："正是这样！"

（随评：让学生齐读，正确。后半节课容易走神，需要通过集体活动让每人加入学习。）

教师：我们把"莞尔一笑"这个词再读一遍，它是两个第三声的时候要适当变调。读两遍——

学生读：莞尔一笑。

教师：什么叫"莞尔一笑"？

（随评：还是没有让每人查阅词典。）

点举手的第二大排第一桌一男生：形容微笑的样子，多指女性。

教师：为什么"莞尔一笑"呢？这一笑当中有什么含义吗？如果你是女房东，我想采访你一下。

（随评："采访"用得鲜活。）

点举手的第一大排第六桌一男生：因为我们德国人都是这么想的，所以才有这么美丽的景色。

点举手的第三大排第二桌一男生：因为我们德国人的品质是赠人玫瑰手有余香，所以才有这么美丽的景色。

教师：原来是这样。其实这已经成为一种德国人的一种——

点举手的第三大排第三桌一男生：品质。

（随评：连点四位男生，性别取样不典型。）

教师：一种品质，一种性格，一种习惯，也成为我们整个德意志民族的一种性格，我们德国的一种文化。是这样吗？

（随评：这是指示性、封闭性的问话。）

教师：同学们，季羡林先生看到这番景象发生在什么时候呢？我们再回忆到前面，贾老师给大家介绍的是季羡林先生1935—1945年在德国留学，这十年对于德国而言正处于什么时期？

点举手的第三大排第三桌一男生：二战时期。

教师：1939年第二次世界大战爆发，1945年德国战败，此时德国这一国家正处于世界末日的这样一个氛围中，但是在德国的街头却依然能够看到这样的景象，一起读——花团锦簇。

（随评：语言不够简洁，尤其是"此时德国"这句话。）

全班齐读：花团锦簇。

教师：此时在德国，一面是物资奇缺，一面却是花团锦簇；一面是社会动荡不安，一面却是花团锦簇、姹紫嫣红。此时在德国还发生这样一件事情。

课件亮出一个故事给学生看：《只砍有记号的树》。

教师：看完这个故事你们有什么感受？你说——

点举手的第一大排第四桌一女生：因为德国人爱护环境的这个品质已经成为一种习惯，谁都不会违背这些规章制度，哪怕是寒冷的，快要冻僵了，他们也不会去砍伐树木。

教师：对，而且这样的规章制度可以折射到哪个事件上？

马上点举手的第三大排第三桌一男生：二战时期。

教师：对，这什么事件上？

该男生：德国战败。

教师：是在德国战败的情况下，发生了这样的事情，是吧？你觉得他们有什么样的特点？

（随评：不宜朝着一个学生连续追问。）

该男生：虽然国家已经战败了，社会也很动荡，而且各自家里占有的食物也很短缺，他们仍然是保护环境，不砍优良的树木，只砍老弱病残的树木。

教师：这是对一种规则的遵守，对一种纪律的坚守。而这份对规则的遵守，对纪律的坚守也同样体现在养花上，爱花上，是吗？可是对于此，季羡林先生却还是要发出情不自禁的感叹，那就是这是一个"多么奇特的民族"！让我们无法想象，因为这已经成为德国人的一种性格，一种习惯。同学们，我们有理由相信，假设我们有机会来到德国，我们一定会看到这样一番奇特的景色——

再次亮出一段话,空缺的关键词稍有变化,让学生看着就齐读出来:

走过任何一条街,抬头向上看,(　　　　)。许多窗子连接在一起,汇成了一个(　　　　),让我们看的人(　　　　),应接不暇。

教师:这样的景色在我们中国是看不到的,在很多国家也是看不到的,因为这是德国的风情,德国的文化,因为这是一个奇特的民族,因为在这儿,大家一起读——

亮出课文原句:

每一家都是这样,在屋子里的时候,自己的花是让别人看的;走在街上的时候,自己又看别人的花。人人为我,我为人人。

(随评:好方式。但没有有意空缺一些关键词句。其中的分号也需要学习,课标要求第三学段即5—6年级"在理解课文的过程中,体会顿号与逗号、分号与句号的不同用法"。另外这个环节如果再多花时间拓开去讲德国的民族精神,就有"泛人文"倾向了;再说德国是发动第二次世界大战的国家,不能无意中美化了战争罪行。)

(六)总结学习

教师:大家有没有发现我们整节课都在围绕着哪两句学习?

点举手的第二大排第三桌一男生:奇丽的景色,奇特的民族。

(随评:应让大家一起说。)

教师:请你把这个句子完整地读一遍。

该男生:多么奇丽的景色! 多么奇特的民族!

(随评:应让大家一起读。)

教师:是呀,我们都围绕着这两个句子进行学习,那是因为这篇课文在写法上有很大的特征,谁发现了? 这篇课文是怎么写的? 它在写的时候为什么我们能回到这两个句子就学懂了它呢? 谁发现了呢? 谁来告诉一下?

(随评:"谁"是典型的面向少数,似乎有人发现有人能说就行了。)

点举手的第一大排第六桌一男生:因为这两个句子是这篇课文的中心句。

教师:哎呀,你都知道了这个专业术语,这个叫中心句。是呀,我们在学习课文的时候就可以抓住课文中特别关键的句子。刚才这位男孩告诉大家这是中心句,那就能够帮助我们更好地理解课文。(板书:中心句。)那么你们有发现这篇课文有一个什么特点吗? 它在写的时候,既然它是中心句,在课文的开头,前面有没有围绕它在写? 第二自然段有没有? 有没有?

(随评:说话不简洁,提问不高级。)

学生随口说:有!

教师:第二自然段写作者初到德国看到的奇丽的景色,然后他就感叹这是一个奇特的民族。第三自然段是不是也这样写?

(随评:"是不是"尽量少说,指示意味太浓。)

学生随口说:是!

(随评:这种回答往往有口无心。)

教师:第三自然段写作者每一天都在德国街头依然看到这番奇丽的景色,看到这是一个奇特的民族。然后最后一段,作者在四十年后再一次来到德国,呈现在他面前的依然是这番奇丽的景色。始终围绕着这个句子来写,对不对? 我们把这样的句子就叫做中心句。大家在学习的时候一定要善于抓住这样的句子来学习。来,我们再来将这样的句子读一读。

(随评:注意方法引导,这是优秀教师的标志。只是说得太现成,也太繁琐。)

全班齐读:多么奇丽的景色! 多么奇特的民族!

教师:那么季羡林先生再次来到德国之后,当别人问他,德国有什么改变的时候,他说:"变化是有的,但是美丽并没有改变。"季羡林先生说:"我仿佛又回到了四五十年前,我做了一个花的梦,做了一个思乡的梦。"

用课件亮出以上文字,伴随背景音乐播放,教师深情朗读。

(随评:教师读得不错。不过学生也要读。)

教师:那么这"没有改变"的本意到底指什么呢? 这"花的梦",这"思乡的梦"又是怎样的梦呢? 这两个问题就留给你们在另外的语文课中与你们的老师一起进行研究,好不好?

(随评:下课前留下疑问,也是一种结束学习的方式,只是这个疑问价值不大。)

学生齐声:好!

教师:那我们这节课就上到这儿了,下课!

学生:老师再见!

教师:同学们再见! 谢谢五(二)班的同学们!

(随评:下课前最好让学生自主总结学习收获或学习感受。)

附:板书设计

自己的花是让别人看的

多么奇丽的景色! 多么奇特的民族!(中心句)

花团锦簇　　　　养花的境界

姹紫嫣红　　　　爱花的真切

【总评】

贾老师这堂送教活动的展示课,缺点比普通教师少得多,学习效果也比普通教师好得多。但如果从三个意识的视角进行"微格"式的学理分析,还是能获得许多新的认识。课后贾老师也很乐意对自己的课从严剖析,这也是优秀教师进步更快的原因之一。

(1)学生意识

这是一位细心的教师,边教边关注学生的过关情况。但以教带学的现象比较明显,课堂教学形态比较封闭,学生被动地跟着教师走。面向少数的现象十分突出,总是点举手的学生发言,点眼前的学生发言,点众多的男生发言,在层级、区域和性别的取样上都不够典型;其中前两者是所有教师的通病,后者是女教师的通病。许多学生发言次数在4次以上,其中一位男生多达8次,成了明星学生。教师提出的许多问题都没有让每人先独立学习,没有让教的资源转化为全体学生学的资源和学的效果,往往在问题提出后就马上点个体学生回答了,而且总是问"谁发现了""谁能说说"。整节课抓住两个关键句"多么奇丽的景色"和"多么奇特的民族"来组织教学,条理清楚,有教学智慧;但这是演绎式的教学方式,是让学生在代入和验证中学习,而不是在发现和探索中学习。整节课进行得自然顺畅,引人入胜;但教师说得太多,没有控制在20分钟甚至15分钟以内。

（2）学科意识

这是一位专业的教师，引导学生在理解中学习，在诵读中学习。只是在理解新词时没有让学生查阅词典，及时地准确地把握词义；在诵读课文时没有突出情感体验，将作者的喜爱和赞美之情充分表现出来，并浸染其中，获得心灵的愉悦和精神的陶冶。教学中注意关键词的学习，且学得较细致。提问有时太笼统，不好懂，也不好答。没有引导学生平视课文，理性对待，既没有讨论"人人为我，我为人人"语序上是不是有问题，也没有讨论"如入山阴道上，应接不暇"是不是最好的比喻。课程标准对第三学段（5—6年级）的学习已经提出了这样的要求："在交流和讨论中，敢于提出看法，做出自己的判断。"①教学内容选择得准，基本没有可有可无的多余环节，也没有重要的被遗漏的环节。环节之间基本体现了循序渐进、步步提升的特点。

（3）技能意识

这是一位优雅的教师，仪态大方，眼光和蔼，语气亲切，语调顿挫，朗读一流，说话较干净。课堂氛围好，有活力。服饰不亮丽，但较得体。点学生回答问题时教师走得太近，只关注到了发言的学生，忽视了别的学生。板书字形美观，设计简洁，用词精准，但不够丰富和全面，也没有用花朵等形状构图，整体提升学生的认知理解和情感体验。

二、小说《我的叔叔于勒》课堂观察

这是法国小说家莫泊桑的作品。"我的叔叔于勒"是个败家了，"行为不正，糟蹋钱"，是"全家的恐怖"；但被父亲打发到美洲后，赚了钱，发了财，转而成了全家人的希望。父亲每个星期日带着一家人到海边栈桥上散步时，总要说他那句永不变更的话："哎！如果于勒竟在这只船上，那会叫人多么惊喜呀！"母亲则总是称于勒为"好心的于勒"，"一个有办法的人"。但是十年之后，一家人在船上意外遇见已经身无分文、衣服褴褛的于勒时，父亲和母亲都不认他了，回来时还改乘另一条船，以免再遇见他。

这是一篇深刻揭示社会俗态和人性丑态的小说。一个优秀的小说家，总是具有深刻的社会洞察力和犀利的人性剖析力，然后以其高超的语言表现力，将自己对社会对人性的思考准确、细腻、艺术地表达出来，给读者心灵的冲击、思想的洗涤和艺术的享受。

本文通过年少的"我"看人情冷暖，感世态炎凉。"我"是一个纯真的、善良的、没有被社会不良风气污染的小孩。小孩的眼光越纯净，大人的世界往往越功利；小孩的心地越善良，大人的情感往往越冷漠。文中的"我"，既是一个看事件的视角，也是一种表达主题的技巧，让小孩与大人在对待于勒的态度上形成鲜明的对比。而大人对待于勒的态度，前后也有一个鲜明的对比：当初深恶痛绝、赶出家门，后来视作救星、热切期盼，如今又避若瘟神、见而不认。本文写"我的父母"意外遇上"我的叔叔于勒"时，言行神态被刻画得鲜活传神，让读者如临现场。本文情节安排跌宕起伏，大开大合，悬念设置自然巧妙，起初满心期待、满口赞颂，最后却满心失望、满口不屑，亲人相见不相认。当情节全部展现，"画轴"完全打开时，上面仿佛写着五个字：要钱不要人。

这些都是本文独特的学习点。

但如果教师缺少学科意识，本文就会被上成简单的思想品德课，教师就会大讲特讲"我"

---

① 中华人民共和国教育部.义务教育语文课程标准（2011年版）[S].北京：北京师范大学出版社，2012：13.

的父母如何可恶,"我"的叔叔如何可怜,"我"又是如何可爱。而如果教师缺少人本分析的意识,只有阶级分析的习惯,本文还会被上成更狭隘的阶级批判课,大批特批资本主义社会如何把温情脉脉的人际关系蜕变成了赤裸裸的金钱关系。殊不知不管是什么社会的人,都可能残留着这一人性的劣根。本文是一面镜子,每个人都无法回避,都能从中照见自己,并引发触及灵魂的思考。语文课上许多小说都被上成了阶级分析课,师生都成了旁观者、批判者:上《皇帝的新装》,会一起批判"皇帝和大臣们的虚伪、愚蠢和自欺欺人的丑行",以及"封建统治阶级虚伪、愚蠢、腐朽的本质",仿佛自己才是最诚实、最聪明的;上《祝福》,会一起批判祥林嫂阶级觉悟低,没有认识到"封建势力和封建迷信思想是摧残她的主要敌人,而且还常常把生活的希望寄托于封建势力和封建迷信思想",因此出了狼窝,又进了虎穴,仿佛自己才是最清醒、最有觉悟的。殊不知,《皇帝的新装》一文中,上至皇帝,下至百姓,人人都很虚荣,都认为自己是聪明的,别人是愚笨的,因此,作品揭示的是从皇帝到百姓人人都有的虚荣乃至虚伪的人性弱点;《祝福》一文中,不管是富人还是穷人,恶人还是善人,都被封建礼教思想武装起来了,都认为祥林嫂是晦气的,都把她往死里推,都没有把祥林嫂当作鲜活的生命和不幸的女人,去同情,去帮助,去拯救,因此,作品揭示的是中国封建文化的糟粕,批判在这个文化氛围中人人都有的麻木凉薄的人性弱点。一旦以人本分析法去教学,师生就会认真思考:假如生活中有一个"于勒"站在我面前,我会怎样? 假如生活中有一个"新装的皇帝"站在我面前,我会如何? 假如生活中有一个"祥林嫂"出现在我面前,我会怎么对她? 这样就会产生心灵的震撼力和思想的冲击力,也才能洗涤自己的灵魂,提升自己的精神。因此王尚文先生说:"人在语言中成长""心在文学中美化"①。其实大部分文学作品反映的是人性,语文教学不应滥用阶级分析的方法,而应以人为本,运用人本分析的方法,在对主人公命运的关注中,自然地引发人文思考,培养学生的爱心与理性,并准确地领会作者的创作意图。"蕴蓄在一部小说中作家对人和人的生活的感受、发现和认识,是这部小说的灵魂。一部伟大的小说,总是以作家对人生和对人的处境和命运的独特而深刻的感受、认识和发现去震撼读者的心灵"②。但这需要教师的专业和理性,需要主动摆脱一些观点的误导,甚至包括教参上的观点。前面引用的一些话,就来自教参。

这篇小说被编入了人教版九年级上册(其他版本的教材也有收入)。本文所在单元提出的学习要求是:"学习这些课文,要结合自己的生活经验,理解小说的主题,分析人物形象,体会艺术特色,品味小说的语言。"③课程标准对第四学段(7—9年级)提出的阅读要求有两条比较重要:"能够区分写实作品与虚构作品,了解诗歌、散文、小说、戏剧等文学样式。""欣赏文学作品,有自己的情感体验,初步领悟作品的内涵,从中获得对自然、社会、人生的有益启示。对作品中感人的情境和形象,能说出自己的体验;品味作品中富于表现力的语言。"④

高中学段学习小说,则可提高要求,从小学和初中学段的散点学习走向整体学习,以研究的方式进行,把小说三要素人物、情节、环境作为表现主题的形式和技巧,看看作者如何独特地智慧地构设和表现的,让学生站在更高的视点学习文体运用的技巧。

① 王尚文.语文教改的第三浪潮[M].桂林:广西师范大学出版社,1990:36,61.
② 胡尹强.小说艺术:品性和历史[M].上海:上海文艺出版社,1993:30.
③ 课程教材研究所,中学语文课程教材研究开发中心.义务教育课程标准实验教科书语文九年级上册[M].北京:人民教育出版社,2016:58.
④ 中华人民共和国教育部.义务教育语文课程标准(2011年版)[S].北京:北京师范大学出版社,2012:15.

教师在教学本文时需要注意以下问题——

第一,在认知目标的学习中,要有学生意识,让学生自主思考本文作为小说哪些内容需要学习,其中哪些方面写得特别精彩,需要重点学习。小说的学习内容、学习顺序和学习方法,都让学生自主参与、自主判断,并自主学习、自主探究。教师不宜过于主动,好心替代;更不宜单向指示,全程控制。九年级的学生已经基本具备相应的学习基础和学习能力了。如果文体的基本学习点和文本的独特精彩点都得到较为细致和深入的学习,那就基本达到学习目标了。

第二,在情感目标的学习中,要有学科意识,要让学生"品味作品中富于表现力的语言",从而准确理解小说的主题,自然获得情感的体验,获得对"社会、人生的有益启示"。不要上成脱离语言的"泛语文课",也不要上成脱离文本的"泛阶级课"。同时,小说主题的理解不能一味鼓励个性与多样,不能从教参中受到盲目的鼓励,再说教参中列出的两个主题(资本主义社会中异化的人与人的关系、小人物生活的辛酸),都不一定是最合适的。金钱至上,亲情冷漠,可能更能还原课文的本义,毕竟课文的标题就是"我的叔叔于勒"。

下面是杨老师教学本文的实况以及本书的观察评价。

(一)提问导入

上课铃声响后,教师打开多媒体,亮出一句话:金钱 VS 亲情。文字下面是一个天平图案。题目"我的叔叔于勒"已在课前板书好。

教师:接下来老师带领大家学习《我的叔叔于勒》。首先,老师觉得心就像是一个天平,可以用来衡量事物的轻重,同样的事物对于不同的人来讲,分量是不一样的。如果在你心的天平上,一端挂上金钱,一端挂上亲情,那么你的天平会如何倾斜呢?

(随评:第一句话过于平实,没有激趣成分。后面的提问似有激趣,其实没有,学生的回答往往是唯一的、堂皇的,因而往往是虚假的、应场的。试想,哪位学生会说自己倾向金钱呢?即使有的学生心里真的是这么想的。导入语之前亮出的英语"VS"不妥,语文教师要有捍卫母语的本能意识。)

教师:我们请位同学来说一下。来,这位同学你说说。

点第三大排第一桌一女生:亲情。

教师:后面的同学呢?

点第三大排第二桌一男生:亲情。

教师:第三位同学呢?

点第三大排第三桌一女生:亲情。

教师:第四位。

点第三大排第四桌一男生:亲情。

(随评:学生的回答都是可以预想到的。一个没有价值的问题,一场没有激趣的导入。)

教师:最后一位女生也是亲情吗?

点第三大排第五桌一女生:是。

(随评:"开小火车"发言,一个面向少数的方式。)

教师:从大家的回答可以看出大家都是十分注重亲情的人,而今天就让我们一起来学习《我的叔叔于勒》,来看看这一家人是怎样处理金钱与亲情的关系的。

(随评:前半句话太虚假,而我们的教育教学却总是在这种表层的甚至虚假的情境中进行着,值得反思。后半句则等于把答案告诉了学生,往下学习已经没有悬念了。导入是一种技巧,也是一种智慧,比如这样导入,可能会自然一些:教师边说边板书课题:今天我们要学习的课文是——我的叔叔于勒。读着这个温馨的课题,我们的心头会涌起一股温暖,感到一份亲切;但读完课文,我们又会获得更多的感受和思考。现在就让我们走进课文,看看里面到底发生了什么。)

(二)梳理情节

教师亮出学习任务:

1 请同学们找出对于勒的称呼。

2 人们是在怎样的情况下这样称呼于勒? 又是怎样对待于勒的?

教师:昨天我已经让大家预习了这篇课文,请同学们找出对于勒的称呼,人们是在怎样的情况下这样称呼于勒? 又是怎样对待于勒的? 大家可以在文中划一划。

(随评:亮出的任务不规范。一是"对于勒的称呼"应是"对于勒的不同称呼",二是序号后面都缺少小圆点;三是首个问号前少了"的"字。亮出的任务也不简洁,三个问题写得有些杂乱。而且,亮出的任务并不是"梳理情节"这个教学环节最直接的、最需要的。)

教师四周来回走动,每组随机看一下,花了一分半钟。

1. 问题一答案探讨

教师:我看大家都找得差不多了,接下来我就请一位同学回答一下。最后一位同学你来回答。

点第二大排第七桌一男生:在第6段,他们当时称于勒是"花花公子"。

(随评:点未举手的后桌的学生回答,有学生意识。)

教师:"花花公子"? 有同学已经提出疑问了,"花花公子"是用来说于勒的吗?

几个学生齐声回答:不是。

教师:还有其他的吗? 那个举手的同学你说一下。

点第二大排第三桌一男生:在第6段:"在生活困难的人家,一个人要是逼得父母动老本,那就是坏蛋,就是流氓,就是无赖了。"

教师:是用来称呼于勒的。好的,坐下。

教师:还有没有其他同学找出其他的人们对于于勒的称呼呢?

(随评:说话不简洁;问得也不对,既然给了学习时间,每人就都应该找出了。)

教师:这位同学你来说一下。

点未举手的第三大排第一桌一男生:还没找到。

教师:后面那位同学找到了吗?

点未举手的第三大排第二桌一男生:在31段,"这个小子"。

(随评:连续点到的四人都是男生。这位女教师也有这个"通病"。)

教师:嗯,好,还有其他的吗?

该男生:没有了。

教师:这位女同学你来说一下。

点举手的第三大排第三桌一女生:第8段最后一句话:"正直的人,有良心的人。"

(随评:再次开起了"小火车"。)

教师:"正直的人,有良心的人",很好! 其他同学还有找到其他的一些称呼吗? 这位同学你说说。

点举手的第二大排第三桌一男生:38段,他们说于勒"这个贼"。

教师:"这个贼"? 这一段里还有其他的称呼吗?

一学生随口说:"讨饭的"。

教师:"讨饭的"? 那么对于于勒的一些正面的称呼除了第8段以外,同学们还找到了其他的一些地方吗? 好,这位女同学你来说一下。

(随评:教师不应机械重复每个学生的回答。)

点举手的第二大排第三桌一女生:12段,"这个好心的于勒","一个有办法的人"。

(随评:这个环节花了三分半钟,耗时多,效率低。简单的问题不必逐个点名回答,让大家按照课文段落顺序一起开口回答即可。)

2. 问题二答案探讨

教师:称呼"坏蛋""流氓""无赖"是在什么时候什么情况下?

点未举手的第一大排第四桌一女生:是在生活困难的情况下,是在一个人逼得父母动老本的时候被称为坏蛋流氓无赖。

教师:坏蛋流氓无赖,具体的话,是在怎样的情况呢? 更为具体一些的话,是怎样的困难? 于勒又是怎样逼着父母动老本? 我们来看看后面那句话:"于勒叔叔把自己应得的那份遗产吃得一干二净了以后,还占用了我父亲应得的那一部分。"这是当时更为具体的部分。那么人们又是怎么对待他的呢?

(随评:教学语言太不简洁。课文原话也被随意改动了,"部分遗产"成了"那份遗产","吃得一干二净之后"成了"吃得一干二净了以后","还大大占用了"则成了"还占用了"。)

该女生:人们称他为"花花公子"。

教师:"花花公子"? 刚刚我们已经纠正过了,花花公子不是说于勒的。人们是怎样对待他的? 用一个动词来回答。

(随评:学生回答得不如意,缘于教师引导得不高明。)

该女生:打发他到美洲。

教师:打发他到美洲,如果用一个词来讲的话也就是——

众多学生:赶走,打发。

教师:哪个词最好呢? 那老师用"撵"这个字来概括。

板书:撵。

(随评:该词用得不错;但缺少引导,是教师强扭过来、强按上去的。)

教师:那么人们是在怎样的情况下称于勒为"正直的人""有良心的人""好心的于勒"和"有办法的人"呢? 有同学找到了吗?

点举手的第二大排第一桌一女生:他写信来希望赔偿父亲的损失。

教师:还有吗? 人们是怎样对待他的呢? 是不是一下子对他的态度转变了? 开始夸赞他是吗? 那么母亲是怎样夸赞他的呢?

(随评:这种面向个体的低层次的追问,会使课堂变得沉闷、拖沓、零碎、低效。)

板书:赞。

该女生:"好心的于勒","有办法的人"。

教师:好的,请坐。这些都是夸赞,除了夸赞以外,收到信之后,"我们全家人"每到星期天就会做什么？

第二大排第二桌一男生轻声说：到桥上去。

教师：到桥上去？刚才是哪位同学说的？是你吗？

该男生：他们每个星期天会在桥上等于勒。

教师：你是从哪里得出这个结论的？

该男生：三四两段："每个星期日，我们都会衣冠整齐地在……"

教师：如果让你用一个动词性的字来概括这句话，你会用什么？

该男生：等、盼。

（随评：变成他一个人在学习了。）

教师：好，刚才那个同学把字进行转化了一下，大家觉得"等"和"盼"哪个字更好些？为什么呢？

（随评：前面的教学语言不规范。后面用"大家觉得"有面向全体的意识。）

众多学生：盼。

点举手的第二大排第三桌一女生："盼"是"盼望"的意思，感觉会更加期待一些，"等"则没有特别的情感。

教师：也就是说"盼"的程度要深是吗？

板书：盼。

教师：那么从文中哪些地方你可以看出他期盼的程度比较急切，程度比较深呢？

该女生："每到"。

教师：每到星期日，说明频率很高。还有吗？

该女生："衣冠整齐"。

教师："衣冠整齐"是说明什么的？

该女生：说明很郑重的。

教师：非常郑重，这可以看得出他的急切吗？还是其他的？

该女生："只要"。

（随评：教师引导得不错，可惜只对着一个学生，没有面向全体。）

教师："只要"？好，这位同学先请坐。她刚才说"每到星期日"可以看出频率高，那么"永不变更"是不是说明是父亲一直在重复这句话？是不是也说明了他的盼的急切？而且大家来看到这个"竟"字，"竟"是什么意思啊？如果让你组词的话是"竟然"是吗？"竟"是表示一种意外，就是说他这样做如果于勒竟在这只船上，其实他知道于勒在不在这只船上啊？不在这只船上，但是他又是非常的期盼，用了这个"竟"字，就是显示出"父亲"那种希望能够马上见到于勒的那种急切的心情。

（随评：教师解读得不错，可惜语言很不简洁，更可惜的是没有让每个学生独立解读，自主发现。课标要求初中学生能"体味和推敲重要词句在语言环境中的意义和作用"。）

教师：那么"流氓""贼"又是在怎样的情况下称呼的呢？有同学找到了么？和我们说一下。

点举手的第二大排第四桌一男生：25段，衣衫褴褛的年老水手。

（随评：并不是第25段，而是第21段；并不是"衣衫褴褛"，而是"衣服褴褛"。教师听后并没有纠正，不够细心和严谨。）

教师:于勒破产没钱了,大家怎样对待他的呢? 见到于勒后,菲利普夫妇有没有去立刻认于勒?

该男生:没有,先打听他的底细。

教师:千方百计不正面和于勒见面,换了另外一条船,躲着于勒。

板书:躲。

教师:从 PPT 和板书可以看出菲利普夫妇对于勒的称呼和一系列态度都是在变化的,那么这些变化的原因是什么? 是什么导致这些变化的?

学生齐答:钱!

教师:没错。

板书:钱。

(随评:探究主题时才需要提到“钱”,才需要提到菲利普夫妇对于勒称呼和态度的变化。)

教师:通过板书我们可以大致了解本文的情节,虽然情节不是很长,但也是波澜起伏的。对于一篇小说而言,情节自然是至关重要的。

(随评:以上算是情节的学习和梳理吗? 太间接了,也太片面了。一般这样设计:首先按照开端、发展、高潮、结局的形式对全文情节进行切分;其次概括情节安排上的特点。如果要换成由人们怎么对待于勒带出情节,必须设计得很巧妙、很智慧、很精准,比如:在“于勒”前面加上一个单字格的动词来切分情节:开端:撵于勒;发展:盼于勒;高潮:遇于勒;结局:避于勒。由此就能顺利概括出情节安排上的特点:跌宕起伏,引人入胜。而即使这样教学,也应该让每人独立学习,动笔概括,而不是教师不停地提问,不停地点名。再说教师的提问大多只是表层的,学生一听即知,没有本质的教学价值。教师的作用是引导学生透过文本表层去发掘,去探究,从而获得新的发现,得到新的提升。这样时间也节省下来了,这个环节也就不需要花 11 分钟了。)

(三)走进人物

教师:但是我们都知道小说刻画的中心并不是情节,而是——

较少学生齐答:人物。

教师:大家觉得本文主要描写的人物是谁呢?

学生七嘴八舌:我,菲利普夫妇,于勒。

点举手的第一大排第三桌一女生:文中描写于勒的地方并不是很多,主要围绕菲利普夫妇对于勒的态度变化写的,所以主人公是菲利普夫妇。

教师:判别主人公,在这里老师教大家一个方法。判别主人公的方法是:可以看文章中对人物的着墨是多少,也就是对人物描写得多不多;第二点就是看人物在文章中的地位和作用。这篇文章主要围绕菲利普夫妇对于勒的态度和称呼变化而写,所以说这篇文章最主要的人物是菲利普夫妇。

(随评:注重学习方法,有学科意识;但现成讲授,缺少学生意识。语文教学得法于课堂、得力于课堂,其方法和能力都要引导学生自主获得。)

教师:那么,这篇文章对菲利普夫妇的描写很多,大家觉得最精彩的部分是哪里? 大家能告诉我吗?

点未举手的第四大排第三桌一男生:没想好。

点举手的第三大排第二桌一女生:26 到 29 段。

教师未作评价,再点举手的第四大排第二桌一男生:25 到 38 段。

(随评:点的都是前面几条桌子的学生。)

教师:还有没有? 老师来说说自己的观点。老师认为最精彩的在 20 到 40 段菲利普夫妇在船上遇到于勒的这一部分。现在请大家有感情地自由朗读,边读边画出文中能体现菲利普夫妇性格特点的地方,并简要地做一些批注。

(随评:既然是"最精彩"的,就不可能有这么多的段落;再说第 20 段到 24 段还没开始正面写菲利普,第 25 段才开始写"我父亲突然好像不安起来……"而第 39 段到 40 段写的是"我"和叔叔于勒的对话。因此前面那位男生回答第 25 段到 38 段才是正确的。要求学生做一些简要批注,正确;但要先介绍批注的基本方法,甚至给出基本的样例,并提醒学生用活动铅笔在书上写批注,不要用水笔乱涂乱画。)

教室鸦雀无声,教师要大家读出来,还是没有声音。教师来回走动观看,大约 6 分钟。

(随评:没有声音是正常的,要动笔圈画和批注,总是在默读中进行的。6 分钟利用率可能不高。)

教师亮出自己的示例:

我认识了一个(自私的菲利普),你瞧,(他在船上认出弟弟时"神色极为狼狈,低声嘟囔着:'出大乱子了。'")运用了神态和语言描写。

教师解释:这里运用了神态和语言描写,说菲利普运用了一个"自私"的人,是因为我觉得菲利普在看到于勒那种衣衫褴褛,就是一种很贫困的生活状态下的时候,他并没有关心他的亲弟弟,而是只是关心着自己。因为说"出大乱子了"是完全从自己的利益的角度出发的。于勒破产了,不能改善他们的生活,所以他才这么说。所以我用了"自私"来概括他的性格特点。

(随评:示例亮得太迟,且算不上示例,与前面对学生提的批注要求不一致。教学语言不规范,不简洁,不连贯。)

教师:接下来请同学们以这样的方式在四人小组内交流讨论,给大家 3 到 5 分钟时间。

(随评:在独立学习的基础上进行小组交流,程序正确;但要求不明确,目的不明晰。)

各组讨论声响起,教师在各组旁边走动并适时询问情况,共 5 分钟。

教师:好了,刚刚大家激烈讨论了,我走下去的话,有些小组特别激烈,但是有些完成得并没有那么顺利,那接下来请各位小组的代表起来说一下,有没有同学自己起来说的?

(随评:看看接下来的发言是不是代表小组的。课堂上普遍存在的问题是:讨论之后点学生发言,说的还是个人的,而不是小组的;教师对此往往不关注,也不提醒。)

点举手的第二大排第六桌一男生:我在文中看到了一个懦弱的菲利普。

教师:第几段?

该男生:有好几段,先从 25 段,他说的脸色十分苍白,第一次提到了菲利普的脸色,神态。

教师:他的脸色是怎样的? 把这一段全都给大家读一遍好吗? 我觉得好像都体现了。

该男生读 25 段,语气语调读得不错。

教师:你刚才说的你看到了一个懦弱的菲利普,那老师觉得呢,这段好像体现了他的心理过程,你也重点读出了,我觉得写他落魄的状态,用"懦弱"不太恰当。其他部分还有吗?

（随评：该生用"懦弱"概括确实不太恰当，但教师说"落魄"更不恰当。"落魄"词典上解释为"潦倒失意"。再说该如何概括，应让全体学生参与评判，而不是教师一个人说了算。）

该男生：还有 34 段，我父亲脸色早已煞白，两眼呆直，哑着嗓子说……这又提到了他的脸色是煞白，两眼是呆直，我感觉他受到惊吓后就……

学生都笑起来。

（随评：这位男生比较细心，将第 25 段和第 34 段结合起来分析"我父亲"菲利普。前面写他"脸色十分苍白"，后面则写他"脸色早已煞白"；前面写他"两只眼也跟寻常不一样"，后面则写他"两眼呆直"；前面写他"低声说"，后面则写他"哑着嗓子说"。可惜教师没有及时利用，更没有引导学生由表达的内容深入到表达的形式，学习作者语言运用的技巧和智慧。）

教师笑：受到惊吓？为什么受到惊吓？

该男生：因为他一开始感觉卖牡蛎是于勒，后来知道了卖牡蛎是于勒。

（随评：表述不规范，应该是"好像是于勒……确实是于勒"。教师没有关注。）

教师：那这体现了他什么样的性格呢？还是懦弱吗？

（随评：教师只在文本表达的内容上追问和探究。）

该男生：我觉得人家都是视金钱如粪土，他就是视亲情如粪土。

教师：哦，视亲情如粪土，金钱至上是吗？

（随评：学生的表达有智慧，教师的重复没智慧。）

该男生：嗯，是的。

教师：嗯，好的。还有吗？

该男生摇头坐下。

许多学生已经举手。

点举手的第四大排第二桌一女生：第 23 段，从神态和语言描写，可以看出她很吝啬又顾面子，她表面说话很圆滑，实际上是想少花点钱少买几个牡蛎，说是关心孩子的健康。

（随评：这位女生分析精准。）

教师：嗯，坐下。这位同学分析得很好。第 23 段表现了母亲这种既顾面子但实质上是为了节省开支的性格。还有其他小组的吗？

点未举手的第一大排第三桌一男生：第 16 段。

（随评：下面开始本节课的第三次"开小火车"了。）

教师：刚刚我们一直解读的是 20 段到 40 段。

全班哄笑。

该男生：27 到 28 段，体现母亲的自欺欺人。

教师：体现了她的什么性格呢？

该男生：自私。

教师：嗯好。后面的同学有补充的吗？

（随评："还有吗""还有补充吗"，既是教师的追问俗套，也是学生没有代表小组发言的证明。让学生代表小组发言，就可以点得少，说得精。）

点第一大排第四桌一男生：第 32 段，父亲和船长搭话，可以体现势利的菲利普。

教师：你为什么这么说呢？

该男生：和 34 段对比，父亲看到卖牡蛎的是于勒以后和之前是另外一种口吻。对船长说话是奉承,对于勒是看不起。

教师:是看不起吗?我看到的是菲利普对于勒破产的事实打击后落魄的心态。

(随评:教师不要轻易站出来表态,尤其是表态还不一定准确甚至还不如学生的时候。)

点第一大排第五桌一女生:第22段,心理描写体现出父亲向往权贵生活。

下课铃声响起。

教师:菲利普不仅时时想爬到上流社会,还在各种细节中模仿上流社会的这样一种虚荣的性格。

(随评:这样批评菲利普,有点泛化了。如果还没下课,可能要运用阶级分析法,往资产阶级虚荣心方面去拔高了。)

教师:文章当中可以体现菲利普夫妇性格的段落其实有好多,由于时间关系,我们下节课再来探讨。

(随评:这个环节花了27分钟,却学得不细、不全,也不准、不深。学得不细、不全,既缘于探究的段落太多,没有缩小和聚焦;也缘于探究的任务太泛,没有明确和落实;还缘于发言的人数太散,答案太初始,没有整合小组的共识。学得不准、不深,则缘于用空泛的共性的通用的结论去贴标签,没有读出人物个体的灵魂挣扎;也缘于只停留在文本表达的内容和思想层面,没有深入到表达内容和思想的形式和技巧去,细致地咀嚼,深入地品析。)

附:板书设计

我的叔叔于勒

```
              盼
   躲    钱    撑
         赞
```

【总评】

这位上课的教师是一位新教师,但从中可以看到许多教师上课的基本特点,不管是优点还是缺点。

(1)学生意识

点举手的学生发言,以"开小火车"的方式发言,朝着某个学生连续追问,在一问一答中进行着教与学,这是这位教师的常态,也是许多教师都有的常态。教学中如何面向全体学生,如何提高班级的学习总分值,如何在个人学习、小组交流和班级交流的各个环节,都使学生的学习效果最大化,且步步提升,这是这位教师和许多教师都亟须解决的。要让课堂教学少一份随意,多一份严谨,主动走出松散的、低效的课堂教学状态。如果组织不干练,教学不细心,就会对不起课堂,对不起学生。

(2)学科意识

如何让课堂提问走出表层的、一问即知的状态,值得教师们思考和研究。教师的作用就是要防止课堂在低级的层面上滑行和绕圈,引导学生由表及里地学习,发现本来没有发现的,获得本来不曾获得的。这节课不妨精益求精地自问一番:第一,所选的教学内容、教学问题、教学时间是不是最准确的、最科学的、最合理的?第二,每个教学环节是不是必需的?有没有可有可无的多余环节？有没有重要的被遗漏的环节？第三,环节之间是不是循序渐进、步步提升的？仅就教学内容来说,在引导学生学习人物和主题等内容的同时,还要着重引导学生学习表现人物和主题等内容的形式和技巧,提高学生语言鉴赏和运用的能力。莫泊桑的写作是很有匠心的,往往在洗练的笔墨中就能揭示人物丰富的内心世界,在有限的篇幅中就能构设波澜起伏的典型故事。如果该发现的没发现,该学到的没学到,就会对不起经典,对不起学生。

（3）技能意识

教学中语音清晰,语气亲切,但语调平缓,缺少变化。穿戴得体,精神饱满,仪态大方,没有多余的手势,也没有多余的小动作。板书用词精到,但不完整,分析人物时没有写相应的文字;布局巧妙,但没有用外圆内方的铜钱形状来构图和点睛。字迹较清秀,但写字慢,不是专业的行书。板书的课题"我"和"的叔叔于勒"之间有空格,比较随意。但最随意的是教学语言,不规范,不简洁,甚至不连贯。对学生的回答基本没有评价,只是机械地重复。这些既是这位教师存在的问题,也是许多教师都存在的问题。如果教学技能弱,缺少艺术性,就会对不起职业,对不起学生。

三、诗歌《相信未来》课堂观察

这是诗人食指写于特殊年代的一首诗歌,曾被人们以特殊的形式传抄了十几年。写作时间为1968年,诗人年仅20岁。当时政治残酷,生活贫困,人们精神迷惘,但作者以年轻人特有的昂扬斗志,表达了身处黑暗现实但仍然"相信未来"的乐观情感和执着信念。这首诗的审美特点是:在情感上先后七次直言"相信未来",洋溢着乐观之美和执着之美;在内容上运用蜘蛛网、余烟、排浪等或悲凉或壮阔的意象,展现崇高之美和庄重之美;在语言上运用"当"字开头的相同句式或不同句式,表现整齐之美和变化之美;在节奏上通过"无情""叹息"等重音和停顿,体现坚定之美和明快之美。

诗人汪国真后来写过《热爱生命》:"我不去想是否能够成功/既然选择了远方/便只顾风雨兼程/我不去想能否赢得爱情/既然钟情于玫瑰/就勇敢地吐露真诚/我不去想身后会不会袭来寒风冷雨/既然目标是地平线/留给世界的只能是背影/我不去想未来是平坦还是泥泞/只要热爱生命/一切,都在意料之中。"与食指的《相信未来》相比,这首诗颇受争议,重要原因可能是形象性偏弱,议论性偏强,"我不去想……既然……就"这一强力的议论句式几乎显性地贯穿了全诗。而前几年出现的"废话体"诗如《一种梨》等更是没有形象性:"我吃了一种梨/然后在超市里看到这种梨/我看见它就想说/这种梨很好吃/过了几天/超市里的这种梨打折了/我又看见它,我想说/这种梨很便宜。"诗歌讲究的是意蕴,是形象,好的诗歌总是充满张力,充满遐思,让人回味无穷;而差的诗歌没有意蕴,没有形象,更没有张力,甚至只有口号和说教。下面这首所谓赛过李杜的"好诗"就是口号和说教的典型:"人有多大胆/地有多大产/不怕做不到/只怕想不到/只要想得到/肯定做得到。"教师要通过本诗的学习,让学生知道现代诗歌优劣的基本评判标准,不被周围的一些所谓的好诗所蒙蔽,并让每人独立创作一两首新诗,然后在班级展示、交流、评选,最后编成电子诗集放在班级学习博客或微信群上,营造新诗学习的高雅氛围。

当然,《相信未来》这首诗也有一些表达上的瑕疵。比如第三诗段前两句"我要用手指那涌向天边的排浪""我要用手掌那托住太阳的大海",往往不易读懂,而且易错读为"我要用手/指那涌向天边的排浪""我要用手/掌那托住太阳的大海"。其实作者是将"手指"比作"排浪","手掌"比作"大海",是令人惊叹的神来妙笔和表达创新。可即使在许多大型的诗歌朗诵会上,朗诵名家们也经常把这两句读错,作者的奇思妙想完全被俗化了。课堂上可让学生尝试着修改,看看有没有消除歧义又保留新奇的方法。虽然比较困难,但会激发学生的表达热情和思维创新。

一首诗歌,需要学习的有情感之美、内容之美、语言之美和节奏之美。站在学生学的角度,按照层层深入的顺序,首先是溢于言表甚至扑面而来的情感的美,其次是表达情感的内容的美,再次是表达内容的语言的美,还有就是诗歌节奏的美。其中内容包括意象,语言包括韵律。这些要让学生在学习诗歌前先形成共识,知道诗歌该学什么、怎么学,以后离开教师也能独立学习。

而在不同的学段,诗歌可以有不同的学习要求。小学阶段主要是感受诗意,体验诗情,培养阅读兴趣;初中阶段则要通过韵律、节奏及典型词句体味诗歌的内容和情感,并了解新诗的文学样式;高中阶段还要学习意象、章法等多种表达技巧,欣赏其独特的表达效果,获得较高的认知理解和审美体验,并学以致用,尝试新诗写作。

学习诗歌最重要的方法是朗读和体验,在朗读中体验诗人的情感,体验内容的美感,体验语言的韵律感。课堂要书声琅琅,诗歌课堂更要书声琅琅。但要引导学生理性地看待广播和电视上经常听到和看到的朗诵方式,那种方式往往是慷慨激昂的,体现了中国人传统的朗诵审美标准;但如果所有的朗诵都追求那种形式,就可能出现故作深沉、拿腔拿调的形式主义倾向。中小学生的阅历和体验与成年人有较大的差异,更不宜刻意追求深沉和老练,要让每人的朗读和体验一致起来,外声内情,声情合一,声情并茂,朗读贵在自然,贵在真情。

本诗被编入了苏教版高中语文必修一。该教材在本诗所在专题的导语中提出了这样的学习要求:"吟诵青春,要用恰当的声音形式传达、呈现你所感受的诗情诗韵。"[①]而在后面的"活动体验"练习中,继续强调这一要求:"朗读诗歌要认真准备,在反复吟诵品味中寻找准确表达作品情感与自己阅读感受的声音形式。"并要学生参照提供的示例,选择部分片段设计"朗读提示",然后以适当的语气和节奏朗读。[②]这样的诵读要求比较科学。

教师在教学本文时需要注意以下问题——

第一,在认知目标的学习中,要有文体意识,要把诗歌上成诗歌,紧扣诗歌特有的学习点来学习,在情感、内容、语言、节奏的依次学习中,品出诗情和诗味。还要有个性意识,在诗歌共性内容的学习中,发现本诗的个体特性,探究作者如何通过独特的内容、独特的语言、独特的节奏来表达"相信未来"这一独特的情感的。

第二,在情感目标的学习中,要有文本意识,要让学生深入文本,体会本文特有的内容、语言和节奏中蕴含的或沉重、或悲壮、或豪迈、或期待的多重情感。还要有朗读意识,读出诗人的情感,也读出自己的体验,且每次朗读不能简单重复,从初始体验的朗读,到深入体验的朗读,要层层深入、步步提升。这样就不会上成政治说教的泛人文课。

下面是实习教师张老师教学本文的实况(第二课时)以及本书的观察评价。

(一)回顾复习,识记巩固

教师上课前板书课题,写到一半,上课铃声响起,教师回头说:"上课!"学生起立,教师边

①② 丁帆,杨九俊.普通高中课程标准实验教科书语文必修一[M].南京:江苏教育出版社,2015:2.

板书边回应:"同学们好!"学生回答:"老师好!"教师继续边板书边回应:"坐下吧!"

(随评:非常随意的课堂启动。题目应在师生互动中现场板书,除非字数特别多。喊上课口令,既是礼节,也是组织,因此教师要先巡视全体学生,看看是不是都安静下来进入上课状态了,然后把"上课"二字喊得响亮些,以提振学生的精神。学生起立致礼后,教师要主动回礼:"同学们好!"学生回应"老师好!"后,教师要主动回复:"请坐!")

教师板书未完,又转过身来,语速较快地说:"大家先把第1—2节齐读一遍。"说完继续在课题右下角板书作者。

(随评:速度太慢,写的不是行书,而是以楷书为底子的不匀称不美观的自然体。题目写得太大。作者"食指"二字写在题目的右下角,布局参差——大多数语文教师也都这么写,课文可从来不会这样排版。)

学生没有立刻齐读,教师转身拿起讲台的课本领读:"当蜘蛛网无情地查封了我的炉台",预备起!

教师说完放下书本,继续板书:江青:这是一首灰色的诗,相信未来就是否定现在。

(随评:结论性的话出现得太早了。再说板书宜短不宜长,长的要放到课件里去。)

学生齐声朗读诗歌前两段。

(随评:教师没有对朗读提出具体的要求,粗放有余。)

学生齐读完毕,教师差不多写完了板书。

(随评:齐读只是为了给教师留下板书的时间吗?)

教师:我们先来回忆下昨天我们的课。昨天我们是不是先把第3节的诗歌的断句先说了一遍? 这恰当的读法应该是"手指""手掌"后面,对不对? 然后这里用了什么修辞?

(随评:表达不简洁,连用三个"我们"。表述太指示,连用"是不是""对不对"。)

学生齐答:比喻。

教师:那这句话的意思应该是我要用——(领着学生说)我要用手指和手掌摇曳着笔杆写下相信未来。也可以这么说,因为这边是比喻嘛,所以就——(领着学生说)我要用像那排浪一样的手指和托住太阳大海般的手掌,还有呢,摇曳着像——(领着学生说)曙光一样的笔杆,用孩子的笔体写下,相信未来。

(随评:教师太主动,领说也基本上变成自己一个人在说了。)

教师:那我们这边再来对"孩子的笔体"做一个解析。"孩子的笔体",大家想一想,自己小时候写字,写出来的字是什么样的啊? 歪歪扭扭的是吧? 非常的——

一学生:丑。

个别学生哄笑。

教师:(微笑了一下,继续说)非常的率真啊! 想一想你小时候虽然字写得不好,不过你是怎么写的啊? 一笔一画,非常的——用心,而且写得很用力,是不是啊? 所以是坚定的。我们一起看一下第10页。孩子的笔体是率真而坚定,所以跟我们小时候写字的样子是一样的。那这里我们说,直白地讲是不是没有诗味? 那用了这种比喻的修辞有什么好处啊? 有什么效果?

(随评:课文第三诗段是:"我要用手指那涌向天边的排浪/我要用手掌那托住太阳的大海/摇曳着曙光那枝温暖漂亮的笔杆/用孩子的笔体写下:相信未来。"既然"直白地讲""没有诗味",那就让学生把该诗段改换成直白的话讲讲看;两相比较,学生马上就能感性地直接地体会到原文的表达效果了,后面回答起来也就不会这么空泛了。)

教师看了一眼名单,点第三大排第二桌一女生的名字。

该女生:能够把作者想要表达的情感展现得淋漓尽致。

教师:嗯,把作者想要表达的情感展现得……好,请坐。再请一个同学。

点第一大排第四桌一男生:更加有寓意。

教师:嗯,更加有寓意。请坐。

点第四大排第五桌一女生:更加活泼生动。

教师:更加活泼生动。好,请坐。

(随评:点了三个学生,重复了三次学生的回答。)

教师:我们看一下。我们先……哦……这个作者选择的喻体"排浪"跟"大海",大家可以从这两个……哦……词语中入手。这样的词语有什么特点?

(随评:教师说话并没有脱稿,看着课本竟也说得这么磕磕绊绊。眼睛也没有看学生,总是闪躲着,还有撩头发的小动作。)

学生随口说:气势。

教师:气势恢宏,哦,气势壮阔是不是啊? 那这样子,前面这两节也是读起来比较的低沉,但在这里,读起来的话会有一种怎样的感觉?

大部分学生把课本翻到前面。

教师:(低头看课本)读起来是不是更加的气势磅礴? 那大家记一下,这边用这种形式表……表达显得气象壮阔,气象壮阔。读起来气势磅礴,读起来气势磅礴,惊天动地,惊天动地。

(随评:学生听着教师这样说话,只有难受,没有享受。)

教师边读边停,让学生做笔记。

(随评:语文课变成了教师口授、学生笔录的应试记录课。平时这样上课的教师并不在少数。)

教师:因为前面呢,作者也是用意象,也是非常含蓄的表达对吗? 所以……这,这里也是用意象,所以我们就抓住意象的特点来分析它的效果。他用了"排浪"的大海,就显得非常的壮阔,使之与前面两节呢语气上语调上都有很大的区别。好,那我们再……昨天还讲了诗歌第一节的意象和它的象征意味,对不对? 我们一起来回顾一下,"蜘蛛网"应该是象征——(领着学生说)黑暗势力。

(随评:教师说话这般啰嗦,学生"情何以堪"?)

教师:"我的炉台"——(领着学生说)希望与自由的园地。

教师:"灰烬的余烟"——(领着学生说)残余的希望。

教师:"美丽的雪花"呢? ——(领着学生说)希望的火花。

(随评:语文课又变成了答案识记课。)

教师:好,那大家就是要学会根据意象的特点来——(停下来操作多媒体,边看屏幕边说)根据意象的特点推出作者所要象征的所要表达的情感。第1节这些意象,我们可以看出当时作者生活的环境是怎么样?

几个学生回答:贫困。

教师:贫困的。那他的心态是怎么样的啊? (领着学生说)乐观。

教师:我们看到作者用了哪两个字? (领着学生说)固执。

（随评：教师老是走在前面领着说。）

教师：所以生活上虽然贫困但是却保持乐观，生活上贫困但保持乐观。（教师停顿一会再次重复，等学生做笔记）生活上贫困但保持乐观。

（随评：语文课真的变成了"知识"的记录课和识记课。其实即使从应试上说，让学生被动地记录和识记这些"知识"，也不会有什么效果的，应该引导学生自主获得知识，自主总结方法，自主培养能力。）

（二）分析意象，体会情感

教师：那我们再用同样的办法来分析一下第2节的意象。第2节我们找到哪些意象？

几个学生回答："紫葡萄"，"露水"。

教师：昨天我们有没有讲过也要注意前面的修饰语？所以是——（领着学生说）"深秋的露水"。

教师：再呢？

学生：（随口）"鲜花"。

教师："鲜花"还是"我的鲜花"？

学生：（随口）"我的鲜花"。

教师：再呢？

学生：（随口）"凝露的枯藤"，"凄凉的大地"。

教师：好，那我们学着用昨天学过的先分析意象的特点然后再推导出作者的情感这样的方法，来让同学们说一下对这个意象的理解，可以自己挑一个，就是自己最有感触的、理解最深的意象说一下。我请几个同学来回答。

（随评：既然已经学过第1节，那就应让学生自主迁移，独立运用，给他们动笔探究的时间，而不应马上"请几个同学来回答"。让学生挑一个"最有感触的、理解最深的"意象来说，民主但不科学，学生可能会避重就轻地选择浅易的本来就会的，而不会主动挑战，有意面对未知的不懂的。）

点第三大排第三桌一女生："我的鲜花"。

教师：嗯，"我的鲜花"。

该女生：就是比喻自己的美好的事物。

教师：美好的事物。鲜花有什么特点？

该女生：很香。

教师：很香。而且它长得怎么样？

该女生：很漂亮。

教师：很漂亮。是不是人人都喜欢？

该女生：嗯。

（随评：如果这位学生说"不喜欢"，看教师怎么办。"是不是"的背后，体现了教师的指示和控制。）

教师：好，请坐。就是鲜花是人人都喜欢的，所以它代表的是生活中，生活中最美好的事物。那么，大家想一想，这些美好的事物有哪些啊？可以是哪些？

（随评：说得啰嗦，问得笼统。）

学生反应不明显，教师问第四大排第二桌一男生：这位同学你说一说生命中美好的事物是哪些?

　　该男生没有回答。

　　教师追问:你觉得生命中美好的东西有哪些?你可以说一说。

　　该男生依然沉默。

　　(随评:这样的问题如果倒过来让学生问教师,可能一下子也答不上来的。)

　　教师:好,请坐。生命中美好的东西是不是大家都喜欢?那你们喜欢什么?

　　一男生:钱。

　　师生皆笑。

　　教师:这个答案跟8班的答案是一样的哦。

　　(随评:既然在8班已经有引导失败的教训了,那到了这个班就应该改进引导的方式。)

　　教师:那我们想一想,成功、荣誉是不是也是大家都喜欢的啊?有了这些是不是就有钱了啊?好,这个是鲜花的意象,再来听听其他同学的。

　　(随评:多余的问话,庸俗的解答。)

　　点第二大排第一桌一女生,没能马上回答。

　　教师:你喜欢什么意象?

　　该女生:"凝露的枯藤"。

　　教师:嗯,"凝露的枯藤"。说说你的理解。

　　该女生:我觉得,对比。

　　教师:对比,哪个和哪个的对比?

　　该女生:虽然它是"凝露"和"枯藤",但是它还是固执的,充满希望的。

　　教师:哦,一个是"枯藤"但是它却非常的固执,充满希望,这之间有个对比。那你可以解释一下"凝露"的意思吗?

　　该女生没能回答。

　　教师追问:"凝露"和"枯藤",你想象一下,这是一个怎样的画面?

　　该女生依然沉默。

　　教师继续追问:"凝露"有什么作用、特点?

　　该女生继续沉默。

　　教师说:好,请坐。

　　(随评:追问随意,效率低下,课堂拖沓。如果先独立学习,后小组完善,再抽样交流,就既省时又高效。)

　　教师:我们知道枯藤是不是已经死掉了的生命就没有生命力?然后作者却用枯藤还是写下了充满希望的"相信未来",可以看出作者在绝望中不绝希望。然后这个凝露,大家想一想露水是不是可以滋养生命?

　　(随评:前面几句说得乱乱的,最后一句说得怪怪的。)

　　少数学生:嗯。

　　教师:但是凝露多不多啊?

　　少数学生:不多。

　　教师:所以是不是无法完全的滋养生命?滋养生命是有限的滋养。这两个之间其实是有一种对比。所以这边应该是虽无收获但又孕育着新的希望。(停顿一会又重复)虽无收获但又孕育着新的希望。

（随评：似乎越说越远了。）

教师：再请一位男生来回答好了。

点第二大排第一桌一男生："紫葡萄"，"深秋的露水"。

教师：嗯，"紫葡萄"。那你一个一个分析吧。

该男生："紫葡萄"是在夏天，然后"深秋的露水"是在秋天。这可以反映，作者青春已经逝去。

（随评：学生说的是参考书上的吗？教师要警惕这一现象。现在许多学生都有"课文全解"之类的多功能、全覆盖的"参考宝典"，独立学习和探究能力逐渐失去了，就像许多教师因为有了各种现成的参考书而逐渐失去独立备课和独立解读的能力一样。）

教师：青春已经逝去。那你觉得这个紫葡萄是现实中的紫葡萄吗？那，应该是什么？

该男生沉默答不出。

教师：好，请坐。

教师：那有没有人也喜欢这两个意象？然后有不同意见的啊？

第一大排第一桌一男生举手。

教师：好，你说一下。

该男生：这是他自己的劳动成果。

教师：为什么说它是劳动成果啊？

该男生：因为紫葡萄是庄稼。

教师：庄稼啊？这是水果哦。它是果实，所以可以比喻劳动成果。然后你说劳动成果怎么了啊？

该男生：被埋没、窃取。

教师：被埋没、窃取从哪里看出？

该男生：化为深秋的露水。

教师：唉，化为深秋的露水。露水有什么特点？

该男生沉默答不上。

教师：好，坐下。

（随评：教师的每次追问几乎都以学生的答不上而告终。）

教师：露水刚刚我们分析过了，是不是有限的滋养啊？而且太阳一出来它是不是就不见了啊？非常的脆弱，容易消逝。在这边，紫葡萄是秋天的还是夏天的？大家想一下。

（随评："露水"真的是"有限的滋养"吗？）

有学生说夏天，有学生说秋天。

教师：我们说秋天是收获的季节，夏天是播种或者是耕耘。这边紫葡萄应该是秋天的，怎样的葡萄会是紫色的啊？

大部分学生：成熟的。

教师：唉，成熟的葡萄尝起来应该是很甜的，所以紫葡萄是甜美成熟的果实。然后它是在秋天，象征希望的成果，然后化为深秋的露水，露水是一下子就没了，所以就意味着劳动成果被化为乌有，被窃取。然后再来看下有没有其他意象。

点第一大排第三桌一女生："凄凉的大地"。

教师:"凄凉的大地"是不是比较好理解啊?"凄凉的"就是给你一种比较荒芜的感觉,"大地"肯定是寓意着当时的社会。所以,"凄凉的大地"就是黑暗的社会。那这样,我们把这些意象大致都解读了一下。

(随评:标准的"讲师",总是想自己讲。)

教师:(操作多媒体,指示大家看屏幕)基本上同学们都说出来了,然后这个"深秋的露水"的话,大家可以对秋天再理解一下。秋天是怎么样啊?我们现在初秋可能还有那个繁茂的树叶,然后到了深秋的时候,是不是开始枯萎、凋零了啊?所以有一种衰败、肃杀。那这里的话"紫葡萄化为深秋的露水"和"我的鲜花依偎在别人的情怀",都是属于自己的劳动成果,怎么样啊——被别人拿走了,窃取了,所以心情上应该是怎么样啊?

较少学生含糊地回答。

教师:低落,失落。但是作者的,那个,有没有一直让自己堕落下去啊?

(随评:教师几乎没有一次说得简洁,说得规范。)

大部分学生:没有。

教师:他这边是不是也用了"固执""依然固执"的?所以心理上失落,但是依然一往情深,依然是"固执地"。我们可以看这两节的句式是不是非常的相似?先是说现实的残酷,然后表达作者的信念——相信未来。现实是残酷的,诗人选择的意象呢?整体上是给人一种怎么的感觉啊?

基本没有学生回应。

教师:灰暗的、冷色调的,是不是?灰暗的、冷色调的借以表现残酷的、黑暗的现实。那尽管这样,诗人依然坚持自己的理想,相信未来。"相信未来"这样的语句有一种内在的力量。大家可以记一下啊,"相信未来"这样的语句有一种内在的力量。将现实的残酷,现实的残酷,诗人的无助,诗人的无助,和知其不可而为之的,和知其不可而为之的,执着与理想,执着与理想,糅在一起。知道哪个"糅"吗?(写了又擦掉)表达了诗人,绝望中诞生信念,绝望中诞生信念,给人以强烈的震撼,和崇高的悲剧感,给人以强烈的震撼和崇高的悲剧感。"崇高"不要写错。

教师一直关注学生做笔记情况。差不多都记好了。

(随评:教师读答案,学生写答案,这样的教学能培养学生的什么能力呢?)

教师:一般人面对困难是不是就投降啊?作者却依然非常的坚持、固执。那我们来理解一下"固执"这两个字。"固执"是不是虽然现实黑暗但是依然相信?那他这样子是不是也不知道未来是怎么样,是不是有点无理啊?没有理由的,我就要这么相信未来。但是我可以用司马迁的定理来解释作者相信的这个信念。

(随评:何为"无理"?何为"定理"?用词随意。)

教师:司马迁写了什么?《史记》。他在《报任安书》写到这样一句话:"故述往事,思来者。"

板书:思来者。

教师:大家理解一下"思来者","思"是什么意思啊?

学生:思考。

教师:思考。这是使动,(边说边板书)使……思考。"来者"呢?

学生答不出来。

教师：后来人，以后的人，是不是？所以就是使未来的人思考，他说这句话是为什么呢？因为当时很多人觉得他受了宫刑，就不应该生活在这个世界上了，觉得他受了这样残酷的严罚，特别是对一个男人来说，（同学哄笑）受了这样的刑罚他依然还活在这个世界上是非常屈辱的。但是他却不这么想，他认为他写这些事，那个往事，可以得到借鉴，而且会给以后的人提供很多的资料。他就坚持自己的理想，并且相信以后总会有人理解他的。那么，我们可以看到，他这个信念是不是正确的啊？未来，我们现在，是不是对《史记》有很高的评价？所以作者虽然是固执，虽然是无理，但却是"无理而妙"。

（随评：用司马迁的事例来解释诗人"执着"的无理，多余而且不准。）

教师：（操作多媒体，看着电脑屏幕）然后我们再来看一下普希金的一段话，他说"灾难的忠实的姊妹——希望"，就是说灾难总是和希望在一起的。食指自己也说过"痛苦的吟哦只为追问光明"。虽然食指的诗作总是痛苦的、压抑的，但是他还是对光明非常的憧憬和渴望，我们也可以看到他为之不断奋斗拼搏的身影。这两句话大家可以摘录一下，然后写作的时候可以用一下。

教师停顿，让学生做笔记。

教师：那让我们一起把这两节诗读一遍。这里描写的是现实的黑暗，所以应该用怎样的基调来读？

少数学生：低沉。

教师：低沉。语速呢？

少数学生：缓慢。

教师：缓慢。好，那我们一起来读一下。回想一下昨天学习第一节的时候啊。（领读）"当蜘蛛网"，预备起！

全体学生齐读。

教师：我们看到前面几节读得稍微低沉缓慢，但是"固执"和"相信未来"这几个字是不是可以读得稍微坚定点啊？好，那我们就继续看下面的文章。我们谈到了"现在"，那么这首诗是不是也有"相信未来"啊？"未来"，又有怎样的内涵呢？大家在4—6节诗中找一找"未来"的内涵。既然"现在"是黑暗的，那"未来"是怎样的？大家找一找，看看能不能用文中的话来解释"未来"。

点第四大排第四桌一女生：未来有拨开历史风尘的睫毛，有看透岁月篇章的瞳孔。

教师：唉，找得很准确。她是在第四节找的，对不对？作者把"未来"说成了什么？

少数学生：她。

教师：那个"她"又指的是什么呢？

几个学生含糊回答：睫毛和眼睛。

教师：这睫毛、瞳孔是什么啊？

大部分学生：眼睛。

（随评：满堂问往往是低级的，有意无意地把学生当作一无所知者，而学生也真的会被越问越无知。）

教师：唉，是眼睛。写未来着重写的就是未来人们的眼睛。那这个眼睛又有怎样的特点呢？他说，"拨开历史风尘""看透岁月篇章"。那这样说好像还是有点含蓄，我们能不能找到更加明确的话描写未来？直接就把它的那个本质说出来？看看有没有。（停顿一会）有没有同学找到了？自告奋勇。

没有学生回应。

教师：那我就抽个学号吧，26号。

第三大排第一桌该女生：未来会对，会给予更加公正的评判。

教师：嗯，是在第几节？

该女生没有回答。

教师：我们一起来把这节读一遍。"那无数次的探索、迷途、失败和成功"，预备起！

学生齐读。

教师：也就是说未来是会给予热情、客观、公正的评定，所以作者会坚定地相信未来。这时我们看到，现在是怎么样？苦难的、黑暗的，但是作者知道这是不可避免的，所以我们等待未来的评定。这是无奈无助中固执的信念。那我们一起来把4—6节齐读一遍吧。"我之所以坚定地相信未来"，预备起！

学生齐读。把末尾的第7节也读了。

（随评：该环节花了20分钟。大多是在一问一答中耗去的，效率低，效果差，学生参与面低下。放眼全国，这样的语文课不在少数。）

（三）分析手法，朗读体会

教师：我刚才说读4—6节。既然第7节读完了，那我们来说说第7节是怎么样啊？什么内容？

（随评：第5诗段中"腐烂的皮肉"和第6诗段中"我们的脊梁"等难懂的内容偏偏没有引导学生去理解和探究。）

大部分学生：呼吁。

教师：呼吁人们一起相信未来。前面作者第1第2节、第3第4节基本上是用什么手法来表达情感的啊？

学生没有明显的反应。

教师：是间接的、委婉的，还是直接的啊？

大部分学生：间接。

教师：间接、委婉，通过什么来抒情？

大部分学生：景色。

教师：那这一节跟前面有没有什么不同？直接抒情是一种热情的呼唤，最后一节是年轻的诗人发自内心的呼喊。诗人放弃了意象的转换，直抒胸臆。大家记一下吧。直抒胸臆。以异乎寻常的，以异乎寻常的——坚毅、刚强，坚毅、刚强，执着，告诉人们，告诉人们，不管人生多么艰辛，不管人生多么艰辛，无论命运多么坎坷，都应该坚韧不拔，都应该坚韧不拔，百折不回，百折不回，相信未来，热爱生命。既然这一节是热情的呼告，那应该读出怎么样的感情啊？热情、激昂是不是？那大家刚才读出来了吗？还是稍微有点欠缺哦？有没有同学要试一试的啊？

学生没有反应。

教师：找个男生来读一下。没有自告奋勇的男生吗？体育委员是哪个？来，体育委员读一下，读出那种热情、激昂。

（随评：让体育委员来读出热情、激昂，也是一种调动气氛的方式。）

第三大排最后一桌该男生:就读这一节?

教师:嗯。对,因为你现在是要对我们呼吁。因为你说的话,以后我们都要相信未来。你要读出让我们相信未来的那种感觉来。

该男生朗读。

教师:大家觉得怎么样? 大家鼓掌。

师生一起鼓掌。

(随评:朗读前只有笼统的要求甚至没有要求,朗读后没有具体的评判甚至没有评判,只有盲目的空泛的鼓掌,听的人不知道好在哪里,读的人也不一定知道好在哪里。这种现象也普遍地存在于我们的课堂中。)

教师:好,那我们一起读一下,把这种热情还有激昂读出来。特别是最后几个字啊,把它读得非常着重,强调。"朋友,坚定地相信未来吧",预备起!

学生齐读。

(随评:朗读既要讲究语气,也要讲究语调;教师两方面都点到了,但第一太现成,第二不具体。教师自己也没有示例性的朗读。)

(四)回顾全文,总结启示

教师:嗯,大家热情都出来了。我感受到大家对生命的热爱,还有对未来的希望。那我们再回到这里江青的话,昨天是不是有人同意有人不同意? 那有些同学还没有表态,那我觉得,其实没有表态也是一种表态。这句话我们可以辩证地来看,那我们说这是一首灰色的诗,你觉得这句话对不对啊?

(随评:说得啰嗦,也说得多余,学生不太可能说同意江青的话的。)

多数学生:不同意。

教师:不同意啊? 我们可以看到这首诗歌前半部分是描写现实的灰暗,是灰色的基调,但是它着重强调的情感是什么啊?

多数学生:相信未来。

(随评:其实并没有跳出江青的话。)

教师:我们刚才分析了一个词是什么啊?

多数学生:固执。

教师:固执地相信未来,所以它还是一首积极的、乐观的一首诗。所以有人说它是绿色的。(板书"绿色的")它是一首生命的赞歌。那相信未来就是否定现在。虽然这么说好像有点非常的什么? 客观。但是文中确实有否定现实的部分,也有相信未来的部分。应该说是相信未来,热爱生命,然后否定现在或者有另外更好的说法。总之这句话应该说是可以有自己的理解,不同的理解。

(随评:什么叫"绿色的"? 这段话其实也是在绕着江青的话说。)

教师:那我们现在一起再把这首诗齐读一遍。读出积极乐观,也要读出对现实的否定、无奈、无助哦。"相信未来,食指",预备起!

(随评:这节课齐读的次数不少,但大多还是初始的本能的反复诵读,没有明显的提升,也没有明显的学段特点。)

学生齐读全诗。

(随评:这个环节至此花了5分钟,基本没有新的学习内容。)

教师:来给自己鼓鼓掌,读得都很好。像"枯藤"啊,"急切"特别是,哦最后一段还有那个"热情、客观、公正的评定",这些地方都读得非常好。各位同学的朗读都有进步。那,《相信未来》这篇课文我们学习到作者用意象来表达情感的这种写作手法,然后呢也学会了怎样分析意象。是怎样分析啊——先分析意象的特点,然后根据特点推测作者的情感。这是写作技巧方面的。

(随评:又是教师现成地总结,主动地解说,而不是让学生独立地主动地总结各自的学习收获或学习启示,并交流一下学习疑惑。再说教师传授的分析意象的方法也比较直觉。)

教师:还有一个是精神上,作者这种"相信未来,热爱生命"的积极乐观的情感有没有给你们一点启示啊?生活上有没有一些启示啊?

学生没有太大的反应,教师点第一大排最后一桌一女生。

该女生:无论遇到多大的困难,都不能放弃。

教师:嗯,好,请坐。以后遇到困难呢,都不轻言放弃。作者这种永不言败的精神给了我们启示,以后我们在生活中也可以借鉴这种精神。

(随评:"纸上得来终觉浅",一个人的精神成长不是靠"背书"得来的,而是要浸入文本的语言,融入自己的情感,自主感受,自主获得。)

附:板书设计

相信未来

食指

江青:这是一首灰色的诗。

相信未来就是否定现在。　　　思来者

绿色的　　　　　　　使……思考

【总评】

这堂实习教师的课,让我们感到了语文教师专业化的重要性、迫切性和严峻性。著者作为一名师范院校语文课程与教学论的教师,深感责任重大。可能有读者会质问:"为什么要选这种不好的课堂来观察评价?这样的课太不典型了!"其实,在职教师的许多课摄录下来,整理成文字,很可能也基本是这个样子。再说这位实习教师的课上还能看到另外两位语文教师的影子,一个是他当年的语文教师,一个是他现在的实习指导教师。因此这是一个值得剖析的样本,能引发广大语文教师的反思和警惕,并多一份沉重和责任。

(1)学生意识

教师每次抛出学习任务后,都没有让全体学生独立学习、自主探究,更没有相互交流、共同提升,而是马上点一个个学生回答过去,并不停地追问下去,追问后有时还自己抢着回答,缺少让学生自主成长的意识。与新课改之前的课堂教学没有任何区别。课堂上始终响着教师的声音,基本上是教师自己在学习,而不是学生在学习。教师忙,学生闲。下课前也没有让学生自主总结学习收获或提出学习疑问。

(2)学科意识

这节课比较注重意象的学习和情感的理解,但学习内容不全面。比如本诗句法、章法等语用上的特点没有学习,重音、停顿等节奏上的特点没有学习,朗读的方法也没有学习。仅就后者来说,朗读基本处在自发的本能的状态下,没有引导学生通过语气的情感性变换和语调的节奏性变化学习朗读的方法,教材编者所要求的让学生自主设计朗读提示,以适当的语气和语调朗读诗歌的学习要求没有得到体现,"在反复吟诵品味中寻找准确表达作品情感与自己阅读感受的声音形式"的学习要求更没有得到体现。如果诗歌教学结束后,学生没有获得诗歌欣赏的方法和能力、诗歌朗读的方法和能力,那就不算是合格的诗歌教学课。而更合格的课,还应让学生获得诗歌创作的方法和能力。别的文体的教学也基本如此。

(3)技能意识

教学语言随意,零碎,拖沓,想怎么说就怎么说,没有专业性和艺术性可言,废话多得可以装满一个大箩筐。试想,如果某个电视广告中的语言也这样随意,零碎,拖沓,那会是什么广告效果?会带来怎样的负面影响?学生是弱势者,不会对教师直接表达不满,但教师今天的说话品质,将直接影响学生明天的说话品质;而学生的说话品质,又决定了未来社会的说话品质。教师课前准备不充分,对课堂缺少敬畏之心。对学生的回答几乎没有具体评价,只有机械的重复。语音清晰,语调亲切,但口头禅"唉""哦""嗯"等多得满天飞。教师没有朗读课文,缺少朗读的基本功。穿戴比较精神,但边上课边频繁地看手表、扶眼镜、撩头发、眼光也闪烁不定,不够自信和大方。板书没入门,内容不准,样式不佳。

第二节　非文学类

一、书信《尺有所短 寸有所长》课堂观察

这是一篇由两封来往的书信组成的课文。小学生张国强在全国征文比赛中得了奖,受了采访,但班里的很多好朋友却疏远了他,这让他感到很伤心,很生气,也很寂寞,心想:"不就是我的成绩超过了他们,他们嫉妒我呗!有什么了不起的!"为此他写信向作家柯岩老师"讨教","希望您帮助我摆脱困境"。柯岩根据张国强小同学的心理进行推断,认为他失去朋友的主要原因在于他自身,并结合自己年少时曾有过的类似经历,告诫张国强:尺有所短,寸有所长,"一个人如果总是用自己的长处去比别人的短处,那么他不但会停止进步,还会形单影只,十分寂寞;如果他能不断找出自己的短处,不断发现与学习别人的长处,他就会飞快地进步,越来越奋发乐观"。

这篇课文有三个学习点。一是书信的表达技巧,要学习如何简洁、准确地表达自己的想法,如何礼貌、得体地与对方交流。二是书信的表达格式,要学习开头如何称呼,正文如何展开,结尾如何致意并签署姓名和日期。三是书信的表达内容,要学习如何正确地认识自我,如何与同学和睦相处。其中前面两个是认知学习目标,后面一个是情感学习目标。

学习书信等实用类文体,重在运用。小学学段可立足于表达格式的运用,初中学段可侧重于表达技巧的运用,高中学段则要在两者的基础上突出表达内容的个性化展现。

本文被编入了人教版四年级上册教材。编者在《教师教学用书》中说:"选编这篇课文的意图,一是引导学生了解课文中提出的成长中存在的问题,提醒学生避免类似问题;二是学

习用书信进行书面交际。"①课程标准对第二学段(3—4年级)提出的写作要求是:"能用简短的书信、便条进行交流。"②

在信息化高速发展的今天,书信已经逐渐淡出了人们的生活,"鸿雁传书"的慢速时代已经一去不复返。但是,人们在互联网上用电子邮件交流,还是在写信,还是要讲究简洁、准确地表达,礼貌、得体地交流,以及开头顶格称呼与结尾顶格致意等。而信封的使用方式则主要转移到了物流快件上。

教师在教学本文时需要注意以下问题——

第一,在认知目标的学习中,首先要让学生读懂两封信的内容,理解"尺有所短,寸有所长"的含义。课程标准对第二学段(3—4年级)提出的阅读要求就有:"能初步把握文章的主要内容,体会文章表达的思想感情。"③其次要让学生懂得两封信的作者如何简洁、准确地表达自己的想法,如何礼貌、得体地与对方交流;再次要让学生懂得两封信在格式上是如何开头称呼,如何结尾致意并签署姓名和日期的。而这三点,都要让学生在自主学习中获得,教师不能现成讲授、主动告知,不然学生始终没有自主学习的能力。就其中的礼貌、得体来说,作家柯岩的回信堪称典范,她没有以一个"年逾古稀"的老者自居,而是放低身段,自抖"家丑",主动介绍自己年少时的"不良"经历;最后提出"尺有所短,寸有所长"的告诫时,也不是高高在上地训教,而是亲切和蔼地交谈。相反,小学生张国强的一些用语就不够礼貌,不够得体,比如"讨教"一词,一般用于同辈之间;而"希望"一词,则用于长辈对晚辈、上级对下级。学生明白了这些,就知道以后该怎么和别人交流了。

第二,在情感目标的学习中,教师要让学生在两封信的文本学习中自主懂得如何与同学相处,自主领会"尺有所短,寸有所长"的道理,而不能空头说教,虚泛灌输。在学生正确领悟的基础上,还要引导他们结合自己的生活经历主动体验,并在课堂上真诚介绍,坦率交流,相互启发,共同成长。

学完课文后,还要让每人付诸实践,用现代化的方式写信——用电子邮件给老师或父母写一封信,简洁、准确而又礼貌、得体地表达自己在学习中遇到的问题或在生活中产生的想法。

下面是市级名师刘老师教学本文的实况以及本书的观察评价。

(一)导入新课学习

教师:这节课咱们来学习一篇新课文,课题是——(用课件亮出,全班齐读)尺有所短,寸有所长。

(随评:导入太平实,太简单,没有在情感与认知的双激趣中进行。比如先在情感上这样激趣:"我们已经是四年级的学生了,在这四年的学习中,你遇到过问题吗?遇到问题你会向人家求助吗?你会拿起笔来用写信的方式求助吗?"然后点几个学生自由说说。之后在认知上激趣:"今天,有个叫张国强的小同学,就遇到了一个问题,并写信向人家求助了。那么,他遇到了什么问题呢?他是如何求助的呢?别人又是怎样帮助他的呢?让我们进入课文,看看事情的经过。")

① 课程教材研究所,小学语文课程教材研究开发中心.义务教育课程标准实验教科书语文四年级上册教师教学用书[M].北京:人民教育出版社,2004:183.

②③ 中华人民共和国教育部.义务教育语文课程标准(2011年版)[S].北京:北京师范大学出版社,2012:11,10.

（二）了解书信格式

教师：早自修的时候，咱们已经预习了课文。通过预习，同学们发现这篇课文在形式上跟以往的课文有什么不一样？

随机点第四大排最后一桌一男生：这篇课文是两封信。

（随评：发言从随机点名开始，从离自己最远的后桌开始，细心可嘉。）

教师：是呀，一封是——（板书）张国强，另一封是——（板书）柯岩。

（随评：说话有条理，但不规范。）

教师：书信是我们刚刚接触的一种文体，它由五部分组成。（指着大屏幕逐一介绍）"张国强同学""柯岩老师"这部分叫称呼，中间这一大块叫正文，"敬祝"和"祝你"这两块叫结尾，最后两部分是"署名"和"日期"。

（随评：说得太现成、太主动了，学生失去了自主探究和归纳的机会。说得也不规范，"敬祝"和"祝你"并不是"两块"，"署名"改为"姓名"才能与"日期"并称。）

教师：请同学们仔细观察，写书信的时候有什么讲究？这五部分的正确格式是怎样的？两分钟后，老师请你们回答。

（随评：教师说话简洁，但不精确，"有什么讲究"与"格式是怎样的"似乎不是同一个问题；如果是，则前者可删，后者中的"正确"二字也可删。先给出时间让每人独立学习，正确。）

随机点第一大排最后一桌一男生：写称呼的时候顶格写。

（随评：点名的区域和性别与上一个太一致。简单的问题不用点个体回答，让每人一起开口说，教师按照五个部分的顺序依次提问，边提问边看着全体学生，看看有没有不会开口的。）

教师：是呀，第一行的称呼不仅要顶格写，还得加上冒号。那正文呢？

（随评："加上冒号"也要让学生自己去发现，教师不要主动说出来。）

举手的学生很少。

（随评：说明"正文呢"问得太大了。）

点举手的第一大排第一桌一女生：我觉得正文就像我们平时的作文，得一段一段分开来写。

教师：是呀，写正文的时候还得注意分段。（指着屏幕）你发现张国强同学给柯岩老师的信的正文首先得——

举手的第四大排第三桌一男生抢着说：首先得写"您好！"

教师：那结尾呢？

点举手的第二大排第三桌一女生：结尾写祝福的话，首先空两格，再顶格。

（随评：这些一眼就能发现的简单的"答案"，都应让每人一起开口，一起加入。）

教师：是呀，结尾分两行，第一行空两格写"祝你"或"敬祝"，第二行写祝福的话。那两封信的"祝你"和"敬祝"这两个词可以互换吗？

（随评：前面的话说得太现成，后面的话问得有价值。）

学生没有反应。

教师：也就是说张国强同学对柯岩老师说"祝你身体健康"，柯岩老师对张国强同学说"敬祝健康快乐"，这样可以吗？

（随评：继续细化问题，体现了教师的细心。）

点举手的第三大排第四桌一男生:不行,得注意人物的身份。

(随评:不宜先点举手的,举手的总会说的;要先点不举手的,了解他们的真实情况。)

教师:是呀,"敬祝"表示张国强同学对柯岩老师的尊敬。我们在写祝福语的时候得注意不同的身份。最后得写上署名和日期,分别写在——(和学生一起说)右下角。

课件亮出并齐读写信顺口溜:

称呼顶格加冒号,换行两格问个好。

正文每段空两格,有主有次不乱套。

事情谈完写祝福,健康快乐常祈祷。

先署名,后日期,分行写在右下角。

(随评:注意方法的归纳,可嘉。只是教师做得太现成,学生再次失去了自主探究和总结的机会。)

(三)判断书信格式

教师:同学们,昨晚刘老师在备课的时候,找到了乐乐姐姐曾经给灰太狼的一封信。咱们一起来看看——

教师边亮边读:

灰太狼先生:

你好。

作为你的忠实观众,虽然你从来没有见过我,但是我对你却很熟悉。

你作为一只狼,却从来没有成功吃到小羊,对此我深表同情。作为动画片中的大反派,你总是失败,闹出一大堆笑话,但是,这不影响我对你的喜爱。因为我从你的行为中,看出你有很多令人敬佩的优点。

首先,你是当之无愧的好丈夫、好爸爸。每次抓到小羊都会拿来讨好老婆,从来不吃独食;老婆不高兴了,你会想尽办法哄她开心,而且打不还手、骂不还口;对待儿子,你也十分疼爱。所以大家都说"嫁人就嫁灰太狼"。

其次,你很热爱劳动,即使在外面很辛苦,你仍然坚持做家务、洗衣服、带孩子、下厨和收拾房间,"绝世好狼"说的就是你啦!

还有,你非常聪明能干有毅力。每次抓羊的办法都是你想出来的,虽然最后羊从锅里跑了,但你的发明创造能力值得肯定。并且,你的那句"我一定会回来的"宣言让我印象深刻,这真是屡败屡战的典型例子,你的永不放弃的精神永远值得我们学习。

祝你

心想事成

潘乐乐

2015 年 12 月 25 日

学生一个个坐得笔直,眼睛睁得大大的,听得特别认真。

(随评:教师把自己女儿乐乐写的信略加改造,作为学习材料,既体现了教师的智慧,也体现了教师的认真。偷懒的教师往往会把现成的但又很陈旧的材料搬出来给学生用,让学生看得恍若隔世。当然这封信有几处语病。)

教师:你觉得乐乐姐姐写信的格式对吗?

(随评:问得不完整,要往下问:为什么?)

点举手的第二大排第一桌一女生:称呼要顶格写。

(随评:没有先让每人独立学习,且往下点的都是举手的。)

点举手的第一大排倒数第二桌一男生:正文部分"作为你的忠实观众"部分忘了空两格了。

点举手的第一大排第一桌一男生:"你好"也要空两格。

点举手的第二大排倒数第二桌一女生:还有结尾中的"祝你"要空两格,而"心想事成"要顶格写。

点举手的第四大排倒数第二桌一女生:最后的署名和日期得写在右下角。

(随评:以上五个发言者中,两个都是第一桌的,三个都是倒数第二桌的,取样不典型。)

该环节学习结束。

(随评:在点名中结束学习会留下"烂尾楼"。应问问大家还有没有问题或疑惑,有的就举手。如果都不举手就随机抽点,并随机检测——把刚才的格式抽取几个问问他们,这样就知道全体学生学得如何了。该环节花了6分多钟,不算省时。)

(四)认识生字

教师:同学们,真能干!短短的几分钟就学会了书信的正确格式。那本课要求认识的生字,你学会了吗?如果有不会的,可以参考书中的拼音。

(随评:"真能干"表扬得有点盲目,是不是真的都"学会了书信的正确格式",很难说,教师要细心,清醒,严格。生字词没有现成告诉他们怎么读,正确。课标对3—4年级提出的要求就有:"有初步的独立识字能力。会运用音序检字法和部首检字法查字典、词典。"[1])

亮出:

我会读:

冒昧;寂寞;

分析;患者;

和睦相处;受益匪浅;年逾古稀;形单影只

过一会儿,教师开始检查。

随机点第三大排最后一桌一男生(学困生),该生读第一行,全部正确。

随机点第二大排第一桌一女生(学困生),该生读第二行和第三行,全部正确。

(随评:关注弱者,细心且有爱心。)

教师:看来,你们预习得很充分。请全班同学一起读吧!

(随评:先个体检测,后全体齐读巩固,正确。但个体检测的人数太少,样本不足。)

教师:下面这四个词可是我们本课刚刚出现的新词,你能根据意思选择正确的词语吗?每位同学先浏览,待一会儿老师请同学发言。

亮出:

我会选:

和睦相处　受益匪浅　年逾古稀　形单影只

受到的益处非常多。(　　　　　)

年岁超过七十。(　　　　　)

---

①　中华人民共和国教育部. 义务教育语文课程标准(2011 年版)[S]. 北京:北京师范大学出版社,2012:10.

孤零零的一个身体,一个影子。形容孤独,没有伴侣。(   )

(随评:这种方式难度太低,只是趣味性的;不妨倒过来,让学生对着成语说出具体的意思。)

随机点第一大排倒数第二桌一女生回答,之后全体学生一起评判:对!

随机点第四大排第三桌一女生回答,之后全体学生一起评判:对!

教师:同学们不仅能正确读词,还能正确理解,了不起!

(随评:随机点名正确,但只点了两个学生,取样还是不够。教师的表扬过头了,再说两位女生代表不了"同学们"。该环节结束时也没有反馈。)

(五)学习课文

1. 学习第一封信

教师:张国强为什么要写信给柯岩老师呢?咱们有必要先来了解一下柯岩。

(随评:学习顺序不对,应先了解第一封信的内容,再了解作者柯岩。)

亮出:

柯岩,本名冯凯,满族人。当代著名女作家、诗人。已出书五十余部。

教师:(朗读字幕后)一位小学生能给大作家柯岩写信,那真是荣幸之极。张国强为什么要写信给柯岩老师呢?请默读第一封信,边读边思考,如果有困难的话,可以参考老师大屏上的填空题。

(随评:教师说话比较简洁。"如果有困难的话"有语病。)

亮出:

张国强在作文比赛中得了奖,好些朋友(   )他,(   )他,张国强感到很(   ),于是写信给柯岩老师,希望柯岩老师能帮他(   )。

(随评:句式不错,为学生理解课文内容提供了帮助;但可能帮得太多,学生已经四年级了。)

随机点第一大排最后一桌一女生:张国强在作文比赛中得了奖,好些同学疏远他,嫉妒他,张国强感到很寂寞,于是写信给柯岩老师,希望柯岩老师能帮他摆脱困境。

随机点第三大排第三桌一男生:张国强在作文比赛中得了奖,好些同学不理他,嫉妒他,张国强感到很寂寞,于是写信给柯岩老师,希望柯岩老师能帮他摆脱困境。

教师:这道填空题有不同的答案,刚刚两位的答案都是正确的。咱们先学着前一位同学说一说,再学着第二位同学说一说。

(随评:教师表态太主动,应先让学生评判。说两个答案都是正确的也不对,其实都是错误的。依据课文来判断,"疏远"他,"不理"他,才是正确答案;而"嫉妒"他,只是张国强同学的主观感觉。填空句式也设计得不到位,张国强"感到很"后面应列出三个"很"来让学生填写:很伤心,很生气,很寂寞。)

学生齐说。

(随评:让学生对着句式说,难度太低,至少要"脱稿"说,不看屏幕,且要说得精准。让大家学着两个同学的错误答案说,不对。)

2. 学习第二封信

教师:柯岩老师针对张国强的问题,给出了什么建议?请默读第二封信。3分钟后,老师请你回答。

点举手的第四大排第三桌一男生:柯岩老师建议张国强同学从自身找原因。

点举手的第四大排第一桌一男生:柯岩老师让张国强取长补短。

(随评:点名取样又不典型了,不管是层级、区域还是性别。这两个建议加起来才完整。教师的提问太泛,不是"什么建议",而是"哪些建议"。)

教师板书:取长补短。

(随评:板书的倾向性太明显,前面一条"从自身找原因"也应该板书。)

教师:柯岩老师为了说服张国强同学,还——

点举手的第二大排第三桌一男生:举了自己的亲身经历。

教师:是呀,柯岩老师小时候和年青时候也曾经——

点举手的第一大排第一桌一女生:骄傲过。

(随评:简单的问题要让每人一起开口说。)

教师:从哪些句子可以看出她也骄傲过? 请拿出笔用横线划出。

点举手的第二大排第三桌一男生:"我小时候是个骄傲的孩子,听到了一些夸奖,就觉得自己比谁都强。"

点举手的第四大排第二桌一男生:"青年时代因为写出了一点作品,也曾飘飘然过。"

(随评:发言的学生都是举手的,都是前三桌的,且大多是男生。)

教师:什么叫"飘飘然"? 是不是柯岩老师真的飘起来了?

(随评:这样问会误导学生,会致使学生把错误答案先入为主地印在脑海里。)

点举手的第三大排倒数第二桌一女生:不是,是说柯岩老师很骄傲。

教师:是呀,正因为骄傲,柯岩老师在以后的工作中,柯岩老师经常——

(随评:半截子话不能一直用下去。)

点举手的第一大排倒数第二桌一男生:碰钉子,摔跟头。

(随评:很典型的一对一。一问一答,一教一学,面向少数。)

教师:什么叫碰钉子,摔跟头? 像这样的词语课文中还有呢。红眼病、碰钉子、摔跟头这些词语不仅有表面的意思,还有深一层的含意呢! 你能根据意思来连一连吗?

学生拿出作业纸,教师用课件亮出:

连一连:

红眼病　　　比喻遭到拒绝或受到斥责。

碰钉子　　　比喻在生活中遇到各种困难。

摔跟头　　　取得好成绩非常羡慕而嫉妒。

(随评:三个词的比喻义都没有取自《现代汉语词典》,不够严谨;且末句"取得好成绩非常羡慕而嫉妒"不通,前面也缺少"比喻"二字。)

教师亮出答案,让学生校对。

(随评:校对之后还应反馈,了解学生的过关情况和学习疑惑。)

教师:同学们,柯岩老师在生活、工作中不断碰钉子,摔跟头,又在生活中亲眼看到许多比自己优秀千百倍的人,这才慢慢理解了这些话的深意。咱们一起来读读柯岩老师的经验。

亮出:

我学着发现人家的长处,一点一滴地改正自己的不足,我拥有了越来越多的好朋友,彼此知心交心,患难与共。我还做得不是很好,但已经受益匪浅,能够保持平衡的心态,乐趣无穷了。

学生齐读。

教师:柯岩老师还让张国强同学记住——

学生齐说:尺有所短,寸有所长。

教师:因为——

学生齐读:一个人如果总是用自己的长处去比别人的短处,那么他不但会停止前进,还会形单影只,十分寂寞;如果他能不断找出自己的短处,不断发现与学习别人的长处,他就会飞快地进步,越来越奋发乐观。

教师:文中有一个词语跟"尺有所短,寸有所长"的意思差不多。这个词是——

学生一起回答:天外有天,人外有人。

(随评:两者的意思不能说"差不多"。且课文的原话是"人上有人,天外有天"。)

教师:这两个词又是什么意思?

学生一起回答:告诉我们不要骄傲。

(随评:似乎答非所问,"什么意思"与"告诉我们"不一致。)

教师:因为各有——

学生一起回答:有自己的长处,也有自己的短处。

该环节结束。

(随评:这样教学容易调动学生的积极性,但可能太零碎。以上只学习了写信的内容,但更核心的写信的方式和技巧没有学习。该环节花了18分钟,效率不高。)

(六)学写书信

教师:同学们,你们的童年肯定发生过许多有趣的事,这些事可以是发生在家里的,也可以是发生在校内的,请拿起笔用书信的方式告诉刘老师,让刘老师下节课来分享你的快乐!

(随评:这个环节不可少。但写"有趣的事"可能会被写成普通的作文,忘了是在与人交流;最好让学生谈想法,说疑惑,提建议。写信的形式也要与时俱进,让学生用电子邮件写给老师。)

附:板书设计

尺有所短   寸有所长

张国强   取长补短   相互学习   班里同学
←———————————————→
天外有天   人外有人

【总评】

这位刘老师的课,不华丽,不空洞,上得朴实,真实,踏实。

(1)学生意识

这节课点学生发言时能从后面的开始,从未举手的开始,关注学习弱势的学生;可惜没有贯串整节课,有些环节还是只点举手的学习优势的学生。课堂上个体发言太多,简单的问题没有让全体学生一起开口,一起加入。每个教学环节结束后缺少反馈,没有问问学生学得如何,是否过关,还有没有问题或疑惑。教师有时教得太主动,太现成。小学阶段教师的作用可以体现得多一些,但学生独立学习和自主学习的意识和能力要从小学就开始培养,不然到了初中和高中(甚至大学),学生始终依赖,不会独立,不会自主。小学、初中、高中三个学段的教师需要相互听课,以更全面地了解学生,在教育教学上形成合力。

(2)学科意识

这节课步骤清晰,简明干练,操作性好;但没有按照两封信写什么、怎么写的步骤循序渐进地进行。如果先让学生思考:张国强小同学因为什么事向柯岩老师写信求助?他是怎么说的?而柯岩老师回信时对张国强说了些什么?她又是怎么帮助的?在此基础上再引导学生水到渠成地自主归纳写信要怎么写,这样就能把书信特有的表达内容、表达技巧和表达格式学得全面、细致而且深入。教材编者在《教师教学用书》中提出了这样的教学建议:"在学生自读自悟的基础上,引导学生围绕'课文主要提出了一个什么问题''如何解决这个问题''从中悟出些什么'展开讨论,让学生各抒己见。同时,引导学生体会柯岩在回信劝告国强时是非常真诚、耐心的,这样才可能令国强信服。然后拓展延伸,鼓励学生推想:国强的问题还有可能会是什么原因造成的?你对此有何看法?引导学生结合自己的经历畅所欲言,教师要注意倾听,相机指导,形成互动。"[①]这个建议在实施时把控不好会滑向泛人文课。但是这堂课走向了另一个极端,基本上只有认知方面的学习,学生的情感体验、成长感悟基本上被舍弃了。如果在下课前花几分钟,让学生对着课题"尺有所短,寸有所长"自主总结,结合各自的真实经历说说此时的感受和从中受到的教育,学生就能真切地获得精神的成长。因此如何在教学中做到认知目标不偏离、情感目标不偏废,需要教师把好关,持好度。

(3)技能意识

教师仪态大方,从容自信,有亲和力。牛仔裤和毛衣配上黑色马丁靴,较有活力。口语标准,说话顿挫,朗读专业,但半截子话较多。说话有气场,但教师稍显强势,氛围不太活跃。讲课脱稿,准备认真。板书工整匀称,所写楷体受过专业训练。整个板书有布局,有关键词,但不全面,只有书信写作内容方面的,没有书信写作技巧方面的。

二、说明《苏州园林》课堂观察

这是叶圣陶先生介绍苏州园林的一篇说明文。写说明文关键是要找准说明对象的特征,并运用相应的说明顺序、说明方法和说明语言,把该特征说清说透,给读者留下深刻的印象,并从中获取知识,开阔视野。苏州园林数量众多,各具匠心,要从中概括出本质特征并不容易,需要作者精深思考和精准提炼。叶圣陶是苏州人,"想童年时常与窗侣嬉游,踪迹遍山径楼廊汀岸",对苏州园林十分熟悉,加上他有高度的艺术修养,对苏州园林有过长期的欣赏和深入的研究,因此能从众多苏州园林中提炼出共性的本质的特征:"务必使游览者无论站在哪个点上,眼前总是一幅完美的图画。"作者围绕该特征,从七个方面依次介绍:讲究亭台轩榭的布局,讲究假山池沼的配合,讲究花草树木的映衬,讲究远景近景的层次,讲究角落的图画美,讲究门窗的图案美,讲究建筑的色彩美。

本文脉络清晰,但写得比较隐性。全文共 10 个自然段,其中第 1 段开篇,第 10 段结束,第 2 段总写,第 3 段到第 9 段分写。而分写的各段中,第 3 段到第 6 段依次介绍的内容,在

① 课程教材研究所,小学语文课程教材研究开发中心.义务教育课程标准实验教科书语文四年级上册教师教学用书[M].北京:人民教育出版社,2004:184.

第2段中已经有明确的总领句:"讲究亭台轩榭的布局,讲究假山池沼的配合,讲究花草树木的映衬,讲究近景远景的层次。"但第7段到第9段的内容,第2段并没有再用三个"讲究"来总领(刚才述及的"讲究角落的图画美"等三个"讲究"只是著者的基本概括)。而已有的四个"讲究"的总领句,也没有依次再现于第3段到第6段的句首。第7段到第9段,每段更没有用"讲究"的句式开头。再说第7段到第9段其实只是补充性的介绍,合并起来也可以用一个"讲究"来统摄:"讲究各个细部的美",成为第五个"讲究",与前四个"讲究"并列。但在这三段"小讲究"前,也没有独立的一段来总领——诸如"苏州园林除了讲究前面四个大的方面,还讲究小的各个细部的美"这样的话。因此,阅读本文,需要师生擦亮眼睛去发现。而发现的过程,就是走进课文的过程,也是学习作者独特的语言运用形式和技巧的过程。对于初二年级的学生来说,要发现这些很不容易,需要教师先用专业的眼光去发现,再用科学的方式去引导。

之后教师还要引导学生思考:作者为什么要写得这么隐性?学生写作文能不能这样写?学生写作和作家写作有什么不同?要让学生明白:学生写作,属于写作的初级阶段,要符合写作的共性要求,写得简单、明了,让人一看就懂;而作家写作,已经走出写作的初级阶段,从共性走向个性,讲求写作的变化、灵活和多样。本文第3段到第6段如果再次出现四个"讲究"的原话,可能显得单调机械;但学生写作,倒应该如此,要从简单甚至机械开始,把文章写得一目了然。

因此要慎用仿写,虽然课文后面的"研讨与练习"最后一题就是仿写的小训练。叶圣陶儿子叶至善也说:"许多语文老师常常采用这样的办法:教过一篇课文就让同学们仿照这篇课文写一篇习作。我以为这个办法不太好,因为有些课文,或者从内容说,或者从形式说,并不适宜于同学们仿作。"①说明文《看云识天气》从形式上说就不适宜仿写,结构不典型,不是总分总形式。当然他认为这篇《苏州园林》"仿作是可以的,但是要注意从实际出发"。

此外还要问问学生:介绍各个细部美的三段(第7段、第8段、第9段)是不是可以删去?删去这些枝蔓,文章的主干是不是更加突出?要让学生在比较中发现,有了这三段,才能把苏州园林的总特征说清说透,让读者真切地感受到"游览者无论站在哪个点上,眼前总是一幅完美的图画"。

说明文在中小学教材中虽然数量不多,但覆盖面广,小学、初中、高中三个学段都有。教学说明文,要让学生知道说明对象的特点是说明文的核心,说明顺序、说明方法、说明语言三个要素都是围绕它展开,为它服务的。教学中还要根据文本的不同和学段的不同,在说明对象、说明顺序、说明方法和说明语言四个学习点中分出主次来,不要每篇都面面俱到,平均使力,不然学生会学得单调而且无趣。说明文是学生最不感兴趣的文体之一,也是教师最不想教的文体之一,但是随着社会的发展,说明文越来越显示出重要性。教师要运用自己的教学智慧,让学生喜欢学习并善于学习,不断提高理解和概括的能力。说明文的写作,与诗歌写作一样少而又少,甚至几乎为零,教师也要让学生学写说明文,提高说明文体的语用能力。

本文被编入了人教版八年级上册教材(其他版本的教材也有收入)。人教版在该单元的导语中要求理清说明顺序和全文结构,认为"把握了全文的条理和思路,就容易把握全文说

① 叶至善.假如我教《苏州园林》[A]//课程教材研究所,中学语文课程教材研究开发中心.义务教育课程标准实验教科书语文八年级上册教师教学用书[M].北京:人民教育出版社,2016:111.

明了事物什么样的特征或什么样的事理"。单元后面的专题知识则是"说明要抓住特征"。将本文特点和单元要求结合起来,可以推知本文的学习重点是说明对象的特征,包括该特征是什么,如何说明该特征。虽然本文后面的"研讨与练习"涉及说明对象的特征、说明顺序、说明语言、说明方法等多个方面,但需要面中抓点,并让其他几个面为特征这个点服务。课程标准对第四学段(7—9年级)提出的要求是:"阅读新闻和说明性文章,能把握文章的基本观点,获取主要信息。"①这个要求比较笼统,需要细化。

教师在教学本文时需要注意以下问题——

第一,在认知目标的学习中,首先要让学生明确说明文的学习内容、学习顺序和学习方法,以后离开教师也能独立学习、有效学习;其次要让学生自主梳理全文的框架,用最简短的话说说全文的写作思路和各段大意,使隐性的文章脉络变得显性和明晰;再次要在此基础上组织学生思考和讨论三个问题:作者为什么要写得这么隐性?主体部分的段落顺序是不是可以调换?介绍各个细部美的三段是不是可以删去?最后教师要多放手,须知《苏州园林》在人教版八上第三单元中已经是第三篇说明文了,教师应让学生把学习前两篇说明文的方法迁移运用,独立自主地学习。叶圣陶说:"教任何功课,最终目的都在于达到不需要教……给指点,给讲说,却随时准备少指点,少讲说,最后做到不指点,不讲说。这好比牵着手走,却随时准备放手。"②

第二,在情感目标的学习中,教师可以适当播放苏州园林的图片和视频,以激发学生对苏州园林的喜爱之情;但要在学生深入学习文本语言,体会作者的喜爱之情后再播放,不能先后颠倒、喧宾夺主。作者在一些简短的语言中也表现出了无限的喜爱之情,如"(高树与低树)俯仰生姿""(开花的时候)满眼的珠光宝气,(使游览者感到无限的)繁华和欢悦"。叶圣陶说:"语文这一门课是学习运用语言的本领的。"③作者通过语言来表情达意,这就是运用的本领;读者则应深入语言细心领会,培养理解的本领。叶圣陶说:"作者的努力既是从旨趣到符号,读者的努力自然是从符号到旨趣。读者若不能透彻地了解语言文字的意义和情味,那就只看见徒有迹象的死板板的符号,怎么能接近作者的旨趣呢?"④此外,教师还可以介绍苏州园林的历史和代表性的几个园林,增进对苏州园林的感情;但也要在充分学习课文后适度进行,不能抛开课文大讲特讲,不然就变成历史课和地理课了。

总之,要在教学中充分体现叶圣陶先生的教育思想。

下面是实习教师周老师运用"非指示性"理念教学本文的实况以及本书的观察评价。

(一)激趣导入

(教师先板书课题及作者)同学们,你们有没有去过苏州园林?(学生随口答:没有。)老师也没有去过苏州园林,但是苏州园林已经影响到全国各地的公园了。今天,我们将跟随课文一起走进苏州园林,领略它的风姿和美妙。今天学习的课文题目是——(学生齐答)苏州园林,作者是——(学生齐答)叶圣陶。

(随评:导入自然,但激趣不够。学生回答说没有去过苏州园林,教师可继续问:"那去过

①　中华人民共和国教育部.义务教育语文课程标准(2011年版)[S].北京:北京师范大学出版社,2012:15.

②　叶圣陶.为中学语文复刊题词(1977年)[J].中学语文,2016(10).

③　叶圣陶.叶圣陶论语文教育[M].石家庄:河北教育出版社,1986:192.

④　全国中语会.叶圣陶、吕叔湘、张志公语文教育论文选[M].北京:开明出版社,1995:56.

本地的公园吗?"并借用课文第一段中的话往下说:"苏州园林是我国各地园林的标本,各地园林或多或少都受到苏州园林的影响。"然后说:"因此,苏州园林更完美,更经典。要鉴赏园林,就要先鉴赏苏州园林。今天就让我们跟随课文走进苏州园林。"情感激趣之后,再进行认知激趣:"走进苏州园林之前,请大家思考一个问题:假如让你来介绍本地的公园,你会抓住什么特点来介绍? 又会按照什么顺序来展开? 再请你推测一下作者叶圣陶会写苏州园林的什么特点? 又会怎么展开?"这样导入,学生就能在情感和认知两方面都得到较充分的激发。该环节只花了 35 秒,太少,一般需要一两分钟。此外教师的讲课声音不够响亮,开场气势不足。)

(二)明确学习内容

教师:从文体角度上看,本文是属于什么文章呢?

学生齐答:说明文。

教师:同学们答得非常准确且快速。既然这篇课文是我们本学期学的第一篇说明文,那学习说明文,我们要从哪几个方面展开呢? 先思考几秒,请同学们一起开口说。

(随评:本文被当作第一篇说明文给这位实习生上了。"一起开口说",有面向全体的意识。)

学生断断续续回答:说明方法,说明对象。

教师:看来同学们不是非常清楚,请把书本翻到单元导语,我们齐读第二段话,读完后用四个四字格的词来概括学习说明文的几个方面。

(随评:借助单元导语中的话让学生把握说明文的四个学习点,有教学智慧。单元导语中的话是:"学习本单元,要注意课文怎样抓住特征来介绍事物,要理清说明顺序,了解常用的说明方法,体会说明文准确、周密的语言。"不过现在教材修订后已经没有这段话了,教师可变换方式,让每人试着给说明文下定义,边下定义边明确说明文的学习要点。)

教师:(在学生齐读后)所以我们要从哪几个方面来学习?

学生齐答:说明对象,说明顺序,说明方法,说明语言。

(随评:这是"非指示性"教学的重要特点。教学一种新的文体时,教师要引导学生明确该文体的学习内容、学习顺序和学习方法。上面只讨论了学习内容,后两项缺少。说明文的学习顺序一般是先学习它说明了什么,即说明的对象;再学习它怎么说明,即说明的顺序、说明的方法和说明的语言,因此排在第一位的是说明对象,另外三个顺序没有定数,但可从宏观到微观排序为:说明顺序、说明方法、说明语言。说明文的学习方法是:自主阅读,自主概括。在师生获得以上共识后,教师还要主动告诉学生:这节课的学习质量,关键看每位同学阅读课文的精细度和概括内容的精准度,不要依赖老师,老师不会现成地讲给各位听。)

(三)概括对象,初识"园林"

教师:本文的说明对象是什么?

学生齐答:苏州园林。

教师:答得非常准确。

亮出课件:

任务:请快速浏览课文,用笔划出文中能概括苏州园林总体特征的一句话。

要求:快速、准确(两个要求逐级提升)。

时间:1 分钟左右。

（随评：先亮出学习三要素，能提高学习的科学性。但要灵活运用，该任务比较简单，学习时间比较短，可以不用课件亮出，改由口头直接表述，在学生回答说明对象为"苏州园林"后，马上往下引导："作者是怎么概括苏州园林总体特征的呢？请每人用铅笔把这句话划出来，快速、准确、全面。"这样就可避免每个环节都用三要素呈现的单一和呆板。学习要求一般为三级，以照应下、中、上三个能力层级的学生；但从灵活性来说，只让学生划出一句话，可以不提三级要求。）

教师：（1分钟后）由于这篇课文我们已经读过很多遍了，同学们都已经划出句子了。请徐慧琳大声地告诉大家你找到的句子。

随机点第四大排最后一桌该女生：务必使游览者无论站在哪个点上，眼前总是一幅完美的图画。

（随评：从最后一桌开始点名，细心；但简单的问题要让大家一起开口说，教师看着大家，看看哪几个开不了口，哪几个口型对不上。）

教师：同学们找的句子和她一样吗？

齐答：一样。

教师：看来我们都非常的聪明，能够快速、准确地找到这句话，那接下来再让我们齐读这句话。

（随评：缺少反馈，没有问问哪些同学没有找到，什么原因。）

学生齐读。

（随评：齐读能起到确认和强化的作用。）

教师：这句话概括了苏州园林的总体特征，接下来请同学们用多个短句概括苏州园林的具体特征，到课文中截取原话，截取不到的再用自己的话概括，写在学习纸上。我们先来看下这三级要求。

亮出课件：

任务：请用多个短句来概括苏州园林的具体特征。到课文中截取原话，截取不到的再用自己的话概括。请写在学习纸上。

要求：简洁、准确、全面（三个要求逐级提升）。

时间：3分钟左右。

教师："简洁"是指简单而不啰嗦；"准确"是指审题，不能答非所问；"全面"是指多角度、多方面思考问题。接下来就请同学们按照要求完成任务，时间3分钟左右。

（随评：先主动解释要求，比较细心；但解释得不太准。"简洁"是指概括的内容简明不啰嗦，"准确"是指概括的内容切合不偏失，"全面"是指概括的内容完整不缺少。）

教师：（3分钟后）好，时间到。我们请胡雅欣回答下，声音要响亮，要使教室里离你最远的吕灿都能听到你的答案。

（随评：提醒细心，组织干练。"回答一下"不能随意简缩为"回答下"。）

随机点第一大排第六桌该女生：苏州园林里都有假山和池沼。

教师：你觉得自己的答案达到了哪级要求？

胡雅欣：简洁。

教师：应广成。

点举手的第一大排第三桌该男生：因地制宜。

教师:陈瑶,请你来评价下应广成的答案。

随机点第一大排第一桌该女生:比较简洁。

(随评:让学生自评和互评,正确。发言的学生都是第一大排的,区域取样不典型。)

教师:老师的任务是从课文中截取原话,截取不到的再用自己的话概括。现在觉得自己的答案达到全面的要求的同学请举手。

(随评:三级要求中,"简洁"之后是"准确",还没到"全面"呢。学生自评和互评都说只达到了"简洁",教师就要往下问:那"准确"的答案是什么?"准确"而且"全面"的答案又是什么?通过引导让学生知道,回答出七个"讲究"中的任何一个,都达到了"准确",而七个"讲究"都答到了,才算"全面"。)

点举手的第四大排第一桌男生童俊成:亭台轩榭的布局,假山池沼的配合,花草树木的映衬,近景远景的层次。

教师:其他同学同意他的意见吗?

学生齐答:同意。

教师:他找的是课文中的原话,那我们看下这四个方面一一对应课文中哪些段落。

(随评:学生说"同意",不一定对的,童俊成同学回答时把四个动词"讲究"都抛掉了,再说应该有七个"讲究"的答案呢。教师没有引导大家思考,却马上跳到下一步去了,问大家"一一对应课文中哪些段落"。)

学生齐答:第3、4、5、6段。

教师:第7、8、9的内容能不能用一句话来概括?

(随评:应先分别概括,最后合起来总括。)

教师引导学生分别讲出第7段讲的是苏州园林的角落,第8段讲的是门和窗,第9段讲的是色彩。

教师:这三段,我们从体积上看是非常小,所以老师概括为"讲究其余各个细部的美"。

(随评:教师概括得太现成,学生失去了一个培养概括能力的极好的学习资源和学习机会。学生要将7、8、9三段合在一起概括为"讲究其余各个细部的美",是非常不容易的。不要说初二的学生,高二的学生都不一定概括得了,甚至包括一些教师;但是让学生自主概括的过程,就是培养学生自主学习能力的过程。)

亮出课件:

讲究亭台轩榭的布局

讲究假山池沼的配合

讲究花草树木的映衬

讲究近景远景的层次

讲究其余各个细部的美(角落、门窗、色彩)

教师:王一诺,你来评价下老师的答案。

(随评:让学生评价教师的答案,体现了"非指示性"教学的民主。前面让学生明确文体学习内容等,则体现了"非指示性"教学的透明;而设置学习的"三要素",则体现了"非指示性"教学的科学。)

随机点第一大排最后一桌该男生:简洁、准确。

(随评:那"全面"呢?教师的答案还不"全面"吗?教师应该追问下去,以了解该生的真实想法。只点一个学生来评价,太少。)

教师:通过刚才的学习,同学们是不是真的掌握了苏州园林的具体特征? 现在能够简洁、准确、全面地说出来的同学请举手。

(随评:及时反馈,体现了教师的细心、清醒和严格。"说出来"应是"概括出来",两者不完全一样。)

教师:有些同学还不能说出来,斯睿,你再来说一下苏州园林的具体特征。

随机点第四大排第四桌该女生:亭台轩榭的布局,假山池沼的配合,花草树木的映衬,近景远景的层次,其余各个细部的美。

教师写板书:亭台轩榭、假山池沼、花草树木、近景远景、细部。

(随评:该环节实施得还不够科学,效率还不够高。首先,亮出的学习任务就应明确要求学生概括课文第3段到第9段的段意,每段都用"讲究"的句式概括;其次,独立学习后要让学生在小组内交流,形成最佳答案;再次,班级交流时只需点一个小组的代表发言,让其余各组表态评判或纠正完善。这样做,时间更省,效率更高。这步结束后,再引导学生思考作家写作和学生写作的差异,让学生意识到,作家不是为编课本而写作的,他们考虑的是变化、灵活和多样,我们学习课文要通过概括和提炼,使复杂变得简单;同时学生写作尽可能不要这样,要前后一一对应着写,让读者一目了然,要从简单开始;这一步过关了,再求变化、灵活和多样。)

(四)概括顺序,细探"园林"

教师:看来这个环节已经学得非常好了,现在进入下一个环节。说明文在介绍说明对象时往往会按照一定的说明顺序。那接下来就请同学们回忆下说明顺序有哪几种。

(随评:"非常"这类极端的表扬语要慎用,已经出现好几次了。)

学生:(随口)时间顺序,逻辑顺序,空间顺序。

教师亮出课件:

时间顺序:按照时间先后顺序来说明。

空间顺序:按照由表及里、从左到右、从上到下等顺序来说明。

逻辑顺序:按照从主到次、从总到分、从具体到抽象、从现象到本质等顺序来说明。

(随评:要让学生对每种说明顺序充分思考后再亮出来。)

教师:接下来就要让同学们完成任务了。

亮出课件:

任务:自由朗读第3段到第9段,对照三种说明顺序,概括作者介绍苏州园林具体特征的说明顺序,并说说理由。请写在学习纸上。

(随评:前面一个环节是"快速浏览",这里应该采用更快一些的方式,至少也是"快速浏览",而不是"自由朗读"。任务表述不简洁,"并说说理由。请写在学习纸上",可合并为"并将理由写在学习纸上"。)

要求:简洁、准确、全面(三个要求逐级提升)。

时间:3分钟左右。

教师:(独立学习结束后)现在在小组内交流2分钟,小组交流的目的是相互完善,形成最佳答案。

(随评:能主动点明小组交流的目的。)

教师:(小组交流结束后)请徐潇涵小组发言。其他小组认真听,听后要能按照要求评价徐潇涵小组的答案。

随机点该小组中的男生章义波:空间顺序。

教师:请你们组其他成员来补充理由。

学生没有回答。

教师:看来你们组并没有仔细完成任务。陈瑶,请你来评价下他们组的回答。

(随评:没有完成学习任务,是该提出批评。当然关键还是要加强学习过程的组织,不让他们虚度时间。)

点举手的第一大排第一桌该女生:不准确。

教师:刚才老师看到大家主要写了两种说明顺序,一种是逻辑顺序,一种是空间顺序,那我们一起来讨论下到底是哪种说明顺序。胡丽妃,你来讲讲。

点举手的第三大排第二桌该女生:是从最主要的部分写到次要的部分,所以是逻辑顺序。

教师:你们觉得她的这个理由怎么样?

学生:(随口)有道理。

教师:看来你的理由的确具有说服力,这部分的内容的确就是按照逻辑顺序。

教师板书:逻辑顺序。

教师:刚才同学们对说明顺序的回答并不是非常准确。接下来,我们来做个小小的检测,概括全文的说明顺序及结构。

亮出课件:

概括全文的说明顺序及结构。请写在学习纸上。

要求:快速、准确、全面(三个要求逐级提升)。

时间:1分钟左右。

(随评:两个环节之间有递进与提升,但设计的内容不科学,说明顺序只能用于主体部分,无法用于全文。两个环节也可合并成一个来设计:概括主体部分3—9段的说明顺序,概括全文1—10段的结构,先各用一个词语或短语概括,再用几句话简要解释说明顺序,用图示具体画出全文结构。)

教师:(1分钟后)时间到,现在请同学们一起开口说,全文的说明顺序是什么?

学生齐答:逻辑顺序。

教师:结构?

学生:(随口)总分总,总分。

教师:同学们有不同的意见,我们看下到底是总分总结构还是总分结构。关键看最后一段话,是不是达到总结的作用。

学生:(随口)没有。

教师:"可以说的当然不止以上这些……"这句话的作用和昨天讲的一道作业题差不多,起到了总结全文,收束的作用。并且"不止这些"再次激发了学生的学习兴趣,留有余味,体现了作者语言的严谨性,的确起到了总结作用。

(随评:教师教得太现成。既然学生说"没有",就让他们说说理由。)

教师:通过这个环节的学习,能够说出主体部分和全文的说明顺序的同学请举手。

（随评：反馈及时；但不能总是让过关的能说出的举手，还可倒过来让没过关的不能说出的举手，并主动说说原因或疑问。该环节共花了14分4秒，效率不高。只让学生说出说明顺序和全文结构是不够的，这样学习太静态，太知识化。首先，在学习方式上，要让学生用大小括号的图示列出来回答。这个图示中，第1段和第2段为总，最后的第10段为总，第3段到第9段为分；其中第3段、第4段、第5段、第6段是并列关系，分别介绍四个"讲究"，而第7段、第8段、第9段既可以跟前面四个"讲究"并列，也可以三段合起来，作为第五个"讲究"，和前面四个并列。其次，在学习目的上，要让学生通过概括说明顺序和全文结构，更深入地理解说明对象苏州园林的总特征，并要提问学生：第2段到第9段各段之间的顺序可不可以调换？第7段、第8段、第9段三段既然是次要的，可不可以删去？要让学生知道从主到次的逻辑顺序是不能随意调换的，而删去那三段后苏州园林的总特征就说得不充分了。这样学生就能更细致地理解本文写作的形式和技巧、匠心和智慧，从而更深入地领会作者"运用语言的本领"。）

（五）概括语言，品味"园林"

教师：说明文在按照一定的说明顺序介绍说明对象时，它的语言最大的特点是什么呢？

（随评：环节之间的过渡语设计得比较用心，但还比较生涩，也比较生硬。）

学生随口说：准确。

教师亮出：

任务：请用笔划出文中至少两处能体现说明文语言准确性的句子，并圈出句中关键词，试着分析关键词在句中的意思。

要求：快速、简洁、准确（三个要求逐级提升）。

时间：2分钟左右。

教师：我们先来看下例子。

展示样例：

苏州园林据说有一百多处。

（随评："例题学习法"用得适度，没有在亮出例题后马上亮出答案。）

教师：平时你们在答题时，光光只说了说明文语言的准确性，而忘记分析这个词语在句中的具体含义。这个句子中的关键词是？

（随评："光光只说了"表述不规范；"关键词是"表述不完整。）

学生齐答："据说"，"多"。

教师：这两个词在句中的含义是什么呢？不懂可以查《现代汉语词典》。

（随评：提醒学生查阅词典，正确；但让八年级学生查阅这两个常用词，不对。）

点举手的第一大排第三桌男生应广成：据别人说，听别人说。

教师：怎么分析"多"呢？请吕挺大声地告诉大家。

点举手的第二大排第一桌该男生：不止一百处，多于一百处。

（随评：举手的总是知道的。）

教师：通过分析我们才能得出说明文语言的准确性。接下来就请同学们完成任务，要求是快速、简洁、准确。时间2分钟左右。

教师板书：准确。

（随评："据说"和"多"主要体现了说明语言的严密，而不是准确；体现准确的是文中的

"标本""艺术""技术"以及"隔而不隔,界而未界"等,这些词都出现在课文后面的"研讨与练习"中,教师可直接拿过来用。说明文语言的基本特点是准确和严密,但两者有区别。)

课件回到上一页。

教师:(学生独立学习后)王玉倩请你来说说,回答时要响亮。

随机点第三大排第三桌该女生:106页第1段。"绝大部分"说明不是所有的,体现了说明文语言的准确性。

教师:至少两处,所以还有一处。

王玉倩未答。

教师:胡丽妃,请你来评价下王玉倩的答案,达到了快速、简洁、准确的哪级要求?

随机点王玉倩的同桌胡丽妃:简洁、准确。

(随评:学生互评后,教师也要评价。同时自评互评要灵活运用,要防止机械化。)

教师:董一诺。

随机点第一大排第二桌该女生:第1段,各地园林或多或少都受到苏州园林的影响。"或多或少"说明了受到影响的程度。

点举手的第一大排第三桌男生应广成:107页第6段第3行,"大多"说明还有其他的不是这样的,体现了说明文语言的准确性。

(随评:如果独立学习后在小组内交流完善,再由小组代表向全班综合介绍,就不会这么零散了。)

教师:你回答得非常准确。老师也找了一些句子。其中有些同学们已经讲过了,有些没有,老师要检测同学。

(随评:亮出的用于检测,方式灵活。)

亮出课件:

(1)苏州园林据说有一百多处。

(2)苏州园林可绝不讲究对称,好像故意避免似的。

(3)至于池沼,大多引用活水。

(4)似乎设计者和匠师们一致追求的是:务必使游览者无论站在哪个点上,眼前总是一幅完美的图画。

(5)大致说来,那些门和窗尽量工细而绝不庸俗,即使简朴而别具匠心。

随机点第二大排第三桌女生胡靓说第5句:"大致"是"大概",并不是十分确切,体现了说明文语言的准确。

检测结束。

(随评:检测资源用得太不充分了,只用了一个题目,只点了一个学生。)

教师:看来同学们对这个知识点掌握得非常好,那接下来就来读读这几句话。先请同学们调整坐姿,抬头挺胸,要把红色字体加重读,读出说明文语言的准确性。

(随评:才点了一个,就得出"非常好"的结论了。以上五个题目,似乎只有第5题中的"工细""庸俗""简朴""匠心"体现说明语言的准确,别的都属于说明语言的严密。)

学生齐读。

(随评:齐读并重读能起到深化学习的作用。该环节花了8分34秒,但基本没有学到"准确"的语言。而"大多"等"严密"的语言本节课不学也不要紧,从小学到初一学习说明文时已多次学过这些通用性极强的"严密"语言了,而"准确"的语言则不是通用的,每个文本都不一样。)

教师:昨天,我们班的徐潇涵和徐纯告诉老师这篇文章的语言很美,并不像说明文。其实,我们从语言风格角度分,说明文可以分为平实性说明文和文艺性说明文。而我们今天学的《苏州园林》就是文艺性说明文。接下来就请同学们找出至少两处你认为写得美的词句,细细赏析,并用一个词概括作者的语言特点。要求是:准确、细致、深刻。准确是指仔细审题,不能答非所问;细致是要分析得细腻而不能夸夸其谈;深刻是指要有一定的深度而不能浮于表面。时间3分钟左右。

(随评:由同学的话引出说明文的分类,并引出文艺性语言的学习,自然巧妙;但《苏州园林》并不算典型的文艺性说明文,任何一篇说明文都会适当借助其他表达方式的,再说本文是为一本摄影集写的"序文"。)

亮出课件:

任务:请找出至少两处你认为写得美的词句,细细赏析,并用一个词概括作者的语言特点。

要求:准确、细致、深刻(三个要求逐级提升)。

时间:3分钟左右。

教师:(独立完成后)接下来交流2分钟,小组交流的目的是细化、深化组内的成果。

教师在黑板上用简笔画构成卷轴的板书形式。

(随评:画得太早,课文学习还没结束呢。再说板书构图也不宜单向地主动地画,也要让学生参与进来,形成共识后再水到渠成地画出来。)

教师:老师先随机抽点姚英萍小组。

点第四大排第一桌女生姚英萍本人,该女生只提到"寂寞"一词,但并未细细赏析。

教师:大家一起来看下"寂寞"这个词。这个词在句子里是什么含义?

学生:(随口)单调。

教师:是的。"寂寞"是指这里的花和树会因为花时相同而颜色单调。这个词可以体现本文语言的什么特点?

学生:(随口)细腻传神。

教师:有想自主发言的小组吗?方李昂小组举手了,吕云鹏。

(随评:先随机抽点,后自主发言,程序合适。)

点第三大排第一桌该男生:第4段中"池沼或河道的边沿很少砌齐整的石岸,总是高低屈曲任其自然"。这句话中"高低屈曲任其自然"写出了苏州园林十分讲究,体现了作者用语的细致入微,语言特点是细致入微。

教师:徐潇涵,请你来评价下吕云鹏的回答是不是达到了准确、细致、深刻。

随机抽点第三大排第五桌该男生:准确、细致、深刻。我觉得他们组"细致入微"这个词用得很好。

(随评:认为达到准确、细致、深刻,评价过头了。教师也应评价。)

教师:陈瑶自主举手了,我们一起来听听她的见解。

点第一大排第一桌该女生:第5段中"珠光宝气"这个词,因为"珠光宝气"最开始是形容华丽珠宝,体现了花的繁多和错杂,像珠宝一样华贵。从中可以体现出叶圣陶用词十分的得当。

（随评：用"得当"一词概括不了作者用词的精妙。以上三例足以说明八年级的学生赏析用词的妙处是一个难点，教师需要运用"例题学习法"，先让大家一起学习，形成共识、明确方法后，再往下学习。而这方法也主要用于文学类文本的学习，本文的文艺性语言让学生涵咏品味即可，不必花太多时间动笔赏析。）

教师：老师也找了几个句子，有些句子刚才已经提到了。

亮出课件：

(1)或者是重峦叠嶂，或者是几座小山配合着竹子花木，全在乎设计者和匠师们生平多阅历，胸中有丘壑。

(2)池沼或河道的边沿很少砌齐整的石岸，总是高低屈曲任其自然。

(3)高树与低树俯仰生姿。

(4)有几个园子里有古老的藤萝，盘曲嶙峋的枝干就是一幅好画。

(5)开花的时候满眼的珠光宝气，使游览者感到无限的繁华和欢悦。

(6)墙上蔓延着爬山虎或者蔷薇木香。如果开窗正对着白色墙壁，太单调了，给补上几竿竹子或者几棵芭蕉。

教师：大家一起来看第3句，"高树与低树俯仰生姿"，一起来赏析这个句子。"俯"和"仰"是两个怎样的动作？

（随评：没有从第1句开始。）

学生：（随口）相反的动作。

教师：体现了高树和低树上下相望的风姿，体现了树木错落有致的层次感。

（随评：说得太现成，太主动。）

教师：再一起来看第6句话，看下"蔓延"和"补"这两个词的作用。

下课铃声响起。

教师：这个句子由老师来赏析。这两个动词体现了匠师们的细心，化静为动，化单调为色彩。老师将作者的语言特点概括为形象。

（随评：老师的赏析有点玄。再说不能因为下课铃响了就改为"由老师来赏析"，可让学生课外独立完成，或下节课继续学习——如果有学习必要的话。）

教师板书：形象。

（随评：把"形象"一词挨着"准确"板书，是不是要将本文的平实性语言一律概括为"准确"，将文艺性语言一律概括为"形象"呢？而前面的学习任务中"用一个词概括作者的语言特点"，并不是要将所有"写得美的词句"都概括为"形象"一个特点。）

教师：叶圣陶说过："语文这一门课是学习运用语言的本领的。"我们要在一篇篇课文的学习中关注作者语言的运用，体会它的精彩，领悟它的精妙。

（随评：用叶圣陶的话来总结该环节的学习，比较巧妙。但下课前还应对整节课进行总结，且让学生先总结。该环节花了15分16秒，用时偏多，且主要用于文艺性语言的学习，有方向性偏差。）

附：板书设计

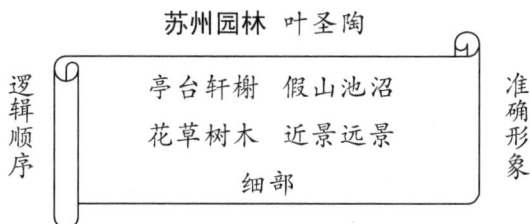

【总评】

这是著者的研究生在附属中学上的一堂"非指示性"教学实习课,虽然还有许多不足,灵活度也不够,但在组织教学的用心方面,能给教师们带来一些启发。著者的师范生尝试"非指示性"教学,起步阶段都上得比较拘谨比较封闭甚至比较机械;但只要坚持"非指示性"理念,用心思考,主动调整,就能在课堂的开放性和灵活性、学生的主动性和创造性、效果的坚实性和广泛性等方面逐渐取得进步。

(1)学生意识

学习课文前能引导学生借助单元导语明确说明文的学习内容,增加课堂的透明度,提高学习的科学性;但没有继续讨论学习顺序和学习方法,教学过程还是教师单向设定的。每个环节基本经历了"先生后师"的五个步骤:学生独立学习、小组交流完善、班级抽样明晰、教师评价介绍、教师反馈检测。在学生独立学习前,教师能主动介绍任务、要求和时间三个要素,让学生知道学什么、怎么学;但有些三要素还要设计得更科学些。学生独立学习前能采用"例题学习法",但有些较难的学习环节倒没有用上。小组交流前能主动要求学生形成小组的最佳答案,但还要组织得再细致些,加强过程组织,选出小组长等负责人,让组内人员各司其职,共同进步,并组织小组之间质量评比,现场打分,相互促进。点学生发言,能运用先随机点名、后自主发言的方式,而且每次随机点名都从后面的角落的弱势的学生开始,只是抽查的区域和性别还要更注重多样性和典型性。学生发言后都有自评和互评,但有时用得稍显机械,教师的评价有时没有跟上。教师亮出"答案"后,能主动让学生评价,但还可鼓励学生说真话甚至说反话,教师也可故意做错让学生评判。学习环节结束后能及时反馈,但还要多关注没举手没过关的学生,及时了解他们的学习问题。

(2)学科意识

环节安排井然有序,环节名称设计精致,环节之间的过渡语也设计得比较用心。教学内容基本可以,但学得还不够细致深入,比如在学习说明对象和说明顺序时,没有引导学生思考作者为什么写得这么隐性,学生写作文能不能也这样写,主体部分的段落顺序是不是可以调换,介绍各个细部美的三段是不是可以删去,等等。说明语言学习时间过长,没有注意到"准确"和"严密"的区别,把时间花在了非常浅易的可学可不学的"严密"上;把本文定位为文艺性说明文不妥,化较多时间用笔欣赏其妙处不合适。本文移到说明文单元的第一课来学习,则说明方法也应学习,不能缺少。

(3)技能意识

仪态亲切优雅。说话比平时响亮,有一定气场。语气语调不够柔和。语言不够规范,

"看下""回忆下""回答下""评价下"等说得很普遍,可能当年自己的老师也是这么说的。表扬语言说得过于夸张,"非常"等词用得太多。写字较专业,行书经过专门训练。在课题的同一行位置用小半号字体写作者,协调规整。整个板书有布局,但缺少关键词"讲究完美"。用卷轴的简笔画构图,与文章内容一致,恰似"一幅完美的图画";但双线条太突出图画,不如用扇面的形式。课件封面"苏州园林"四字选用苏州人费新我的书法,比较巧妙。

三、议论《拿来主义》课堂观察

这是鲁迅先生就如何对待外来文化问题写的一篇杂文,本文的论点、证据、论证和语言都很值得学习。

学生对议论文普遍有畏惧心理,既怕读,又怕写。但议论的表达方式在日常生活中很常用,人们经常要对某个事情发表看法,阐述理由。课程标准对学生议论性的口头表达和书面表达都提出了相应的要求。在口头表达方面,对第三学段(5—6 年级)提出的要求是:"乐于参与讨论,敢于发表自己的意见。""表达有条理,语气、语调适当。"①对第四学段(7—9 年级)提出的要求是:"讨论问题,能积极发表自己的看法,有中心、有根据、有条理。能听出讨论的焦点,并能有针对性地发表意见。"②对高中学段提出的要求是:"观点鲜明,材料充分、生动,有说服力和感染力,力求有个性和风度。在讨论或辩论中积极主动地发言,恰当地应对和辩驳。"③在书面表达方面,小学未作要求,初中学段要求"写简单的议论性文章,做到观点明确,有理有据"④,高中学段则要求"观点明确,内容充实,感情真实健康;思路清晰连贯,能围绕中心选取材料,合理安排结构"⑤。但学生的学习大多不理想,不要说中学生,大学生甚至研究生写起毕业论文来也总是观点不明,理由不足,条理不清。究其原因,一方面是中国学生的逻辑思维本身就弱,先天不足,不及许多国家同龄学生的水平;另一方面则是中国学生没有受到系统的科学的训练,后天乏力,不仅议论文数量有限,而且教学方式落后,大多停留在知识性教学的层面上,只让学生知道课文的论点是什么,论据有哪些,论证方法有哪几种,没有注重学生逻辑思维的培养和议论语用能力的训练。

因此,不管是哪个学段教学议论文,都要走出原有的知识性教学模式,让学生边学习边思考,边思考边运用。

就这篇《拿来主义》来说,本文特有的、特别值得学习的主要有三个方面:第一,以结论的方式提出论点"拿来主义";第二,以比喻的方式论证怎样实行"拿来主义";第三,以讽刺幽默而又生动形象的"似匕首似投枪"的语言进行论述。可以这样安排教学:上课伊始,就让学生思考:现在外来文化包围着我们的生活,从洋节日到洋快餐,从英语热词到影视大片;如果让你来写一篇如何对待外来文化的文章,阐述你的观点和理由,你将怎么写?让每人都列列提纲,理理思路,为学习课文《拿来主义》做好情感和认知两方面的准备。没有情感和认知的双激趣就学习课文,往往是低效的,也是无趣的。之后进入课文学习,让每人自主梳理全文的逻辑思路,看看作者是怎样提出问题、分析问题和解决问题的,并将自己的写作思路与作者的写作思路进行比较,发现其中的差异:自己一般是先提出论点,再展开论证,写作思路是

①②④　中华人民共和国教育部. 义务教育语文课程标准(2011 年版)[S]. 北京:北京师范大学出版社,2012:14,17,16.

③⑤　中华人民共和国教育部. 普通高中语文课程标准(实验)[S]. 北京:人民教育出版社,2004:10,9.

"是什么—为什么—怎么样",重点在论证"为什么";作者却在偏后的段落(第7段)才以结论的形式提出论点,写作思路是"为什么—是什么—怎么样",重点阐述"怎么样"。进而深入思考:为什么作者要这样写?让学生通过思考,获得这样的基本认识:学生写议论文是训练格式,不具有社会意义;作家写议论文则是基于现实的需要,因此鲁迅从社会问题入笔,列举种种不良现象,并揭示危害,然后水到渠成地提出自己的论点,让读者心悦诚服地接受;同时就当时社会来说,最需要解决的是"怎样拿来",因此作者以此为写作重点。接着让学生聚焦学习"怎样拿来",在理解各个比喻的具体含义后,让学生把这些比喻转换成以下直白的表述:对待外来文化不能采取逃避主义的态度、全盘否定的态度和全盘接受的态度,对待其中的精华要吸收,对待精华和糟粕并存的要合理使用,对待糟粕要抛弃。然后引导学生思考:鲁迅为什么不直白地阐述?这样写不是更简洁更明了了吗?让学生在思考中获得这样的基本认识:鲁迅写作不是写给自己看的,不是自己看懂就行,是发表在报刊上给社会各阶层的人看的,要让大众都能在通俗形象的比喻中获得感性的认识和准确的理解。因此写作要有对象意识。之后再引导学生理性思考:这个比喻论证广受好评,但是不是特别完美?有没有不足?本文谈的是对待外来文化的问题,但大宅子的比喻最适用于外来文化还是传统文化?然后让每人尝试着用其他的比喻来阐述"怎样拿来",要求写得简洁、准确、个性化。学生可能会感到难以下笔,但要"逼"他们完成,以促进他们思维的提升和语言的成长。最后让学生聚焦体现鲁迅杂文风格的语言来学习,找出"捧着""挂过去""丰富""大度"等词,在正确理解词义、深入体会情感的基础上,感受鲁迅语言的讽刺幽默和生动形象,并让学生换上直白的语言,在比较中加深理解和体会。进而继续设想:换掉这些话,除了缺少鲁迅的语用风格,读者的阅读乐趣是不是也少了许多?然后学习鲁迅的一段话,加深对鲁迅语用风格的理解,并从中获得写作的启示:"外国的平易地讲述学术文艺的书,往往夹杂些闲话或笑谈,使文章增添活力,读者感到格外有兴趣,不易于疲倦。但中国的有些译本,却将这些删去,单留下艰难的讲学语,使他复近于教科书。这正如折花者,除尽枝叶,单留花朵,折花固然是折花,然而花枝的活气却灭尽了。"①

本文被编入了人教版高中必修四教材(其他版本的教材也有收入)。人教版在课文所在单元的导语中提出了这样的要求:"阅读时不妨从文章结构入手,沿着作者的思路,看作者怎样提出问题、分析问题和解决问题,怎样把观点与材料紧密结合起来。对这些文章如果能从不同角度去思考、质疑或阐发,那我们也就接近或进入了更高的境界。"②该导语中的两个要点特别重要:"从文章结构入手","从不同角度去思考"。

教师在教学本文时需要注意以下问题——

第一,在认知目标的学习中,要让学生在一系列语用实践的基础上,用比较的方式自主学习,在比较中加深理解和体会,使学习效果最大化。首先是在文章结构和写作思路的学习中,让学生比较自己通常的结构和思路以及作者独特的结构和思路,在比较中理解作者的用意与巧妙;其次是在比喻论证的学习中,让学生将比喻的表述与直白的表述进行比较,由此深入领悟比喻论证的表达特点和表达效果;再次是在讽刺幽默而又生动形象的语言学习中,

① 鲁迅.忽然想到[A]//鲁迅全集(编年版)第3卷[M].北京:人民文学出版社,2014:151.
② 人民教育出版社,课程教材研究所等.普通高中课程标准实验教科书语文必修四[M].北京:人民教育出版社,2006:43.

让学生换成普通的直白的语言,比较两者的表达风格和表达效果,深入理解鲁迅杂文的语用风格。

第二,在情感目标的学习中,不仅要让学生学习作者面对外来文化所采取的拿来主义的科学态度,还要学习作者睿智理性的思维品质,提升自己的理性思维水平和逻辑思维能力;此外还要引导学生思考当代国人在对待外来文化上的现实困境和认知误区,形成自己正确的情感、态度和价值观。

下面是陈老师按照著者的上述设想教学本文的实况以及本书的观察评价。

(一)激发兴趣,导入新课

教师:同学们,我们生活中的外来文化多吗?(学生随口答:多!)是的,外来文化已经大量进入我们的生活,从圣诞节到肯德基,从好莱坞电影到韩国电视剧。那么,如果让你来写一篇如何对待外来文化的文章,你会怎么写呢?

展示课件:

任务:如果写一篇如何对待外来文化的文章,表达你的观点和理由,你会怎么写?请在学习纸上列出提纲。

要求:快速、简洁、独到(三个要求逐级提升)。

时间:3分钟左右。

教师:请大家先在纸上写一写你的提纲,然后再说说你的思路。要求是快速、简洁、独到。独到也就是有自己的想法。给大家三分钟的时间。

(随评:教师主动解释课件中难懂的要求"独到",正确;但其余的话教师都可以不用说,让学生自己去看去理解就行,要防止教师说的话比课件上的还啰嗦。"独到"一词解释不到位,应是独特、与众不同。另外用"独到"来要求也太高,且没必要,只要让学生写出一般的通用的写作思路就行,不然无法与《拿来主义》的独特思路作比较。)

板书:拿来主义;鲁迅。

随机点第一大排第五桌一男生:首先,我要先表达一下自己对外来文化的观点,就是取其精华,去其糟粕;然后,接下来解释一下外来文化是什么东西,有哪些;然后再解释一下为什么要这样对待外来文化;最后,我要再强调一下我们对待外来文化的态度即如何对待外来文化。

教师:好,请坐。我已经抓到了他的思路。他先是写了对待外来文化的态度是什么。

板书:是什么。

教师:然后是为什么要这样对待外来文化。

板书:为什么。

教师:最后提出自己的做法:我们要怎么样去对待外来文化。

板书:怎么样。

(随评:能快速精到地对学生的回答进行提炼,体现了教师的智慧。)

教师:那么,除了这样的思路,同学们还有没有别的不同的思路呢?有没有同学要自主回答问题的?

(随评:了解学生基本的共性的思路后再了解是否有特殊的个性的思路,并由随机点名转向自主发言,程序合理。)

点举手的第三大排第四桌一女生:我的思路首先也是阐明什么是外来文化,第二个是外来文化是怎样存在于我们的生活的,我们该如何面对外来文化,最后才是外来文化的利与弊。

教师:为什么要先写如何对待外来文化,再写外来文化的利与弊呢?

(随评:追问正确。该女生的思路不合逻辑,只有谈了外来文化的利与弊后,才能水到渠成地谈如何对待外来文化。)

该女生:感觉先写如何对待之后我们更清楚一点,利与弊是更加阐明外来文化的重点。

(随评:解释似乎不成立;后半句表达不规范。这两个问题教师都不宜轻易放过。)

教师:也就是继续推论你的观点,请坐。也是先写了是什么,然后再写怎么样去做。那么鲁迅先生也写过这样一篇关于如何对待外来文化的文章,这就是我们今天要学习的这篇课文——(引导学生齐读课题)拿来主义。

(随评:能对两人的写作思路进行"同类项合并",只是合并得比较粗糙,其实第二位的"是什么"指的是外来文化,而不是对待外来文化的态度;再说"为什么"也没有。教师还应再问问全体学生是不是大多采用了"是什么—为什么—怎么样"的写作思路,取得基本共识后才能往下导出新课:"鲁迅先生也写过一篇关于外来文化的文章,他的写作思路又是怎样的呢?让我们走进课文,探究学习。")

(二)比较思路,学习论点

教师:那么鲁迅先生的思路又是怎么样的呢?先请大家快速地浏览全文,疏通一下文章的脉络。我们说,学习议论文要学习哪些方面?大家还记得吗?我们在《六国论》里面学过。

(随评:从议论文的文体入手,先确定学习内容,有文体意识。)

学生齐答:论点、论据、论证、论证特点。

亮出课件:

议论文:论点;论据;论证。

教师:什么特点?

学生齐答:语言特点。

教师:从整篇文章来看它的一些不同于其他文章的独有的特色,包括语言上的,包括论证方法上的一些特点。

(随评:可改为"论述特点"或"表达特点"。)

教师:好,那么在这里,老师想问一下大家,论据和论证有什么区别?(稍作停顿)论据从字面上理解,据就是——

学生齐答:证据。

教师:就是证明论点的一些材料。那么论证呢,更倾向于一个过程。

(随评:教师说得太主动。"论证"确切地说是运用论据来证明论点的过程和方法。)

亮出课件:

任务:请同学们自主梳理全文的逻辑思路,找出文章的论点、论据。

要求:简洁、准确、全面(三个要求逐级提升)。

时间:3分钟左右。

教师:那么,请大家带着这样一个问题,边梳理文章的脉络,边找出文章的论点和论据分别在什么地方,要找得快、准、狠。也给大家三分钟的时间。一分半钟后同桌之间交流一下,看一下两个人找出的论点和论据是不是一样的。

（随评：任务设计得不科学，在"找出"前要加"并"。要求中的"快速、准确、全面"在教师的口中成了"快、准、狠"，这是应试教育下的暴力语言，就如"多考一分，干掉千人"。）

学习结束后教师随机点第二大排第三桌一女生：论点有两处，第一个是第5自然段："'送去'之外，还得'拿来'，是为'拿来主义'"。这个是对文章题目的阐述。接下来是第7自然段，"我们要运用脑髓，放出眼光，自己来拿"。

教师：好，先请坐。

（随评：看来教师没让学生梳理"全文的逻辑思路"。）

亮出课件：

本文的中心论点是什么？（用原文回答）

我只想鼓吹我们再吝啬一点，"送去"之外，还得"拿来"，是为"拿来主义"。

运用脑髓，放出眼光，自己来拿！

（随评：把学生可能出现的问题先列进课件，有预见。课文最后一段中的"总之，我们要拿来"也可列进来供选。）

教师：你回答得很好的一点是，你用原文来回答。论点就是老师PPT上展示的两句话。那么是不是这两句话都能够作为中心论点呢，或者说哪句更好一些？为什么？我们说中心论点是全文都围绕着这句话、这个观点进行材料的铺陈。

马上点面前一女生：我觉得第1句比较好。因为这篇文章是议论文，标题就是"拿来主义"。第1句点明了标题，整篇文章都是围绕"拿来主义"来写的。所以第1句作为中心论点会更好一些。

教师：你觉得全篇文章是讲拿来主义，然后你觉得第1句更能解释拿来主义是吗？有没有不同的想法？大家都同意她的观点吗？

（随评：教学语言不简洁，还重复学生的回答。）

点第二大排第二桌一摇头的男生：我觉得应该是第2句。因为全文除了讲什么是"拿来主义"之外，主要是讲我们应该怎么做到"拿来主义"，而第2句刚好讲了要动脑筋地运用拿来主义，所以更合适。

教师：全班同学举手表决一下。同意女生的举手。（一位同学举手。）同意男生的请举手。（很多学生举手。）看来大部分同学都觉得第2句做中心论点更好一点。可能从全文来看，第一句话只是说明了我们要"拿来"，但是第2句更多地包含了我们该怎样"拿来"。好，讲到了怎样"拿来"，到底重点应该在哪个部分呢？我们先放一放。接下来请同学们找一找，论据在什么位置？

（随评：举手表决的方式较好，有面向全体学生的意识。但解释得不好，应该说第1句的"拿来主义"较笼统，而第2句的"运用脑髓，放出眼光，自己来拿"才是具体的表态。同时教师不宜马上站出来解释，而应先让学生主动辨析，主动获得认知的成长。）

马上点第四大排第四桌一女生：文章的论据在第3自然段，从侧面论证了主题。

教师：第3自然段讲的是什么主义啊？

该生：送去主义。

教师：对，应该是"送去主义"的一个危害。那么"送去主义"不好，也就是从侧面证明了我们为什么要"拿来"。还有吗？

（随评："侧面"还是"正面"，也应让学生自主判断。）

该生:还有第4自然段:"我们被'送来'的东西吓怕了。"

(随评:应是第6自然段,往下教师没有指正。)

教师:被送来的吓怕了,也就是说我们不能把送来的东西全部都接收过来,所以它证明了我们要——

学生齐答:运用脑髓,放出眼光,自己来拿。

教师:要有所挑选。好,请坐。大家觉得她找得够不够全面?

学生齐答:够了。

(随评:还要更细致一些,让找出这两个论据的学生都举举手,看看全班的学习达成情况如何。)

教师:那我有一个问题,第8和第9自然段是不是论据?我觉得好像也在证明这个观点。

(随评:问得有价值,不是可有可无的问题。)

随机点第三大排第五桌一男生:我觉得这两段并不是论据,因为这两段并不是实例。我觉得它应该是比喻。

教师:就是说它不是真实的材料,这好像和论据的含义不太符合。大家同意他的观点吗?

全班:嗯。

教师:除了不符合论据的含义之外,它是不是用来证明为什么要"拿来"?

全班:不是。

教师:所以第8和第9自然段算不上是论据。那么,从整篇文章来看,作者的写作思路如果也用这三个词排序,顺序应该是怎么样的?

(随评:这时才进入全文的写作思路。)

学生齐答:为什么,是什么,怎么样。

板书:为什么,是什么,怎么样。

教师:那么作者和我们为什么会有写作思路上的差异呢?

(随评:非常重要的提问,既呼应了前面,也深化了学习。)

随机点第一大排第三桌一女生:我们写文章一般都是为了写给老师看,鲁迅他当时应该是觉得国人对外来文化的状态非常不好,所以他要写一篇文章来表达"拿来主义"观点。当时可能老百姓大多是没有文化的,所以他举例子说什么是"拿来主义",让他们明白怎么去对待拿来主义。

教师:这位同学已经回答得比较深刻,分析得头头是道了。确实,根据当时的社会现状,从社会现象入手,是不是可以让老百姓们更好地去接受他的观点?这也就是鲁迅先生在写作的时候体现出来的一种对象意识。他是写给谁看的?

(随评:该女生的回答较干练,但不正确,没有朝着"写作思路"作答。教师的解释较正确,但不全面,也不明晰。)

学生齐答:老百姓。

教师:写给老百姓、大众看的。那鲁迅先生的"为什么—是什么—怎么样",他把重点放在哪一块?

学生齐答:"怎么样"。

教师:既然他把重点放在"怎么样",我们再回到刚才中心论点的这个问题,你们觉得第1句好还是第2句更贴切一些?

(随评:提问写作重点只是为了引出论点吗?再说不能以此作为确定哪一句是论点的依据。)

学生齐答:第2句。

教师:第2句。因为它有更多的成分表达在了如何去拿——要运用脑髓,放出眼光。在这个基础上,我们接下来就聚焦大家觉得最重要的一个部分,怎样拿来。哪几段是写怎样拿来的?

学生齐答:第8段,第9段。

(随评:还没学习作者为什么把写作重点放在"怎么样"上呢。该环节梳理全文的逻辑思路,主要用意不应是找出论点和论据,而是在与自己通常的写作思路的对比中,发现本文写作的两个不同之处,并思考这样写的原因,这样才能走出知识性教学,培养学生的逻辑思维能力。)

(三)比较方法,学习论证

亮出课件:

思考1:阅读第8、9两个自然段,然后思考第8、第9自然段分别属于什么论证方法?是不是从同一个角度来论证的?

(随评:表述不简洁,也不准确,包括标点。可改为:"阅读第8~9两段,说说两者在论证方法和论证角度上的特点。")

教师:请大家放出声音来读一读这两段。

学生放声朗读。

教师:独立思考一下,分别属于什么论证方法。

随机点第三大排第四桌一女生:我觉得第8自然段可能是举例论证,举了一个穷青年得了一所大宅子的例子,表明他对待大宅子的态度。

教师:好。你先请坐。这位同学说第8自然段用了举例论证,大家同意吗?

(随评:这样问能让大家加入学习。)

全班齐答:不同意。

教师:看来很多同学有不同意见。有没有同学可以举手反驳一下?

点举手的第二大排第二桌一男生:举例论证要有一个真实的例子,但文章中并不是真正的例子,我觉得应该是比喻论证。

教师:那么大家觉得谁的意见你们比较同意一些?

(随评:教学语言不规范。)

学生齐答:后一位同学。

教师:男生讲的还是比较有道理的。它不是用一个实例,而是把里面的例如"大宅子""屠头"都含有一些比喻意义。那么第9自然段是不是同样的方法呢?应该也是比喻论证吧?好,那么这两段同样是用了比喻论证的方法,那它们的论证角度是一样的吗?

(随评:教师说得太现成,虽然语气并不坚定。既然有学生会认为是举例论证,那就要让持这类想法的学生自主判断、自主纠正,不然以后还是会出问题。段首的"譬如罢"三字其实就是评判的依据。)

随机点第一大排第四桌一女生：不一样。第 8 自然段是从反面来讲"拿来主义"，第 9 段是从正面来讲的。

教师：是讲"拿来主义"还是讲对待外来文化的一种态度？

（随评：必要的追问。）

该生：态度。

教师：那第 8 段既然是反面的，它其实是讲了一些错误的态度，所以它是从反面论证，而第 9 自然段呢？

（随评：该女生已经回答清楚了，可教师还要把她的话拆开来继续追问。这种方式也经常出现在我们的课堂教学中。）

该生：是一些正确的态度。

教师：它从正面来介绍了一些正确的态度，告诉我们"拿来主义"应该是怎么样的。大家觉得这样的回答从简洁、准确、全面这三个角度评价一下，能达到哪个程度啊？

学生齐答：简洁、准确、全面。

（随评：有调动全体学生参与学习的意识；但有时让学生一起开口评价，可能会掩盖一些真实的声音。再说这里套用这三个词来评价，多少有些机械。）

教师：既然是用比喻论证，那这两段中有哪些比喻的意象？大家一起来开口说。

师生齐答：大宅子、屠头、昏蛋、废物、鱼翅、鸦片、烟枪和烟灯、姨太太。

教师：这些比喻的点到底都比喻了什么呢？请大家再次浏览一下第 8 段和第 9 段，先自主思考一下，这些词都分别代表了什么？请你们用直白的话来给它们解释一下。也给大家三分钟左右的时间，抓紧思考。

（随评：教学用语不规范，一下子是"比喻的意象"，一下子又是"比喻的点"。）

亮出课件：

思考 2：就第 8、9 段介绍的对待大宅子的几种态度及其他几种东西，请依次用直白的话来解释。

（随评：这个学习任务不应这么快就紧跟着出现，上一个任务还没解决。）

教师：（约 1 分钟后）独立思考完成之后，请在小组里面交流一下，有疑难的请同学帮忙解释，一起讨论一下。

教师：（讨论后）大家讨论得都非常激烈，我们一起来看，大宅子比喻的是什么？

亮出课件：

大宅子喻什么？

学生齐答：外来文化。

亮出课件：

文化遗产。

（随评：这两个没必要做到课件里去。）

教师：大家觉得在这里是"文化遗产"更好一点还是"外来文化"更好一点？

（随评：问得好，能随机应变。）

学生齐答：外来文化；文化遗产。

教师：也就是说外来文化我们得到了之后，我们应该怎么去对待它。所以在这个地方应该是比喻外来文化更加贴切一点。

（随评：教师老是主动传授，现成告知。）

教师：但老师觉得，大宅子好像更具有中国元素一些，好像比喻传统文化更加符合我们的认知一些。那如果让你来找一个比喻来比喻外来文化，你会用什么样的一个比喻呢？请大家在自己的纸上写一下，你觉得怎样的比喻更符合我们的认知一些，比大宅子可能会更好一些？每一个同学都要写一个词。

（随评：前面又说得这么现成。后面这些应该在学生直白地写出各个比喻的含义之后再出现。）

随机点第四大排第四桌一女生：我写了中药。

教师：你用中药来比喻外来文化吗？大家觉得她的回答比大宅子更好吗？

（随评：问得准。）

部分学生：不行。

教师：你可以再思考一下。

随机点第一大排第二桌一女生：小洋楼。

教师：小洋楼是有一种外来的感觉。但是小洋楼是不是可以再改一改？

有学生随口说：有点小气，大洋楼更好一点。

教师：嗯，洋房子、大别墅可能更适合一点。那接下来我们一起来看到第8自然段它的一些态度，作者举了一些例子，这些又比喻了什么东西呢？

随机点第四大排第三桌一男生：孱头。

亮出课件：

孱头

板书：孱头。

（随评：课件和板书不必重复出现。）

教师：如果用文章当中的一个词来形容孱头的心情是哪个词？

该生：怕。

板书：怕。

教师：你把这句话读一下好吗？

该生：（照读课文原句）怕给他的东西染污了，徘徊不敢走进门，是孱头。

教师："孱头"是怕。他对待外来文化态度是？躲着它，逃避它。那么除了"孱头"之外，还有？

（随评：连说了两个半截子的话。）

该生：昏蛋。

亮出课件：

昏蛋

（随评：这样亮课件过于机械。）

板书：昏蛋。

教师：文中形容"昏蛋"对待外来文化的时候用了一种怎样的心情？

该生：怒。

板书：怒。

教师：怎样的人看到外来文化会觉得愤怒？他可能对外来文化抱有一种——

其他学生:排斥,否定。

教师:还有吗?

该生:废物。

板书:废物。

教师:同样用了一个词,接受一切,欣欣然。

板书:欣。

(随评:"欣"不宜单字独用,可板书"喜"。)

教师:那么开心地对待外来文化是怎样的态度?

其他学生:喜爱,接受。

教师:那也就是说这三种态度鲁迅先生是赞成的吗?

学生齐答:不是。

教师:鲁迅先生觉得这三种态度都不对。所以要怎么样?他在第9自然段说——

学生齐答:要占用,挑选。

(随评:该环节一问一答太多,琐碎又耗时;应让每人先写下对这些比喻的理解,然后整体交流。)

板书:占有,挑选。

教师:那么接下来的这几个鱼翅、鸦片又代表了什么呢?

随机点第二大排第四桌一女生:我觉得鱼翅应该代表外来文化中精华的部分。鸦片是都有,因为文章中说,摔在茅厕里说明它是负面的,但在药房里治病又是好的,这就说明我们要区别对待这种东西。烟枪和烟灯应该是比较坏的东西吧,然而姨太太是封建文化中的糟粕。

点第二大排第三桌一女生评价。

教师:简洁、准确、全面,你认为她达到了哪个要求?

该学生:全面。

教师:好,已经够全面了,简洁、准确、全面三个要求已经达到了,就是在语言表达上可以更好一些。比如说,烟枪和烟灯,刚才她已经说到了这是文化里面的糟粕,是不好的东西,那它不好在哪里呢?"只有烟枪和烟灯,虽然形式和印度,波斯,阿剌伯的烟具都不同,确可以算是一种国粹,倘使背着周游世界,一定会有人看。"这里代表的是一种"形式"。"除了送一点进博物馆,其余的是大可以毁掉的了。"那刚才她提到了"姨太太"可能是一种封建文化,那"烟枪和烟灯"可能保留了文化遗产的老旧的形式,这也是要去摒弃的糟粕的部分。好,到了这里,鲁迅先生对怎样"拿来"已经提出了他自己的看法,请大家用自己直白的话语根据自己的思路来说说,鲁迅先生到底要怎样拿来?先请大家口头上说一说,如果让你组织语言,鲁迅先生应该怎么说"怎样拿来"。

(随评:说得太现成,也太啰嗦。)

随机点第四大排第三桌一女生,对她说:老师给你起个头,对待外来文化,我们——

该女生:不能逃避害怕,不能全盘否定,不能全盘肯定。而是要占有挑选,有精华要适当地运用,如果有好有坏,要适当挑选。面对糟粕,要舍弃丢弃。

(随评:应让每人一起开口回答,不应面向个体。)

点该女生前面一女生。

教师:你觉得她的回答怎么样?

该女生:还是可以的。

教师:还是可以的。要改一个词,说"面对糟粕和精华并存的时候,我们适当地运用",把"适当"换一个词,应该怎样地使用?

(随评:问得对;但不应只问她一个人。)

该女生:合理地使用。

教师:"合理""恰当"好像比"适当"更好一些。那我们语言流畅地再来表达一下。

该女生:面对外来文化,不能逃避害怕,不能全盘否认和接受,而是占有和挑选。面对精华,要吸收。精华比糟粕更强调合理使用。

(随评:继续面向少数。说得也不到位。)

教师:好,请坐,已经流畅地把意思全部都表达出来了。那么,到了这里,我想问下大家,鲁迅为什么要运用众多比喻,让老百姓去想?他直接讲出来不是更好?刚才我们为什么说鲁迅要先写"为什么",再写"是什么",再写"怎么样"?因为他有对象意识。那他为什么要用这些比喻啊?

(随评:主动说出"对象意识",也就等于主动说出了答案。)

随机点第一大排第三桌一女生:因为老百姓大多数是素质不高的人,如果直接跟他们说的话,他们可能没有办法理解。运用比喻的话可以更加贴近生活,更能表达鲁迅先生原来要表达的意思。

教师:嗯,更加贴近生活。那也就是说,其实,鲁迅先生这篇文章是要发表在大报上的,他要让各个层次的人都明白到底什么是"拿来主义",我们要怎样拿来,让各个层次和知识水平的人都能获得感性的认识和准确的理解。所以这同样是鲁迅先生写作有对象意识的表现。那我们到这里为止,已经学习了文章的论点、论据和论证,还有哪里需要学习?

(随评:说已经学习了论点、论据和论证,表明观念上还是没有从知识性教学中走出来,没有有意走向反思性和运用性教学。)

学生齐答:语言特点。

(四)比较表达,学习语言

亮出课件:

任务:请同学们在文中找出你觉得用得精妙或者有意思的字词进行理解和赏析。

要求:细腻、深刻、个性化(三个要求逐级提升)。

时间:3分钟左右。

(随评:任务表述不简洁,不明确;再说本文要学习的是讽刺幽默又生动形象的"似匕首似投枪"的鲁迅标志性语言,而不是什么文本都通用的"用得精妙或者有意思的字词"。三级要求编制得也不科学。)

教师:(2分钟后)写好之后可以在小组内交流一下,你会怎么去赏析它?赏析给对方听一听。

随机点第一大排第四桌一女生:我们组找到的是第一段中的"还有几位'大师'们捧着几张古画和新画,在欧洲各国一路的挂过去,叫做'发扬国光'"。还有"我在这里不想讨论梅博士演艺和象征主义的关系,总之,活人替代了古董,我敢说,也可以算得显出一点进步了"。我们认为这一段它先是讲中国由闭关主义到送去主义,刚开始是送一批古董,再是捧着几张画挂过去,说明中国人已经没有什么多的可以送过去了,由多到少,只能送活人去代替古董。

他说这里显示出一点进步,我觉得是反话。

(随评:学生表达不简洁,不到位,教师没有及时引导;也说明设置的学习要求针对性不强,没有用"简洁、准确、深刻"之类的三级要求来引导学习。)

教师:反话。那这里鲁迅先生想要表达的实际上是——

学生齐答:退步。

教师:那你能不能用我们平常的语言来说一说这句话?

(随评:继续面向个体追问。"能不能"问得也不科学。)

该生:总之活人代替了古董,我敢说,这也算是退步了。

教师:请同学来比较一下,"这也可以算得显出一点进步了"和"这也可以算得显出一点退步了",哪一句会更好些?

学生齐答:进步!

教师:"进步"更好,能让百姓理解,同时语言上讽刺的意味也更加浓烈。刚才的同学回答得比较细腻也比较深刻了,其他同学能不能也分享一下自己的意见?

(随评:"进步"能让百姓理解,不对。)

随机点第四大排第二桌一女生:第四段的"抛来"和"抛给","抛给"有一种施舍的意味。

教师:"抛给"有一种嗟来之食的意味。那"抛来"呢,会不会有侮辱的感觉?

该生:比"抛给"好一点。

教师:好,请坐,找得非常细腻。一个来,一个给,意思就百转千回,拥有无穷的味道。你们能体会这之间的区别吗?好,所以说鲁迅先生他对语言非常准确,准确并且灵活。"抛来"和"抛给"换成其他的字,都不能达到这种效果。所以在这里,我们加一字也不行,减一个字也不行,鲁迅先生的语言除了运用比喻论证之外,同时非常准确、灵活,同时又幽默。好,由于时间关系,在这里请大家读一读这样一段话——

(随评:教师太会说。有些话难懂,有些话多余,有些话啰嗦。)

亮出课件:

外国的平易地讲述学术文艺的书,往往夹杂些闲话或笑谈,使文章增添活力,读者感到格外的兴趣,不易于疲倦。但中国的有些译本,却将这些删去,单留下艰难的讲学语,使他复近于教科书。这正如折花者,除尽枝叶,单留花朵,折花固然是折花,然而花枝的活气却灭尽了。——鲁迅

教师:所以这就是鲁迅先生在写作的时候,他所追求的一种幽默,哪怕是一些不易于我们理解的东西,但却能为文章增添了一些活气。所以,鲁迅就用了这样一所大房子、大宅子讲了他对"拿来主义"的观点。

(随评:鲁迅这段话没有充分发挥作用,只停留在教师的讲授上,没有进入学生的认知和体验。)

教师用简笔画画出房子,为板书构图。

(随评:教师画得太主动,没有让学生参与进来。)

教师:刚才有同学说到了他破得彻底,立得牢靠。这就是鲁迅先生给我们呈现的一种思维缜密的一篇《拿来主义》。

(随评:学生即使说过,这里也用不上。应把本课学过的、本文特有的作为板书内容。)

板书:破→立。

教师:好,这堂课我们就上到这里。同学们再见!
(随评:没有让学生自主总结学习收获或学习启示。)

附:板书设计

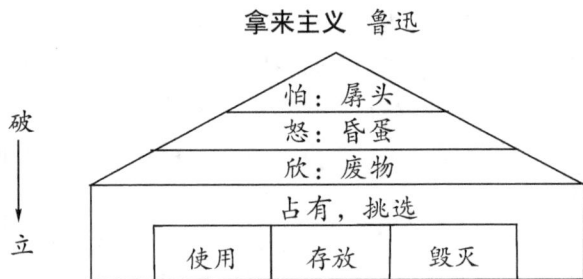

拿来主义 鲁迅

破 → 立

怕:孱头
怒:昏蛋
欣:废物

占有,挑选

使用 | 存放 | 毁灭

【总评】

这堂课上得比较老练,可以看出上课教师有意按照著者的设想去尝试的努力,只是许多地方没有上到位。两节课的教学容量一节课就上完了,这种为赶进度而赶速度而导致教得浮、学得浅的现象,普遍存在于我们的课堂中。

(1)学生意识

能按照学习三要素组织教学,只是三要素的运用有时比较机械,学生互评有时比较牵强,教学实施有时稍显匠气。教师讲得太多,讲得太现成,没有引导学生自主思考,自主获得;问得也太多,且大多对着一个学生追问,一旦回答正确就结束该环节的学习了,没有及时反馈,主动了解全体学生的学习获得情况。点学生回答问题时,能将随机点名与自主发言结合起来,但在性别取样上,点女生的次数比男生多得多,女生多达 16 人次,男生只有 5 人次。

(2)学科意识

课文学习还不够深入,虽然采用了比较学习的方式,但学习内容不到位,学习重点不突出,有时还停留在知识性教学的层面上,没有有意加强学生逻辑思维的培养和议论语用能力的训练。学习目标也不全面,只有认知目标的学习,没有情感目标的学习,没有引导学生学习作者睿智理性的思维品质,也没有引导学生思考当代国人在对待外来文化上的现实困境和情感误区,培养学生正确的情感、态度和价值观。学习方式也不够完整,课堂上理性分析有余,感性的朗读和体验不足。

(3)技能意识

教师眼带笑意,优雅自信。白色小西装与格子衬衫以及牛仔裙和皮鞋的搭配简洁干练,富有朝气。教学氛围较活跃。点学生回答问题时教师走得太近,只关注到了发言者,忽视了别的学生。语音准确,语气亲切,语调顿挫,有感染力。说话响亮,有气场,注意与学生的眼神交流,但右手往上抬动过于频繁。说话不简洁,甚至不规范。能脱稿讲课,但始终拿着课本和教案。写字清晰,没有涂改和标记,但个别行书属于自然体。板书内容不全面,只是围绕几个比喻来设计,且填入的多为课文中感性的关键词,缺少自己概括的理性的关键词,也缺少红色的核心词。用房子构图,比较形象,但房子之外还有"破"与"立"的箭头图,两者没有合为一个整体;且房子的构图线条太多,过于繁杂,变成文字为图画服务了。

第五章 文言文教学课堂观察

本章将文言文分为散体文与非散体文两节。其中散体文选择了叙事和言理两种常见文体的相关教学案例,非散体文选择了唐诗和宋词两种典型文体的相关教学案例。这些案例有的选自小学,有的选自初中,有的选自高中,文体则不重复出现。

第一节 散体文

一、叙事《记承天寺夜游》课堂观察

这篇文章是苏轼被贬黄州时写的,只有短短 85 字,却"创造了一个清幽宁静的艺术境界,传达了作者复杂微妙的心境"[①]。

本文写得像日记,叙事完整,过程清晰,情感微露。"元丰六年十月十二日夜",是具体的时间;"解衣欲睡",是特定时间下的自己;"月色入户",是事件的转折——美好的月色吸引了他,于是"欣然起行"。可发现孤身一人,赏月少伴,"念无与为乐者"。但他马上想到了一个人,同样被贬在此的好友张怀民,"遂至承天寺寻张怀民"。恰好"怀民亦未寝",于是两个雅趣相投的人"相与步于庭中",美美地欣赏起月夜景色来。作者欣赏到了什么呢?"庭下如积水空明,水中藻、荇交横"——月光倾泻而下,庭院里如同积蓄着一泓清水,澄澈明净,水中有藻有荇,惬意地飘动着,交错纵横,生机荡漾。此时的他,也如畅游在水中的鱼儿一般舒心和陶醉。可他定睛一看,恍然大悟:"盖竹柏影也。"原来是月光下竹子和柏树的影子在婆娑摇曳。好一个如梦如幻,亦真亦假,美妙奇特的境界!于是作者感慨:"何夜无月?何处无竹柏?但少闲人如吾两人者耳。"叙述到此,作者情感盈心,感受复杂,因为这是特殊的两个闲人在赏月。

本文被编入了人教版八年级上册教材(其他版本的教材也有收入)。教材在该单元提出的学习要求是:"学习本单元描绘自然山水的优秀诗文,要能借助注释和工具书,整体感知内容大意。在反复诵读中,进入文中情景交融的境界,并对作品的语言特色有所体会。"[②]初二的学生,要走进苏轼笔下情景交融的境界并不容易,语言特色也往往发现不了。不要说学生,教师也往往如此,许多教师在教学此文时,发现不了其中的美和妙,只是带着学生在文本外围粗略地转一圈就离开了。课程标准对第四学段(7—9 年级)提出的学习要求泛而不空,操作性强,比如:"对作品中感人的情境和形象,能说出自己的体验;品味作品中富于表现力

---

① 课程教材研究所,中学语文课程教材研究开发中心.义务教育课程标准实验教科书语文八年级上册教师教学用书[M].北京:人民教育出版社,2016:240.

② 课程教材研究所,中学语文课程教材研究开发中心.义务教育课程标准实验教科书语文八年级上册[M].北京:人民教育出版社,2016:189.

的语言。"①"诵读古代诗词,阅读浅易文言文,能借助注释和工具书理解基本内容。注重积累、感悟和运用,提高自己的欣赏品位。"②教师要在落实单元学习要求的同时,呼应课标的要求。

从文体角度说,文言文教学要有独特的内容和内涵,既要有"言"又要有"文","言""文"兼顾。其中的"言"特指语词和语句,包括语词的解释和语句的翻译;"文"特指文化和文章,包括内容和思想(文化内涵)、形式和技巧(文章特色)。一般的学习顺序是先"言"后"文",即先学习语言,掌握字词句的确切意义,扫清理解障碍;后学习其中的内容和思想、形式和技巧。文言文学习方法是自主诵读和自主梳理,在字词句的诵读和梳理中逐渐走进文本的内容和思想、形式和技巧。

文言文教学容易出现两个极端。一是有"言"无"文",只关注字词句的理解,死记硬背,为应试而教,不关注其中的内容和思想、形式和技巧,文化和文章的精华基本被抛弃。二是有"文"无"言",把主要时间花在文本的内容和思想上,与现代文教学几乎无异,忽视字词句的理解,甚至也忽视文本表达的形式和技巧,文言文阅读能力基本得不到培养。

小学学习文言文,主要是了解文意,整体感知,知道文言文的语体特点;初中学习文言文,则要学习词义句义及用法,品味富有表现力的语言,并在熟读背诵中培养文言语感;高中还要欣赏文言语体特有的美感及独特的表达技巧,并尝试着运用文言语体写作。对于其中的文化内涵,则要随着学段的上升而由表及里、由浅到深地学习。

教师在教学本文时需要注意以下问题——

第一,在认知目标的学习中,首先要让学生知道文言文学什么、怎么学;其次就"言"来说,要引导学生自主理解"欣然""相与""但""者耳"等文言语词和自主翻译"积水空明"等文言语句,教师不能以教代学,现成讲授;再次就"文"来说,要引导学生聚焦学习写景语"庭下如积水空明,水中藻、荇交横,盖竹柏影也",可分以下两步来引导:这句写景语让你感受到怎样的美?说说你的具体感受,要求真诚、细腻、独特;这句写景语还让你感受到怎样的妙?说说你的具体理解,要求准确、深刻、新颖。其中的"美"是让学生"进入文中情景交融的境界",领悟其中的内容和情感,感受境界的美好;其中的"妙"是让学生"对作品的语言特色有所体会",理解其中的形式和技巧,欣赏语言的创新。最后还要让学生诵读积累,当堂就能背诵并默写全文,培养文言语感,增加文言积累。

第二,在情感目标的学习中,教师不能只是围绕句末的"闲人"一词来学习,罗列苏轼的生平和被贬的经过,肆意铺开,过多挥霍课堂时间。应先学习"庭下"这句景语,体会月夜的美好,获得愉悦的体验;再学习"闲人"这句情语,体会他真实的快乐和自得,并体会他隐隐的悲伤和感慨。学习情语可分以下两步来引导:粗看文字,你读出了作者怎样的心情?说说依据;细看文字,你又读出了作者怎样的心情?说说理由。前者要让学生由"闲"想到"闲致",想到作者赏月的高雅情趣,读出作者的喜悦与兴奋,后者要让学生由"闲"想到"闲置",想到作者被贬谪搁置的惨淡境况,读出作者的伤感与哀痛。对于后者,如果初二的学生无法通过课文一句话的注释"此文写于作者贬官黄州期间"理解和感受到,教师可对作者贬官的情况稍作介绍,但不宜上成苏轼人生与思想的专题课,也不能想当然地由文中两次出现"竹"字就认为苏轼有意写之,是要表明自己像竹子一样高洁正直而且乐观旷达,继而又搬出苏轼写竹

①② 中华人民共和国教育部. 义务教育语文课程标准(2011年版)[S].北京:北京师范大学出版社,2012:15,16.

子的若干诗文解说一通。同时,情感目标的学习必须借助朗读、想象、体验等感性的入情的方式。

下面是实习教师顾老师运用"非指示性"理念教学本文的实况以及本书的观察评价。

(一)激趣导入

上课铃声响起,教师喊上课口令。

(随评:能在喊"上课"口令前先巡视全体;未能有意识把"上课"二字喊得响亮;能主动抢在前面说"同学们好"。)

教师:同学们,你们有过旅游的经历吗?(学生齐答:有!)那是否有过夜游的体验呢?(学生齐答:没有!)今天啊,我们将跟随一位古人夜游一番,在赏景之余,也许会有意外的收获。今天,我们学习的课文题目是——(学生齐答)记承天寺夜游。作者是——(学生齐答)苏轼。

(随评:有导入,少激趣。可从这篇文章的重要地位导入,说苏轼写过很多夜游的文章,但有一篇只写了85个字,就成了传诵千古的名篇。那他写了什么呢?他是怎么写的呢?让我们走进这篇短文,细细品读和欣赏。)

(二)明确学习内容

教师:本学期我们已学了不少文言文。作为文言文,哪些内容是必学的呢?

亮出课件:

作为文言文,哪些内容是必学的?

学生随口说:读正字音,读对节奏,字义句义……

教师:文言文,自然有"文"有"言",因此文言义的必学内容有两个:一个是"文",一个是"言"。刚才同学们说的字音、字义、句义都属于"言"的部分,学习文言文还需要"文"的部分,比如说内容、情感、形式、技巧。

(随评:教师说得到位,但太现成。这步要舍得花时间,让每人独立思考文言文要学哪几个方面的内容,先分出大的方面,再分出细的项目,边思考边动笔写下关键词;然后在小组内交流,继续归纳;接着在班级交流,继续梳理;之后教师也说说理解,继续提升;最后形成清晰的共识。这样学习,学生才理解深入、印象深刻,以后就知道文言文该学什么、怎么学了。这次多花时间,放开讨论,是为了以后节省时间,提高效率。)

教师:请同学们再思考一下,我们先学习"言"还是先学习"文"呢?

(随评:先讨论学习内容,再讨论学习顺序,正确;但往下还应讨论学习方法。)

学生齐答:言。

教师:是的。学习文言文要"先言后文",所以我们本节课学习内容分为四块:字词音义、句子意义、内容情感、形式技巧。

亮出课件:

"言":"言"的字词音义;
      "言"的句子意义。
"文":"文"的内容情感;
      "文"的形式技巧。

(三)一读,梳理"言"的字词音义

教师:早读课的时候,老师给你们布置的朗读任务是——

学生齐答:读正字音,读准停顿。

教师:要求是——

学生齐答:响亮、准确、流畅。

亮出课件:

任务:每人独立诵读课文,读正字音,读准停顿。

要求:响亮、准确、流畅(三个要求逐级提升)。

教师:觉得自己按照要求完成任务的同学请举手。好,把手放下。现在请同学们合上书本,抬头看课件,老师要检测一下大家。胡鑫宝,请你来读一下,要在读得响亮的基础上读得准确、流畅。其他同学认真听,等胡鑫宝读完后要能按照要求来评价他的朗读。

(随评:组织较干练,方法较科学。但最好先检测全体,再检测个体,最后又回到全体。)

亮出课件:

元丰六年十月十二日夜解衣欲睡月色入户欣然起行念无与为乐者遂至承天寺寻张怀民怀民亦未寝相与步于中庭庭下如积水空明水中藻荇交横盖竹柏影也何夜无月何处无竹柏但少闲人如吾两人者耳

(随评:去掉标点来检测,好方式。)

随机点第一大排最后一桌该男生朗读。

(随评:从最后一桌开始抽查,有面向全体的意识。)

教师:你觉得自己达到了响亮、准确、流畅的哪级要求?

(随评:先让学生自评,正确。)

胡鑫宝:准确、流畅。

教师:看来胡鑫宝对自己非常有信心。黄雨嫣,请你来评价下胡鑫宝。

随机点第三大排第一桌该女生:响亮、准确。

(随评:学生自评和互评不一致,看看教师会怎么做。)

教师:胡鑫宝朗读的时候,有几个字稍稍有点问题,如"至"读成平舌音了。还有,我们再来看一下,哪些地方的停顿是需要注意的。

(随评:那就说明"准确"没达到。哪"几个字"读得有问题,教师不用直接说,让大家一起开口指出更好。后半句另起话题不宜用"还有"。)

学生随口说:但、盖、元丰六年、遂……

教师:既然我们达成了共识,全班同学一起朗读,看看全班的学习效果如何。

学生齐读。

(随评:形成共识后再齐读,能起到巩固和提升的作用。)

教师:读书百遍,其义自见。接下来请同学们自由诵读课文,这次的任务是梳理字词的意义,可参照课文的注释,没有注释随时查阅《古汉语常用字字典》。

(随评:让学生随时查阅工具书,自主学习,提醒正确。)

亮出课件:

任务:边诵读边梳理字词的意义,并用活动铅笔圈出不会解释的字词。

要求:快速、准确、合理(三个要求逐级提升)。

时间:2分钟左右。

教师:(2分钟后)时间差不多了。接下来同桌间相互交流,交流的目的是相互帮忙解决刚才不会解释的字词,时间 1 分钟左右。

（随评:主动提醒小组交流的目的,组织细心。）

教师:(1 分钟后)还有问题的同学请举手,我们当场解决疑问。

（随评:先独立学习,再小组合作,后班级交流,有助于学生的学习步步提升。）

点自主举手的第二大排第一桌男生俞越:"交横"中的"交"。

（随评:以上点到的三位学生,有随机抽取的,有自主发言的,性别有男有女,排次各不相同,但有两人都是第一桌的,中间区域没有点到。）

教师:同学们,一起来看这句话,"交"是什么意思?

学生随口说:交错,相交。

（随评:说明"交"字不难懂。《古汉语常用字字典》中"交"的第一个义项就是"纵横交错",俞越同学没有查阅字典,教师应提醒。）

教师:还有吗?

学生没有再说。

教师:既然同学们都没有疑惑了,老师要检测一下大家。

亮出课件:

元丰六年十月十二日夜,<u>解衣欲睡</u>,月色入<u>户</u>,<u>欣然</u>起行。<u>念</u>无与为乐者,<u>遂</u>至<u>承天寺</u>,寻张怀民。怀民<u>亦</u>未<u>寝</u>,<u>相与</u>步于中庭。庭下如<u>积水空明</u>,水中藻荇<u>交横</u>,<u>盖</u>竹柏影也。何夜无月?何处无竹柏?<u>但</u>少闲人如吾两人者<u>耳</u>。

（随评:两处标点与课文有出入,课文"承天寺"后面没有逗号,"藻荇"之间有顿号。还不够严谨。）

教师:先请同学们一起开口说。

（随评:面向全体的意识较强。）

教师按着遥控鼠标,依次问加横线的字词,学生依次答。

（随评:组织得细致。"相与步于中庭"不宜作为字词解释的对象,宜用于句子翻译。）

教师随时明确,并结合学过的字词做<u>些</u>解说。在解释"户"字时,讲到单扇门与双扇门费了一些口舌。

（随评:最好的方式是直接在黑板上写出篆书"门"和"户",这样既直观又好懂。）

教师:通过刚才的学习,已经能够准确、合理地解释上述字词的同学请举手。

（随评:反馈意识强。）

教师再随机抽点检测了几位学生:第二大排第一桌男生吕恩泽,第二大排第三桌男生严哲昊,第一大排第三桌女生施雨露。

（随评:这次采用了先集体回答、后个体抽查的方式,有变化。抽查的三人,没有后面桌位的和第三大排的。）

（四）二读,梳理"言"的句子意义

教师:学习文言文,仅仅梳理字词的音义是不够的,我们还要能翻译全文。接下来请同学们再次诵读课文,这次的任务是逐字逐句地翻译全文,并且用活动铅笔划出不会翻译的句子。要求是:在准确的基础上,把每句话说得通顺并且合理。时间 2 分钟左右。

（随评:需要通过例句解释一下"合理"。）

亮出课件:

任务:边诵读边翻译全文,并用活动铅笔划出不会翻译的句子。

要求:准确、通顺、合理(三个要求逐级提升)。

时间:2分钟左右。

教师:(2分钟后)接下来,四人小组交流2分钟左右。交流的目的是解决刚才自己不会翻译的句子。

教师:(2分钟后)好,时间到。现在还有疑问的同学请举手。

(随评:做得细心。)

点自主举手的第一大排最后一桌男生胡鑫宝:何夜无月,何处无竹柏。

教师:有同学知道怎么翻译吗?施吉。

(随评:不要马上让其他同学帮忙翻译,先问该学生句中的哪些字词有困难,不可能整句话都不会翻译的。)

点自主举手的第二大排第三桌该男生:哪个夜晚没有月亮,哪个地方没有松树和柏树的影子。

教师:好,请坐。胡鑫宝,现在清楚了吗?

(随评:应先问大家:刚才施吉的翻译正确吗?学生表态后教师也要表态,不能跳过这些环节直接问有疑问的学生。施吉的翻译中,末尾三字"的影子"多余。)

胡鑫宝:清楚了。

(随评:是不是"清楚了",最好让他再开口翻译一遍。)

教师:其他同学还有疑惑吗?(没有回应了。)既然你们觉得自己都会翻译了,那老师要对大家进行检测了。

(随评:教师就需要这样细心,清醒,严格。)

亮出课件:

(1)念无与为乐者。

(2)庭下如积水空明,水中藻、荇交横,盖竹柏影也。

(3)但少闲人如吾两人者耳。

(随评:"欣然起行"也容易错,也要让学生翻译。)

教师:俞越,请你来翻译一下第一句。

(随评:这位男生在前面的字词理解环节曾经提出问题,现在教师先点他,做得细心。)

随机抽点第二大排第一桌该男生:想到没有可以交谈取乐的人。

教师:你觉得自己达到了准确、通顺、合理的哪级要求?

俞越:通顺。

教师:非常的自信,而且他的确达到了准确、通顺。

(随评:那"合理"呢?再说俞越的自评中可没有"准确"。该男生虽然把课文上的注释一字不差照搬过来了,但并不准确,也不合理。首先"与"字没有翻译,"与"字后面省略的"我"也没有翻译,其次"为乐"译为"交谈取乐"不是最合理的——"为"是"做"的意思,这里可译为"享受",后面还要加上"赏月"二字。因此整句话可以翻译为:想到没有(可以)和(我)(一同)享受(赏月)快乐的人。教师要先通过例句让学生掌握翻译的方法,知道什么是"准确、通顺、合理",同时不迷信课文的注释,上面这句话拿来当例句、做靶子最合适。)

教师:李可伊,请你来翻译第二句。

随机点第三大排第三桌该女生：月光洒在庭院中如蓄积着的水一样澄澈明亮，水中的藻、荇交错纵横，原来是松柏的影子啊。

（随评：开头部分加词偏多。）

教师：请你来自评一下，达到准确、通顺、合理的哪级要求？

李可伊：准确。

教师：既然你觉得自己还不够通顺、合理，再请一个同学来评价一下。吕瑶。

随机点第二大排第三桌该女生：准确。

教师：两个同学都认为达到了准确的要求，但是还不够通顺、合理，那就来看一下老师的答案。

（随评：教师也应该评价。其实学生的翻译已经达到了"准确"和"通顺"两级要求，只是加词过多，不太"合理"。"老师的答案"用语不妥，宜改为"老师的翻译"。）

亮出课件：

庭下如积水空明，水中藻、荇交横，盖竹柏影也。

庭院下面犹如（一泓）积蓄着的水澄澈明净，水中藻、荇交互纵横，原来是竹子和松柏的影子。

（随评：教师的翻译规范，但没有适当解释一下，也没有让学生评价一番，这也是重要的学习资源。）

教师：请邵淑婕翻译第三句。

随机点第二大排最后一桌该女生：只是缺少了像我们两个清闲的人罢了。

教师：你觉得自己达到了哪级要求？

邵淑婕：通顺。

（随评：看来学生都不敢往最高要求去说。没做到自然不能说，做到了不说，教师就要了解原因。）

教师：有没有发现邵淑婕非常的聪明？她把一个地方的语序稍微变动了一下。

学生随口说：如吾两人。

（随评：引导得好。但没有继续引导学生发现这是定语后置句，是要突出中心词"闲人"。）

教师：现在，对全文的句子都能翻译出来的请举手。

学生都举手了。

（随评：反馈做得到位。）

（五）三读，梳理"文"的内容情感

教师：刚才，我们一直在梳理"言"的部分。学习文言文先"言"后"文"，接下来，我们梳理"文"的部分。请同学们用一句话来概括本文的内容，写在学习纸上，我们先一起回忆一下概括内容的三级要求，是——

学生齐答：简洁、准确、全面。

（随评：学生已经被带上路了。）

教师：时间1分钟左右。

（随评：需要多少时间也可问问学生，不要一个人单向预设。）

教师：可以按照"谁到哪里做什么"的格式。

（随评：应是"谁做什么"。"到哪里"只适用于本文，没有普适性。）

教师：（1分钟后）我看同学们已经完成了，吕凌鑫，请你来说说。

（随评：应让学生在小组内交流完善，形成最佳答案，达到简洁、准确、全面的三级要求，然后再抽点一两个小组的代表说说。）

随机点第一大排第一桌该男生：苏轼去承天寺找张怀民交谈取乐。

教师：你觉得自己达到简洁、准确、全面的哪级要求？

吕凌鑫：简洁、准确。

教师：既然不够全面，你觉得哪里是需要修改的？

（随评：问得好，起到了教师应有的引导作用。）

该生未答。

教师：先请坐，请翁梦婷来评价一下吕凌鑫的答案。

随机点第四大排第四桌该女生：简洁，准确，不全面。

教师：那你能不能补充一下？

翁梦婷：元丰六年十月十二日夜，苏轼和张怀民一同在庭院散步。

教师：你觉得自己的答案呢？ 达到全面的要求了吗？

翁梦婷：还没有。

（随评：两个学生的答案都不达标，但又都自知不达标，要马上询问原因。答题不全面往往缘于思维不全面，要让学生在反思中提升思维品质。）

教师：请坐下。两位同学都稍微有点瑕疵，老师先不作讲解，请同学们看老师的答案。

（随评：亮得太快，应先让全体学生一起说说两人最大的问题在哪里，"月夜赏景"这一关键内容两人都没概括到。）

亮出课件：

1. 作者到承天寺欣赏美妙的月夜景色。

教师：你们觉得老师的答案达到简洁、准确、全面了吗？

（随评：原来教师"先不作讲解"是有用意的。让学生评价教师的答案，体现了教学的民主，这里还体现了教学的智慧。）

学生：（随口）没有。

教师：既然没有，那老师应该怎么修改？

学生：（随口）张怀民。

教师：我们八（16）班的同学对老师的答案并不盲目赞同，的确老师少了"找张怀民"这一部分，只有加上"找张怀民"，才能达到"全面"的要求。

亮出课件：

2. 作者到承天寺找张怀民欣赏美妙的月夜景色。

（随评：逐渐完善的过程也是逐渐提升学生思维品质的过程。）

教师：刚才翁梦婷和吕凌鑫的答案稍微整合一下，就能达到全面的要求了。现在，清楚本文的内容了吗？

（随评：用词不准确，不是"整合"，而是"添加"。应让大家说说刚才两位同学缺少的是什么关键词，与教师缺少的"找张怀民"并不一样。）

学生齐答：清楚了。

（随评：但是概括内容的方法可能还是不清楚的。语文教学得法于课内，得力于课内，要让学生在课内学习中获得方法和能力。比如先告诉学生，用一句话概括课文内容，可以使用主语加谓语加宾语的句式，即"谁做什么"；概括后用"简洁、准确、全面"的标准去评判；如果还不全面，就在这个句子"主干"上添加定语或状语或补语。也可以直接利用课文标题来学习，问大家课题"记承天寺夜游"能把课文内容概括到位吗？并追问原因，让大家知道主语"苏轼和张怀民"不能少，动词"赏月"不能少，动词"记"则可删，因此修改完善为"苏轼和张怀民承天寺夜游赏月"，然后让学生据此总结出概括内容的方法和要求——简洁、准确、全面。）

教师：好。作者去承天寺的路上以及到承天寺这整个过程中，他的心情是怎样的呢？请同学们先圈出文中体现作者情感的字词，至少两处，再用一句话概括作者表达的情感，写在学习纸上。我们先一起来看一个例句。

（随评：这里似乎没必要例句先行。）

亮出课件：

元丰六年十月十二日夜，解衣欲睡，月色入户，欣然起行。

教师：首先圈出体现作者情感的字词。

学生齐答：欣然。

教师：再用一句话来概括作者的情感。

学生：（随口）高兴，兴奋。

教师板书：兴奋。

（随评：为什么取"兴奋"舍"高兴"，要说明。）

教师：作者为何而兴奋？

学生：（随口）看到美妙的月色。

教师：所以老师概括为"作者见到美妙月夜景色时的兴奋"。

（随评：句式还太封闭，可以灵活一些，比如"见到月色，心情兴奋"。"作者"也可删。）

教师：老师只讲了一点，所以是不全面的，接下来就请同学们来完成任务。

亮出课件：

任务：先圈出体现作者情感的字词，至少两处；再用一句话概括作者表达的情感，写在学习纸上。

要求：简洁、准确、全面（逐级提升）。

时间：2分钟左右。

教师：（2分钟后）同学们在学习纸上已经多多少少写了自己的理解了，四人小组讨论2分钟，尽可能达到全面的要求。

（随评："尽可能"一词会给学生不好的暗示，让他们主动降低学习要求。）

教师：（2分钟后）黄源昊小组。

随机点第二大排最后一桌该小组中的女生王一冰："但少闲人如吾两人者耳"中"但"字体现了美妙月色无人欣赏，由此可见作者无奈之情。

教师板书：无奈。

（随评："无奈"似乎过了。）

教师：你们组只找到一点吗？

（随评：提醒正确，代表小组发言就不应是个别的、零散的。）

王一冰:"遂至承天寺寻张怀民"中"遂"字体现了作者寻找张怀民急切的心情。

教师:他们小组概括的这两点心情都非常的准确,有自主发言的小组吗?

(随评:先随机点名,后自主发言,程序合理。)

点自主发言的第三大排第三桌男生徐钰惜:从"空明"可以看出作者享受美景的愉悦;"但"是"只是"的意思,体现作者十分孤独。

教师:既然徐钰惜提到了作者很孤单,作者为什么孤单呢?

(随评:教师不能随意改为"孤单"。)

学生:(随口)他被贬。

教师:你们怎么知道他被贬呢?

学生:(随口)课文的注释。

教师:我们班的同学非常仔细,能够关注到课文的注释。老师带来一则资料,请同学们看看。

(随评:课文注释过于简单,只有12个字"此文写于作者贬官黄州期间",教师需要补充得稍具体些。但学习顺序应先让大家一起读课文注释,再抬头看教师提供的资料。)

亮出课件:

苏轼:元丰二年七月,御史李定等摘出苏轼的有关诗句,说他以诗诽谤新法。八月,苏轼被捕入狱。经过长时间的审问折磨,苏轼险些丢了脑袋。十二月苏轼获释出狱,被贬黄州任团练副使,但不得"签书公事",也就是说做着有职无权的闲官。

(随评:写作背景不在课前就呈现,而在学有所得后再呈现,也是"非指示性"教学的一个讲究点。"苏轼"及冒号多余。)

教师:我们都知道苏轼在政治上有远大的抱负,可是他郁郁不得志,一贬再贬,流落黄州。在他内心深处,他何尝愿意做什么? 文中的一个词。

(随评:后两句表达不规范。)

学生齐答:闲人。

教师板书:闲。

(随评:"人"字不应去掉。)

教师:我们可以根据刚才分析的两种情感:兴奋和无奈,再来品读出"闲人"具体指怎样的人。

引导学生概括"闲人"的具体内涵:具有闲情逸致的人和闲愁的人。

(随评:"闲愁"弱化了作者的悲和痛。"闲致"的人和"闲置"的人更准确些。)

教师:所以作者寄寓在这篇课文里是一种复杂而微妙的感情,是享受美景时的兴奋之情,是想到自己被贬在外的无奈之情。请同学们调整坐姿,调整情感,读出这种复杂而微妙的情感。

学生齐读。

(随评:此时齐读不可少;但要细化要求,比如边读边想象,努力走进作者叙述的故事,走进月夜的情境,走进作者的心境;比如要注意朗读形式的配合,注意朗读的语气、朗读的语调即重音、停顿等。教师还要有示例性朗读。)

该环节到此结束。

(随评:"闲人"一句学得太浅,对"闲"的理解不充分,对该句中的定语后置及句式"但……者耳"在表情达意上的作用没有引导学生深入学习。或者课堂再开放些,让学生自主发现,自主探究,可能也会发现同学甚至老师都不曾发现的作者的这些用心之处,并探究出深刻独特的理解。)

(六)四读,梳理"文"的形式技巧

教师:作者苏轼和张怀民在承天寺欣赏到的具体月色是怎样的呢? 文中的一句话告诉了我们。

学生齐答:庭下如积水空明,水中藻、荇交横,盖竹柏影也。

教师:请同学们来品读这句话,还记得我们品读语言的三级要求吗?

学生齐答:准确、细致、深刻。

(随评:注重学生自主学习方法和能力的培养。)

教师:要在准确的基础上,分析得细腻而不夸夸其谈,有一定的深度而不浮于表面。时间2分钟左右,写在学习纸上。

(随评:"夸夸其谈"应是"泛泛而谈"。这三个要求可以简洁地解释为:"准确"是指切合不偏离,"细致"是指细腻不粗糙,"深刻"是指深入不肤浅。)

亮出课件:

任务:品析本文写景语言的表达特点和效果,写在学习纸上。

要求:准确、细致、深刻(三个要求逐级提升)。

时间:2分钟左右。

(随评:"表达特点和效果",是品析语言的常规方式;但小学到初中到高中都用这一种方式学习,难免单调呆板,教师有时可换换灵活的乃至新巧的方式,比如著者在前面的教学建议中提到的方式:"这句写景语让你感受到怎样的美? 说说你的具体感受,要求真诚、细腻、独特;这句写景语还让你感受到怎样的妙? 说说你的具体理解,要求准确、深刻、新颖。"还有一种偏学理的适合高年级的品析语言方式:品析该写景语言在运用上的外在形式、内在技巧及独特效果。)

教师:(2分钟后)时间到,小组交流2分钟左右,交流的目的是细化、深化彼此的理解,尽可能达到准确、细致、深刻。

教师:(2分钟后)先请同学们转过来,请吕硕小组发言,要代表组内的答案。

(随评:提醒学生代表小组发言,可防止发言者只说自己的。)

随机点第二大排第三桌该小组一男生施吉:用了比喻的修辞,将竹子和松柏的影子比作藻、荇,体现了的月光的明亮、皎洁。

教师板书:明亮。

教师:请你评价一下自己小组的回答。

施吉:准确、细致、深刻。

(随评:这里似乎难以用"深刻"来评判。三级学习要求改为"简洁、准确、全面"更合理些。)

教师:翁梦婷,请你来评价一下他们小组的回答。

随机点第四大排第四桌该女生:准确、细致。

(随评:教师应该追问。)

教师:请坐。刚才施吉小组只回答了一点,把竹柏的影子比作水草,这里只有一个本体与喻体吗？

（随评：必要的追问。）

学生：（随口）两个。

教师：还有一个是什么？

学生：（随口）把月光比作积水。

教师：答题时要说出比喻的修辞手法，把月光比作积水，生动形象地写出了月光的明亮皎洁；又把竹柏的影子比作水草，生动形象地写出了月光的澄澈。

教师板书：澄澈。

教师：现在来看一下老师是如何赏析这句话的。

亮出课件：

这句话运用比喻的修辞手法。将月光比作积水，生动形象地写出月色之"明"；将竹柏的影子比作交错相生的水草，生动形象地写出月光之"清"。

（随评：表述干净。可以用"简洁、准确、全面"来评价。）

教师：这句话无一字有"月"，却无处不在写"月"，的确是一个令人叹服的创造性比喻。刚才，我们已经梳理了"文"的部分：内容、情感、形式、技巧，现在对这四块内容都很好地掌握了的请举手。

（随评：教师的反馈意识可嘉；当然有时可以换换反馈的方式，比如让学生说说自己的评价或疑问等。该教学环节只停留在语言运用的形式即"表达特点和效果"上学习，基本没有往下学习语言运用的技巧，欣赏语言运用的创新。这句写景语中，写出月光如水的梦境，是美；而把竹柏影子比作水中的藻荇，则是妙。前面的比喻较为寻常，后面的比喻则是全新的创造，是作者妙笔的灵光闪耀。喻体与本体离得越远，就越创新，越独特，更何况作者把喻体"藻荇"写在前面，作为表现主体，把本体"竹柏影"放在后面，以恍然大悟的幻觉方式还原，新奇巧妙。语文教学，就是要学习课文语言运用的范例尤其是创新的范例，提高学生语言运用的能力尤其是创新的能力。）

（七）总结学习

教师：最后，我们来总结一下本节课的学习。

（随评：缺少灵活的过渡与衔接，理性有余，艺术性不足。）

亮出课件：

任务：在学习纸上写下本节课的学习收获或学习启示。

要求：总结收获简洁、准确、全面；总结启示真诚、深刻、独到。

时间：1分钟左右。

教师：（1分钟后）请徐诗楠来说说。

随机点第三大排第五桌该女生：从字词中读出作者的情感。

教师：非常独到。徐漫瑶。

（随评：点评简洁，但过于夸张，其实既不深刻，也不独到。）

点自主举手的第四大排最后一桌该女生：描写事物时不一定要有这个事物的词出现，可以用其他喻体来代替。

教师：她是从我们刚才品析的那句无一字写"月"，却处处关于"月"的话中得到的启示。姚航宇。

随机抽点第四大排第三桌该男生,但没有回答。

教师:还未想好的话,你可以点一位同学来帮帮你。

(随评:组织干练。)

姚航宇:王诚熠。

点第四大排第四桌该男生:我们要学会从课文中一些细节来分析课文。

下课铃声响起。

(随评:学生的总结质量还需提高。要给更多的时间,1分钟可能太少。独立完成后还要在小组内交流分享,相互促进,共同提高。教师的抽点集中在第三和第四大排,忽略了第一和第二大排。)

教师:请坐。这篇文章并不长,但是非常的精巧,能够从古一直流传至今,是在于其中精美的描写,在于作者手中有一支生花的妙笔。接下来,请同学们齐背课文来结束我们本堂课的学习。

(随评:总结得不全面,也不高位,无法让学生受到新的启发,获得新的提升。以齐背课文的方式结束课堂学习,方式灵活。)

学生齐背,下课。

附:板书设计

记承天寺夜游 苏轼

兴奋 无奈

闲

明亮 澄澈

【总评】

这是著者的研究生在附属中学上的一堂"非指示性"教学实习课。教学过程操作得比较精细,层层推进,步步落实。虽然只是一名实习生,但她的细心、清醒和严格,值得老师们借鉴学习。

(1)学生意识

反馈意识强,一个学习环节结束后,都让学生以举手或检测的方式了解过关情况,主动消灭"烂尾楼"现象。学习程序完整,每个环节大多经过了五个程序:(学生)独立学习、(小组)交流完善、(班级)抽样明晰、(教师)评价介绍、(教师)反馈检测。独立学习前的三要素任务、要求、时间齐全。评价用得充分,让学生依据学习要求自评和互评,教师的"答案"也让学生评价,且有时故意写得不完整,体现了教学的民主,也体现了教师的智慧;但有时让学生用三要素评价稍显机械,教师的评价有时没有跟上。学生学得充分,以教代学的现象基本没有。

(2)学科意识

文体特点明显,没有上成有"言"无"文"的"唯工具课",也没有上成有"文"无"言"的"唯人文课";但"文"的学习内容中少了"技巧"一项,影响了对"庭下"之景语表达创新(将竹柏影子比作水中的藻荇)的探究和欣赏,以及对"闲人"之情语表达特色(定语后置并运用"但……

者耳"的句式)的感受和品味。教学步骤合理,先"言"后"文",循序渐进。示例方式得当,或出现在学生学习前,或出现在学生学习后;或一次性完整地出现,或分次不完整地出现。文言翻译的方法培养有待加强。情感理解自然,没有离开文本空谈作者的情感,但"闲人"二字学得不到位。写景语言学得不充分,没有展开想象和体验。诵读也不充分,虽然环节名称是一读、二读、三读、四读,但基本上只有齐读,没有个人的自由诵读,没有达到单元要求所说的"在反复诵读中,进入文中情景交融的境界,并对作品的语言特色有所体会"。

（3）技能意识

仪态亲切,教学从容,组织能力强。说话较简洁,但语气语调不够柔和。缺少示例性的朗读。环节之间过渡和衔接有的不够自然巧妙。导入语和总结语还需完善。板书课题"记承天寺夜游"仍以自然体为主,还需继续练字,让自己达到专业的行书水平。板书有关键词,有核心词,但都是内容和情感方面的,没有形式和技巧方面的。板书有布局,但没有通过构图继续提升学生的认知理解和情感体验。在讲解某些字词时,没有直接写出篆书,让学生直观地理解。

二、言理《兰亭集序》课堂观察

这是王羲之的散文名篇,伴随本文的书法一起传世,是专为名士们在兰亭雅集时所写诗歌汇集成册而写的序言。中国人写序,总要在叙事之外言理,本文把言理发挥到了极致,一是宏大,在叙述兰亭游宴的情景之后即转向言理,俯仰开合,恣意抒发,篇幅多达三分之二;二是高深,所言皆为作者对人生、世事、宇宙等终极问题的深入思考和深刻感悟,哲理性强;三是凝重,所言之理主要不在"乐",而在好景不长、情随事迁、终期于尽的"痛",以及人心相通、古今一理、同样会对死生之事临文嗟悼的"悲",而文末一句"后之览者,亦将有感于斯文"更增加了凝重感。

本文被编入了人教版高中必修二教材(其他版本的教材也有收入)。如此意蕴丰厚的文章,让一个刚踏入高中大门、阅历单纯、思想单一的学生去读,实属为难。不要说学生,连许多教师也难以读懂课文,读懂作者,难以独立备课(也说明教师独立备课能力的重要)。但这样的文言名篇为数不少,不能因为难读就放弃。不妨把教学目标定位在积累感知上:第一,积累文言文知识,在原有基础上继续增加文言词语和文言句式的积累;第二,积累文言文内容,扩大文言文中关于人生、世事、宇宙等生与死、有与无、乐与悲等思想内容的积累;第三,积累文言文文化,感知中国历史上曾有过的一个特殊文化现象——东晋士大夫们偏安江南后崇尚老庄思想,追求清玄之风,逃避现实问题;也感知其中的一些文人王羲之(还有陶渊明等)特殊的文化品性——归隐山林,高洁自傲,放旷自由;第四,积累文言文文体,感知本文在两晋通篇丽辞骈句、雕章琢字的文风中保持独立,骈散间行、各得其长、灵活表达、清新自然的文体特点,和陶渊明的《桃花源记》成为东晋骈体文时代两枝清秀的山花;第五,积累文言文篇目,对该文言文经典名篇熟读并背诵,增加自己的积累,提升文言语感,增加文言底蕴。

总之,要以积累感知为底线,该学的必须学。章熊先生曾现身说法:"我是四五岁的时候就接触《长恨歌》的。我姐姐比我大三岁,还记得我俩坐在小板凳上听我母亲一句句传授,讲到动情处,我母亲哭了,我姐姐见我母亲哭了也哭了,我看见母亲、姐姐哭了也哭了。其实心里茫然。""但是随着年齿增长,当年播下的种子发芽了。我越来越感受到《长恨歌》文字之美,而且对内容的领悟也不断变化,起初是感动于那个凄美的爱情故事,阅历增加了,又慢慢地体会到诗人白居易的历史沧桑感。"因此他认为,根据他的体会,"传统经验的精髓就是充分发挥经典作品的'存储'功能","经典作品对学生的影响往往要隔一个相当长的时间才能充分显示"。① 王羲之写《兰亭集序》已年逾五十,中学生则刚刚十五出头,要真切领会其中的文辞之美与思想之深,尤其是悲与痛、生与死,则往往要在很多年以后了。

人教版编者在《教师教学用书》的单元说明中也提出了这样的建议:"这些课文中常常涉及对人生、宇宙的哲学思考,其中部分内容有着比较深的文化背景,教学时可以根据学生的情况灵活处理,不必要求深入理解。"②但有些教师偏偏喜欢"深入理解",穷深骛远,把这类文言经典名篇上得很深奥,不管是平时教学还是公开教学,不管是高中学段还是初中学段(刊物上就经常读到这样的课例),教师高谈阔论,把教室讲台当成"百家讲坛",学生只是茫然地听,觉得古人的思想好深邃,距离自己好遥远,结果导致两头空,该积累的没有积累,该打下的基础没有打下。

教师在教学本文时需要注意以下问题——

第一,在认知目标的学习中,首先要让学生自主学习文言之"言",独立查阅课文注释和《古汉语常用字字典》等工具书,独立疏通字词句,培养自主学习文言文的习惯和能力。其次要让学生自主学习文言之"文"中的形式和技巧,独立探究本文在词句运用、篇章运用、材料运用、文体运用等方面的特点,提高理解和运用的能力。再次要让学生反复诵读,在诵读中由表及里地逐层领悟,先初读领悟句义,读出句子的语气和语调;再读领悟文意,读出"乐""痛""悲"的情感变化层次,整体把握课文;三读品味欣赏,对"乐"的景语事语展开想象,幻化出优美的景色和欢乐的景象,对"痛""悲"的情语叹语调动情感,积极体验;最后熟读成诵,读出文章的音韵之美和内涵之美,也读出自己的理解和感悟,获得心灵的愉悦和认知的提升。

第二,在情感目标的学习中,对于文言之"文"中的内容和情感,教师不要替代学生思考,妄做道德评判。首先,教师不要马上介绍历史背景,而要让学生个性化地解读,读出自己的思考,说出自己的理解,教师借此还能了解学生对课文的理解程度以及情感倾向。之后再介绍历史背景,介绍东晋渡江南下的名士们在离乱的环境下消极悲观的心态和清谈务虚的社会风气,以及作者放旷自由的个性禀质,让学生根据背景还原性地解读。最后再让学生回到自身,结合各自的生活经历,谈谈阅读感受,并说说自己对文中一些观点的评判,以及对生与死等人生问题的思考。教师不要随意介入,指示学生一边倒地批判文中的消极观点(更何况文中还有否定生与死一样、寿与夭相等的积极态度)。《普通高中语文课程标准(实验)》要求"发展独立阅读的能力",要学生"善于发现问题、提出问题,对文本能作出自己的分析判断,努力从不同的角度和层面进行阐发、评价和质疑"③,并要求"从历史发展的角度理解古代作品的内容价值","用现代观念审视作品,评价其积极意义与历史局限"。④

总之,越经典的课文,教师越要注意引导学生自主学习,自主获得,不要代替学生认知成长,也不要代替学生精神成长。学习结束后,可布置学生写一篇文学评论类的小论文,让每人对《兰亭集序》的形式和技巧、内容和情感等谈谈自己的理解和思考。

① 章熊.我对中学语文教材的几点看法——答顾之川先生[J].中学语文教学,2013(6).
② 人民教育出版社,课程教材研究所等.普通高中课程标准实验教科书语文必修二教师教学用书[M].北京:人民教育出版社,2007:79.
③④ 中华人民共和国教育部.普通高中语文课程标准(实验)[S].北京:人民教育出版社,2003:7,8.

下面是何老师教学本文的实况(第二课时)以及本书的观察评价。

(一)复习检查字词知识

上课前教师先在黑板上画一个捺笔的空心外形。

教师:(鞠躬)同学们好!

学生:(起立鞠躬)老师好!

教师:请坐!(环视学生,一边向前走,一边讲)我们上节课呢,对王羲之的《兰亭集序》的字词、字音、大意做了一个大致的梳理。那么呢,已经过了两天了,我首先要检查大家对上节课的知识巩固得怎么样,看看大家是不是把这些知识真正地掌握住了,(看一眼板书"兰亭集序")首先呢,我们就来温故知新。

(随评:说话没有艺术性,连用三个"呢"。)

亮出课件:

正音:嗟( )悼( ) 修禊( )事 夫( )人之相与

古今异义:所以游目骋怀

词类活用:引以为流觞曲水

特殊句式:引以为流觞曲水

教师:(走到投影屏幕旁)那好,有没有同学自愿举手来检查一下自己的呀?(指向一举手学生)好,这位同学。(走到举手学生旁边)

(随评:举手的总是会的,教师检测不到真实的情况。走到发言学生旁边去,无意中抛开了全班学生。这两个俗套许多教师都有。)

点第三大排第二桌该男生,回答的声音较小。

(随评:教师走过去,学生发言的声音自然就小了——反正教师能听到。许多教师还会主动地把学生的回答复述给大家听。)

教师:(环视学生)"夫人之相与"中注意句首发语词是第二声。我们再来看古今异义,(指向一举手学生)来,这位同学。

点第三大排第三桌该男生:"所以",用来什么什么的方法。

教师:"所以",我们上节课是怎么说的?记住,不是"用来什么什么的方法",你要翻译成"用来什么什么的"。嗯,好。(看屏幕,再看该男生,右手指向屏幕)那今义呢?

(随评:为什么不是"用来什么什么的方法",要让学生明白理由,而不是用"记住""你要"之类的强势语单向指示。解释"所以"一词,最好从类型上整体把握,让学生知道一种表原因,一种表凭借或方法,其中后者均可解释为"用来"。)

该男生:(再次站起来)表示因果关系。

教师:"因为……所以"是不是?连接词。好,下一位,词类活用,(指向一举手女生)好,你来回答。

点第三大排第四桌该女生:动词的使动用法。

(随评:开了一个"小火车",俗套不少。)

教师:"流",使什么什么流,动词的使动用法。(看向投影屏幕)非常好,来,请坐。刚刚谁举手的?(向前走)好,你来回答,特殊句式,我们上节课强调过了。

点第一大排第四桌该女生:就是那个省略句。

教师:嗯,省略句,很好。

（随评：省略句也归类到特殊句式了吗？）

该女生：省的是"引之以之为"。

教师："引之以之为流觞曲水"，省略的两处都是省略"之"字。好，请坐。引之以之为流觞曲水。（向后退到讲台前）啊，上节课大家都表现得很积极，包括这节课呢，我发现，大家的巩固做得非常好。

（随评：只点了四个举手的学生发言，怎么就知道"大家"的巩固都做得非常好呢？既不合逻辑，也反映出教师的不细心不清醒。这个问题许多教师也都有。）

教师亮出答案。

（随评：应该让全体学生一起开口说，边说边亮，先说后亮。）

（二）找出情感变化的三个词

教师：那么好啊，我们上节课是不是对王羲之《兰亭集序》的"序"这个文体进行了介绍啊？不知道大家有没有发现啊，这个《兰亭集序》的"序"除了一般性的序——记叙成书的写作缘由、成书的过程以及成书的意义之外啊，还有一个很大的不同，就是呢《兰亭集序》在第一自然段叙述之后，第二、三自然段有没有继续叙事啊？

（随评：前面连用三个"呢"，这里又连用五个"啊"。）

学生：（随口）没有。

教师：没有，对。所以呢王羲之他不仅叙事，而且呢还上升到了他自己的一个思考。俗话说"读书百遍，其义自见"是吧？那好，（拿起教材）现在呢就请大家拿起手中的书本，我们再一次来一起读一下《兰亭集序》。

（随评："再一次来一起读一下"连用三个"一"，机械又不简洁，用"再来齐读"四个字就够了。）

亮出课件：

全文作者的情感变化是怎样的。能不能在每一段中找到一个代表这一段情感的字眼？

（随评：前面的句号用得不正确；后面的问话问得不科学。）

教师：在读的过程中呢，大家思考一下这么一个问题：全文的情感变化是怎样的？能不能在每一段中找到一个字眼，来代表王羲之情感的变化呢？好，我们一起来读一下啊，（看教材）"兰亭集序，王羲之"，预备，起！

（随评：如果读的目的是要找出作者情感变化的字眼，那就该用默读且是浏览的方式。）

学生齐读全文。

教师：（在学生齐读课文时跟着一起读，并在教室里走动观察）很好，大家读得很大声啊。但是这里第三自然段一个"悲夫"还是没有注意到第二声"夫"。那好，我们现在有没有同学找到这个字眼啊？每一自然段的一个字眼。噢，好，这位，语文课代表来。

（随评：只关注学生读得"大声"以及"夫"字的声调，朗读要求太低，没有学段特点。找出"乐""痛""悲"三个字眼并不难，让全体学生一起开口说就行，没必要点个体发言，更没必要点语文课代表发言，难度大的不易回答的再点课代表。）

点第一大排第五桌该男生：第一段是那个"信可乐也"的"乐"。

教师：（走到该男生前面）噢，"信可乐也"的"乐"啊，很好，第一自然段找到了。那第二自然段呢？

该男生：第二自然段是"岂不痛哉"的"痛"。

教师:"岂不痛哉"的"痛",很好,又找到一个啊。

该男生:第三段是"亦将有感于斯文"的"有感"。

教师:"有感"? 一个字的字眼,代表情感的。

(随评:引导得当。)

该男生:"悲夫"的"悲"。

教师:很好,找到了准确的"悲夫"的"悲"是不是? 好,请坐。(边讲边走到讲台边)所以呢我们发现了这一篇里面其实情感的表达应该是由"乐"到"痛",又由"痛"到"悲"。

(随评:教师成了唯一的评判者,没有问问大家的意见,更没有了解大家的学习。)

亮出课件:

乐

　　痛

　　　　悲

板书同样的三个字。

(随评:同一个内容不宜在课件和板书中重复出现。简单的字词板书就行,现场感和生成感更强。)

教师:我们看啊,(指向板书)我在上课之前在黑板上画的这么一个王羲之撇捺的"捺",其实这个"捺"的写作过程啊和这个王羲之情感的变化是非常相似的。我们看,首先,王羲之的情感是"乐",非常开心,情绪高涨,处在顶点;继而呢他转折到了"痛",往下滑了是不是? 最后呢,跌到了一个谷底就是最深层次的"悲"。

(随评:用捺笔的写作过程来理解情感变化的三个阶段,形象但不自然。)

教师:(走下讲台)那好,王羲之为什么会在一次宴会当中由"乐"到"痛",又从"痛"到"悲"呢? 他是为何而"乐",为何而"痛"又是为何而"悲"的呢? 这就是我们本节课所要解决的一个最重要的问题了。

(随评:该环节花的时间太多,效率不高,也没面向全体。从上面的话可以推知下面的教学都将停留在文本内容的理解上了,"泛语文"要出现了。)

(三)学习情感变化的三个阶段

1. 学习"乐"

教师:那我们首先呢就来看一下"乐",我们先来看这一句话。

亮出课件:

四美具,二难并。

教师:(看屏幕)"四美具,二难并",大家记得这是在哪篇课文学过的吗?"落霞与孤鹜齐飞,秋水共长天一色",这是出自哪里的?

学生:(零星回答)《滕王阁序》。

亮出课件:

"四美"良辰、美景、赏心、乐事

"二难"贤主、嘉宾

(随评:课件做得不规范,前面少冒号,后面少句号,中间也可改用逗号。)

教师:"四美具,二难并"也是王勃《滕王阁序》当中所提到的,"四美"是良辰、美景、赏心、乐事,"二难"呢就是贤主和嘉宾。那实际上呢这个王勃的《滕王阁序》和王羲之的《兰亭集序》

这两个宴会啊都有异曲同工之处,就在于这个"四美"都是齐全的。那好,我们就一起进入课文的第一自然段,来找一下这个"四美"分别是哪"四美"啊?

(随评:用已学课文的"四美"引出本文"乐"的四个方面,比较巧妙,但不是原创的。)

教师:(走向讲台)首先是"良辰"。说到"良辰"呢必然是跟时间有关系是不是? 因为他说了,"永和九年,岁在癸丑",还有吗?

学生:(随口)"暮春之初"。

教师:(走下讲台)那我们突出这个良辰的"良",暮春是什么时候啊?

学生:(零星回答)晚春。

教师:晚春大概是江南三月之时,那我们看一下当时江南的天气是怎么样的,王羲之是怎么说的。"是日也,天朗气清,惠风和畅"是不是? 我们说江南三月一般都是烟雨蒙蒙的时节,但是呢这天刚好遇到了天气十分晴朗的时刻,此为一"乐"。(走上讲台)天气爽朗,心情自然就是很开心的是不是? 好,此为第一"乐"。(看向投影)第二"乐",美景。他这里有哪些美景呢?(看手中教材)"此地有崇山峻岭,茂林修竹,又有清流激湍,映带左右"。

(随评:教得太主动,自问自答;还把传统的阴历"三月"误解为现代的阳历"三月"。)

教师:(看向学生)那大家想象一下这么一个有山有水诗情画意之处,是不是更加开心了啊? 此为第二"乐"。那么接下去这个"赏心"可能大家不是很理解,"赏心"是什么意思呢?"赏心"的意思是心里欢乐、心里高兴的样子,那么第一自然段哪里有写到王羲之心情高兴的句子呢?

学生:(低声回答)"一觞一咏,亦足以畅叙幽情"。

教师:"一觞一咏,足以畅叙幽情",好,还有吗?

学生:(零星回答)"所以游目骋怀"。

教师:"所以游目骋怀,足以极视听之娱,信可乐也",就是这个"乐"字的所出之处啊。"信可乐也",这个呢就是他赏心之处。在如此一个良辰、美景之时,王羲之将自己的身心尽情释放开来。他发现,这些事物是如此美好是不是? 所以呢是"乐"。那我们再来看最后一个,赏心之后,必然要做些乐事是吗? 他在这里做了什么事情啊?"会于会稽山阴之兰亭",做了什么事情啊?

(随评:满堂灌加满堂问,教室里始终响着教师的声音。)

学生:(随口)"修禊事也"。

教师:啊,"修禊事也",很好。还有没有呢? 他们在兰亭旁边有山有水,他们在水旁边做了些什么?

学生:(随口)"列坐其次"。

教师:"列坐其次",在"流觞曲水",非常好。所以呢这个就是第四"乐","修禊事"另外加上这个"流觞曲水"。"流觞曲水"大家听说过吧?

教师用课件依次亮出上面这些词。

教师:(投影翻到下一页图片)我们来看一下这个"流觞曲水"啊。这个就是小溪,溪流,就是这个"曲水",蜿蜒曲折的一个水道,旁边呢就有四十二位名士列坐其边,然后再由童子也就是书童将觞也就是酒杯放入到溪中,让它顺着水流缓缓流动,到了哪一位名士之前停了下来,这位名士呢就得作诗一首,如果作不出诗,就要罚酒三杯,当时是这么记载的。当时有十一人各作诗两首,十五人各作诗一首,还有十六人作不出诗来,罚酒三杯,这个就是文人的一个文雅的活动。

（随评：教师亮出事理说明的图片，并配上自己的解说，有助于学生理解背景知识"流觞曲水"。但教师说得太现成，没有让学生边看图片边主动推想。）

教师：好，我们现在是不是感受到了良辰、美景、赏心、乐事？四"乐"都在这里了，非常高兴啊，那我们现在一起再用高兴的语调把第一自然段重新读一遍，在读的时候呢注意高兴的语气，注意语速。啊，好，"永和九年，岁在癸丑"，预备，起！

学生齐读第一段：永和九年，岁在癸丑……足以极视听之娱，信可乐也。（苏教版中以上均为第一段。该教师用的是苏教版。）

（随评：用齐读加深理解，正确；但齐读的要求要细化，"高兴的语调"比较笼统，还要通过重音和停顿等细节来体现。）

2. 学习"痛"

教师：（看手表，跟学生一起读，走上讲台）很好，王羲之非常开心地参加这次集会，可是呢在这开心过后，他在第二自然段就转换到了什么情感啊？唉，痛。为什么会转换到痛呢？他到底又在痛些什么呢？我们一起来看一下第二自然段。首先我们看第一句话，怎么说的？"夫人之相与，俯仰一世"，人与人之间的交往相处啊，一俯一仰之间，一逝而过，他这里说明了什么啊？人生短暂，时光易逝，时光非常容易流逝就像沙漏一样是永不停止的。

（随评：这是自问自答式的教学，不是学生在学习，而是教师在学习。教师忙，学生闲。）

教师：那面对这么一个场景，王羲之呢他列举了两种生活方式。

教师：（投影翻到下一页）首先，第一种呢是静者，他这里怎么说的？"取诸怀抱，悟言一室之内"。第二种呢就是动者，"因寄所托，放浪形骸之外"。到这里呢老师要给大家介绍一个当时的背景知识。

亮出课件：

静者，谈玄悟道，"晤言一室之内"

动者，归隐山林，"放浪形骸之外"

两晋政治恐怖，统治集团内部相互倾轧，残杀现象时有发生，"天下名士，少有全者"，许多著名文人都死在残酷的权力斗争中。因此，天下名士，首要任务是保命。

（随评：课件中"晤言"的"晤"应为"悟"，做得不够细心。）

教师：当时啊，是两晋时期，两晋政治十分恐怖，统治集团内部相互倾轧，残杀现象时有发生，正所谓天下名……（忘记句子，回头看投影）"天下名士，少有全者"，所以呢很多的文人雅士都是死于残酷的斗争当中。我们可以想象了，当时的文人雅士首要的任务就是保存性命。这里老师问大家一个小问题啊，如果你是在当时的人，你面对这么一个情景，面对两种生活方式，你们会选择哪一种呢？

亮出课件：

汝在当时意欲何为？

（随评：语言表达不文不白。）

教师：是做动者还是做静者？来，你这么响亮，你先来说。

点第四大排第二桌该男生：（坐着回答）动。

教师：站起来回答，你要做哪一位？

该男生：动。

教师:动者,为什么?归隐山林,"放浪形骸之外",你为什么想要做动者呢?

该男生:因为可以归隐山林。

教师:山林之中有很多悠闲自在之处,你是不是想要跟随着自己的心走啊?那好,请坐。那还有没有别的想法?来。

点举手的第四大排第一桌一男生:静。

教师:他想要做静者。

该男生:当时背景是——

教师:互相残杀。

该男生:局势动荡。

教师:嗯,局势动荡。

该男生:归隐山林的话感觉良心上过不去。

教师:良心上过不去。

该男生:然后就是觉得能为国家做点事。

教师:能为国家做点事。

(随评:一直重复着学生的回答。)

该男生:所以要做静者。

教师:很好,这是一种出仕之心啊,是要尽全力为自己的国家做贡献,尽自己的微薄之力挽回这种局势。

(随评:让学生选择做动者还是做静者没有必要。文中似乎也没有这个意思,一静一动只是人们不同的生活方式而已。再说如果把"静者"理解为"谈玄悟道",那做静者也不可能有"出仕之心"。)

教师:看来大家对"静者"还是"动者"有截然不同的想法,那我们看一下,王羲之面对这些现象,引起了心中的痛,第二段中有哪些句子直接描写了王羲之心中的痛呢?

亮出课件:

在第二段中有哪些直接描写了王羲之的痛?

教师:大家找一下,可以直接把这句话说出来啊,有找到的吗?来。

点举手的第二大排第二桌一男生:向之所欣,俯仰之间,已为陈迹,犹不能不以之兴怀。

教师:这里说到"向之所欣,俯仰之间,已为陈迹,犹不能不以之兴怀",痛在哪里呢?

该男生:就是本来高兴的,一下子……

教师:(抢过话题)本来高兴的,但在时间的流逝当中呢已经成了往事,所以说明时间在流逝,我还是在我这里,事物呢发生了改变,我没变事物却变了,这是一种感慨一种痛,好,请坐。有没有其他的?再来,语文课代表。

(随评:对语文课代表偏心明显。对男生偏心也明显,上课至此点的基本上是男生。)

该男生:他后面一句说"况修短随化,终期于尽",是对人的寿命、对生死的一种无可奈何。

教师:无可奈何,他对什么无可奈何?

(随评:低级的追问。)

该男生:寿命的长短。

教师:寿命的长短是不是?很好,请坐。"况修短随化,终期于尽",时间呢我们把握不住,它在慢慢流逝,所以呢也有很多人在感叹"逝者如斯夫"是不是?孔子说,时间流了那么多,我们呢却不能够把握住。那好,还有没有其他的?来。

点举手的第二大排第三桌一男生:这里"当其欣于所遇,暂得于己,快然自足,不知老之将至",我觉得这一句表达了王羲之对美好时光易逝的感慨。

教师:对美好时光易逝的感慨。

(随评:低级的重复。)

该男生:也表达了他的痛。

教师:也表达了他的痛。非常好,请坐,对时光易逝的感慨,非常好,也是时间的……来。

点举手的第三大排第一桌一男生:"及其所之既倦,情随事迁,感慨系之矣",就是那个"情随事迁",他的心情随时间流逝而在改变,就是说明了他对时光易逝的一些感慨。

教师:时光易逝的感慨。非常好,请坐。刚刚说到了一个事物还在那里,但是呢"情随事迁",事物还在那里,我,有没有变?

学生没有反应。

(随评:这样问,学生自然反应不过来。)

教师:我变了,事物没有变。所以呢,这是另外一个痛。刚刚这位同学说到了,是事物它发生了变化,我没有变,这也是一个痛,所以两者都有所变化啊。我们来总结一下几位同学的答案,第一个呢是"及其所之既倦,情随事迁",乐事不成之痛,也就是事物变化,我也变化;第二个,"向之所欣,俯仰之间,已为陈迹",另外一个痛,事物呢发生了变化,我却没有变化;第三个呢,是时间上的,"况修短随化,终期于尽",在时间流逝的基础上,我跟事物都发生了变化。这就是王羲之的痛之处。我们看啊,说到这里,王羲之的痛我们已经知道了,跟前面的乐形成了一个鲜明的对比,在这个《兰亭集序》当中,由"乐"转到"痛",虽然看起来是突兀的,但是我们细细分析下来却是自然的。

(随评:这是教师在分析,教师在学习,而不是学生在分析,学生在学习。说得也有点绕。)

教师:那好,现在呢我们再把书本拿起来,对第二自然段进行一个朗诵,朗诵的过程中要注意读出王羲之痛的情感,体会一下他心中的痛,"夫人之相与,俯仰一世",预备起!

学生齐读第二段:夫人之相与,俯仰一世。……古人云:"死生亦大矣。"岂不痛哉!(苏教版教材中以上为第二段)

3. 学习"悲"

教师:很好啊,前两个部分呢我们讲到了"乐",讲到了"痛",由"乐"转"痛"是触景生情,那么接下来呢,作者感受到的却是悲情,王羲之参加兰亭雅集为什么会产生悲情呢?好,我们一起来看一下第三自然段,那这次老师请一位同学朗读一下。

亮出课件:

作者在这一段中写到了哪几个时期的人?

教师:在朗读的过程中呢,大家思考这么一个小问题:在这一段当中作者写到了哪几个时期的人?谁愿意举手来为大家朗诵一下这一段啊?没人举手大家推荐一个。有人举手了。注意啊,注意听他的朗读思考这个问题。

(随评:总是点举手的。)

第一大排第三桌该男生朗读。

教师:(读完后)我们是不是该鼓掌一下?(鼓掌)有抑扬顿挫,这里的"悲夫"也注意到了,不过这个"齐彭殇为妄作"的"妄"是第四声,这个"其致一也"的"一"是第一声。我们要注意这些细微的地方。

(随评:教师只关注声调,没有关注高中生朗读应有的音韵之美和情境之美。要提高学生学习的品位,教师得先提高自己的品位和要求,毕竟教师的意向往往就是学生学习的方向。)

教师:啊,好,接下来呢我们就来看一下在这一段中写到了哪几个时期的人。好,这位同学。

点举手的第一大排第四桌一男生:三个时期。

教师:三个时期的。

该男生:"昔人""今人"跟"后人"。

教师:"昔人""今人"跟"后人"。在哪里找出来的呢?"昔人"?

该男生:每览昔人兴感之由。

教师:"每览昔人兴感之由"是不是?那么"今人"呢?

该男生:"后之视今"。

教师:"后之视今","今人"。"后人"?

该男生:"后之览者"。

教师:"后之览者"。非常好,找得很齐全啊,"后之览者","昔人""今人"跟"后人"。

(随评:简单的问题,应让每人一起开口回答,快速解决。再说学生点得越多,课堂就越零碎,越拖沓,越低效。)

亮出课件:

昔人(每览昔人兴感之由)

今人(后之视今)

后人(后之览者,亦将有感于斯文)

教师:我们看,三个时期的人都考虑了一个问题。"固知一死生为虚诞",他考虑什么问题啊?死和生的问题。那这里老师要问一下大家,在你们这个年龄阶段,有没有考虑过死和生的问题啊?

(随评:课文内容还没怎么理解,就转移到学生身上去了。)

亮出课件:

你眼中的生与死是怎么样的?可以一概而论吗?

学生:有;没有。

教师:有考虑过死和生的问题,那么在你眼中死和生的问题是怎样的呢?刚刚谁说有的?

(随评:这样上语文课,自然是"少、慢、差、费"的。)

学生说出一个同学的名字。

教师:好,请起立,和大家分享一下你眼中的死和生到底是怎样的。

点第三大排第二桌该男生:死是一件不必急于求成的事情,它是一个必然会降临的节日。

教师:"死是一件不必急于求成的事情,它是一个必然会降临的节日",是出自哪里的?

《我与地坛》,史铁生所写的。知识储备非常好。你对这个死有自己的感想,对生呢?

该男生:生是当下眼前所发生的事情。

教师:生是当下眼前所发生的事情是吗?非常有哲理啊,生是我们现在的事情,还有其他的感想吗?

该男生:没有了。

教师:没了,好,请坐。他对于生和死有自己的思考啊,死是一件不必急于求成的事情。那还有没有其他同学愿意发表自己的感想的?有没有?那好,既然没有,我们就看看王羲之他是怎么想的。

亮出课件:

固知一死生为虚诞,齐彭殇为妄作。

教师:他这里说到这句话:"固知一死生为虚诞,齐彭殇为妄作。"我们前面第一堂课的时候对这句话进行了翻译,大家都不陌生了,这里的"一死生"和"齐彭殇"呢是庄周的一个看法,他主张把生和死看成一样,把生命的长和短也看成是平等的。我们再来看庄子在《齐物论》当中所说的一句话。

亮出课件:

庄子《齐物论》彼出于是,是亦因彼。彼是方生之说也。虽然方生方死方死方生方可方不可方不可方可因是因非因非因是。

(随评:句中许多标点被漏掉了,课件做得不细心。)

教师:请一位同学朗读,谁来朗读一下?有没有推荐的?谁?好,请起立,我们鼓掌。

点第三大排第五桌该男生朗读。

(随评:如果要检测学生能否读出正确的断句,那就把所有标点都去掉,并且让每人都参与朗读。)

教师:好,请坐,读得还算是顺畅的。我们看,他绕来绕去说方生方死,方死方生,他说这么多是想要强调一个什么事情啊?他想要说的是方生方死,方死方生,说明生就是死,死就是生。庄子他的这个想法是把生死平等起来的,他这里说的"一死生""齐彭殇",生和死是相同的,那么你们赞同这种说法吗?

学生:(大部分)不赞同。

(随评:低级对话,学生肯定说不赞同的。凡是不假思索就可以回答的问题,就没有问的价值。而庄子那段话,倒应让每人都认真阅读和理解的。)

教师:不赞同,是的,王羲之他也不赞同,生和死怎么可以相等呢?如果你对一个生者说他死了,可以吗?

学生:(大部分)不可以。

教师:不可以,从一个生理的角度来说,生与死是不一样的,不能把它同等为一个是不是?所以王羲之他这里写了"固知一死生为虚诞,齐彭殇为妄作",他认为这个是不对的。我们看,王羲之参加兰亭雅集由"乐"生"痛"或许是触景生情,由"痛"生"悲"或许是兴发感慨,那大家有没有这种和王羲之类似的经历?在一个当你做快乐的事情的时候,突然发现自己悲从中来,发现自己感慨起来了,发现自己不再是那么快乐了,有没有这种经历呢?

学生:(个别)有。

教师:有,我听到有同学在说有了。

学生说出一个同学的名字。

教师:又是刚才那位同学,看来是众望所归啊,来再跟大家分享一下你的经历,你的经历是怎么样的?

(随评:一旦只关注少数人,课堂就变成少数人表现的舞台了。)

点第三大排第二桌该男生:在我做一件很快乐的事情的时候,想着现在的快乐转瞬就会过去,就很不快乐了。

教师:非常抽象的一个概念,举个例子。

(随评:引导适当。)

该男生:比如说星期日下午。

教师:星期日下午。

该男生:当你快乐地玩耍时,想着晚上还要做作业,第二天还要继续学习,愉快的心情就不存在了。

教师:悲从中来啊。说到这个呢,老师也想讲一个亲身经历过的事情,我高考结束之后,录取通知书也拿到了,已经知道自己想要到哪里去了,也有了一个全程的安排,我们那个时候有一个谢师宴,学生跟老师坐在一块儿,互相告别,吃高中的最后一顿,这个时候呢看到周围的同学呢要各奔东西,老师呢也不是经常能够见到了,原本应该是欢乐的时候了是不是?没有高考的压力了,自己的大学梦也已经圆满了,可是呢这个时候却要感慨以后我们会怎样,就会兴发一种自然而然的悲,原本是快乐的,此时呢却转成了一个悲。我相信大家只要细细地去抓住生活中的一点小事情,都可以体悟到王羲之的悲,所以他的悲呢并不是无缘无故的,是有一定的道理的。

(随评:教师现身说法,有助于学生理解;但课堂变成教师主体了。)

教师:那么既然王羲之兴发如此的悲,我们看这个背景是什么? 兰亭雅集,如此快乐的一件事情,他想到了痛,最后呢竟然转化成了悲,大家觉得他这种想法消极吗?

亮出课件:

一次集会中就有了这样的感慨,你们觉得他的思想消极吗?

教师:来,我先请一个说消极的同学来说一下,谁说消极的? 来,你来说一下,为什么觉得他消极?

(随评:这样学习太浅层了。)

点第一大排第四桌该女生:他写悲了。

教师:他写悲了,的确,事实摆在眼前,他写的就是一个悲,消极的。还有其他的道理、原因吗?

该女生:没有。

教师:没有,很好,非常的简单因为他写了悲,他如此的悲伤,从乐竟然转化到了悲,是消极的。那么大家有没有其他不同的观点啊? 我看大家都在努力地思考,有没有不消极的观点?

点举手的第二大排第二桌一女生:我觉得他是不消极的。

教师:为什么呢?

该女生:背景不是很混乱吗? 在那种社会很消极的情况下,他对于人生的思考是很正面的呀。

教师:对人生的思考,点明了一个思考。

该女生:他就是很旷达。

教师:很旷达,这就没有说清楚了。旷达,直面人生,"真的勇士敢于直面惨淡的人生"是吗？旷达,还有其他理由吗？

该女生:没有了。

教师:没有了,很好,请坐,说到了她的一个思考啊,他是旷达的,所以他并不是完全消极的。来,刚才举手的这位男生。

点第一大排第三桌该男生:这个文章的情感虽然是以悲剧来写的,但是呢,他写到了对短暂生命的珍惜,对人生对自然的热爱。

教师:对人生对自然的热爱,这个对人生的热爱体现在哪里呢？

该男生:就是短暂的生命如果你不珍惜它,它将很快地过去。

教师:时光易逝。

该男生:对这样一个事情的思考,在这样一个大背景下并不全部是消极的。

教师:很好,我们就先到这里,请坐。我们一起来看当时啊,当时玄学盛行,人们精神是非常自由的,但是呢他们对死亡的恐惧并没有直接导致悲观消极,反而呢正是这个悲观消极激发起了他们的创造冲动,我们简单地来想一下,如果王羲之他是真的非常消极,他会去思考这些问题吗？他会写下这篇文章吗？他会这么主动地去思考生与死的问题吗？不会的。所以说,他在这种消极当中带着一种积极的情怀,正因为他在消极中的积极,我们今日的人才能看到《兰亭集序》这篇佳作是吧？而且呢我们也可以这样说,在古往今来这种对人生、对生命、对时间有悲叹的人,往往也是有创造价值的人。比如说曹操啊,他对人生对时间也是发生过很多悲叹,可是呢,这并不影响他成为一代英雄。好,那么说到这个,大家可以想到哪些自古以来感慨悲的诗句呢？

(随评:大篇幅的宣讲和灌输。)

亮出课件:

既然说到自古以来,你们能联想到哪些感叹悲的诗句呢？

(随评:文字不简练,表意不清晰。)

学生:(随口)人生自古谁无死,留取丹心照汗青。

教师:"人生自古谁无死,留取丹心照汗青"。还有吗？大声说出来,还有什么？

学生:(随口)高堂明镜悲白发,朝如青丝暮成雪。

教师:"高堂明镜悲白发,朝如青丝暮成雪"。还有吗？

学生:(随口)少壮不努力,老大徒伤悲。

教师:"少壮不努力,老大徒伤悲"。时间易逝,我们应该奋发进取。

亮出课件:

曹操《短歌行》:"对酒当歌,人生几何？譬如朝露,去日苦多。"

陈子昂《登幽州台歌》:"前不见古人,后不见来者。念天地之悠悠,独怆然而涕下。"

王勃《滕王阁序》:"天高地迥,觉宇宙之无穷；兴尽悲来,识盈虚之有序。"

教师:好,我们来看一下老师列出的三句话,一起来读一下,感受一下古人对悲的一种感怀啊。曹操《短歌行》,预备起！

学生齐读。

教师:好,这个是古人的悲,那么其实不仅仅是我们中华民族有这样的悲,还有西方也对生与死这个问题的思考,莎士比亚就在《哈姆雷特》中说出了 to be or not to be,that is a question。生还是死,这是一个问题,是一个值得思考的问题。所以我们可以说啊这个悲凝聚的是我们全人类的一个思考,中方探索,西方也在探索,这一句话不仅是哈姆雷特的悲,而且呢还是——谁写的? 莎士比亚的悲,是王羲之的悲,也是我们全人类的悲。

(随评:从王羲之的悲扩展到全民族的悲、全人类的悲,有高度,可惜都是教师现成告知,而不是学生自主体验、积极获得的,因此还是外在的,肤浅的,低级的。"中方"为生造之词。)

但是呢,正是因为有这么一种悲,才促进了我们时代的进步啊。所以呢,这篇《兰亭集序》向我们展示的不仅仅是一个书法上的博大精深,也是一个人生思考上的佳作。好,我们今天的课就上到这里了,谢谢同学的配合啊。

(随评:教师无意中说出了真话,这节课教师是主角,学生只是配角,是配合者。)

学生鼓掌。

(随评:整节课只学习文言之"文"的内容和情感,没有学习文言之"文"的形式和技巧。)

附:板书设计

兰亭集序

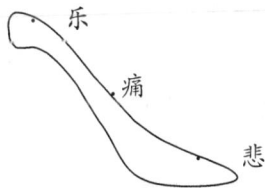

【总评】

这是一堂串讲串问的课,教室里始终响着教师的声音,以教带学甚至以教代学的特点明显,教师总是以自己的已知强行牵动学生的未知,教师教得主动,学生学得被动。教学内容也有问题,"泛人文"倾向明显。这样的课几乎随处可见,具有一定的代表性。

(1)学生意识

教师满堂讲,满堂问,边讲边问,边问边答,甚至自问自答。很多时候不是学生在学习,而是教师自己在学习。作者所言之理,都在文中,高二的学生(该教师所教的课文为苏教版必修五)已经具备自主学习的基本能力,教师应把课堂还给学生,让他们独立面对教材,自主理解课文,用自己的心灵去感悟,用自己的观点去判断,用自己的思维去创新,用自己的语言去表达。缺少面向全体学生的意识,总是点举手的发言(包括检测和朗读),点男生发言(16人次中就有12人次),点课代表发言(点了2次)。

(2)学科意识

学习内容不全面。前面一个课时已经学过文言之"言",该课时学习文言之"文",但只学了"文"表达的内容和情感,没有学习"文"表达的形式和技巧。就形式来说,这是一篇序文,运用了骈散相间的形式;就技巧来说,本文在词句运用上需要凝练表达时就运用骈句,需要灵活表达时就运用散句,清新自然,灵巧自如;在篇章运用上首尾圆合,一气呵成,由"乐"到"痛"到"悲",转换自然,起伏有度;在材料运用上典型精当,表现力强;在文体运用上,既充分言理又不忘适当交代。以上这些,本节课都没有学习,浪费了经典的资源,把一节课基本花在空泛的思想情感的讲解上。就学段来说,面对高二的学生,教师的提问没有体现出应有的高度,许多问题问得简单和低级,对学生的认知没有起到深化和促进的作用,对学生的情感也没有起到强化和提升的作用。朗读也没有提出高标准的要求,只关注读音准确不准确,声音响亮不响亮,没有从音韵美、情境美等更高的方面去引导和评判。

（3）技能意识

教师的语言品质不好,很啰嗦,不干练,老是在"饶舌";口头禅"呢"和"啊"多得让人厌烦,并不断出现"好""那好""好啊""是不是""有没有""对不对"等;对学生的回答总要机械重复一遍;评价没有针对性,不管学生怎么回答,总是说"很好""非常好"。没有示例朗读。眼光较灵活,能与学生交流。走动极为频繁,随意又随性。写字还是以楷书为底子的自然体,不专业。板书能紧扣关键词,并构图成形,有特色;但过于简单,不完整,不丰富。课件上的用语（包括标点）不规范;有些内容没有必要做入课件。

第二节　非散体文

一、唐诗《九月九日忆山东兄弟》课堂观察

这是王维十七岁时写下的一首诗,当时他在长安谋取功名,恰逢重阳佳节,思乡心切,于是情到诗成。可能他自己都没有想到,这首简简单单的诗,会穿越时空,成为千古传诵的名篇。

不事雕琢,真情流露,朗朗上口,可能是被传诵的主要原因。《唐诗正声》评价说:"口角边说话,故能真得妙绝,若落冥搜,便不能如此自然。"《唐诗直解》则说:"诗不深苦,情自蔼然。叙得真率,不用雕琢。"[①]

本文被编入了人教版三年级上册教材（其他版本的教材也有收入）。编辑在《教师教学用书》中说:"编选本课的意图是,增加学生有关传统文化方面的积累,感受诗中的秋意和诗情,激发学生学习古诗的兴趣。"并建议:"可以通过反复吟诵,感受诗歌优美的音韵、完整的意境和蕴含其中美好的感情。"[②]课程标准对第二学段（3—4年级）提出的阅读要求是:"诵读优秀诗文,注意在诵读过程中体验情感,展开想象,领悟诗文大意。""能联系上下文,理解词句的意思,体会课文中关键词句表达情意的作用。能借助字典、词典和生活积累,理解生词的意义。"[③]两者综合起来看,诵读、体验、想象是最主要的学习方式,激趣、理解、积累则是最主要的学习目标。

同样是唐诗,如果在初中学段,还要学习诗歌文体形式外在的特点,包括字数、句数、对偶、平仄、押韵等,提高欣赏的专业性;在高中学段,则还要学习诗歌文体形式内在的表达技

①　陈伯海.唐诗汇评[M].杭州:浙江教育出版社,1995:351.
②　课程教材研究所,中学语文课程教材研究开发中心.义务教育课程标准实验教科书语文三年级上册教师教学用书[M].北京:人民教育出版社,2003:48.
③　中华人民共和国教育部.义务教育语文课程标准（2011年版）[S].北京:北京师范大学出版社,2012:10.

巧,以及独特的表达效果,并学习蕴含在唐诗中的民族心理和文化内涵,培养继承传统文化的责任感,并能尝试着进行格律诗的创作。

唐诗是我国优秀传统文化的精华之一,中国的学生都受到过熏染;重阳节则是我国传统节日之一,每个学生都亲身经历过。

教师在教学本文时需要注意以下问题——

第一,在认知目标的学习中,首先要让学生自主认写,看看哪些字对自己来说是新的不会的,不管是字音、字形还是字义,每人边读边查阅词典(三年级就可让学生由使用字典转向使用词典了),课文后面列出的会认与会写的生字表仅供参考,因人而异,不搞一刀切;之后在小组内相互交流,并相互检测,每人出三个新字考对方,字音、字形、字义各考一个,每人出题不重复;然后组织全班交流并检测,由某个小组出题,让随机抽取到的其他小组答题,教师统计得分;最后教师出题考全体学生,并对前面交流和检测中错误率高的新字逐一提醒,不留"后患",比如"为异客"中的"为"读第二声不读第四声,"逢"下面是三横不是两横,"佳"右边不是三横连写再加一横,还有"茱萸"二字的音形义。这一步过关后,再让学生自主理解全诗的意思,教师不要现成地串讲给学生听,人教版教材从本文开始增设了注释,教师要引导学生学会使用;把握全诗的意思后每人七嘴八舌解说一遍,对着诗的原句说,不跳字,不漏字;之后教师随机点不举手的和举手的各一两人依次说说,了解真实情况。这一步结束后,再让学生自主诵读,边诵读边想象情境,然后让每人说说想象到的情境,并说说喜欢诗中的哪些词句,为什么喜欢。下课前让学生自主背诵并默写全诗。

第二,在情感目标的学习中,教师要让学生先获得个性化体验,再进入还原性体验。即先让学生自主体验诗句表达的思乡之情,让每人的体验个性化、多样化;再了解作者和写作背景,进入特定的时空,体会特定情境下作者独有的思乡之情。不管是哪种体验,都不能脱离文本,都要关注重点字词,比如"独""倍""遥""遍""少"等,并要通过朗读加深情感体验。之后还可让学生说说自己曾有过的思乡之情(有的学生可能已经离家寄宿),或曾有过的思念父母等亲人的感受(比如父母在外出差或打工)。最后教师还可水到渠成地适当介绍重阳节以及其中的人文内涵,增进学生对传统节日的感情(要从小学就开始培养)。

下面是胡老师教学本文的实况以及本书的观察评价。

(一)导入新课

教师:首先老师给你们听一首歌。

播放音乐《九月九的酒》,学生跟唱。

(随评:用流行歌曲开场,有激趣,无导入,与唐诗的情境并不协调,还影响了对诗歌的理解和感受,时间也花了不少。课前播放音乐、图片、视频等,小学、初中、高中都很常见,但其适切性大多值得反思。)

教师:看来大家都会唱这首歌,这首歌叫什么名字?

学生齐答:九月九的酒。

教师:那你们知道九月九日是什么节日么?

学生齐答:重阳节。

教师:那你们肯定不知道的是(还)有一个传说。

(随评:这话太不友好,还有炫耀的成分。)

教师亮出课件,边看边读:

东汉时期,汝河边一个村子里,住着一个小伙子,名叫桓景。他家里有父母和妻子,一家人和和睦睦,日子过得十分快乐。天有不测风云。有一年,汝河里忽然出了一个瘟魔,岸边很多村庄流行起了瘟疫,死了不少人。看到乡亲们不断死去,非常着急,就决定求仙学艺,为民除害。桓景回到家里告别父母和妻子,一个人上路去了。桓景带上一袋干粮上路了。桓景访遍了天下名山,才寻访到在东南方的山中有一个叫费长房的神仙。他一路走,一路打听,翻过了一座又一座山,蹚过了一条又一条河,磨破了一双又一双鞋,终于见到了费长房。费长房和蔼地对他说:"我看你一心想为民除害,就收下你这个徒弟吧。"他交给桓景一把青龙剑,又教他降魔的武艺。桓景每天勤学苦练,终于把剑术练得炉火纯青。有一天,费长房把桓景叫到跟前,说:"今年九月初九,瘟魔又要出来害人。你赶紧回乡为民除害吧。"他送了桓景一包茱萸叶、一瓶菊花酒,又嘱咐了几句,先让乡亲们登高避灾,然后再去斩妖除魔。就用手招来一只仙鹤,把桓景载回了家乡。九月九日那天,桓景带着全村老小登上附近的一座山。他把茱萸叶分给大家,让瘟魔不敢近前;又把菊花酒倒出来,让每人喝一口。安排妥当后,他就带着青龙剑回到村中,等着斩杀瘟魔。中午时分,随着几声怪叫,瘟魔爬上了河岸,趾高气扬地走进村里。他发现村里一个人也没有,就四处张望,最后发现村民们都躲在山上,便狂叫着向山上冲去。刚到山脚下,突然一阵浓郁的茱萸叶香和菊花酒气迎面扑来,瘟魔顿时头晕眼花,哼哼呀呀地在原地打转。桓景手持宝剑从山上直冲下来,和瘟魔展开了搏斗。瘟魔见势不妙,转身就逃。桓景对准他的后背嗖地掷出宝剑,咔的一声就把他扎死了。从此,汝河两岸再也不闹瘟疫了,这一天是农历九月初九。此后每年的这一天,人们都要举行登高、插茱萸、喝菊花酒等活动,来纪念桓景铲除瘟魔、为民除害。因为九月初九又是重阳日,所以人们就把这一天叫作"重阳节"。

(随评:课件的语言和标点都有很多问题,不细心也不专业。讲故事也不宜边看边读,脱稿讲才有现场感和艺术性。更重要的是,这个故事对课文学习并没有促进作用,相反,有些学生听完故事后可能还在想着其中的情节,无法进入课文学习。再说"东汉时期"真有神仙吗?)

教师:这一天就是农历九月初九,此后每年的这天人们都要举行登高、插茱萸、喝酒等活动。另外九九又与"久久"同音,所以"九"含有健康长寿的意思,所以后来重阳节又叫作什么节啊?

学生齐答:老人节。

教师:那听到了老人节故事,大家知道重阳节有什么习俗啊?

(随评:怎么又变成老人节故事了?老人节可是1988年才有的,2013年《老年人权益保障法》才确定的。再说该内容与将要学习的这位唐代年轻人写的诗歌也不入调。)

学生齐答:登山,插茱萸。

教师:插茱萸,还有呢?

学生争先恐后举手。

点第一大排第四桌一男生:喝菊花酒。

教师:喝菊花酒。

点第三大排第三桌一女生:登山。

(随评:简单的问题应让大家一起开口说。)

教师:登山,登高,还有补充吗?哦,除了这些,我们还会吃重阳糕、欣赏菊花。今天我们要学习的古诗就是在重阳节这一天写的,下面我们一起学习一下。

(随评:一首流行歌曲,一个杀魔故事,对新课文的学习都不是必需的,相反还影响了学生的独立理解和原初体验。再说课文注释①已经对"九月九日"解释得很清楚了:"即重阳节。古人有在重阳节登高、佩戴茱萸、饮菊花酒的习俗。"整个导入环节花了6分14秒,太不值。)

(二)解析题目

教师:(板书"九月九日忆山东兄弟")题目叫什么?

学生:九月九日忆山东兄弟。

教师:这里的"忆"应该怎么理解?

点举手的第一大排第四桌一男生:"想起"的意思。

(随评:马上就面向少数了,没有让大家一起加入思考。)

教师:"想起",还有更好的词么?

点举手的第一大排第五桌一男生:回忆。

教师:还有么? 能够表达出诗人感情的一个词语,谁有更好的?

(随评:与其猜测,不如让每人拿出词典一起查阅。)

点举手的第一大排第四桌一男生:思念。

教师:对,思念、想念是不是啊? 那他在想念谁啊?

学生齐答:山东兄弟。

教师:这个"山东"是指现在的山东省么?

学生齐答:不是,是个名字。

教师:是个名字么? 你们看看注释。

(随评:一开始就应让学生看注释,以消除误解。)

学生齐答:是个地名。

教师:是个地名,是哪里的地名? 不是指山东省是指哪里?

(随评:不宜再说"山东省",这会对学生的正确理解造成负面干扰。教师要有心理学知识的应用意识。)

点举手的第一大排第五桌一男生:我老家是山东的,山东是中国地图里的。

教师:可是你这个解释还是山东省的意思,不懂的同学翻开课本看一看。

(随评:不应这时才让学生翻开书本。)

点举手的第二大排第四桌一男生:山的东面。

教师:我们一起来看一下注释。对,"山东"是"指华山以东,王维的家乡就在这一带"。所以这里不是山东省,是古时候的华山以东,也就是诗人的家乡。

(随评:课文上有注释,就不应让学生去猜。该环节花了2分钟,又是一个效率不高的环节。)

(三)介绍作者

教师:好,为了更好地了解诗的内容,我们接下来了解一下王维。

亮出课件,教师照读一遍:

王维是古代著名的诗人、画家。这首诗是王维17岁的时候离开家乡来到京城长安的时候写的。他的诗歌被誉为"诗中有画,画中有诗"。而且他与另外一位诗人孟浩然并称为"王孟"。

(随评:学习课文先介绍作者和背景,是演绎式的教学,如同理科学习先介绍公式和定理一样,往下的学习就变成代入和验证了,学生的独立解读和个性探究都被剥夺了。"古代"宜改为"唐代",两个"的时候"重复,语文教师的专业性不容乐观。)

(四)初读古诗,读准字音

教师:接下来呢,请同学们借助注释自由地朗读诗歌,要求读准字音,读通诗句。

全班学生自由朗读。

亮出课件:

回忆;异乡;为异客;重逢;佳节;加倍;遥远;登高;插入;茱萸

教师:可以了么? 那我来检查一下,老师请这一组的同学"开小火车",一人读一个词好不好? 来,你来。

(随评:既然要检查,就不能用"开小火车"的方式定点定向。点了第一个,全班马上就知道接下来是不是跟自己有关了。)

点第四大排第一桌一女生:回忆。

教师:回忆。大家一起跟着读。

学生齐读:回忆。

(随评:要检查学生字音是否过关,应亮出全诗,随机抽查其中的一些字音,而不是亮出解释该诗的一个个词语。 需要组词,也应在检查字音后让学生自主组词,而不是现成地亮出来。)

点第四大排第二桌一男生:异乡。

教师和全班:异乡。

点第四大排第三桌一女生:为异客。

教师和全班:为异客。

教师:(指着课件上的"为"字)大家请注意这个字读什么?

学生齐答:为(wéi)。

教师:"作为"的意思是不是? 要读作"wéi",不能读作"wèi",再来读一遍。

全班:为异客。

教师:接下来。

点第四大排第四桌一女生:重逢。

全班:重逢。

教师:大家一起再来读一遍。

全班:重逢。

教师:"重逢"是什么意思啊? 重新相遇是不是? 接下来。

(随评:"重逢"并不能用来解释课文中的"逢",前面的"回忆"也是,这样组词只会对课文理解起到误导作用。)

点第四大排第五桌一男生:佳节。

教师和全班:佳节。

教师:一起来认读。

教师和全班:佳节。

教师:好,这里的第二纵排的同学再继续进行下去。

(随评:又开了一列"小火车"。)

点第四大排第一桌一女生:加倍。

教师:加倍。

全班:加倍。

点第四大排第二桌一女生:遥远。

教师:遥远。

全班:遥远。

点第四大排第三桌一女生:登高。

教师:登高。

全班:登高。

教师:后面那位同学。

点第四大排第四桌一男生:茱萸。

教师:(指着"插入")这个还没读。(指着前桌)这个同学帮我。

点第四大排第三桌一女生:插入。

教师:插入。

全班:插入。

教师:下一个呢?

点第四大排第四桌一男生:茱萸。

教师:茱萸。

全班:茱萸。

教师:茱萸是什么东西?

点举手的第四大排第二桌一男生:一种植物。

(随评:课文有"茱萸"的注释:"一种有浓烈香气的植物。"让大家一起读注释就行,不要点个体回答。)

教师:哦,它是一种植物,它是用来干嘛的?

一男生:辟邪。

(随评:课文注释可没有"辟邪"的意思,问得多余,无意中还传播了迷信思想。)

教师:嗯,辟邪,它是插在头上的。好,我们全班一起来读一下好不好?回忆,回忆,预备起!

全班齐读所有词语。

教师:读完词语啊,我们一起读一下这首古诗。独在异乡为异客——

全班齐读。

(随评:先读词语,再读全诗,程序合理。)

教师:学古诗我们首先要把不会读的生词找出来,借助字典读准确;第二步呢?

一男生:读五遍。

教师:嗯,读五遍。读五遍之后发现有的词语还是不懂的时候要怎么样?

该男生:查字典。

教师:嗯,查字典,要找注释。

（五）再读古诗，解释文意

教师：老师这里有很多注释，请同学们先根据老师给的这首诗的部分词语的注释（亮出课件），自己学习一下古诗。看看这首诗写的主要内容是什么，尝试自己翻译一下诗句，遇到不懂的可以举手问老师。可以读出声来。

（随评：前面已亮出解释，这里又亮出注释，教得太主动，给得太现成。）

教师巡视，进行个别指导。

教师：大家先看看诗句，如果在诗句里遇到不明白的问题，再在上面找到字词的意思，试着来解释一下这首古诗的意思。

学习完成后，教师点举手的第三大排第四桌一男生说一遍。

教师追问：是在他自己的家乡么？

该男生：不是，是在外乡。

教师：嗯，是他一个人在外乡。声音响点。

该男生：在外乡，在外乡来做客，每到九月九日他很想念朋友，大家都在插茱萸的时候，唯独诗人登山望远想念自己家乡。

教师：嗯，这位同学真是聪明，你解释的都是对的。还有其他同学想来试一下吗？

（随评：评价错误，"唯独诗人登山望远"就解释得不对。）

点举手的第四大排第二桌一男生：就是作者王维在一个地方……

教师：在什么地方？在自己家乡吗？

该男生：不是自己家乡，是在其他地方。

教师：这个其他地方我们用一个什么词？

该男生：外乡。然后作者在这个外乡就成为了外客，然后到了九月九日到了重阳节，然后他就开始想念朋友。

教师：哦，开始想念朋友了。

该男生：然后他也想念自己的兄弟，就爬上高处，然后他们家在插茱萸的时候就少了他一个。

（随评："就爬上高处"，又说错了。）

教师：哦，大家在插茱萸的时候唯独少了诗人一个人。看来大家对这首诗的理解不错。

（随评："理解不错"是盲目表扬，错误表扬。再说这几个举手的学生也代表不了"大家"。）

该环节结束。

（随评：教师没有起到应有的作用。一是没有对学生回答时遗漏的"独""倍""亲""遥""遍"等字及时提醒；二是没有让大家一起对着课文"翻译"一遍；三是没有介绍教师自己对整首诗的"翻译"；四是结束前没有问问大家还有没有问题或疑惑。"烂尾楼"往往就是在教师的不专业和不细心中造出来的。）

（六）细读古诗，体会感情

1. 学习"独在异乡为异客，每逢佳节倍思亲"

教师：15岁那年，王维就离开了家乡，来长安求取功名，写这首诗的时候王维多少岁啊？

学生：（随口）15岁。

（随评：学生的误答，源于教师的误导。）

教师:17 岁。正好遇到过重阳节,他一个人漂泊在外,无依无靠,那你们觉得这个时候他的心情是怎么样的?

一男生:孤独。

教师:如果用诗中一个字来表示的话是哪个字? 请大家用铅笔圈出来。我们一起喊出来好不好?

全班一起:独。

(随评:问得准,答得准。)

教师:谁能用"独"字组个词?

(随评:"谁能"二字是面向少数的典型用语。)

学生:(随口)独自,孤独。

教师:诗里的"独"就是独自的意思。

(随评:那就不该说是组词,应该问"独"字怎么解释。)

教师:我们都说字是会说话的,仔细看一下这个"独"字,透过这个"独"字,我们可以看到一种什么样的画面? 让我们插上想象的翅膀。一起来寻找那一幕幕诗人孤独的身影。

(随评:要让学生从文字看出意思,教师就要在黑板上直观地写出篆书。但"独"字是看不出什么的,《说文解字》对"独"的解释是:"从犬,蜀声。"认为羊喜群居,狗爱独处。)

亮出课件:

假如你是王维,你独自来外地求学当你穿梭在人来人往的大街上,人来人往、热闹非凡,而你一个人时候你会怎么样? 当你看到别人亲友团聚、举杯痛饮,而自己一个人时候你会怎么样? 当你出门远游,别人都有同伴有说有笑、互帮互助,而你自己一个人的时候你会怎么想?

(随评:继续出现大量的表达问题。这不只是不细心的问题。)

教师:请同学们在三个场景中选取一个场景进行想象。如果你是诗人的话,这时候你会干什么? 想什么?

点举手的第四大排第五桌一男生:如果一个人在大街上会想念家乡里面的人。

教师:这时候你会想念家乡的人,为什么? 因为只有你一个人。还有呢?

点举手的第四大排第三桌一女生:别人都有家人陪伴,而我却独自一人,没有家人陪伴。

(随评:学得太浅,不用想象就能回答的。既没提想象的要求,也没给想象的时间。)

教师:哦,没有家人陪伴。还有呢?

(随评:教师问得太紧,学生更没法细想。)

点举手的第二大排第一桌一男生:如果我的话,看着大街上人来来往往,我还会担忧亲人。

教师:哦,还会为亲人担忧是不是? 你能带着感情朗读一下这句诗么?

(随评:教学随意。)

该生:独在异乡为异客。

教师:嗯,好,我们在读的时候要怎么样?

(随评:问得很笼统。)

一男生:(随口)要有感情。

教师:嗯,是要有感情,我们在读的时候还要突出这个"独"字。"独在异乡为异客"大家一起读。

全班齐读。

教师:独在异乡为异客。

全班再次齐读。

教师:由此可见当王维一个人独在异乡为异客的时候,内心会是多么酸楚啊!然而无论他如何思念亲人,他仍然身处异乡;无论他感到多么孤独,他仍然是一个人。古时候不像我们现在有手机、网络,随时可以和家人保持联系。在古代唯一的交流方式就是写信,往往几个月才能收到,是不是很慢?

(随评:这段话说得较为专业,也较有情境。)

一女生:(随口)更加孤独。

教师:所以当诗人看到别人团聚了他会更孤独,更想念自己的家人。用诗里的一句话表示是什么?我们一起读出来。

全班齐读:每逢佳节倍思亲。

教师:在整首诗中,这一句最广为流传。那大家看看,在这一句诗里哪个字最能打动你的心弦?

部分学生:逢。

部分学生:倍。

教师:为什么说是"倍"呢?加倍地思念亲人。

(随评:教师应引导学生比较"逢"和"倍",不宜直接确定答案。)

亮出课件:

每逢佳节更思亲

每逢佳节又思亲

每逢佳节倍思亲

教师:这里有三句话,大家一起来读一读。

全班齐读。

教师:这三句话有什么区别?

点举手的第二大排第三桌一男生:那三个字换掉了。

(随评:亮出的三句话还不错,但不应马上点个体回答,应先让每人独立学习,自主比较。)

教师:那你们觉得哪个字更好?这三句哪个更好?为什么?

点举手的第四大排第二桌一男生:因为他最想念自己的家人,因为过一个节日更想念。

教师:那你是觉得"更"用得更好吗?

该男生:倍。

教师:倍,哦,倍。

该男生:更加思念自己的家人,第一句更好。

教师:我们来看一下"更"是"更加"的意思是吗?

一些学生:是。

教师:"更"就是平时很想念家人,今天过节了更想念家人了;"又",昨天想念家人了,今天又想念家人了;"倍"呢,每天无时无刻不想念亲人,今天过节加倍想念家人。这个"倍"是两倍、三倍、四倍、更多倍。"倍"字既表现出诗人思乡之强烈,又表现出诗人无时无刻不在思念家人。那用我们的朗读表现出诗人的感情好吗?"每逢佳节倍思亲"预备起!

(随评:变成教师自己在学习了,没有把教的资源转化为每个人学的资源和学的效果。)

学生齐读:每逢佳节倍思亲。

教师:那你们觉得佳节仅仅是指中国的重阳节么?还有哪些节日呢?

(随评:不宜岔到别的节日去,既有误导之嫌,又有泛化倾向。)

点举手的第三大排第一桌一男生:端午节。

教师:端午节。

点举手的第三大排第二桌一男生:中秋节。

教师:八月十五中秋节。

点举手的第四大排第四桌一女生:春节。

教师:这些都是家人团聚的时刻,嗯,好。当国庆节普天同庆,远在他乡的莘莘学子,很思念自己亲人的时候,用诗句来表达自己的想念,用哪句诗?

(随评:国庆节可不是同一个类型的。教师的专业性令人担忧。)

全班齐答:每逢佳节倍思亲。

教师:当国庆节举国同庆的时候怎么说?

全班齐答:每逢佳节倍思亲。

教师:唉,大家没有把感情读出来。每逢佳节倍思亲。

全班齐读:每逢佳节倍思亲。

教师:当中秋来临,在外地求职的人们对家人的思念只能用诗句表达,怎么说?

全班齐答:独在异乡为异客。

教师:每逢佳节倍思亲!

(随评:通过创设不同的情境,引导学生多次诵读同一句话,强化印象,方式正确,但内容引导得不专业。)

教师:王维正在思念自己的家人,他的家人是否也在思念他?

(随评:自然过渡到了下面两句诗的学习。)

全班齐答:是。

2. 学习"遥知兄弟登高处,遍插茱萸少一人"

教师:大家一起来有感情读一下"遥知兄弟登高处,遍插茱萸少一人"。读完这句话你们脑海里浮现的是什么画面?

(随评:引导正确。学习这两句需要想象,前面的"独在异乡为异客"两句则需要体验。)

点举手的第四大排第五桌一男生:有两个兄弟登在最高的山上,在看王维。

教师:他能看到王维吗?

该生:看不到。

教师:诗人一个人在想象远在家乡的亲人在登高插茱萸是不是?诗人说"遍插茱萸少一人",这个"少一人"是少谁?

学生齐答:王维。

教师:嗯,是王维。诗人进行了视角转换,他不说自己多么想念家人,而是写远在家乡的父母有多么想念自己。

（随评：讲得太现成，教师老是当"讲师"。远在家乡的"父母"不对，应是"兄弟"。）

教师：以前过重阳节的时候啊，我都是会陪着家人一起过的，现在啊，不一起过了。如果你是王维的亲人，在登高时你会对王维说什么？

点举手的第四大排第二桌一男生：王维快回来，我们等你回来插茱萸！

教师：哦，我们等着你插茱萸！

点举手的第二大排第五桌一男生：王维如果你能在今天回来多好！

教师：哦，王维，你能在今天回来陪我们过重阳节该多好啊！

教师：那你如果是王维，你会对兄弟说什么？还有其他人举手吗？老师总是看到就这两位同学举手。

（随评：点举手的发言本身就不对，教师要从中发现自身的问题，并主动调整。优秀教师大多是在自主反思、自主调整中走向成长的。）

随机点第二大排最后一桌一男生：（没有站起来）我还没想好呢。

教师：没想好啊，那继续想。

（随评：要给每人独立学习的时间，不要提问之后就马上点举手的回答；但如果给了时间后有些学生还是没有学习结果，教师要给一些压力。）

点举手的第一大排第一桌一男生：我一定会回来的。

教师：我一定会回来的。

一男生：灰太狼也这么说。

（随评：教师要关注这种"灰太狼"式的意外回答，并积极利用，不能置之不理。）

教师：他是表达自己很想回去的心情，我是多么想和你们一起回来过重阳节啊！可是一切只能在想象中。重阳节也是别人的，团聚也是别人的，属于诗人的只有是对家乡的思念。那大家再有感情地朗诵一下最后两句话。

（随评：让学生依次想象双方怎么说，可以；但学得还太浅。主要原因是教师没有提出具体的学习要求，也没有给出独立学习的时间。）

全班齐读。

（七）课堂总结

亮出课件：

又是一个不能回家的重阳节，我独自站在异乡的窗前，面向家乡的方向，深情念诵着……

又是一个重阳节，诗人独自登上高山，想起弟兄们插茱萸的场景，诗人大声念诵着……

教师：千言万语道不尽双方的思念，接下来就让我们用诗句来表达。老师念完第一句，全班女生一起朗读诗歌，老师念完第二句，全班男生一起朗读诗歌，可以吗？

（随评：两个引语设计得不太完美，甚至有知识性错误，但能创设情境。朗读诗歌也有形式上的变化。下课前还可以运用一种朗读方式——盖上书本，集体朗诵。）

学生：可以。

教师：又是一个不能回家的重阳节，我独自站在异乡的窗前，面向家乡的方向，深情念诵……什么？女生一起读。

全班女生：独在异乡为异客，每逢佳节倍思亲。遥知兄弟登高处，遍插茱萸少一人。

教师：又是一个重阳节，诗人独自登上高山，想起弟兄们插茱萸的场景，诗人大声念诵着……

全班男生：独在异乡为异客，每逢佳节倍思亲。遥知兄弟登高处，遍插茱萸少一人。

教师：好，这节课就到这里。

附：板书设计

九月九日忆山东兄弟

异乡	异客
思念	
遍插	少一人

【总评】

小学语文课的教学方式比中学更多样，值得学习；但有些方式是不是最好的，甚至是不是需要的，也值得思考。

（1）学生意识

该教师调动学生学习积极性的做法值得肯定。但存在以下问题：第一，缺少让学生独立学习的意识，一个任务下去后总是马上点学生发言，没有给学生独立学习的时间，导致学生说得粗糙，学得表浅。第二，缺少让学生自主学习的意识，不管是字词的解释还是注释，都现成提供给学生，没有让学生自主查阅，自主探究。第三，缺少面向全体学生的意识，每个环节开始时，没有让全体学生参与学习；每个环节结束时，也没有主动了解每人的过关情况，在不细心中留下了许多"烂尾楼"。这三个问题，在中小学教师中普遍存在着。

（2）学科意识

能根据学习内容采用相应的学习方法，比如学习"独在异乡为异客，每逢佳节倍思亲"，让学生用情感体验的方法；学习"遥知兄弟登高处，遍插茱萸少一人"，让学生用画面想象的方法。但学习方式不全面，一是只让学生还原诗人的情感和情境，没让学生立足自身，表达个性化的感受，只有还原性学习，没有个性化学习；二是诗歌的艺术化吟诵欠缺，只关注情感的外在表现，忽视了对诗歌"优美的音韵、完整的意境"的感知。教学环节不精致，开头就是多余的环节，备课时缺少理性思考。教学中出现了许多知识性错误，有的出自学生，有的出自教师；而出自学生的教师大多没有发现，还表扬学生。要当好小学语文老师，并不容易。这节课中出现的种种不专业问题，值得所有教师反思和警惕。

（3）技能意识

仪态大方而且自信。穿着紧身裤和运动鞋上课，有朝气，但不优雅。教学气氛较好。说话响亮，但较霸气。语调有顿挫，但尾音过于上翘。没有全篇朗读过，分句朗读时也读得不太专业。说话较流畅，口头禅较少，但教学语言包括课件语言不简洁、不规范，问题突出。眼光灵活，能随时巡视学生。写字用力，但所写的只是自然体。板书简洁，并用核心词"思念"来点睛，但只有课文表达内容和情感方面的概括，没有表达形式和技巧方面的提炼。这种只有内容的单一设计，也在教师中普遍存在着。

二、宋词《声声慢》课堂观察

这是李清照的代表词作之一,表现了她晚年遭受国破、家亡、夫死、子无的所有不幸之后漂泊寄寓的失落、孤寂、凄凉和无助的心境。这位"千古第一才女"造语奇妙,在词的开头,创造性地运用了十四个叠字"寻寻觅觅,冷冷清清,凄凄惨惨戚戚",把自己的"旷世悲情"表达得充分、透彻而又细腻、深刻,给读者极大的情感冲击和语言感染。诗人舒婷说:"魅力汉语对我们的征服,有时是五脏俱焚的痛,有时是透心彻骨的寒。"李清照的魅力汉语,十四个叠字就足以征服一代又一代人。词的结尾,作者又以"这次第,怎一个愁字了得"直抒胸臆,既呼应了开头,又强化了感情,把自己的愁与苦、悲与痛表达得酣畅淋漓。这就是李清照超人的语言表现力,也是擅长抒情的宋词的超凡表现力,换用别的文体,或许达不到这样的表达效果。同为宋词的陆游和唐婉的《钗头凤》上下阕结尾的叠字"错,错,错!""莫,莫,莫!"和"难,难,难!""瞒,瞒,瞒!"与之有异曲同工之妙,也是毫不掩饰的抒情与别出新意的表达。因此,宋词有独特的情感审美和语言审美。

作为中国学生,宋词也是必须学习的优秀传统文化。李清照说,词"别是一家"。学习宋词,要有文体意识。人教版教材在《声声慢》所在单元设计了这样的导语:"词具有很强的节奏感和音乐性,欣赏时要反复吟咏,体会其声律之美;也要在理解作品内容的同时,运用联想和想象,领悟其中情与景浑然交融的意境。"①这个要求主要是文体学习方式上的,既适用于高中,也适用于初中和小学,可作为学习宋词的共性要求。而就文体学习内容来说,小学基本懂得词的感情和内容即可,重在激发学习宋词的兴趣;初中则还要懂得宋词在形式上的特点,包括音乐标题、内容标题、上下阕、长短句、字数、韵脚等;高中则还要学以致用,尝试着按照词牌名填词创作,培养文化传承的意识和能力(不然诗和词都只能成为博物馆里的文物了)。

从语用形式的角度来说,宋词学习也要关注四个层级——词句运用的形式、篇章运用的形式、材料运用的形式和文体运用的形式。就《声声慢》来说,一要学习它怎样运用词句,即怎样遣词造句,以开头的十四个叠字等为学习重点;二要学习它怎样运用篇章,即怎样谋篇布局,如上阕以叠字别出新意地开头,中间层层渲染,娓娓道来,下阕结尾水到渠成地抒情点睛;三要学习它怎样运用材料,即怎样运用意象等内容,如用"淡酒""雁""黄花""梧桐细雨"等具有特定意义和情感的意象来表达愁绪;四要学习它怎样运用文体,即怎样运用宋词来表达情意,作者用词而不用诗或文来写,重要原因是词能让她自由清新地运用长短结合的语言形式把自己的悲情表达得直接、充分而又新意迭出。这四个层级中,小学学段一般要学习前面两个层级,初中学段一般要学习前面三个层级,高中学段则要学习四个层级。

本文被编入了人教版高中必修四教材(其他版本的教材也有收入)。编者在《教师教学用书》中提出了这样的单元教学建议:"词的教学可以有不同的课型:或以串讲大意为主,加上名句赏析;或以诵读指导的方式为主,带动对诗词内容和主要写法的赏析;或将诵读和鉴赏交互运用,由教师讲解分析作品;或让学生提前准备,在课堂上给其他同学讲解一篇作品或介绍一个作家……但是无论采取哪一种教学方式,都应该让学生把所学的作品先背诵下

---

① 人民教育出版社,课程教材研究所等.普通高中课程标准实验教科书语文必修四[M].北京:人民教育出版社,2006:33.

来。因为背诵是鉴赏的前提,不能充分的诵读就谈不上深入的鉴赏,那种先讲解再诵读的方式是不可取的。……每首词在课堂讲解之前都能做到大体熟读成诵,要养成强记的习惯;教师要做示范背诵。总之,能卓有成效地进行诵读练习,就可以说完成了教学任务的一半,不能等闲视之。"①这个建议的前半部分可能有教师中心或学生中心的倾向,但后半部分甚为至理:学生要先背诵再学习! 教师要做示范背诵!

教师在教学本词时需要注意以下问题——

第一,在认知目标的学习中,要有三个意识:学段意识、文本意识和文体意识。就学段意识来说,一方面高中学习要涵盖语用形式的四个层级,但另一方面高中学习不应零起点,而应高起点,不应面面俱到,什么都学,而应少学、准学、精学。就文本意识来说,要紧扣该文本特有的、特别值得学习的内容来学习,比如前面的十四个叠字,比如"雁""黄花""梧桐细雨"等典型的意象。就文体意识来说,词是在演唱中出现的,学习时要反复吟诵,感受词的音韵,体会词的情感;词又是通过典型的意象来营造情境的,学习时还要运用想象和联想的方法主动感知和体验。另外教师在引导学生自主学习的过程中,还要根据需要随时介绍一些名家的鉴赏文字,以教促学。

第二,在情感目标的学习中,教师不要在上课开始就马上把作者的境遇一股脑儿地搬出来,可分步引导,逐层体会:先让学生"素读"全词,通过"寻寻觅觅"等词句,说说初读感受,自主体会词人的孤独寂寞;再介绍词人夫死、子无的悲惨遭遇,进一步体会词人独处的凄凉悲惨;后介绍词人家亡又逢国破,颠沛流离的苦难境遇,并介绍词人客居浙江金华时写的《武陵春》,更深入地体会词人茕然独处的无尽悲凉和无限伤痛:"风住尘香花已尽,日晚倦梳头。物是人非事事休,欲语泪先流。闻说双溪春尚好,也拟泛轻舟。只恐双溪舴艋舟,载不动许多愁。"

下面是黄老师运用"非指示性"理念教学本文的实况以及本书的观察评价。

(一)激发兴趣,导入《声声慢》

上课铃声响后,教师先巡视全体学生,再响亮地喊口令。

教师:上课! (学生起立后,马上主动回礼)同学们好!

学生:老师好!

教师:请坐!

(随评:该环节体现了教师的细心和礼貌。)

教师:同学们,你们从小到大,有在家独处的经历吗?(学生齐答:有!)独处的时候,你们是怎样的感受? 随口说说。(学生抢着说:开心! 自由! 一男生:没感觉。一女生:做作业,很痛苦。)那你们有没有把自己的经历和感受写成文章?(学生随口:没有。)将近一千年前,有一个人,在家独处,产生了特别强烈的感受,还写成了一首词,这首词一直流传到今天,成了千古佳作,广受好评。大家可能已经猜到了吧? 这就是我们今天要学习的课文——(学生齐说)声声慢。(教师同步板书题目。)作者是——(学生齐说)李清照。(教师在课题右侧以稍小字号同步板书作者。)

(随评:激趣有针对性。现场板书,互动感强。写字较专业,是临帖练就的行书。但板书

---

① 人民教育出版社,课程教材研究所等.普通高中课程标准实验教科书语文必修四教师教学用书[M].北京:人民教育出版社,2007:44.

过程中一直背对学生,还好字数不多。)

教师:看到这样的标题,大家觉得这首词是喜还是悲呢?(学生随口:悲。)我们先把这个问题放一放,这堂课学习结束后,就会有明确的理解和深入的体会的。

(随评:问得适度。下课前要回到标题,让学生总结学习,在呼应中提升。)

(二)初读课文,感受《声声慢》

教师:现在请同学们大声地自由地诵读全文,读完后用一句话写下你的初读感受。

亮出课件:

任务:大声地自由地诵读全文,用心感受,然后用一句话写下你的初读感受。

要求:真诚、细腻、个性化(三个要求逐级提升)

时间:3分钟左右。

(随评:任务中的"用心"很重要,许多学生从小学开始就形成了有口无心的朗读习惯。)

教师:这三个要求中,"真诚"是指表达的感受真实、诚恳,不说假话和空话;"细腻"是指表达的感受细致、具体,不粗糙不笼统;"个性化"是指表达的感受独特、与众不同,不说套话。其中,"真诚"是最低的要求,人人都要做到;"个性化"是最高的要求,每人都要朝这个目标去努力。听懂了吗?有疑问吗?(看学生摇头)好,现在开始。

(随评:做得细心。学习前该花的时间就要花,教师该讲的话就要讲,这样才能保证学习高效,之后就可少花时间,少讲话。)

学生独立学习,动笔书写。

(随评:简单的一两句话就能完成的任务,就要动笔做。语文课上往往没有动笔学习的习惯,学生学得轻松,但也学得低效。)

教师边转边看,了解情况。

教师:(3分钟后)现在开始在小组内交流书面稿,相互评价,并选出能代表你们小组水平的达到个性化层级的感受,待会儿我随机点几位代表说说。

(随评:没有达到个性化的小组还应提醒他们现场完善。)

学生在小组内书面交流。

(随评:书面交流也是一种重要的方式,不能只有口头交流。)

教师:(学生交流后)下面我随机抽点几位同学来说说,要代表小组发言,介绍的不一定是你自己的。

点第二大排最后一桌一男生:我感觉读起来比较顺,比较上口。

教师:刚才介绍的感受,是你自己的还是小组的?

该生:自己的。

教师:可我们要求代表小组发言。

(随评:提醒正确。小组交流后学生发言往往还是只说自己的,缺少代表集体的意识。)

点第四大排第一桌一女生:我感受到了凄冷的环境和凄冷的心情。

点第三大排第五桌一男生:我感受到了李清照守着窗儿,内心无限的惆怅。

点第一大排第三桌一女生:我仿佛看到了一个老妇人在自言自语地诉苦。

(随评:随机点名关注到了区域和性别,取样较典型。)

教师:刚才四位同学的发言,大家觉得特别有印象的、听起来有新鲜感的是哪几位?

(随评:能用通俗的方式解说"个性化"。)

学生:(随口)第二;第三;第四。

教师:对。最后一位听起来更有印象、更有新鲜感吧？这就是个性化。刚才我看了一下,许多同学写的都是"很忧伤""很悲痛"之类的话,这样的感受,虽然真诚,但不细腻,更没有个性化。

(随评:评价有针对性。)

教师:老师也说说自己的感受。我不是初读,但每次读到,都会感受到扑面而来的悲伤,感受到作者茕茕子立、形影相吊的孤单、凄苦和无助。

教师:现在请大家评价一下老师的感受。

(随评:让学生评价教师,既能体现教学民主,也能促使教师做得更好。)

点第三大排最后一桌一男生:好像真诚和细腻都达到了。

点第一大排第一桌一女生:感觉老师说得很高大上。

点第四大排第三桌一男生:感觉老师说得很全面,很深刻了。

教师:是的,说得多了全了,个性化往往就少了。老师的阅历比同学多,同时也想对大家的感受起到促进作用,就说得比较多。对老师的答案不要迷信,要客观评价,老师写的不一定好的。

(随评:说得坦诚。)

教师:假如我在后面再加半句,看看是不是基本达到个性化了:"这种感受时轻时重,轻时点点滴滴低吟耳畔,重时字字句句敲打我心。"

学生:(随口)个性化了。

(随评:这种分解的方式有助于学生更深入地理解"真诚、细腻、个性化"的三级学习要求。如果学生处于入门学习阶段,教师可分解成三步依次呈现,将一个句式用到底,不断扩展,或往里面填充,或往后面加接,依次达到三级要求。比如"我感受到了扑面而来的悲伤",是"真诚";往后加接"我感受到了扑面而来的悲伤,感受到作者茕茕子立、形影相吊的孤单、凄苦和无助",是"真诚、细腻";再往后加接"我感受到了扑面而来的悲伤,感受到作者茕茕子立、形影相吊的孤单、凄苦和无助;这种感受时轻时重,轻时点点滴滴低吟耳畔,重时字字句句敲打我心",则是"真诚、细腻、个性化"。)

教师:现在我们来反馈一下,达到"个性化"的请举手。

(随评:每个环节结束时都要反馈。)

八个学生举手。

(随评:举手后要让写得特别个性化的继续说说,现场分享。)

教师:连"真诚"都没有达到的请举手。

一个男生举手。

教师:这位同学值得表扬,敢于直接面对自己的问题,以后肯定能进步得更快。有些同学没举手,可能也有没达到的。刚才让大家诵读课文,说说初读感受,是要培养纤细的感受力。读一个作品,要能说出自己的感受,并且要说得真诚、细腻、个性化,不人云亦云。这是语文学习最重要的素养之一。

(随评:前面表扬举手的同学,能树立课堂学习正气;后面介绍学习意图,会让课堂学习变得透明。让学生以"真诚、细腻、个性化"的要求说说感受,不仅能培养纤细的感受力,还能逐渐影响他们的写作品性,一篇优秀作文就需要具备三个要求:真诚、细腻、个性化。)

教师:各位想知道李清照的基本情况吗?

学生:(随口)想!

教师:从哪里就可以知道?

学生:(随口)课文第一个注释。

教师:对。让我们一起看看注释(苏教版):"李清照(1084—约1151),号易安居士,齐州章丘(今属山东)人。宋代词人。北宋亡国后南渡。不久,她的丈夫金石学家赵明诚病逝,她的生活陷入颠沛凄凉之中。"请问,她写这首词的时候,身边有亲人吗?

学生:没有。

教师:丈夫已经病死了。她有孩子吗?

学生说不出。

教师:孩子也没有。人教版课文《声声慢》注释①的最后一句是"只身逃难,境遇悲惨"。我们可以想象,一个没有丈夫也没有孩子的弱女子,独处异乡,是多么的凄凉、孤独和无助!

(随评:学生有初读感受后再了解作者,能深化情感体验。)

教师:现在让我们带上自己的感受和体验,一起朗读这首词。

(随评:这时的齐读能加深体验,提升学习。)

学生齐读。

(随评:该环节做得比较到位。一堂课宁可少设计几个环节,也要学得精细一些、到位一些,尤其到了高年级。现在的课堂往往什么都学,但什么都学得蜻蜓点水。该教师还可让学生重新写写感受,让每人都朝着第三级目标去努力,并告诉学生,要达到个性化,首先要跳出常规的思维,这样才能跳出常规的语言,思维决定语言,思维创新才有语言创新。)

(三)二读语言,赏析《声声慢》

教师:刚才我们初读了课文,交流了感受,这是学习的开始,也是收获的开始,下面让我们再次走进课文,看看这位"词的成就尤其突出"的李清照是怎样运用她独特的语言来表达她独特的感受的。请大家自由诵读课文,用心读五遍后,就把全文背下来,然后说说你背得最顺口最能表达感情的是哪句话或哪些话。

(随评:先背诵,后欣赏,且在背诵中根据自己的语感找出典型的语句,为欣赏做准备,方式新颖,方法科学。)

学生独立诵读,边读边背。教师边转边看。

之后抽查背诵,点了两人和两个同桌,分别为第一大排最后一桌一男生、第三大排第四桌一女生、第二大排第四桌一女同桌、第四大排第二桌一男同桌。其中最后一桌背得最顺利,第一个男生和第一桌都把"乍暖还寒"的"还"字读错了。

(随评:个体和集体都抽查,方式多样,检查全面。还可以现场打分评比,以同桌或小组为单位,相互竞赛。)

最后盖上书本,全班脱稿朗诵。

(随评:这样能起到强化背诵和营造氛围的作用。)

教师:刚才各位在朗读和背诵的时候,感觉最顺口最能表达感情的是哪句话或哪些话?七嘴八舌自由说说,看看认可度最高的是哪句话,第二句又是哪句话。

(随评:在七嘴八舌中找"共识",方式灵活。聚焦几句学细学深足够了,不用什么都学。)

学生说得最多的是第一句的十四个叠字,其次是最后一句"这次第,怎一个愁字了得",

还有"梧桐更兼细雨,到黄昏、点点滴滴"等。

教师:那我们先来学习第一句"寻寻觅觅,冷冷清清,凄凄惨惨戚戚",先看看学习的三个要素。

亮出课件:

任务:请你动笔赏析,说说它表达了什么意思,表达了什么感情,有什么表达特点,有什么表达效果,对你的语言表达有什么启发。

要求:简洁、准确、全面(三个要求逐级提升)

时间:5分钟左右。

教师:我重点解释一下要求中的第三个词"全面",它主要是指回答每个小问题都要做到全面,都要从多个方面去思考和回答。听懂了吗? 有问题的举手。

没有学生举手。

学生开始独立学习。教师边转边看。

教师:(5分钟后)现在请大家在小组内交流,以前面单数和后面双数的前后两桌为一个小组,先推举出小组长,要推举工作认真负责的,现在就开始推举。(过一会儿)已经推举出的请小组长举手,我看看哪些小组已经完成了。(还有两个小组没有举手)这两个小组抓紧。(看看都推举出来了)好,下面开始在小组内交流。请小组长负责三件事,第一,让每人都得到交流,组长把握时间,每人不少于一分钟,不多于一分半钟;第二,用三级要求自评和互评;第三,形成小组的最佳答案。听清楚了吗?(学生回答:清楚了。)好,现在开始交流。

(随评:组织干练。)

学生在小组内交流。教师边转边了解情况。

教师:(交流结束后)现在我随机点一个小组长说说,其他小组注意听,随时准备评价。

点第三大排第三小组,突然要求小组长的同桌代表小组说。

(随评:有教学智慧,这样可以防止小组长之外的人不做准备。)

该女生:(迟疑了一会,在与小组成员嘀咕一阵后开始回答)这句话表达的意思就是寻觅冷清凄惨悲戚。表达了李清照愁苦的感情。表达特点是:运用了七个叠词,意思各有侧重,"寻寻觅觅"是从她的心态来描写,"冷冷清清"是环境的冷清,"凄凄惨惨戚戚"体现了她内心的凄怆。表达效果是:叠词具有音韵美;然后宋词是用来吟唱的,所以第一句话读来有一种婉转凄楚的情感。受到的启发是:要适当地运用叠词;可以从不同角度来写。

(随评:有些话可能是从参考书上搬来的。教师要让学生从独立学习开始,从素读开始,学有所得后才能适当参考。)

教师:请你们小组的组长自评一下,回答得如何,一个个答案依次评过去。

该组组长:表达的意思全面,表达的感情不全面,表达的特点比较全面了,表达的效果也不全面,受到的启发比较全面了。

教师:现在就请其他小组自由发表意见,先评价,后完善,我依次说题目。第一个,表达的意思,回答得简洁、准确、全面吗?

学生没有表态。

教师:那我就随机抽点,请第四大排第二小组的组长说说。

该组长:他们很聪明,(笑)直接把叠字去掉换成了单字。简洁、准确、全面都有了,但好像不太通顺。

教师:那就说说你们小组的回答。

该组长:她在寻觅但发现很冷清,心情变得很凄惨悲戚。

教师:各个小组说说这个回答得如何?

学生:(随口)好。

教师:我也觉得好,在遵从原文意思的基础上加了一些词,就使意思连贯通顺了。第二个题目:表达了什么感情?刚才小组长也自评说不全面,大家一起开口说说用哪几个词才能全面,每人都开口说,老师看着大家。

(随评:面向全体的意识强。)

学生七嘴八舌说。

教师:我来选择几个词,大家听听看有没有重复:失落、孤寂、凄凉、悲痛、无助。加上愁苦,是不是全面了?

学生:是。

板书:失落;孤寂;凄凉;愁苦;无助。

教师:你们说了这么多词,是不是受到了参考书的影响?

学生笑。

教师:每个词都要有来历,有依据。那说说你们是怎么概括出来的,我说原句,你们说概括的词,一起开口。

(随评:注意方法和能力的培养。)

教师:"寻寻觅觅"——

学生:失落。

教师:"冷冷清清"——

学生:孤寂。

教师:"凄凄惨惨戚戚"——

学生:凄凉,悲惨……

教师:"戚"是什么意思? 马上查阅词典。

学生:(查阅后)忧愁;悲哀。

教师:"忧愁"和"悲哀"如果换为前面列出的意义相近而程度稍重的词就是——

学生:(随口)愁苦,悲痛。

教师:因此"无助"一词在这里不是最直接的,全文来看是明显的。这几个词中分量最重的是哪个词?

学生:(较迟疑)凄凉,悲痛。

教师:再选。

学生:(稍整齐)悲痛。

教师:这个词在后面会体现得越来越明显。(但没有板书该词。)

(随评:有意把"痛"留到最后板书。)

教师:回答全面的小组,请小组长举手。

没有举手的。

教师:说明我们的"全面"思维还要再打开。再看表达特点,刚才回答说运用了叠词,意思有所侧重,除了这两个表达特点,还有吗? 主动说说。

第二大排第二小组组长:意思除了有所侧重,还有层层递进。

教师:请各小组表态,刚才的回答正确吗?

学生:正确。

教师:是的,七组叠词在表达上由浅入深,从轻到重。还有别的特点,发现了吗?

没有回答。

教师:大家读读看,发音上是不是有什么特点?

学生随口读,有的有所发现。

教师:韵母为"i"的字是不是特别多?"觅""凄""戚"都是。"清"的韵母中也有"i","寻"的古音我们用方言去猜读会发现韵母中也有"i"。这些字开口不饱满,发音不高昂,适合表达低沉内敛的悲戚心情。有没有小组发现这个特点?

(随评:能发现一般人发现不了的,但说得太现成。教师只能引导,不能抛给。)

学生:(随口)没有。

教师:可能给大家的学习时间也不够充分,如果给更多的时间,让你们深入研究,可能就有更细、更新的发现。

(随评:说得对,课堂教学中的许多肤浅现象,大多源于学习时间的碎片化。)

教师:好,下一个问题,表达效果呢? 刚才小组长自评说不全面,那简洁、准确吗?

学生:(随口)不简洁,不准确。

教师:那请第一大排最后一组的组长说说你们的共识。

该组长:表达效果是能把作者的感情表达得很细很透很允分。

教师:用了三个"很"。但用了三个是不是一定就能体现"全面"了?

学生:(随口)不是。

教师:为什么用了三个"很"却还不全面呢? 请大家主动说说。

第四大排第一小组组长:因为"很细很透很充分"都是一个方面的,还有另外一个方面,词人是讲究表达技巧的,要加上"表达巧妙"。

教师:赞同吗? 写到"巧妙"这方面意思的小组请小组长举手。

只有两个小组长举手。

教师:看来我们要回答得全面,首先要打开思维,从多个方面去思考。最后一个题目,对你的语言表达有什么启发? 刚才小组长自评说回答全面了,但我还想问问有没有小组从别的方面去回答的?

第一大排第二小组组长:要敢于语言创新。

教师:大家同意吗?

学生:同意。

教师:这个回答,体现了我们高二同学应有的水平。

(随评:围绕一个小组的回答来评价和完善,以此提升全体学生的学习,避免了教学的零碎和无序。)

教师:下面老师也说说对各个问题的理解,大家边看边思考,可随时发表意见。

用课件亮出:

这句话表达的意思是:自己苦苦寻找却没有结果,只感到周围冷清一片,于是心情也变得凄凉悲戚。这句话表达了词人失落、孤寂、凄凉、愁苦、悲痛的感情。这句话的表达特点是:第一,连用了七组叠字;第二,开门见山直接抒写;第三,大多是开口不饱满发音不高昂的"i"韵的音;第四,所写角度不重复,从动作写到环境再写到心情;第五,所写层次不重叠,由浅入深,从轻到重。这句话的表达效果是:把自己的悲情表达得非常充分,又非常巧妙。对自己语言表达的启发是:第一要自然,要有感而发,用真情打动人,南宋文学评论家张端义在《贵耳集》中就认为十四个叠字用得自然,"俱无斧凿痕";第二要巧妙,要运用一定的技巧,比如用叠字表达,用低沉内敛的字音表达,从不同角度表达,从不同层次表达;第三要创新,李清照运用这十四个叠字就是前无古人的创新,曾被赞为"创意出奇","超然笔墨蹊径之外"。

教师:现在请大家评价一下老师的解答,也可以说说你的疑问或感受。

(随评:让学生或说评价或说疑问或说感受,体现了教学的民主,也体现了方式的灵活。)

随机点第二大排第五桌一男生:老师答得很完美,很高大上。

学生跟着笑。

第三大排第二桌一女生主动发言:老师答得特别全面,很多方面我们都想不到,比如赏析特点的时候说到了"i"的韵母读音;然后对自己语言运用的启发用到了三个词自然、巧妙、创新。

一学生:(随口)老师您是自己写的吗?花了多少时间?

教师:对,是我原创的,花了一节课的时间,后来又修改了好多次。这样才能给大家更多的启发,我也才能和大家一起进步。如果多给你们时间,也可以回答得更全面的。

(随评:教师就应该对课堂有敬畏感,对学生有责任感。)

教师:现在我们带着新的理解再来读读这句话,读出字音的韵味和情感的意味来。

全班齐读这句话。

教师:我从刚才低沉的声音中感受到了凄凉和悲苦,但表现得还不够强烈,老师也来读一读这句话,让我们继续来感受词人内心的悲和痛。

教师示例朗读,读得舒缓,低回,沉重。

(随评:朗读很专业。教师在学生学习后示例朗读,而不是在学生学习前示范朗读,定位正确。学习后再朗读能提升学生的学习,学习前就朗读会控制学生的学习。)

教师:下面我展示一位叫沈祖棻的研究者对《声声慢》十四个叠字的评析,请大家默读欣赏。

(随评:学有所得后再看名家的鉴赏文字,能继续提升学生的学习。)

课件亮出:

起头三句,用七组叠字构成,是词人在艺术上大胆新奇的创造,为历来的批评家所激赏。如张端义《贵耳集》云:"此乃公孙大娘舞剑手。本朝非无能词之士,未曾有一下十四叠字者。……后叠又云'梧桐更兼细雨,到黄昏、点点滴滴',又使叠字,俱无斧凿痕。"张氏指出其好处在于"无斧凿痕",即很自然,不牵强,当然是对的。元人乔吉《天净沙》云:"莺莺燕燕春春,花花柳柳真真。事事风风韵韵,娇娇嫩嫩,停停当当人人。"通篇都用叠字组成。陆以湉《冷庐杂识》就曾指出:"不若李之自然妥帖。"《白雨斋词话》更斥为"丑态百出"。严格地说,乔吉此曲,不过是文字游戏而已。

但说此三句"自然妥帖","无斧凿痕",也还是属于技巧的问题。任何文艺技巧,如果不能够为其所要表达的内容服务,即使不能说全无意义,其意义也终归是有限的。所以,它们的好处实质上还在于其有层次、有深浅,能够恰如其分地、成功地表达词人所要表达的难达之情。

　　"寻寻觅觅"四字,劈空而来,似乎难以理解,细加玩索,才知道它们是用来反映心中如有所失的精神状态。环境孤寂,心情空虚,无可排遣,无可寄托,就像有什么东西丢掉了一样。这东西,可能是流亡以前的生活,可能是丈夫在世的爱情,还可能是心爱的文物或者什么别的。它们似乎是遗失了,又似乎本来就没有。这种心情,有点近似姜夔《鹧鸪天》所谓"人间别久不成悲"。这,就不能不使人产生一种"寻寻觅觅"的心思来。只这一句,就把她由于敌人的侵略、政权的崩溃、流离的经历、索漠的生涯而不得不担承的、感受的、经过长期消磨而仍然留在心底的悲哀,充分地显示出来了。心中如有所失,要想抓住一点什么,结果却什么也得不到,所得到的,仍然只是空虚,这才如梦初醒,感到"冷冷清清"。四字既明指环境,也暗指心情,或者说,由环境而感染到心情,由外而内。接着"凄凄惨惨戚戚",则纯属内心感觉的描绘。"凄凄"一叠,是外之环境与内之心灵相连接的关键,承上启下。在语言习惯上,凄可与冷、清相结合,也可以与惨、戚相结合,从而构成凄冷、凄清、凄惨、凄戚诸词,所以用"凄凄"作为由"冷冷清清"之环境描写过渡到"惨惨戚戚"之心灵描写的媒介,就十分恰当。由此可见,这三句十四字,实分三层,由浅入深,文情并茂。①

　　教师:下面进入第二句话的学习,来看看大家推举的话:"这次第,怎一个愁字了得!"

　　第一大排第二桌一男生:(脱口而出)这句不好,太直白了。

　　教师:认为写得不好的请举手。

　　陆续有九人举手。

　　教师:那我们就换一种方式来学习,说说你认为这句话写得好还是不好,为什么?分两个"学派",说说各自的观点和理由。每人先独立学习,然后现场交流,认为不好的和认为好的可依次起来辩论一下。

　　(随评:有应变的意识和组织的能力。)

　　教师:(独立学习之后)现在开始辩论交流,先请认为不好的说说理由。

　　第一大排第二桌一男生:太像说话了,很直白。

　　第二大排第一桌一女生:这话很俗,不雅,词应该是很雅的。

　　教师:还有吗?

　　第四大排第四桌一女生:这句话读起来感觉怪怪的。

　　教师:那下面请另一方说说,自主表达,老师不点名,直接起来说。

　　第三大排第三桌一男生:词刚开始出现时就是很通俗的,像说话,不登大雅之堂的。

　　第三大排第一桌一女生:(反驳)但李清照不应该这么写,她是很有文化的文人嘛。

　　第二大排第二桌一男生:我认为李清照这样写是很自然的,整首词已经有充分的叙述了,这里再抒情,直抒胸臆,能提升感情。

　　第一大排最后桌一男生:而且与开头的叠词有呼应,比较自然。

　　教师:认为不好的还有其他理由吗?

　　第一大排第二桌一男生:没有了,只是觉得不好。

　　教师:说得对,直觉很重要。既然觉得不好,那你们认为可以怎么换或怎么改?

　　(随评:用改或换的方式来比较,也是深化学习的方式。)

---

　　①　沈祖棻.《声声慢》赏析[A]//宋词赏析[M].上海:上海古籍出版社,1980:140.

第二大排第一桌一女生:忧愁痛苦,实难言表!

第一大排第二桌一男生:这次第,痛彻心扉!

第四大排第四桌一女生:这光景,人比黄花更瘦!

全班笑。

教师:改换语句,可以让我们思考得更深。课后我们可以继续改,继续思考,下节课可以利用课前几分钟再交流。现在我先说说自己的理解,与大家交流:用得好还是不好,关键看你诵读的时候在语感上是不是很顺畅,很自然,是不是感觉水到渠成。我认为这句话用得好,因为我觉得顺畅,自然,水到渠成,开头用了十四个叠字来表达她的愁与痛的多和深,中间又展开充分的铺垫和叙述,最后直抒胸臆,表达自己实在无法承受的愁和痛。另外它还有语言运用上的创新,前面的叠字是创新运用,这里的口语化生活化的表达也是一种创新运用,后人在《金粟词话》里就夸她"用浅俗之语发清新之思"。再说直抒胸臆地表达也适合吟唱,词本来就拿来吟唱的,这个表达与说唱的风格也比较一致。

(随评:"另外"这个理由对学生来说可能说服力不强。)

有的学生还是不赞同。

教师:我赞赏你们的主见,有主见才会引发新的思考,获得新的进步。老师趁此提一个平时你们没想过的问题:作者为什么要选用词来写而不选用诗或文? 每人先独立思考,然后在小组内交流,形成基本共识。最后由小组长发言,发言不求完整,不能重复,只说你们组的第一条理由,与别的小组重复时再挑第二条理由说说。

(随评:提问内容有新的高度,发言方式有新的变化。)

思考和交流结束后,教师随机抽取。

第三大排第二小组组长:我们组认为,词是宋代最主要也最流行的,作者当然首选这个(文体)来写。

第二大排第三小组组长:我们组觉得如果用诗或文,开头就很难用十二个叠字来表达。

第二大排第一小组组长:许多意思用词才能表达得有韵味,比如"梧桐更兼细雨,到黄昏,点点滴滴"。

第四大排第四小组组长:词的句子有长有短,不像诗也不像文,有自己的特点,如"三杯两盏淡酒,怎敌他,晚来风急"。

一男生插话:用诗或文写不一定就不好。

教师:是的。高中生应该思考文体选择和运用的问题了。这几个观点加起来,基本能回答这个问题了:一是词在宋代很主流,是一代文学,写的人顺手,看的人顺眼;二是词擅长抒情,它有自己的音韵特点,能利用音韵自然而畅快地表现她的悲与痛,李清照是很讲究词的音乐美的;三是词易于创新,句式可长可短,兼有词和文的优点,能在自由的表达中展示语言的创新。

(随评:能将自己的预设与学生的回答整合生成,有教学智慧。当然可以先让每人独立整合。)

教师:但是不是写什么话题都是词优于诗和文呢?

学生:(随口)不是。

教师:肯定不是,因话题而异,根据话题选用文体,也根据自己的擅长选用文体。刚才有同学说不一定,质疑精神值得表扬,不随大流,保持自己的独立思考。等你思考得更成熟了,下次可以请你向大家介绍。

（随评：把文体运用形式作为学习内容，体现了教学的品位。鼓励独立思考，体现了教学的民主。）

（四）三读意象，探究《声声慢》

教师：刚才学习的两个语句，都属于直接表达和正面表达的；词人还通过某些物象，注入自己特定的感情来间接地侧面地表达，借物言情。这些物象被称为——

（随评：过渡自然，衔接紧密。）

学生：（随口）意象。

板书：直接写情：叠字等；间接写情：意象等。

教师：我们先把这些意象找出来。（找出后）现在按照课文顺序，一起开口说说。

学生：淡酒，晚风，雁，黄花，窗儿，梧桐，细雨，黄昏。

教师：已经全部列出来了，但有些不能称为意象。该怎么排除？排除的基本标准是什么？

（随评：这也体现了高中学段的学习特点。）

随机点第二大排第四桌一女生，说不出。

教师：估计很多同学也说不出。我们可以从源头上去思考：什么是意象？它必须是什么样的物象？

第三大排第三桌一女生举手：有"意"之"象"，融入作者主观感情的。

教师：（问大家）回答得怎么样？

学生：（随口）好。

教师：回答得简洁又准确。那我们就一起来排除，看看哪些没有融入作者的感情。

学生：（随口）晚风，窗儿，黄昏。

教师：你们都看了参考书了吗？回答这么一致？

学生笑。

教师："窗儿"容易排除，另外两个比较模糊，特别是"晚风"。那我们就对着认识比较一致的几个意象"淡酒""雁""黄花""梧桐"和"细雨"来学习，后面两个合并为一。请每人自主选择两个意象来学习，学什么，怎么学，要达到什么要求，都由自己决定，就是说，要给自己设计学习任务，并至少给其中一个设计学习要求。学习时间我们先统一为五分钟。学完之后，在小组内书面交流，并相互评判和完善。

（随评：自主学习形式更开放了，"非指示性"教学用得灵活。）

学生独立学习。

之后在小组内交流。

教师：接下来班级交流，按照这些意象的顺序进行，欣赏同一个意象的先举手示意，我们从这些同学中先随机抽点一位说说。如果说得不到位，别的同学自主发言。

（随评：组织干练，方式灵活。）

板书：淡酒；雁；黄花；梧桐细雨。

点第一大排第四桌一女生：我的学习任务是说说"淡酒"表达了什么感情；学习要求是简洁、准确。我认为"淡酒"表达了很深的愁情。

教师：大家赞同她的理解吗？

学生：(随口)赞同。

教师：如果你的学习要求中加入第三层级"全面"或"深刻"，就会引领着你往更多或更深的方向去学习了。

(随评：引导得专业。)

教师：同样是"淡酒"，有没有从其他方面欣赏的？自主发言好了。

第三大排第二桌一男生：我的学习任务是"为什么用淡酒而不用浓酒"？我认为她是北方人，所以觉得南方的酒淡，就有些思乡，表达了思乡之情。

教师：这个理解倒有一些新意。还有欣赏"淡酒"意象的吗？

第一大排第三桌一女生：我的学习任务也是"为什么是淡酒而不是浓酒"，但我认为是她生活困顿，只有淡酒，表现了她生活的穷苦。

教师：有说服力。大家认可吗？

学生：(随口)认可。

教师："淡酒"的意象我们获得了三种理解，还有吗？(没有响应。)那欣赏第二个意象"雁"。

(随评：教师可在每一个意象交流充分后就说说自己的理解，不要集中到后面一起出现。)

随机点第四大排第四桌一女生：我的学习任务是为什么要用"雁"这个意象；学习要求是简洁、准确、全面。我的学习理解是作者因国破从北方流寓江南，而丈夫赵明诚又已亡故，所以见到北雁南飞，便生怀旧悼亡之情。

学生：(随口)这是课文注释里的话！

教师：你把注释里的话照念了一遍。能充分利用注释，也是一种基本的学习能力，但与你的学习任务对不上。还有别的探究吗？(没有响应。)看来有注释不一定是好事，倒影响了我们的探究，也影响了探究的多样性。那为什么说"却是旧时相识"？

该女生同桌：因为她曾经写过词：云中谁寄锦书来？雁字回时……

一些学生往下接：月满西楼。

教师：这也是注释里的话。这样就把"旧时相识"解释圆满了。还有别的理解吗？(没有响应。)那下面欣赏第三个意象"黄花"。

随机点第四大排第六桌一男生：我的任务是"黄花"是什么花，我认为是菊花。

众人笑。

教师：你给自己设计的任务太简单了，学习就是要引着自己不断往深处去探究，"向青草更青处漫溯"。下面自主发言。

第二大排第三桌一女生：我的任务是为什么要用"黄花"这个意象表达悲情，我的回答是菊花是秋天很常见的，有时令上的特点。

教师：探究得深一些了。

第三大排第一桌一男生：我的学习任务是为什么用黄花，而不用秋天的枫叶等来表达悲伤的心情；我的学习要求是：简洁、准确、深刻。我的解答是：菊花开的时候很美，凋谢了很难看，对比很鲜明，所以作者会悲从中来，特别有失落感。

教师：值得表扬，探究得更深了，达到了三级学习要求。还有别的探究吗？(没有响应。)那欣赏第四个意象"梧桐细雨"。

只有三人举手欣赏过这个意象。

随机点第一大排第五桌一女生：我只是探究为什么要写"细雨"，因为江南的雨是缠缠绵绵、密密麻麻的，而她又是愁的，所以写细雨更突出了愁的深重。

教师：说得自然。另两位同学有没有把"梧桐"和"细雨"连在一起欣赏？

第三大排第四桌一女生举手：我学习任务是细雨打在梧桐叶上为什么会感到忧伤；学习要求是简洁、准确、独特。我认为这是触景生情，本来她心情就不好，这个时候触觉就特别细，所以更加重了她的愁情。

教师：说得贴切；独特倒不明显。

（随评：教师评得专业，但太主动。）

教师：那就交流到这里。大家还有什么问题请随时说说。（没有反应。）那我也说说自己的理解，和大家交流，并请大家随时发表意见。我给四个意象淡酒、雁、黄花和梧桐细雨都设计了问题。

课件亮出：

第一个意象"酒"。学习任务：作者为什么用"淡酒"，而不用"浓酒"？学习要求：简洁、准确、全面。基本理解：三个原因，一是表示自己悲愁的浓重，连"淡酒"都敌不过；二是表示自己生活的穷困，只有粗茶淡酒；三是表示音韵的和谐，"三杯两盏"和"淡酒"连读特别舒顺，"三""盏"和"淡"的韵母都是"an"，而"浓"放进句中，读起来就不和谐，平仄声也不协调。

第二个意象"雁"。学习任务：作者写"雁"表达了什么感情？学习要求：简洁、合理、全面。基本理解：大雁可以南来北往，来去自由，而自己却漂泊在南方不能北归，表达了强烈的思乡之情和沦落他乡的流浪之痛，而"旧时相识"又表达了对丈夫的思念之情和物是人非的痛惜之感。

第三个意象"黄花"。学习任务：词中"满地黄花堆积，憔悴损"与她早期写的《醉花阴》中的"人比黄花瘦"，表达的含义和表现的情感有什么不一样？学习要求：准确、深刻、全面。基本理解：前者的黄花是盛开的、充满生命力的，表现的情感是思念的和期待的；后者的黄花是凋谢的、衰败的，表现的情感是凄凉的失落的。

第四个意象"梧桐细雨"。学习任务：古代诗词为什么总是将"梧桐"或"梧桐细雨"的意象赋予悲伤的感情？请从古诗词中找出至少三句。学习要求：快速、准确、完整。基本理解：梧桐树在古代诗词中曾被赋予君子高洁的品行或夫妻坚贞的爱情，但更多的被赋予了悲伤的感情，可能因为梧桐叶子大，风吹梧桐叶、雨滴梧桐树的声音比较分明而且比较萧瑟，都会让人感到孤独和忧伤。古诗词句子如：温庭筠《更漏子》："梧桐树，三更雨，不道离情正苦；一叶叶，一声声，空阶滴到明。"白居易《长恨歌》："春风桃李花开日，秋雨梧桐叶落时。"徐再思《双调水仙子·夜雨》："一声梧叶一声秋，一点芭蕉一点愁，三更归梦三更后。"李煜《相见欢》："无言独上西楼，月如钩。寂寞梧桐深院，锁清秋。"

教师：有没有什么问题或异议？

没有响应。

随机点一个学生：我写不出这些。

学生笑。

教师：但这只是老师的基本理解，绝不是"标准答案"，亮出来不是要消灭你们原有的理解，而是要给大家更多的启发，获得更多的认识，让你们打开思维的广度，提升思维的高度。

每个人对于同学的理解、老师的理解,既不要盲目顺从,也不要盲目排斥,要在自己原有理解的基础上整合提升,自主完善。

(随评:重要的交代。这是"非指示性"教学与"指示性"教学的重要区别。)

教师:刚才我们欣赏了这首词中的众多意象,但这只是理性学习的方式。我们还需要运用什么方式?

学生没反应。

教师:与理性学习相对的是什么方式?

学生:(随口)感性学习。

教师:是的。感性学习的方式主要有哪些?

(随评:高中学段需要思考这些问题。)

学生:(随口)朗读,想象。

教师:是的,我们要边诵读边想象和联想。那就让我们自由诵读课文,边读边想。建议大家不要看书,用背诵的方式诵读,读得慢一些,想得细一些,越细越能进入词的意象,领悟词的意境,体会词的情感。

学生自由诵读。

教师:再让我们整齐地诵读一遍,还是不看课文,这回要读得更有感情,更有感染力。

学生齐读。

(随评:先理性学习,后感性学习,学生的理解会逐渐深入。但还可让学生说说他们想到了什么,继续深化他们的学习。)

(五)四读背景,深化《声声慢》

教师:经过前面意象的学习,我们对《声声慢》的理解又深了一步。现在想不想对作者李清照有更具体的了解?

(随评:这时具体了解作者,能继续提升学习。)

学生:(齐声)想!

课件亮出:

李清照,号易安居士,早年曾过着非常优越的生活。父亲李格非官至礼部员外郎、京东路提点刑狱,还是当时著名的学者,兼通文史。母亲王氏也能文。她18岁结婚,丈夫赵明诚当时在太学做学生。他们婚后的生活非常美满,两人志趣相投,一起读书,品诗论文,收集和鉴赏古籍、器物和金石等。两年后赵明诚出仕,任鸿胪少卿,并先后在莱州、淄州等地任职。后来金人入侵,北宋都城失陷,徽、钦二宗被掳。赵明诚在江宁任知府,李清照于是载书十五车过淮渡江奔往建康。不久,他们藏于家乡十余间屋中的书籍、金石、器物全部被焚毁。两年后赵明诚不幸病死。李清照怀着极大的悲痛殓葬了丈夫,开始了国破、家亡、夫死、子无的颠沛流离的苦难生活。这首词正是写于这种时候。

教师:我们可以想象,前后两种截然不同的生活,给李清照带来了多么大的精神打击,本来幸福安逸,无忧无虑,现在生活贫苦,精神痛苦。我们再来看看她流浪到浙江金华时写的《武陵春》——

课件亮出:

风住尘香花已尽,日晚倦梳头。物是人非事事休,欲语泪先流。闻说双溪春尚好,也拟泛轻舟。只恐双溪舴艋舟,载不动许多愁。

教师:李清照的号是什么?

学生:(随口)易安居士。

教师:"易安居士",难"易安"啊!这就是乱世,这就是乱世中的佳人,"山河破碎风飘絮,身世漂浮雨打萍"。我们再来欣赏一位名家对《声声慢》全词感情脉络的深入剖析。

课件亮出:

此首纯用赋体,写竟日愁情,满纸呜咽。起下十四字叠字,总言心情之悲伤。中心无定,如有所失,故曰"寻寻觅觅"。房栊寂静,空床无人,故曰"冷冷清清"。"凄凄惨惨戚戚"六字,更深一层,写孤独之苦况,愈难为怀。以下分三层申言可伤之情景。"乍暖"两句,言气候寒暖不定之可伤。"三杯"两句,言晓风逼人之可伤。"雁过"两句,言雁声入耳之可伤。换头三句,仍是三层可伤之事。"满地"两句,言懒摘黄花之可伤。"守着"两句,言日长难黑之可伤。"梧桐"两句,言雨滴梧桐之可伤。末句,总束以上六层可伤之事。[①]

教师:李清照最后的结局,无人知晓。人教版课文《声声慢》的注释里,李清照的生卒年是1084—1155,而苏教版的注释却是1084—约1151,连哪一年去世都成谜。让我们再次用心诵读,读出词人透心彻骨的寒、五脏俱焚的痛。

板书:痛(用红色粉笔写在中间)。在整个板书外面用虚线构成心形。

(随评:用词精准,构图精巧,只是没有让学生参与设计。)

学生齐读,氛围肃穆。

教师再次示例朗读,继续营造悲切的氛围。

(随评:起到了继续提升的作用。)

(六)五读课题,总结《声声慢》

教师:现在,让我们回到课题(指着黑板上的课题),总结这节课的学习。每人用一句话总结自己的学习收获或学习启示,要求总结收获简洁、准确、全面,总结启示真诚、深刻、独到。用笔写下来,细化、深化自己的学习。

每人独立写完后,教师随机点四人与大家分享。

第一大排第六桌一男生:这节课我们学习了叠词,学习了意象,也体会到了作者悲痛的感情。

第三大排第一桌一女生:本来我对宋词没有感觉,这节课让我喜欢上了宋词。

第二大排第三桌一男生:我感受到了李清照的愁苦,也感受到了她的语言魅力。

第四大排第五桌一女生:这节课让我从同学、从老师那里学到了很多,对语文学习有更多的思考了。

(随评:如果让学生从得与失两方面总结自己的学习,就更全面、更深入了。)

教师:老师的总结是,一个成功的作品,一定是以言传情,言情俱佳的;朱光潜先生说:"要养成纯正的文学趣味,最好从诗词入手,一个能欣赏诗词的人,他绝不会感到人生是丁枯的。"让我们学会欣赏宋词,从这首《声声慢》中获得语言的成长和精神的成长。

(随评:总结有品位。朱光潜的话引得恰当,但并非原话。)

(七)课外读写,拓展《声声慢》

教师:语文学习得力于课内、得法于课内,同时得识于课外、得趣于课外。请各位阅读李

---

① 唐圭璋.唐宋词简释[M].上海:上海古籍出版社,1981:144.

清照的另外三篇词作,篇名不定,自主选择,自主赏析,熟读成诵。再请各位按照《声声慢》的词牌格式填写创作一首词,词牌名后自拟一个内容标题,平仄可按现代汉语的四个声调,有研究兴趣的可尝试运用古代汉语的平上去入四个声调,一周内完成,然后粘贴到班级语文学习博客上,同学间相互交流,相互评价,下周我们再确定一个时间在课堂上现场交流评比。

附:板书设计

声声慢 李清照

直接写情　　　　叠字等
失落 孤寂 凄凉 愁苦 无助
痛
间接写情　　　　意象等
淡酒　雁　黄花
梧桐细雨

【总评】

这是著者任教四年的一位师范生经过严格要求与细致指导后经过多次磨课而呈现的教学实况。教学内容有品位,教学方式有智慧。基本体现了"非指示性"教育理念和教学策略,在教师科学引导和学生自主学习的交互作用中,学生循序渐进地走向认知成长和精神成长。

(1)学生意识

如何引导学生自主学习,该教师有一些新的探索,如让学生自主设计学习任务和学习要求,增加课堂的开放性;但学习课文前没有先让学生自主思考词该学什么、怎么学,每个环节的学习内容都由教师主动领出,虽然过渡自然,衔接紧密;板书设计也没有引导学生主动参与。如何关注全体学生学习,该教师既有常规的做法,如抽点不同区域、不同性别、不同层级的学生发言;也有一些新颖的做法,如抽查背诵时既有个人也有同桌,如小组长发言时突然改点同组人发言。如何体现教学民主,本节课也有体现,如让学生评价教师的解答,如鼓励学生就一些问题发表不同的观点。如何了解学习效果,教学中也有体现,如让初读感受达到个性化的学生举手反馈,只是有些环节反馈得不明显。

(2)学科意识

如何体现学段特点,教学中有较明显的体现,如让学生思考作者为什么选用词而不选用诗或文,如让学生课后填词创作,如欣赏语言时体现少准精的原则而非面面俱到,如没有过度深挖文本的文化内涵,滑到大学的语文课上去(虽然许多名师都这样上)。如何体现文本特点,教学中也有较明显的体现,在语言赏析和意象探究时都能紧扣本文特有的、特别值得学习的内容展开。如何体现文体特点,教学中也有基本的体现,如通过诵读感受词的音韵,体验词的情感,只是还不够突出,想象和联想也不充分,词的特点也学得不够精透。如何体现学习的科学性,本节课也有积极的尝试,如学习精彩语言时让学生通过语感找出最顺口最能表达感情的语句,如学习意象时先理性赏析和辨别、后感性诵读和想象,再如运用三级要求有针对性地评价学生的学习。

（3）技能意识

如何干练地组织教学,该教师做得不错,在组织学生独立学习、小组交流和班级交流时都有体现。如何灵活地组织教学,该教师有许多值得借鉴的做法,如有学生认为词中的某句话写得不好,教师就随机换一种方式学习,让学生分两个"学派"展开辩论;如班级交流时,小组长发言不求完整,不能重复,只说本组的第一条理由。如何把环节名称设计得专业性与艺术性俱佳,该教师做得较好,本课的环节名称依次为:激发兴趣,导入《声声慢》;初读课文,感受《声声慢》;二读语言,赏析《声声慢》;三读意象,探究《声声慢》;四读背景,深化《声声慢》;五读课题,总结《声声慢》;课外读写,拓展《声声慢》。如何在课堂上体现自信、优雅、智慧的教师形象,如何语词精练、语调顿挫、语流顺畅地说话,如何艺术化地朗读,该教师都做得较好。如何写出专业的行书,该教师也基本做到了,只是个别字写得不到位。如何将板书设计得既专业又艺术,该教师做得不错,能用"痛"字点睛,用心形统摄。

结语　做一个勇于变革的语文教师

在中小学各科中,对学生影响最大的往往是语文,因为终身都要使用。语文教师也成了最容易被记住的人。陈平原先生就说:"我回忆自己的小学及中学,记忆深刻的,基本上都是语文老师。……我也问过好多人,大都如此。"①。曹文轩先生则说:"我无法想象一所学校没有语文和语文老师,我也无法想象这个世界上没有语文和语文老师。"②

但是,语文教学的情况又如何呢? 1978 年,吕叔湘先生就在《人民日报》上发表文章,批评语文教学"少、慢、差、费"。这么多年过去了,语文教学"多、快、好、省"了吗? 没有,语文教学仍然高耗低效。2009 年,由中央教科所、中国教育报联合推出的《中国教育发展系列报告》中的《中国义务教育质量检测报告》表明:在语文、数学、科学、品德与生活四门被测课程中,合格率最高的是数学,占 78.3%,科学占 71%,品德与社会占 63%,而语文学科的合格率最低,仅为 62.8%。"报告"还特别提到语文科还有 30% 的学生处于基本合格水平,对一些基本知识和技能掌握明显不足。③ 李镇西先生也有一组发人深省的对比调查:1990 年,他对刚入学的高一新生进行过一次语文学习小调查,发现学生对语文学习没有兴趣的占51%,兴趣浓厚的只有 10%。25 年过去了,该班学生如今已经四十多岁,他们的孩子也读小学或中学了,他在微信群里抛出调查题:你们的孩子喜欢语文课吗? 结果发现明确表示不喜欢的有 66.7%,喜欢的只有 15.1%。于是作者说:"时隔 25 年对两代人的调查,让我感慨万千。语文教学改革搞了这么多年,我们的课堂依然对学生没有足够的吸引力……"④

为什么会这样? 是语文教师不够认真吗? 当然不是。相反,语文教师越来越主动,越来越辛苦;现在的语文教学不但高耗低效,还多了一个新问题:苦教苦学。

而这正是语文教学的症结所在。教师只是低头苦干,却没有面对困境,主动反思,并勇于变革。

教师是需要反思的职业。被称为"经营之神"的台湾著名企业家王永庆,在对企业管理的现状深刻反思后,提出了一个与传统观念完全相反的用人观:勤劳而且聪明的人不可重用! 他的理由是:"一个勤劳而聪明的人,看上去是个难得的全才,但容易包揽所有事情,结果就是底下养了一群懒汉,剥夺了底层员工的成长和存在价值。这样的人做管理者,自己大包大揽累死,而员工却闲得很,或者做什么都没水平。"传统的"指示性"教学下的教师,不也是如此吗? 教师凭着自己的勤劳与聪明,包揽课堂,好为人师,体现了"我的课堂我做主"的精神,教得主动,教得辛苦,以教带学甚至以教代学,教师忙,学生闲,最后牺牲了学生的自主发展,阻碍了学生的自主成长。

有些教师对现状也有所反思,也知道这样做不对,但缺少变革的勇气。

---

① 陈平原.语文教学的魅力与陷阱[J].中学语文教学,2016(2).
② 曹文轩.回忆我的语文老师[J].读者,2016(23).
③ 肖川.《义务教育语文课程标准(2011 年版)》解读[M].武汉:湖北教育出版社,2012:9.
④ 李镇西.我们应该成为什么样的语文老师[J].中学语文教学,2016(3).

　　钱梦龙之所以成为钱梦龙，就在于他勇于变革。20世纪50年代，语文课堂上"串讲法"一统天下，但他却敢于捅破这片天，主动变革教学方式，走出教师中心的传统做法。只有初中学历的他，从教仅四年，就写出了《语文教学必须打破常规》的教学论文，并在全县教师大会上宣读。他的课堂，"已不是自己'通讲'课文，而是主要指导学生自己读文章"，他常常提出一些问题激发学生思考的兴趣，"教学自然而然形成了一种采用师生问答、交谈的方式"①。这种在当时"显得很另类"的教学方式却马上受到了学生的欢迎，也获得了学校领导的好评，于是有了后来享誉全国的"语文导读法"，也有了钱氏标语：以学生为主体，以教师为主导。如今这句话已经走出语文，成为所有学科的共识，并被写进了许多学科的课程标准。

　　现在的语文教师，正需要这种变革的勇气和魄力。

　　放眼全国，课堂上占据主流的，仍然是亘古不变的以教师为中心的"指示性"教学，教师主宰着课堂，控制着学生，没有民主性，也没有科学性，虽然课程改革已经实施了很多年，但许多地方只是"水过地皮湿"。现在，国家又开始深化课程改革，强化选课，实行走班制，但是教师的教学方式并没有实质性改变，课堂依旧沉闷，教学仍然低效。学生不但在必修课的教室里饱受煎熬之苦，还要在选修课的教室里继续受到煎熬。

　　在新课改实施过程中，有些课堂则走向了另一个极端，出现了以学生为中心的"非指导性"教学。这种教学虽然有民主性，但也没有科学性。学生在课堂上交流讨论，看似气氛活跃，但没有明确的要求和目标，学生的学习并没有得到本质的提升，教师没有起到应有的作用。这是另一种形式的高耗低效——由教师在课堂上高耗转为学生在课堂上高耗，而学习则同样是低效。杜威当年就已明确指出："如果你放任这种兴趣，让儿童漫无目的地去做，那就没有生长，而生长不是出于偶然。"②

　　就语文学科来说，还有一个问题伴随着新课改出现了，那就是人文泛滥，语文弱化。看似拉高了语文的地位，实则降低了语文的品位，语文的核心被掏空了。语文教学，在不知不觉中走进了困境，迎来了逆境。

　　去年暑假，著者在台湾阿里山的娜达伊河谷看到一群鱼迎着逆流，奋力地往上游动，最终冲出了逆境，游向了更开阔的江域。语文教师，也要做一群力争上游的鱼！要以自己反思的智慧和变革的勇气，主动走出困境，冲出逆境，为语文教育迎来一片新的天地。

　　为此，语文教师首先要在冲击前蓄积力量，累积冲劲，潜心打造自己的功力。章熊先生曾深表忧虑地说："我们有一批极为优秀的教师，但同时也有极多的不合格教师（我比较悲观，认为超过半数），对于这些教师的'讲课'学生实在是不感兴趣。"③浙江大学一位教授则认为语文教师至少有百分之七十不合格。一位语文知名期刊的主编则感慨："从他们（来稿）的部分文字中暴露出的问题，让我不难想象到一线教师的教学现状，不难想象到一线教师的学科'核心素养'，也就不能不平添几分忧虑。"④教师作为引导者，首先必须具备相应的能力，"打铁还需自身硬"。从大处说，要引导学生精准地自主学习，教师首先必须具备"四精准"的能力：精准确定教学目标、精准设计教学程序、精准设置教学题目、精准达成教学效果。

　　①　钱梦龙. 在"精神自留地"里快乐耕耘[J]. 语文学习，2012(3).
　　②　杜威. 学校与社会·明日之学校[M]. 赵祥麟等译. 北京：人民教育出版社，1994：47.
　　③　章熊. 我对中学语文教材的几点看法——答顾之川先生[J]. 中学语文教学，2013(6).
　　④　张蕾. "核心素养"之于语文教师[J]. 中学语文教学，2017(1).

从细处说,要让学生正确地解读文本,自己先要有正确解读文本的能力;要让学生专业地朗读课文,自己先要能够专业地朗读课文;要让学生专业地写字,自己得先能专业地写字;要让学生简洁地说话,自己得先做到简洁地说话;要提高学生的写作水平,自己得先有高水平的写作能力;甚或要让学生背诵积累,教师也要先背诵积累。总之,教师要先打造扎实的基本功,让自己变得专业,当教师当得合格。这是语文教学从高耗低效转向低耗高效的前提。

因此,变革要先从自身开始,要有改变自己的勇气和行动。"鸡蛋,从外面打破,是食物,从里面打破,是生命;人,从外面打破,是压力,从里面打破,是成长!"语文教师唯有主动打破,主动变革,才能以自己的专业引导学生走向专业,以自己的自主引导学生走向自主。

练就了专业的功底,蓄积了冲击的力量,语文教师就能以自信、优雅、智慧的姿态,迎难而上,奋力冲击,引领语文教学走出困境,使语文课堂焕然一新。在这样的课堂上,教师从容地做着科学的引导者,学生踏实地做着自主的学习者。

参考书目

[1] 中华人民共和国教育部. 义务教育语文课程标准(2011 年版)[S]. 北京:北京师范大学出版社,2012.

[2] 中华人民共和国教育部. 普通高中语文课程标准(实验)[S]. 北京:人民教育出版社,2003.

[3] 义务教育语文课程标准修订组.《义务教育语文课程标准(2011 年版)》解读[M]. 北京:高等教育出版社,2012.

[4] 语文课程标准研制组.《普通高中语文课程标准(实验)》解读[M]. 武汉:湖北教育出版社,2004.

[5] 孙培青. 中国教育史[M]. 上海:华东师范大学出版社,2009.

[6] 吴式颖. 外国教育史教程[M]. 北京:人民教育出版社,1999.

[7] 叶浩生. 西方心理学的历史与体系[M]. 北京:人民教育出版社,1998.

[8] 王承绪,赵祥麟. 西方现代教育论著选[M]. 北京:人民教育出版社,2001.

[9] 钟启泉,黄志成. 美国教学论流派[M]. 太原:山西人民教育出版社,1993.

[10] 张奇. 学习理论[M]. 武汉:湖北教育出版社,1999.

[11] 赵卿敏. 课程论基础[M]. 武汉:华中科技大学出版社,2004.

[12] 张庆林,杨东. 高效率教学[M]. 北京:人民教育出版社,2002.

[13] 倪文锦,谢锡金. 新编语文课程与教学论[M]. 上海:华东师范大学出版社,2006.

[14] 李杏保,方有林,徐林祥. 国文国语教育论典[M]. 北京:语文出版社,2014.

[15] 叶圣陶. 叶圣陶教育文集[M]. 北京:人民教育出版社,1994.

[16] 全国中语会. 叶圣陶、吕叔湘、张志公语文教育论文选[M]. 北京:开明出版社,1995.

[17] [意]亚米契斯. 爱的教育[M]. 夏丏尊译. 上海:上海三联书店,2008.

[18] [苏]苏霍姆林斯基. 给教师的建议[M]. 杜殿坤编译. 北京:教育科学出版社,1984.

[19] [美]杜威. 民主主义与教育[M]. 王承绪译. 北京:人民教育出版社,1990.

[20] [美]杜威. 学校与社会·明日之学校[M]. 赵祥麟等译. 北京:人民教育出版社,1994.

[21] [巴西]保罗·弗莱雷著. 被压迫者教育学[M]. 顾建新等译. 上海:华东师范大学出版社,2001.

[22] [美]L.C.霍尔特,M.凯斯尔卡·霍尔特. 教学样式:优化学生学习的策略[M]. 沈书生等译. 上海:华东师范大学出版社,2008.

[23] 鲁迅. 鲁迅全集(编年版)[M]. 北京:人民文学出版社,2014.

[24] 朱光潜. 朱光潜全集(新编增订本)[M]. 北京:中华书局,2012.

[25] 朱自清. 语文影及其他[M]. 北京:中国文联出版公司,1985.

[26] 张定远. 张定远语文教学文集[M]. 郑州:文心出版社,2016.

[27] 倪文锦,王荣生. 人文·语感·对话——王尚文语文教育论集[M]. 上海:上海教育出版社,2010.

[28] 王尚文.语文教改的第三浪潮[M].桂林:广西师范大学出版社,1990.

[29] 王尚文.走进语文教学之门[M].上海:上海教育出版社,2007.

[30] 王尚文.教育如天,语文是地[M].上海:华东师范大学出版社,2016.

[31] 李海林.言语教学论(第二版)[M].上海:上海教育出版社,2006.

[32] 李海林.李海林讲语文[M].北京:语文出版社,2008.

[33] 李海林.美国中小学课堂观察——一位教育学教授的笔记[M].北京:教育科学出版社,2015.

[34] 王荣生.听王荣生教授评课[M].上海:华东师范大学出版社,2007.

[35] 胡尹强.小说艺术:品性和历史[M].上海:上海文艺出版社,1993.

[36] 陈伯海.唐诗汇评[M].杭州:浙江教育出版社,1995.

[37] 舒婷.影响了我的两百首诗词[M].天津:百花文艺出版社,2005.

[38] 孙绍振.名作细读·微观分析个案研究(修订版)[M].上海:上海教育出版社,2009.

[39] 郑逸农."非指示性"语文教育初探[M].杭州:浙江教育出版社,2006.

[40] 郑逸农."非指示性"语文教学设计研究[M].杭州:浙江大学出版社,2012.

索　引

后　记

　　这本书体现了我对"非指示性"教育的现有思考,也体现了我对"非指示性"教育理念下语文课堂观察的粗浅探索。

　　写这本书的重要原因,是看到了语文听课评课活动中较多的乱象。有的语文课,教师滔滔不绝,几乎没有学生的自主参与,却被认为是一堂扎实的好课,值得学习;有的语文课,学生的学习活动基本处在低级的热闹中,却被认为改革成功,值得推广;有的语文课,教学内容几乎与思品课无异,却被认为有感染力,深受启发;有的语文课,教学技能极其贫弱,却被认为不拘小节,富有活力。

　　这样的听课评课,不只出现在学校教研活动中,也出现在各类优质课评比活动中。这让我更加意识到语文教学问题的突出和评课的混乱,也越来越意识到语文教学入门的不易。就我自己的教学经历来说,当初在中学任教即使将近十年了,也经常不知道该怎样听课评课,说起来也只是感性的,直觉的,甚至是错误的。

　　现在我以一个在中学任教过 21 年语文、在大学任教了 10 年语文教学论的角色来看语文课,来写这本书,可能还是外行的。但我需要努力走出感性和直觉,站在教师是否具有学生意识、学科意识和技能意识的视点上全方位地观察语文课堂,以此来评价课堂教学是否具有人文性、科学性和艺术性。或许这样来观察和评价,门槛抬得太高,要求过于苛刻,但我认为应该如此,只有具备三个意识的课才是合格的语文课,具备三个意识的教师才是合格的语文教师。课堂需要专业,教师需要专业。

　　当然,按照这三个意识去观察课堂,就不容易看到满意的语文课了。因此读者朋友在本书的案例部分看到的大多是缺陷和问题,没有享受感,只有沉重感,甚至会心生不满:"你为什么尽选些病例呢? 为什么不选特级教师等名师的课例,不选省级国家级课堂教学大赛的课例呢?"其实,在本书"高门槛"的评课方式下,选取名师的课例或获奖的名课来观察,按照三个意识逐一扫描、全面评价,可能也会评出许多问题来,并引发不必要的"后遗症"。

　　因此,本书后半部分的案例怎么选取,曾经困扰我很长时间。最后决定以普通教师的常态课为主。这些课例,或许更有代表性,显示的优点更真切,更亲近;而出现的缺点更普遍,更具有典型性,也更能引起广大教师的反思。这些课例有的还是实习生或新教师上的,他们的优点令人欣慰,但他们的缺点也让我们感到语文教师一代超过一代的不易。

　　也因为如此,我每年下半年带师范生去中小学实习,定位很高,目标很高,要求很高。我的实习定位是:让师范生站在我的肩膀上从事教育教学,我曾经走过的弯路、歧路、低级路,我的学生不能从零开始再走一遍,必须在我的已有基础上起步。我的实习目标是:通过两个月的严格实习,在教育理念和教学行为上都努力超过一些已经在职的但并不专业的教师。我的实习要求是:用自己的智慧原创备课,不抄袭他人的教案;用自己的思想独立教学,不搬用他人的俗套。我听他们的实习课也很苛刻,带着笔记本电脑,以盲打的方式全程记录他们上课的基本内容,并以啄木鸟点穴的方式评价他们的每个教学行为,下课后让他们马上用优盘拷过去看,并在我的每个评语后写上自己的反思,当天还要上传到实习群里让大家一起学习,第一天出现的问题第二天别的同学不能重复出现。本书案例中有少数几个是我的本科生和研究生运用"非指示性"理念上的实习课,里面还有很多不足,但三个意识可能稍强一些。

这本书,首先是写给师范生看的,让他们在教师职业起步阶段就形成较高的眼界和防线,不让自己成为可有无可的甚至是误人子弟的教师。同时也是写给在职的教师朋友们看的,期待在看的过程中能引发一些深入的甚至革命性的反思,并能推及自身,引发课堂教学的自主变革。

这本书我写得比较用心,先后花了两个暑假和两个寒假。其中前面的暑假和寒假分别写了学理篇和案例篇的初稿,后面的暑假和寒假先后对书稿做了三次大的修改和梳理。2015 年 7 月 21 日,当我在给师范技能参赛选手做暑期集训的间隙,在笔记本电脑里写下书稿的题目,打下书稿的目录后,漫长的熬夜生活就开始了,并且变成了常态。最后一个寒假,我几乎每天都是夜里两点左右才睡觉。

这本书承载着我的好几届本科生和研究生的期待。他们一直期待着本书早日出版,其中许多同学还帮助我整理课例或校对书稿。

这本书也承载着关注和呵护我的语文等前辈们的殷切期望。特级教师王朝林老师和王兴盛老师,是我在江山中学任教时的教研组长和校长,他们影响了我的专业之路(王校长一直把我当作特级教师来培养)。特级教师许连贵老师,是衢州市教研室主任,退休至今　一直牵挂念叨着我,总是担心我劳累过度。北京资深特级教师宁鸿彬先生,在我以往出书时多次给予真诚的鼓励。人教社的张定远教授,是全国中语会老会长,他和副会长上海市教研室主任特级教师陈钟梁先生 2004 年来到江山参加"全国'非指示性'语文教学改革现场研讨会"之后,收我为徒,遗憾的是陈钟梁老师已经去世,不能再听到叮嘱;而张定远老师始终关心着我,每年春节都要给我遥寄一大箱北京果脯和北京烤鸭等特产,每次打电话都要叮嘱我注意身体。还有我同为语文教师的年近九旬的父亲的热切期盼,我们家是教师专业户,父亲是领头人,当年恢复评选劳模时他是本地教育系统第一个评上的,现在他刚写完回忆录《我的人生》。

我做"非指示性"教育教学改革,缘于当初在师大就学时心理学老师李伟健教授对我的深切影响,心理学给了我智慧和启迪,让我学会了思考和变革。我出版的"非指示性"改革的书,都是课堂教学方面的。其实,当年我做"非指示性"改革,是从我的班主任工作开始的。我工作的第一站是农村普通中学江山五中,参加工作的第二年即 1988 年,我就"斗胆"对传统的以教师为中心的"指示性"教育下的班级管理进行了改革,打破班主任单向指示和全程控制的封闭管理形态,实行班长竞选和班干部轮换,引导学生自主管理,自主教育,并打破角色定位,培养健全人格。班长竞选每两个月就举行一次,班长期满就换,隔任可以,但最多一次。班长选出后,全权组阁班委,前任班委成员不能续用,即使工作得很出色,也要让给新人。因此三年下来我班里的学生都做过班干部(也都做过群众)。班长组阁完成后,我向新班委提出工作原则,要他们主动地、创造性地开展工作,然后我就"退居二线",实行"非指示性"管理——不指示做什么,不指示怎么做,由班长领导班委自主、自由、自信地开展工作。我通过学生的周记了解班委的工作情况,评价他们的工作绩效。我的第二届学生徐建平还在 1991 年 2 月 20 日的《衢州日报》上发表了《竞选班长》一文,展现班长竞选的生动场景。工作六年后我调入城里的重点中学江山中学,继续搞改革,并把改革扩大到了课堂,提出了当时比较前卫和开放的"二不""四自"的"非指示性"教学准则。在中学任教时,我一直教两个班的语文课,担任一个班的班主任,副校长只是我专业之外的一个配角。可惜我已经离开中学,不然可以继续把班主任改革做下去,并写一本《"非指示性"班主任教育改革》方面的书,把我班主任工作中许多有趣的经历和感人的故事都收录进去。我在开展班长竞选的同时,还给学生开生日班会,写生日赠言(自己、同学、班委和班主任都要给生日者写一张,先鼓励其发扬优点,再提醒其摒弃不足),利用生日这个人生重要节点,引导学生自我认识、自我教育,并从全班同学的生日赠言中获得鼓励和提醒,让每次生日班会都给生日的同学留下难忘的记忆和成长的影响。有些学生毕业后还把我当年写给他们的生日赠言一一拍成照片珍藏在手机里。

我在中学任教时,一方面比较执着和专注,经常因为备课忙到深夜,摧残身体,有时从办公室出来回家时看到清洁工已经上街打扫了。拼劲可嘉,蛮干有余。(调入师大后还是这种工作方式,因此对意外获得的"最美教师"这份工作荣誉颇感惭愧。)另一方面不安分不守规矩,总要对"指示性"背景下的教育教学搞一些改革,做一些改变,甚至还和几位同事一起,把教师专用的教参订给全体学生,人手一册,把自己逼得无路可走。我在做班主任教育改革、课堂教学改革的过程中曾遇到不少阻力,受到领导的批评和同行的非议,但始终奉行学生至上的原则,一意孤行,坚持初衷。幸运的是后来在做课堂教学改革时,和四五位年龄相近、志趣相投的同事结成了亲密的小团队,经常相互交流,相互鼓励,成就了一段美好的回忆。

如果站在教育的全局来观察,学校管理运用"非指示性"才是最上位的,其次是班级管理,再次是课堂教学。现在我们的各级各类管理总体还是"指示性"的,管理者往往主动、辛苦甚至强势,被管理者往往被动、懒惰甚至对抗。作为"非指示性"理念和策略,就是要在"把人当人"的前提下,管理者科学引导,被管理者自主成长。"非指示性"教育教学改革,就是要打破控制性和封闭性,增加民主性和开放性,也增加科学性和有效性。

就课堂教学来说,"非指示性"教学是所有学科都通用的。如果语文之外的各个学科也能出成果,那才是最理想的。近几年我在附属学校的各个学科都做了改革尝试,听课评课一两百节,在学校领导和教科处的组织下,许多学科的教师都获得了理念和行为上的进步。我们还曾以课题的形式,对各个学科的"非指示性"教学样式进行研究和提炼,只是未能形成系统的成果,需要我和我的课程与教学论系的同事们协同努力。

感谢李海林先生在忙碌之余为我写序。李老师是我特别敬佩的语文教育大家,我在课堂上经常对我的师范生提起他和王尚文老师两位,他们都是我的偶像级人物,不管是为学还是为人。两位都曾是浙师大语文教育学的金字招牌。以前我出版的两本"非指示性"教学的小书《"非指示性"语文教育初探》和《"非指示性"语文教学设计研究》,都是王尚文老师真诚关怀、亲自写序的。其中前一本的写作体例是李海林老师帮助构建的。这次第三本"非指示性"教学的小书付梓之前,王老师身体欠佳,我试着跟李老师联系,本不准备他能写,想不到他马上回复我铿锵坚定的三个字:"我来写!"

感谢浙江大学出版社编辑杜希武老师以及曾建林老师。在他们的热心帮助和指导下,本书才能顺利出版。

同时也感谢我的同事们对我在"非指示性"探索之路上的诸多帮助和指导。

写完这本入门级小书，似乎已穷千里目。但我知道，其实才上一层楼。

最后，我想说，如何让语文课堂变得专业，让语文教师变得专业，需要师范院校的课程与教学论教师和中小学教师共同努力。只要沿着江河走，就能看到蔚蓝的大海！

郑逸农

2017 年 2 月 27 日于浙师大